비즈니스 프로세스 컨설팅 핸드북

Business Process Improvement Toolbox,
Second Edition by Bjørn Andersen

American Society for Quality, Quality Press, Milwaukee 53203

비즈니스 프로세스 컨설팅 핸드북

초판 1쇄 인쇄_ 2009년 12월 4일
초판 1쇄 발행_ 2009년 12월 10일

지은이_ 비에른 아네르센
옮긴이_ BPM 연구회

펴낸곳_ 이앤비플러스
펴낸이_ 유지환

책임 편집_ 이정환

주소_ 서울시 마포구 상수동 95-3 홍익대학교 사회교육관 B 101
전화_ 02-3272-3270, 3290
팩스_ 02-3272-3280
등록_ 2006년 12월 11일 제108-91-44426호

ISBN_ 978-89-959901-8-6 03320
* 값은 표지에 있습니다.

Business Process Improvement Toolbox second edition

비즈니스 프로세스 컨설팅 핸드북

비에른 아네르센 지음 **BPM 연구회** 옮김

ASQ

E&B PLUS 이앤비플러스

추천의 글

기업 경쟁력 강화를 위한 프로세스 혁신을 강조하는 마이클 해머Michael Hammer, 제임스 챔피James Champy 등의 저서가 소개된 1990년대 들어서부터 비즈니스 프로세스business process는 기업 경쟁력 강화를 위한 핵심 화두로 대두되기 시작했다.

당시 미국의 기업 환경은 소비자의 급격한 욕구 변화와 함께 일본, 한국 등 신흥 공업국과의 경쟁에 직면해 수익성이 악화되고 있는 상황이었다. 이러한 환경 변화의 대처 방안으로 새롭게 조명받게 된 것이 프로세스 혁신이다. 이 시기부터 기업 경쟁력 강화를 위한 관심의 초점이 기능적 전문화functional specialization에서 프로세스 재설계process reengineering로 점차 이동하게 되었다.

프로세스 개선을 통한 기업 혁신 움직임은 10여 년이 지난 오늘날 더욱 강화되고 있다. 기업들은 부서 단위의 업무 최적화silo-based optimization의 한계 및 부작용에 대한 경험을 바탕으로, 부서 간 프로세스cross-functional process를 고객 중심으로 재설계하는 데 노력을 기울이고 있다. IBM과 같은 글로벌 선두 기업들은 이미 최고 프로세스 책임자Chief Process Officer(CPO) 제도를 운영하며, 전통적인 기능 중심 조직functional organization에서 프로세스 중심 조직process-centric organization으로 전환을 모색하고 있다.

『비즈니스 프로세스 컨설팅 핸드북Business Process Improvement Toolbox』은 이와 같이 기업 경쟁력 강화의 핵심으로 대두된 프로세스 개선을 위한 다양한 도구들을 소개하고 있다. 이미 유사한 주제로 다양한 국내 저서와 번역서가 소개되어 있지만 이 책은 다음과 같은 측면에서 의미를 갖는다.

우선, 이 책은 프로세스 개선 프로젝트에서 활용되고 있는 다양한 유형의 분석 도구tool들에 대한 사용법 및 사례를 제시해 실무용 핸드북으로서의 활용성을 높이고 있다. 또한, 각 도구별 사용 절차, 주의 사항 등 상세한 설명을 담고 있어 실무자뿐만 아니라 이 분야에 새롭게 접근하는 초심자에게도 유용하도록 구성되었다. 마지막으로, 이 책의 번역 작업에는 다년간 프로세스 개선 프로젝트를 수행한 실무자들이 직접 참여해 원문에 충실하면서도 현장에서 습득한 지식 및 경험을 바탕으로, 독자들이 보다 쉽게 이해할 수 있도록 기술하고 있다.

아마도 이 책을 선택한 독자는 프로세스 컨설팅 업무를 현재 실무에서 수행하고 있거나, 앞으로 이 분야에 종사하고자 관심을 갖는 독자일 것이다. 실무용 핸드북으로서, 또는 입문용 참고 도서로서 독자 여러분에게 유용하게 활용되기를 바란다.

이종화
LG CNS 공공서비스 부문장, 상무

역자 머리말

1990년대 들어 민간 및 공공 분야에 정보 시스템 도입이 붐을 이루면서 국내에서도 본격적인 비즈니스 프로세스 재설계business process reengineering(BPR) 시장이 형성되기 시작했으며, 행정 기관의 경우에는 정보통신 시스템 도입 시 사전에 BPR을 수행하도록 법률로 규정될 만큼 광범위한 분야에서 수행되고 있다.

이러한 BPR 컨설팅 시장의 성장에도 불구하고 국내에서는 프로세스 컨설팅 기법에 대한 마땅한 참고자료를 찾기 어려운 것이 현실이다. 업무 현장에서는 프로세스 컨설팅을 처음 수행하는 신입사원들을 대상으로 표준 업무 수행 방법론 교육, 모범 사례 공유 등의 멘토링mentoring 활동을 수행하고 있지만, 보다 체계적인 지식 전파가 이루어지기 위해서는 다양한 기법과 사례 들을 한 권으로 정리할 수 있는 교재가 절실하게 되었다. 또한 입문자뿐만 아니라 이미 다년간의 컨설팅 프로젝트 경험을 보유한 전문가의 경우에도, 상황별로 활용할 수 있는 문제 해결 기법 핸드북이 있었으면 하는 아쉬움을 항상 느껴왔다.

『비즈니스 프로세스 컨설팅 핸드북Business Process Improvement Toolbox』은 현장에서의 이러한 필요를 해결하기 위한 노력의 일환으로 세상에 나오게 되었다. 세계적인 품질 전문 기관인 미국 품질협회American Society for Quality(ASQ)에서 출판된 원서는 다양한 상황에서 활용될 수 있는 30여 개의 도구tool들을 소개하면서 풍부한 사례도 제시한다는 점에서 이러한 요구를 충족해주기에 충분했다. 이에 따라 연구회 회원들이 1년여에 걸쳐 원서를 스터디한 결과물이 바로 이 책이다.

컨설턴트들이 컨설팅 프로젝트와 병행하면서 번역 작업을 한 관계로 시간의 압박 속에서 좀더 충실한 설명을 덧붙이지 못한 것에 깊은 아쉬움이 남는다. 하지만 현장에서 쌓은 지식과 경험을 동원해 이해하기 쉬운 글이 될 수 있도록 최대한 노력했다.

이 책은 현재 BPR과 관련된 업무를 수행하고 있거나 앞으로 이 분야에 진출하고자 하는 현직 및 예비 컨설턴트 들에게 비즈니스 프로세스 개선 프로젝트에서 활용할 수 있는 다양한 형태의 유용한 도구tool를 소개하는 것을 목적으로 하고 있다. 이미 프로세스 컨설팅 업무를 수행하고 있는 현업 컨설턴트들은 이 책을 통해서 기존의 것 이외에 새로운 기법을 알게 될 것이다. 특히 비즈니스 프로세스 컨설팅 분야에 새롭게 진출하고자 하는 독자들에게 앞으로 수행하게 될 업무에 대한 감을 잡을 수 있는 기회가 되기를 바란다.

끝으로 책이 출판되기까지 격려와 지원을 아끼지 않으신 LG CNS의 정구협 팀장님, 성기욱 담당님 그리고 후배 컨설턴트들에게 끊임없는 자기 계발을 자극하고 격려해주신 이영택 전문위원님께 마음 깊은 감사를 드린다.

역자들을 대표해
윤성일

목차

추천의 글 04
역자 머리말 06
머리말 12

1장 비즈니스 프로세스 개선 _15
- 1.1 왜 개선이 필요한가? _17
- 1.2 비즈니스 프로세스 개선의 하부 구조 _22

2장 조직의 이해관계자와 전략적 방향에 대한 이해 _27
- 2.1 개선에 대한 이해관계자의 기대 _29
- 2.2 조직의 전략 검토 _40
- 2.3 강점 · 약점 · 기회 · 위협 분석 _43
- 2.4 경쟁 세력 분석 _45
- 2.5 전략 지도 _49

3장 비즈니스 프로세스 이해 증진 _53
- 3.1 프로세스 중심에서 부서 중심으로, 그리고 다시 비즈니스 프로세스 중심으로 _55
- 3.2 비즈니스 프로세스 정의 _62
- 3.3 비즈니스 프로세스 분류 _64
- 3.4 조직 비즈니스 프로세스 식별 _67
- 3.5 비즈니스 프로세스 모델링 _69
- 3.6 관계 대응 _75
- 3.7 전통적 비즈니스 프로세스 흐름도 _79
- 3.8 복합기능 비즈니스 프로세스 흐름도 _86
- 3.9 프로세스 영역으로 구분된 비즈니스 프로세스 흐름도 _90
- 3.10 다단계 비즈니스 프로세스 흐름도 _92
- 3.11 통계를 추가한 비즈니스 프로세스 흐름도 _95
- 3.12 비즈니스 프로세스 흐름도의 작성 도구 _99

4장 비즈니스 프로세스 개선을 위한 성과 측정 활용 _101
- 4.1 비즈니스 프로세스 개선을 위한 성과 측정의 역할 _103
- 4.2 성과 측정 시스템 구축 _105
- 4.3 성과 지표 _108

5장 비즈니스 프로세스 개선 로드맵 작성 _115
5.1 비즈니스 프로세스 개선 프로젝트 계획 수립 _117
5.2 추세 분석 _118
5.3 거미 도표 _122
5.4 성과 매트릭스 _125
5.5 준거평정법 _128
5.6 품질 기능 전개 _131

6장 비즈니스 프로세스 개선을 위한 조직 구성 _139
6.1 비즈니스 프로세스 개선 기술 _141
6.2 비즈니스 프로세스 개선을 보조하는 조직 형태 _144
6.3 품질관리그룹 _152
6.4 복합기능 팀 _155
6.5 개선을 지향하는 조직 문화의 정착 _157

7장 비즈니스 프로세스 개선 도구상자 _161
7.1 도구상자의 필요성 _163
7.2 비즈니스 프로세스 개선 모델 _164
7.3 도구상자 안의 도구들 _166

8장 성과 부족에 대한 데이터 수집 도구 _169
8.1 표본추출법 _171
8.2 설문조사법 _174
8.3 점검표 _177
8.4 문제 집중 다이어그램 _180

9장 성과 부족에 대한 현황 분석 도구 _185
9.1 주요사건기술법 _187
9.2 파레토 도표 _190
9.3 원인 · 결과 도표 _193
9.4 5why 기법 _198
9.5 산포도 _201
9.6 히스토그램 _204
9.7 연관도 _211
9.8 매트릭스 다이어그램 _215
9.9 존재 유무 분석 _219
9.10 병목 현상 분석 _223

10장 아이디어 도출 및 선택을 위한 도구 _229

10.1 브레인스토밍 _231
10.2 브레인라이팅과 크로퍼드메모쪽지법 _235
10.3 여섯 색깔 모자 기법 _238
10.4 명목 집단 기법 _241
10.5 쌍대 비교 _244

11장 개선 창출을 위한 도구 _247

11.1 능률화 _249
11.2 이상적 프로세스 수립 활동 _261
11.3 품질 기능 전개 _264
11.4 통계적 프로세스 관리 _268
11.5 6시그마 _296
11.6 비즈니스 프로세스 재설계 _301
11.7 벤치마킹 _320

12장 개선 과제 이행을 위한 도구 _341

12.1 AΔT 분석 _346
12.2 계통도 및 프로세스 결정 프로그램 도표 _350
12.3 역장 분석 _355

13장 사례 연구_ 어느 대학의 학생 만족도 향상 _361

13.1 대학 조직의 개요 _363
13.2 성과 우선순위 도출 _364
13.3 현행 프로세스와 성과 부족 이해 _368
13.4 성과 부족 분석 _371
13.5 개선 방안 도출 _373
13.6 개선 이행 _375

14장 그린 카펫 시드사의 기업 경영 모델 혁신 사례 _379

14.1 기업에 대한 소개 _381
14.2 경영 개선을 위한 변화의 우선순위 선정 _382
14.3 현재 비즈니스 프로세스 및 성과 부족에 대한 이해 _385
14.4 개선 방안 정의 _387
14.5 개선 프로세스 수립 _389
14.6 새로운 서비스의 이행 _392

참고문헌 393
찾아보기 398

이 책의 초판이 출판된 1999년 이래 독자들로부터 엄청난 양의 피드백이 있었다. 초판은 내가 가르친 몇몇 과정들을 포함한 여러 상이한 교육 강좌들에서 사용되었는데, 학생들의 반응은 긍정적이었다. 특히 업무 경험이 많지 않은 학생들은 책에 나오는 방대한 예들이 유익하다는 반응을 보였다. 대부분의 독자들이 프로세스 개선process improvement에 관련된 일을 하는 사람들일 텐데, 다양한 산업 분야에 종사하는 독자들이 보여 준 피드백 또한 대부분 긍정적이었다. 나는 이 책이 학문적인 교과서가 되기를 바란 적이 결코 없으며, 아마도 그것이 이 책이 환영받는 이유 중 하나일 것이다.

때때로 나는 강의 전에 어떤 토픽을 다시 살펴보든가 학생들에게 무언가를 보다 자세하게 설명하기 위해 초판본을 들추어보는데, 그럴 때마다 초판에서 많은 부족함을 발견하게 된다. 지난 수년 동안 개선 작업에 대해 많은 것을 배우고 이 문제에 대한 전반적인 지식을 상당히 축적하게 되면서, 결국 이 책이 계속 유용하게 남기 위해서는 개정판이 필요하다는 것이 명확하게 되었다.

제2판은 꽤 광범위한 변화를 담고 있다. 먼저 책 전반부의 구성 전체를 다시 꾸몄다. 초판의 경우, 구성의 기초가 되었던 전반적인 개선 모델이 완전히 만족스럽지는 못했지만, 이제는 보다 명확해졌다고 믿는다. 전략과 성과performance 입안에 대한 보다 구체적인 내용이 추가됨으로써, 개선 작업을 어떻게 체계화하고 개선을 위해 끊임없이 노력하는 문화를 만들 것인가에 대한 자료가 추가되었다. 또한 도구상자toolbox에 새로운 도구와 테크닉을 추가했다.

초판과 마찬가지로, 이 책의 목표는 독자들에게 일관된 비즈니스 프로세스 개선 시스템business process improvement system을 만드는 방법에 대한 실용적인 통찰력을 제공하는 것이다. 어느 조직이든지 일이 이루어지는 방법의 다양한 면(그 일이 크건 작건)을 개선하기 위해 지속적으로 연구하는 것이 성공의 열쇠다. 조직이 목표하는 위치에 아직 도달하지 못했다고 생각하는 (즉 아직은 이루어야 할 목표가 더 많다고 생각하는) 문화와 잘 갖추어진 도구상자를 결합할 수 있다면, 성공적인 미래를 맞이할 가능성이 더욱 높아질 것이다.

책의 전반부에서는 전반적인 비즈니스 프로세스 개선 모델business process improvement model을 제시한다. 이어지는 장들에서는 현재 비즈니스 프로세스를 이해하고 모델링하는 방법, 비즈니스 프로세스 개선 후 성과 측정 방법, 비즈니스 프로세스 개선 로드맵 수립 그리고 비즈니스 프로세스 개선에 따른 조직적 변화 관리 방법을 다룬다. 책의 후반부에서는 전체 도구상자를 소개하며, 비즈니스 개선 모델 수립을 위한 단계들을 각 장별로 나누어 설명한다. 각 단계에서는 해당 단계에 적합한 도구들을 선정해 제시하며, 여기에는 제시된 도구에 대한 기본적인 개념 설명과 작업 내용 및 적용 사례도 포함되어 있다. 마지막 두 장에서는 앞서 설명된 모든 단계를 적용한 두 개의 사례 연구를 보여 준다.

이 책은 서비스업, 제조업, 공공 부문을 포함한 다양한 산업 분야에 종사하는 직원들이나 관리자들 모두에게 적합하다는 점을 다시 한 번 강조하고 싶다. 그리고 품질 관리 및 지속적 개선과 관련된 교육 과정을 수강하는 학생들에게도 교재로 활용 가능한 책이다.

동료들, 내 강의를 들었던 학생들, 함께 일해왔던 회사들을 포함해 이 책을 쓰는 데 영감을 준 모든 이에게 진심으로 감사한다. 초안을 검토해준 아내 힐데 멘초니 아네르센Hilde Mentzoni Andersen에게도 감사한다. 마지막으로, 매 단계마다 뛰어난 실행력을 보여 주었던 ASQ Quality Press의 모든 훌륭한 이들에게도 감사드린다.

2007년 3월 1일, 노르웨이 트론헤임에서
비에른 아네르센Bjørn Andersen

1장

비즈니스 프로세스 개선

어떤 사람들은 **'개선'**이라는 말뜻을 잘 이해하고 있을 뿐 아니라 그들에게 그것은 거의 제2의 본성과 같다. 나 자신도 그러한 범주에 속한다고 생각하지만, 끊임없이 개선에 대해 생각한다는 것이 이질적으로 느껴지는 사람들이 존재한다는 것 또한 사실이다. 그러므로 개선의 일반적인 의미에 대한 소개로부터 시작하는 것이 논리적일 듯하다.

1.1
왜 개선이 필요한가?

일상생활이나 산업 분야에서 아무것이든 골라보자. 그 역사를 추적하다 보면, 상대적으로 매우 짧은 기간 동안에 극적인 변화가 일어났다는 사실을 깨닫게 될 것이다. 이러한 변화들은 시장에서 제공되는 제품이나 서비스, 사용되는 기술들, 활동을 조직하는 방식 등 모든 곳에 적용된다.

여행을 예로 들어보자. 수십 년 전만 하더라도, 전 세계 그 어떤 지역에서도 인구의 극히 일부만이 여행을 할 수 있는 권리나 수단을 가지고 있었다. 대부분의 사람들에게 항공 여행은 터무니없이 비쌌으며, 기차 여행이나 항해는 먼 거리를 여행하기에는 너무 느렸다. 몇몇 나라들에서 인구의 대부분이 이용할 수 있는 유일한 운송 수단은 자동차였다. 비록 개선의 여지가 있기는 하지만, 여행 분야에서 주목할 만한 변화가 있었다는 것은 의심의 여지가 없다. 이제 전 세계 대부분의 지역에서 항공 여행의 비용은 감당할 만하다. 사람들은 원하는 곳이면 어디든 여행하고 있고, 역사상 그 어느 시대보다도 더욱 많은 사람들이 먼 곳의 해변을 관광하고 있다. 조건이나 환경이라는 관점에서 본다면, 여행은 너무 쉬워졌는지도 모른다.

아니면 통신을 보자. 부모님이 전화를 하기 위해 두 블록을 걸어가기는 너무 성가시다며 집에 정부 소유의 독점 공급자가 제공하는 전화선을 설치했던 때가 기억난다. 그때가 1970년대였다. 전화가 설치될 때까지 대략 4개월을 기다려야 했으며, 다른 선택 사항 없이 그저 표준형 회색 전화기만을 받았다. 오늘날이라면 아무도 이러한 형태의 고객 서비스를 용납하지 않을 것이다. 과거 정부가 운영했던 다른 많은 기본적인 서비스들과 마찬가지로 대부분의 국가에서 통신에 대한 규제가 해제되었다. 고객이 공급자를 선택할 수 있으며, 제공되는 서비스의 범위 역시 엄청나게 증가했다. 지난 몇 년간 여기저기 여행할 기회가 꽤 있었는데, 그때마다 휴대전화와 무선인터넷카드가 장착된 컴퓨터를 사용하는 일이 얼마나 쉬웠는지 아직까지도 놀랍기만 하다. 가장 최근에 여행했던 곳은 베네수엘라였는데, 휴대전화를 사용하기 위해서는 현지 공급자로부터 심카드SIM card를 구입해야 할 것이라는 이야기를 들었다. 하지만 막상 도착해보니 전화와 고속 인터넷 모두 곧바로 작동했다. 내가 들었던 이야기는 두 달 전 정보였던 것이다.

전자 제품에서도 주목할 만한 변화가 이루어져 왔다. 몇 기가바이트 용량의 하드드라이브가 내장된 디브이디플레이어DVD player나 디브이디레코더DVD recorder를 가지고 있는가? 아마 엠피스리플레이어MP3 player도 가지고 있지 않은가? 대부분의 사람들이 이러한 제품을 하나 이상 가지고 있고, 현재 가지고 있는 기기가 낡아 쓰지 못하게 되기 전에 새로운 기술이 나타날 것이라는 사실을 당연시한다. 나 역시 처음으로 시디버너CD burner를 샀을 때 디브이디버너DVD burner가 나오는 것은 시간문제일 뿐이라는 것을 알고 있었다. 그리고 내가 처음으로 디브이디버너를 샀을 때 소비자용 가전업계는 이미 듀얼레이어버너dual-layer burner가 곧 출시될 것이라고 확신했다. 이제 첫 블루레이디스크플레이어Blu-ray Disc player가 출시되었고, 그것이 광학 저장 장치 기술의 마지막 진화 단계가 아니라는 데 무엇이든 걸 수 있다. 이러한 형태의 제품들에서 특히 주목할 만한 것은 가격의 변천이다. 최초의 디브이디플레이어는 2,000달러부터 3,000달러 사이였다(나는 운이 좋게도, 이러한 일들이 어떻게 이루어지는지 알았기에 그 시점에 구입하는 것을 피했다). 오늘날에는 어떤 대리점에서나 전구 바로 옆에 진열되어 있는 디브이디플레이어를 49.99달러면 살 수 있다.

이들은 단지 몇 가지 예에 불과하지만, 어떤 분야를 살펴보든 아마 같은 추세를 발견할 것이다. 솔직히 말하자면 "좋았던 옛 시절the good old days"이라는 말은 전혀 사실과 다르다. 설사 힙합 음악이나 요즘 아이들의 운동 부족을 언급하며 이러한 말을 들먹이는 경우가 있다고 하더라도, 실제로는 대부분의 경우 요즘이 훨씬 낫다. "옛날에는" 사람들이 훨씬 예의가 있었다고 말들 하지만, 전반적으로 판단해

볼 때 생각할 수 있는 어떤 산업 분야에서든 고객 서비스는 발전해왔다. 또한 스트레스는 적고 여가 시간은 더 많았던 예전 사람들이 지금보다 훨씬 나은 삶을 영위했었다고 말하지만, 이것 역시 사실이 아니다. 대부분의 사람들은 그저 그럭저럭 버틸 만한 돈을 벌기 위해 훨씬 더 많은 시간을 일하거나, 오늘날 같으면 가전제품들이 대신해주는 집안일을 하는 데 시간을 소비했다. 역사상 그 어느 시점에서도 오늘날보다 더 사람들이 무엇을 하며 살 것인가에 대한 선택권과 그 꿈이나 욕구를 실현하기 위한 기회를 가진 적은 없었다.

왜 그런가? 더 나은 것, 다음 굽이만 지나가면 그곳에 있을 것에 대한 인류의 뿌리 깊은 추구가 있기 때문이다. 인류가 신대륙을 탐험하고, 우주를 여행하며, 해저를 지나도록 이끈 힘이 바로 이러한 욕구다. 이와 동일한 욕구가 앞서 설명한 디브이디버너의 4단계에 걸친 발전을 포함한 무수한 발명을 이끌었다. 이러한 논의에 동의한다면, 조직 내에서의 개선을 위한 노력을 제한할 방법이란 없을 것이다. 사람들은 어떤 일이 생기든 계속 (개선을 위해) 나아갈 것이다.

게다가 수많은 내적, 외적 힘들이 개선이 오늘날의 시장 환경에서 필수적인 것이 되도록 만들었다.

- 대부분의 프로세스에서 성과 수준 performance level은 그것을 유지하기 위한 노력이 가해지지 않는 한 시간이 지남에 따라 감소하는 경향을 보인다. 이것은 현재의 수준을 유지하려면 어느 정도의 정비 maintenance를 수행할 필요가 있다는 뜻이다. 그림 1.1에서 보듯이 만약 개선이나 갱신 renewal을 원한다면, 단순한 정비 이상의 노력이 요구된다.
- 어떤 조직이 개선되지 않으면 그 경쟁자들이 개선될 것이 거의 확실하다. 만약 어떤 조직이나 경쟁자들 모두 개선되지 않는 비현실적인 시나리오가 발생한다면, 항상 그 시장에 뛰어들고자 하는 다른 등장인물이 나타난다.
- 오늘날의 고객들은 더 많은 것을 요구하며, 솔직히 말하자면 응석받이다. 제공되는 제품이나 서비스의 양과 질은 끊임없이 나아지고 있으며, 그로 인해 기대치가 극적

으로 상승했다. 기대치를 상회하는 이상적인 상황이 가능하지 않다면, 적어도 충족은 시켜야 한다. 기대치를 충족시킬 수 없다면 고객을 잃는다는 것은 기정사실이다.

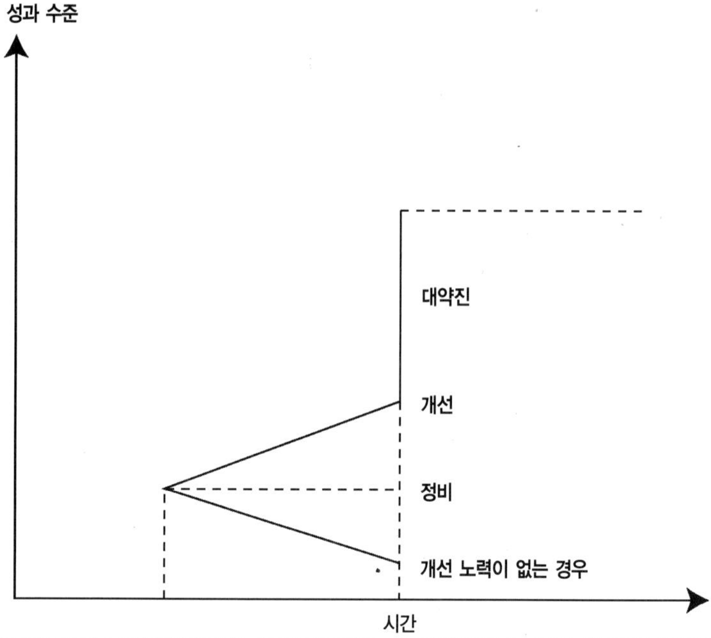

그림 1.1 개선 노력이 부재한 경우, 성과 수준 하락

일반적으로 이것은 몇 년 전까지만 하더라도 만족스러웠던 것이 현재는 가까스로 받아들여지고, 앞으로 얼마 지나지 않아 기대치에 미치지 못하게 될 것이라는 사실을 의미한다. 그러므로 개선을 해야 하는가 마는가를 논의하는 것은 무의미하다. 오히려 문제는 얼마나 많이 그리고 빨리 개선해야 하는가이다.

물론 이에 대한 절대적인 해답은 없지만 보다 일반적인 답은 지속적인 개선과 때때로의 대약진$_{\text{breakthrough}}$이 될 것이다. 이러한 관점에서 경험상 볼 때, 지속적인 개선을 강조하는 조직은 대부분 때때로의 대약진을 창조하는 데 필요한 독창성과 개선을 지향하는 태도를 보인다는 사실(Hayes and Wheelwright, 1984)은 지적할 만한 가치가 있다. 반대로 오직 대약진만 달성하려고 하면서 지속적인 개선 활동을 무시하는 것은 필요시 대약진을 만들어내기 어렵다는 사실 역시 입증될 수 있다.

매우 다른 형태의 조직들에서 수많은 개선 프로젝트를 관찰한 결과, 사람들마다 타고난 개선 기술에는 큰 차이가 있다는 것을 알 수 있었다. 비록 소수지만 어떤 사람들은 선천적으로 개척자나 발명가 혹은 커다란 변화를 계획하는 입안자이며, 어떤 조직은 지속적인 개선에 천부적인 챔피언인 것처럼 보인다. 비록 우리 모두 인류의 진보를 향한 욕구를 공유하고 있지만, 슬프게도 우리 대다수는 개선이 배우고 연습해야 하는 하나의 기술이라는 것을 알고 있다. 또한 실행되어야 하는 각 단계들의 윤곽이 그려져 있는, 잘 정의된 개선 프로젝트나 개선 도구의 사용과 같은 특정한 무엇인가와 연계되었을 때 이러한 기술을 발휘하기가 얼마나 쉬워지는지 역시 증명되었다. 따라서 개선을 위한 노력을 어떻게 체계화하고 어떤 도구를 사용하는지에 관계없이 비즈니스 프로세스는 개선 작업을 위한 훌륭한 시작점이다. 이러한 관찰들을 종합해 독자들이 자신의 조직에서 비즈니스 프로세스를 개선하는 데 사용할 수 있는, 잘 갖추어진 도구상자를 제공하는 것이 이 책의 주된 목적이다.

1.2

비즈니스 프로세스 개선의 하부 구조

개선을 향한 욕구가 인류에 내재되어 있다고 이야기했지만, 목표 지향적이고 사람들을 통합하며 조직 내에서 잘 수행되는 개선 작업이 쉽다고 말하는 것은 아니다. 이 게임에서 성공하기 위해서는 적절하게 준비되어야 하는 다수의 전제 조건들이 있다. 100퍼센트 완전하지는 않지만, 개선을 위한 노력을 잘 수행하기 위해 각각의 조직이 이해하고 습득해야 할 가장 중요한 요소들을 그림 1.2에서 나타내고자 했다. 이 책이 전하고자 하는 주제 의식에 입각해볼 때, 이것은 초판에서 제시된 개선 모델의 업데이트된(바라건대 개선된) 버전이다. 이전의 모델은 원칙적으로 포괄적인 개선 프로세스에 속하는 일련의 활동들을 약술했으며, 이러한 요소들 중 일부는 새로운 버전에서도 유효하다. 하지만 초판 이후 수년이 지나면서 그러한 체제 내에서 언급할 만한 다른 많은 요소들이 있다는 것을 깨닫게 되었다.

비즈니스 프로세스 개선의 하부 구조를 구성하는 요소들은 다음과 같다.

- **조직의 이해관계자** stakeholder**와 전략**_ 조직의 전반적인 우선순위를 결정하기 때문에 포함된다. 그 조직이 뛰어나야 하는 핵심 부문을 정의하며, 대부분의 경우 개선 프로젝트 아이디어를 평가하는 배경이 된다.
- **현재 비즈니스 프로세스의 철저한 이해**_ 비즈니스 프로세스는 개선 작업을 위한 이상적인 분석 단위이며, 현재 프로세스가 어떻게 수행되고 있는가를 이해하는 것이 해당 프로세스를 개선하는 데 더없이 소중한 토대라고 이미 이야기했다.
- **성과 측정** performance measurement_ 개선 작업에서 필수적인 역할을 한다. 어떤 비즈니스 프로세스가 개선되어야 할지 평가하는 데 도움을 주고, 그 프로세스가 현재 어떻게 실행되고 있는지에 대한 통찰력을 제공하며, 이후에 일어날 개선 효과를 추

적할 수 있도록 해준다.

- **비즈니스 프로세스 개선 로드맵_** 개선 노력을 위한 일종의 작전 계획이다. 이러한 로드맵은 장기적으로 어떤 비즈니스 프로세스가 개선되어야 할지 윤곽을 그려주며, 눈앞의 프로젝트에 대한 보다 상세한 내용을 담을 것이다.
- **개선을 촉진하는 기법, 인센티브, 태도 등을 포함하는 조직 구조_** 이것은 본질적으로 광범위한 논제이고, 개선에 대한 의지가 큰 조직에서 절대적으로 중요한 분야다. 만일 직원들이 지속적인 개선을 지지하는 가치관을 가지고 있지 않거나, 개선에 추가적인 노력을 쏟을 만한 인센티브가 없거나 혹은 개선에 착수할 책임이 있는 사람이 아무도 없다면, 그 결과는 참담할 것이다.
- **비즈니스 프로세스 개선 도구상자_** 이 책이 궁극적으로 전하고자 하는 것이다. 오랫동안 관찰한 결과, 효과적이고 사용하기 쉬운 도구들은 개선의 방향을 정하고 개선 프로젝트를 올바른 방향으로 안내하는 데 그리고 개선 작업을 어떻게 시작할지 알 수 없다는 느낌을 극복하는 데 도움이 된다.

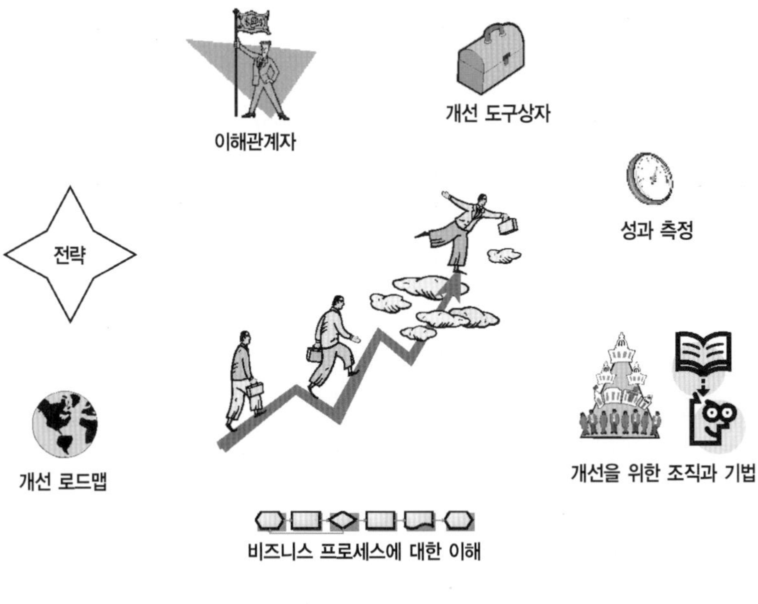

그림 1.2 비즈니스 프로세스 개선 작업의 프레임워크

이러한 하부 구조는 개선을 위한 노력의 방향을 결정하고, 현재의 비즈니스를 이해하는 토대를 제공하며, 개선 프로젝트를 수행하기 위한 도구와 기술을 제공하는 각 구성 요소들을 결합해준다. 다음 장들에서는 하부 구조 내의 각 요소들을 다루며, 특히 도구상자는 여러 장에 걸쳐 제시될 것이다.

이 하부 구조 모델이 예시하지 못하는 것은 개선 작업의 순환적인 성격cyclical nature이다. 개선 프로젝트는 흔히 현 상황 평가하기, 개선을 만들고 계획하기, 변화를 구현하기 그리고 개선 목표에 도달했는지 평가하기의 단계들로 진행된다. 목표에 도달하지 못했다면, 그 프로세스는 목표가 성취될 때까지 반복된다. 이 사이클은 특정 개선 프로젝트와 전체 조직 모두에 적용되며, 그러한 선순환을 이끄는 힘은 바로 결코 만족하지 않는 완고한 태도다. 이러한 문화가 정착되고 조직 전반에 가득할 때, 그 조직이 넘지 못할 한계란 없게 된다.

에드워즈 데밍W. Edwards Deming의 연구(1986)에 익숙한 사람이라면 이러한 순환적인 개념이 데밍휠Deming wheel의 원칙에 기초한다는 사실을 알 것이다. 그림 1.3에 데밍휠이 나와 있는데, 이것은 '계획 · 실행 · 검토 · 조치의 사이클the cycle of plan, do, check, act(PDCA)'이라고 불리기도 한다. 이 PDCA 활동은 지속적인 개선을 이행하기 위한 일반적인 접근 방법을 보여 주는데, 각 단계는 다음과 같다.

- **계획**_ 이 단계에서는 문제를 분석하고 그것을 해결할 활동들을 계획한다. 즉 개선 계획이다.
- **실행**_ 이 단계에서는 이전 단계에서 계획한 활동들을 실행한다. 그 목적은 주로 해결책을 시험하는 것이다.
- **검토**_ 이 단계에서는 활동들이 문제에 대해 효과가 있는지 평가하기 위한 검토가 이루어진다. 즉 성과 평가performance evaluation다.
- **조치**_ 마지막으로 이 단계에서는 결과를 낳는 것으로 확증된 활동들에 따라 프로세스를 수정한다. 네 단계를 모두 이행한 후에는, 개선된 프로세스 혹은 새로운 사이클의 시작점 둘 중 하나를 갖게 될 것이다.

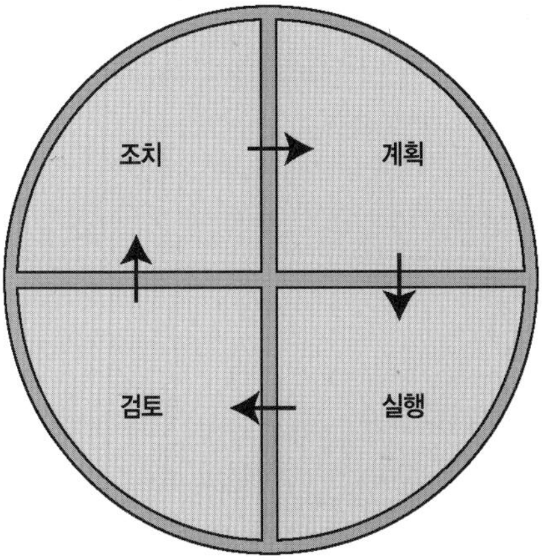

그림 1.3 데밍휠

데밍휠의 목적은 개선을 향한 체계적인 접근 방법을 묘사하는 것 외에도 프로세스를 수행함으로써 사이클이 끊임없이 움직이도록 하는 것이다. 이것이 이 책의 주된 메시지 가운데 하나이며, 이후에도 계속 반복될 것이다. 다음 장에서는 조직의 이해관계자와 전략이 다루어지는데, 이것은 끊임없이 개선을 추구할 때 강조해야 하는 분야 중 하나다.

2장

조직의 이해관계자와 전략적 방향에 대한 이해

이 책의 목표는 비즈니스 프로세스를 개선하는 것이지만 조직의 전략이 개선 노력에 커다란 영향을 끼친다는 사실은 분명하다. 이 장에서는 이러한 영향력을 설명하고 개선 이전 단계에서 유용한 몇 가지 기술을 제시하고자 한다.

2.1
개선에 대한 이해관계자의 기대

조직에서 개선 프로젝트를 제안하거나 개선에 관한 아이디어를 제시하는 많은 방법이 있다. 1970년대 혹은 1980년대에는 품질관리그룹quality circle이 인기를 끌었는데, 이것은 사람들을 모아서 개선책을 토의하고 발전시키는 접근 방법이었다. 많은 조직에서 직원들로부터 아이디어나 제안을 수집하는 데 이메일을 포함한 의견수집함을 사용해왔다. 마찬가지로 소비자로부터 피드백을 체계적으로 수집하는 데 이메일, 인터넷 게시판 또는 매장이나 사무실에 비치해둔 양식을 이용한다. 조직의 단계별 혹은 지역별 관리자들이 책임지고 매년 몇 개의 개선책을 추천하기도 한다. 이러한 대부분의 경우에서 몇 가지 메커니즘이 작동할 것이다.

여기서 전달하고자 하는 메시지는 이러한 것이다. 아이디어를 창출하기 위해 조직 내에서 열정적이거나 많은 개선책을 내는 것이 무엇보다 중요하지만, 또한 더 많은 조사나 이행을 위해 승인된 아이디어들이 조화를 이룰 수 있도록 균형을 잡는 일도 필요하다. 조직은 규모에 관계없이 시간, 인력 또는 자금과 같이 개선 프로젝트를 수행하는 데 투자할 수 있는 제한된 여유 자원을 갖는다. 계획을 실행하고 유지하는 일이 우선하기 때문에, 개선 업무는 종종 다른 업무들에 집중해야 할 때는 희생될 수 있는 여분의 노력으로 여겨지고는 한다. 개선에 투자해 얻는 수익을 최대화하려면 프로젝트는 이해관계자들에게 도움이 되는 비즈니스 영역을 제시해야 한다.

이러한 논리에 따르면, 앞 장에서 언급한 바와 같이 개선을 위한 로드맵을 창출하는 데 중요한 기반은 조직의 이해관계자가 누구인가, 이들이 기대하는 바는 무엇인가, 이들을 만족시키는 것은 무엇인가, 어떤 영역에서 조직의 개선을 보고 싶어 하는가를 분명하게 이해하는 것이다. 다시 말하면, 대부분의 산업 분야에서 폭넓게 알려진 프로세스라고 할 수 있는 이해관계자 분석stakeholder analysis을 수행해야 한다. 이해관계자 분석은 전략 기획의 도구로 쉽게 정의할 수 있지만, 개선 목표에서 다른 유용한 기능도 수행할 수 있다.

- 비즈니스 단위나 전체 조직의 상위 수준에서 이해관계자 분석을 실행할 때, 해당 산업 영역의 경쟁 구도에서 그 조직이 어떤 위치를 차지하는지를 전반적으로 이해할 수 있다. 이는 조직의 최고 경영진이 이러한 지위를 유지 혹은 강화하기 위해서 따라야 하는 지침을 이해할 수 있도록 도와줄 뿐만 아니라 개선 프로젝트 가운데 우선순위를 결정하는 데 필요한 기본 원리도 전달한다.
- 매년 1에서 2회 정도 이해관계자 분석을 실시하면, 그 자체로 개선 아이디어를 창출할 수 있다. 분석의 세부적인 수준에 따라, 핵심 이해관계자들이 조직에 느끼는 만족도와 달라지기를 바라는 것들을 토론하거나 더 나아가 그들과 토의할 수도 있다.
- 심지어 개별적인 개선 프로젝트에서도 보다 낮은 수준의 이해관계자 분석은 유용할 수 있는데 특히 프로젝트의 초기 단계에서 그렇다. 최근 몇 달 동안 줄어들고 있는 내부 매점의 매출액을 반전시키는 임무를 부여받은 헬스클럽 직원들을 생각해보자. 매점에 대한 제한된 이해관계자 분석은 회원들이 선호하는 간식, 회원들이 클럽에서 쓰는 돈의 액수, 좋은 서비스를 제공하는 직원들이 받는 인센티브 등에 대한 유용한 통찰력을 제공할 수 있다. 물론 다른 분석들이 추가적으로 필요하겠지만 이러한 방법은 여전히 좋은 출발점이 될 것이다.

이해관계자stakeholder의 말뜻을 이미 안다는 전제하에 쓰고 있다는 사실을 눈치챘을 것이다. 이 용어가 경영 분야의 문헌에서 꽤 오래전부터 사용되었기 때문에 이렇게 쓰는 것을 받아들여 주기 바란다. 아마 이 분야의 다른 많은 저자들도 마찬가지일 것이다. 몇 년 동안 이 용어가 어디에서 유래했는지 찾기 위해 노력했지만, 아직 성공했다고 확신할 수는 없다. 일반적으로 위키피디아Wikipedia는 신뢰할 만한데, 여기서는 이해관계자를 법이나 도박에서 통용되는 전통적인 뜻으로 "소유자가 결정되는 과정에서 일시적으로 돈이나 자산을 보유하는 제3자"라고 설명한다. 이것은 아마도 사실일 것이다. 또한 최근에 들었던 이론은 1800년대 미국 서부를 탐험했던 개척자들과 관련된 것이다. 〈파 앤드 어웨이Far and Away〉, 〈센테니얼Centennial〉, 〈서부 개척사How the West Was Won〉 그리고 〈오씨Into the West〉 같은 텔레비전 드라마나 영화를 보면서 이 이론이 충분히 매력적이고 신뢰할 만하다고 생각했다. 개척자들은 대부분 집과 농장을 지을 수 있는 토지를 구하고 새로운 삶을 찾기 위해 서부로 갔다. 이들은 공식 문서가 발급되기 전까지 구획을 표시하는 깃발을 꽂는 것으로 토지에 대한 권리를 주장했다. 이러한 깃발은 말뚝stake에 달려 있었다. 따라서 이러한 관점에 비추어 생각해보면, 이해관계자는 토지에 대한 권리를 주장하기 위해 말뚝을 박는 사람을 말한다.

또한 이해관계자 분석이 단일화된 도구, 분석을 실시하는 단계들이 일반적으로 합의된 도구가 아니라는 점도 지적하고 싶다. 이해관계자 분석은 조직 내에서 기득권을 가진 다양한 이해관계자를 좀더 이해하고, 최소한의 수준에서 그들이 가지고 있는 필요나 요구 또는 기대 등을 더 많이 알기 위해 수행하는, 상식적이고 일반적인 수준을 넘어서는 활동이다. 최근 몇 년 동안 수많은 기업에서 이해관계자 분석을 광범위하게 연구 및 수행했는데, 다음 내용들은 매우 유용할 뿐만 아니라 실행할 수 있는 접근 방법인 듯하다.

1. 브레인스토밍을 이용해 조직의 이해관계자들을 확인하라.
2. 어떤 것이 가장 중요한가를 결정하는 기준에 따라 이해관계자들을 그룹으로 묶거나 분류하라.
3. 카노 모델을 이용해 이해관계자들이 바라는 필요와 기대를 확인하라.
4. 이해관계자들이 조직에 취할 만한 행동을 예측하고자 노력하라.
5. 이러한 과정에서 얻은 통찰력으로 이해관계자들을 어떻게 다룰 것인가에 대한 전략을 발전시켜라.

이해관계자를 확인하기 위해 실행할 수 있는 유일한 방법은 고전적이지만 효과적인 브레인스토밍이다(10.1에서 브레인스토밍을 좀더 자세히 다룬다). 조직의 서로 다른 여러 분야에서 모인 사람들이 작은 그룹을 이루어 브레인스토밍을 한다면, 대개 한두 시간 내에 핵심 이해관계자를 찾아낼 수 있다. 그러나 이해관계자를 확인하는 업무를 누가 수행하든지 간에 명백한 이해관계자들과 명백하지 않은 이해관계자들이 있다는 것을 기억해야 한다. 명백한 이해관계자들은 고객, 공급자, 경쟁자, 종업원 그리고 소유자다. 간과하기 쉬운 대상으로는 협력자, 대중매체, 다양한 수준과 유형의 정부 기구나 공공 기관, 지역 사회 그리고 약간의 압력 단체 등이 있다. 그림 2.1에서 이러한 이해관계자들 중 일부가 어떻게 조직을 둘러싸고 조직 환경에서 중요한 부분을 구성하는지 볼 수 있다.

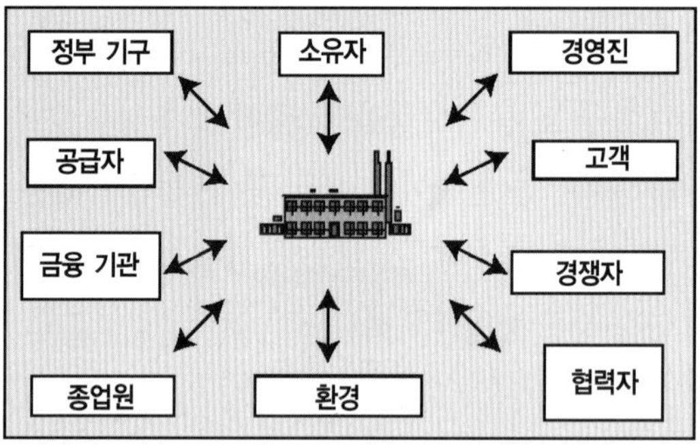

그림 2.1 이해관계자 모델

이해관계자들을 분류하는 여러 가지 모델이 있다(예를 들어 D'Herbemont and Cesar, 1998). 이러한 모델들 중에서 유용한 방법 하나는 그림 2.2에 나온 것과 같이 각각의 이해관계자가 조직에 협력하거나 아니면 조직을 위협할 잠재력을 평가하는 것이다(Savage, Nix, Whitehead and Blair, 1991).

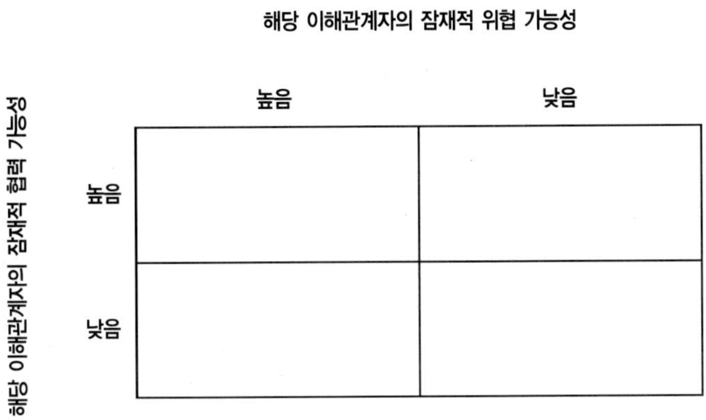

그림 2.2 이해관계자 분류 매트릭스

모든 이해관계자들은 이 매트릭스 위에 분포한다. 일반적으로 매트릭스에서 더 왼쪽에 그리고 더 높게 위치하는 경우, 즉 협력과 위협 모두에서 잠재력이 높은 경우에 조직에 더 중요한 이해관계자로 간주한다.

모든 이해관계자들은 조직에 어떤 기대를 걸고 있다. 이러한 기대를 확인하고 좀더 현실적으로 변환하는 데는 아마도 다음과 같은 방법이 있을 것이다. 조직은 이미 기업 소유자나 고객 같은 일부 이해관계자의 요구 조건은 대부분 알고 있다. 그러나 다른 이해관계자들이 무엇을 원하고 또 원하지 않는가를 아는 것은 쉽지 않다. 동등한 기회를 주장하는 압력 단체들이나 대중 매체 혹은 공공 기관의 경우, 이들의 기대는 상대적으로 불분명해서 이해하기 어렵거나 숨겨진 의도가 있을 수도 있다. 이해관계자들이 품고 있거나 혹은 그렇지 않을 듯한 모든 기대를 도식화한다면, 그 내용이 엄청나게 많지만 항상 일관되지는 않으며 그 범위도 매우 폭넓다는 사실을 발견할 것이다. 이러한 기대들의 순서를 정하고 중요한 것과 덜 중요한 것을 차별화하는 데 카노 모델Kano model이라는 효과적인 다이어그램을 이용할 수 있다(Kano, Seraku, Takahashi, and Tsuji, 1984). 그림 2.3에서 볼 수 있듯이 이 모델은 이해관계자의 요구에 다양한 종류와 수준이 있다는 것을 보여 주는 인식 창출 다이어그램awareness-creating diagram이다.

그림에서 대각선은 이해관계자의 명시적 요구 조건expressed requirement을 나타낸다. 일반적으로 이러한 요구 조건은 이해관계자가 희망하는 바를 질문받았을 때 이야기하는 것들이다. 만약 이해관계자가 조직의 대주주라면, 투자수익률이 최소한 7.2퍼센트는 되어야 한다거나 이사회에 자리를 보장해달라는 등 여러 가지를 요구할 수 있다.

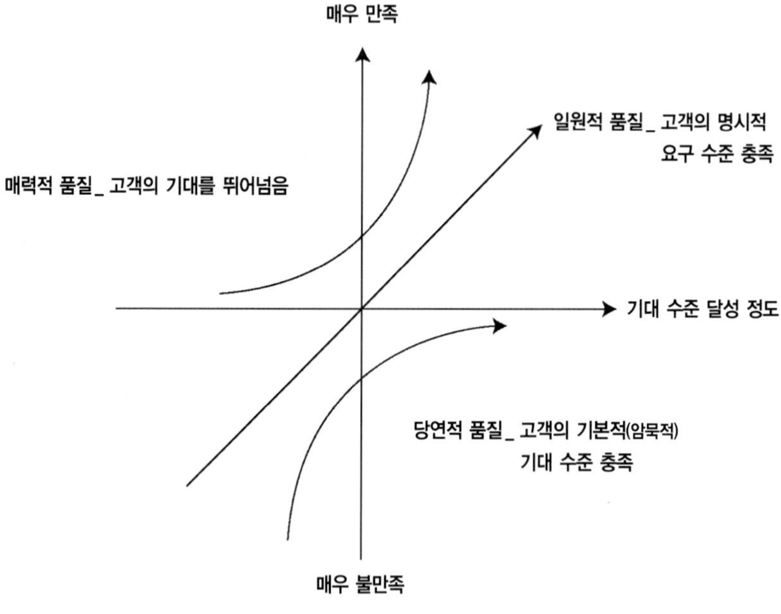

그림 2.3 카노 모델과 세 가지 종류의 이해관계자 요구 조건들

또한 아래쪽 곡선과 같이 너무나 기본적이어서 심지어 표현되지도 않는 기본적 요구 조건들basic requirement도 있다. 주주들 입장에서 보면, 조직이 파산하거나 자본을 손실하지 않는 것, 주주들에게 피해를 줄 수 있는 범죄나 다른 비윤리적

인 활동에 관여하지 않는 것 그리고 일반적인 규칙이나 관습에 따라서 비즈니스를 영위하는 것 등이 여기에 포함된다.

이렇게 두 종류의 요구 조건은 이해관계자가 조직에 부과하는 일련의 기대들을 완벽하게 구성한다. 이해관계자들이 느끼는 만족도는 이러한 두 가지 요구 조건을 얼마나 충족하는가에 달려 있다. 만약 투자 수익은 10퍼센트에 이르지만 회사가 관여한 범죄 행위로 주주가 체포된다면 결과적으로 요구를 충족시키지 못하게 된다. 다시 말해서, 명시적 요구 조건을 충족한다고 기본적 요구 조건에서의 결점들이 만회되지는 않는다. 다른 한편으로 기본적 요구 조건을 하나하나 모두 만족시킨다고 해도 명시적 요구 조건이 충족되지 않는 한, 완전한 만족에는 이르지 못한다. 기껏해야 불만족만 없앨 뿐이다. 조직이 기본적 요구 조건을 안다는 사실을 이해관계자가 당연하게 받아들이는 것은 위험하지만, 특별한 일이 되지는 않는다. 이해관계자 분석에서 요구 조건들을 분명하게 할 때, 이와 같이 공표되지 않은 가정들은 주요한 논점 가운데 하나가 된다.

이러한 두 종류의 요구 조건들을 정의하고 충족할 수 있다면, 이해관계자를 만족시킬 토대는 튼튼하게 구축한 것으로 볼 수 있다. 만족도를 더욱 높이기 위해, 더 나아가 이해관계자들을 기쁘게 하기 위해 세 번째 요구 조건을 살펴볼 수 있다. 사실 여기서 요구 조건은 정확한 단어가 아닌데, 이것은 이해관계자가 표현하는 것도 아니고 이해관계자 자신이 그 필요성을 인식하지도 못하기 때문이다. 세 번째 요구 조건이 될 수 있는 경우로는 조직이 총회에 참석하는 주주들에게 모든 이동 수단을 제공하는 것, 제품이나 서비스에 자유롭게 접근하게 하는 것 그리고 주주들이 관심을 가질 만한 업데이트된 정보를 제공하는 특별한 웹사이트를 제공하는 것 등이 있다. 기본적 요구 조건과 명시적 요구 조건을 모두 충족한다면, 이러한 추가적 요구 조건extra requirement의 수행은 이해관계자들을 정말 기쁘게 만들 수 있다. 또한 이것은 때때로 모든 종류의 최고 이해관계자들에게 충성을 보이고 접근할 수 있는 방법을 보증하는 데 요구되는 추가적인 사항들이다. 하지만 이러한 추가적 요구 조건들이 한 번 또는 몇 번 전달된다면, 불만족을 피하기 위해 수행하는 명시적 요구 조건이나 심지어 기본적 요구 조건에 덧붙을 수 있다(즉 당연히 해야 하는 것으로 여겨질 수 있다)는 사실도 기억해야 한다.

> 어느 대기업의 재무 부서에서는 영업 부서를 위해 소비자의 신용 상태에 관한 주간 보고서를 제공했다. 이 보고서를 책임지는 담당 회계사는 시간이 많이 걸리거나 가끔은 보고서 작성이 늦어지더라도 항상 정확성에 만전을 기했다. 그러나 영업 부서에서는 보고서의 세세한 정확성보다는 약속된 시간에 주문을 확인할 수 있도록 제시간에 보고서를 받기 원했다. 재무 부서에서는 이러한 사실을 알았지만 담당 회계사와 이 문제를 의논하지 않았다. 따라서 영업 부서에서는 보고서의 정확성에 고마워하기보다는 오히려 늦어지는 보고서 때문에 계속 화를 냈다. 결국 아무것도 개선되지 못했다.

이해관계자들이 조직에 대해 어떻게 행동할 것인가를 예측하고자 할 때, 이해관계자 분류 매트릭스의 다음 단계를 살펴보는 것이 유용할 수 있다. 그림 2.4는 그림 2.2와 같은 매트릭스지만 여기에는 각각의 영역에 이름을 붙였다.

이러한 이름들은 각 집단의 행동을 정확하게 예측하지는 않지만, 경험으로 볼 때 각 집단이 어떻게 행동할지를 나타낸다. 또한 각 집단에 따라 적합한 전략을 제안해보면, 다음과 같다.

- **협조형** supportive_ 적절한 토의나 결정에 관여시켜라.
- **한계형** marginal_ 모니터링하라.
- **비협조형** nonsupportive_ 방어 전략을 사용하고 이해관계자에 대한 의존도를 최소화하라.
- **혼합형** mixed blessing_ 최대한 협력하라.

해당 이해관계자의 잠재적 위협 가능성

해당 이해관계자의 잠재적 협력 가능성	높음	낮음
높음	혼합형	협조형
낮음	비협조형	한계형

그림 2.4 이해관계자 전략

요약하자면, 이해관계자 분석의 결과는 개선 노력을 보장하도록 좋은 출발점을 제시해야 한다.

인터넷 뱅킹 서비스에서 선두에 있는 어느 대형 은행이 사실상 고객들이 은행원을 만날 이유가 없는 상황에까지 서비스 개발을 밀어붙였다. 심지어 인터넷이 안 되면 전화로라도 업무를 볼 수 있도록 모든 것을 자동화했다. 프로젝트가 완성되고 2년이 지난 시점에서 살펴보니, 오히려 은행의 고객 수가 감소한 것으로 나타났다. 특히 나이 든 고객, 평균 이상의 수입이 있는 고객 그리고 펀드 투자 고객이 줄어들었다. 이들이 은행에 가장 많은 수익을 창출하는 고객층이었기 때문에 이러한 사태는 은행에 심각한 문제가 되었고, 따라서 이해관계자 분석을 수행하기로 결정했다.

공공 기관, 투자 펀드 회사, 금융 컨설턴트, 은행원, 노동조합 등과 같은 수많은 이해관계자들이 확인되었다. 은행에 중요한 정도에 따라 이해관계자들을 지속적으로 분석했고, 제기된 문제가 고객 감소였기 때문에 이 문제와 관련된 당사자들만 프로세스에 포함시켰다. 이러한 이해관계자로는 다양하게 분류된 고객들(25세 이하, 25에서 50세, 50에서 65세, 65세 이상 고객 그리고 투자자), 금융 컨설턴트들(소비자들에게 어떤 은행을 선택하라고 흔히 충고하는 사람) 그리고 노동조합(조합원의 이익에 기반해 은행 거래를 중개하는 단체)이 있었다.

이들 각각에 카노 모델을 적용해 이들이 바라는 필요와 기대를 확인했다. 65세 이상 고객을 분석한 결과 확인된 내용을 간략하게 설명하면 다음과 같다.

성과 측면 기대

- 다른 은행보다 높은 이자율
- 상대적으로 저렴한 수수료와 비용
- 은행 정보에 대한 쉬운 설명

기본 측면 기대

- 필요할 때 고객 서비스 직원과 원활한 접촉
- 중요한 재정상의 결정에 관한 적극적인 조언
- 내 수익에 대한 은행의 계획

매력 측면 기대

- 은행 지점의 연중무휴 개장
- 은행이 주최하는 정기 행사에 초대
- 생일 축하
- 인터넷 뱅킹 서비스의 활용

이해관계자 분석을 실시한 결과, 분석 팀은 65세 이상 고객들이 재정상의 문제에 조언해주는 사람을 만나기 위해 은행을 방문하는 일을 당연하게 생각한다는 사실에 무척 놀랐다. 인터넷 뱅킹은 단지 이러한 고객들 가운데 일부에게만 가능한 부가 서비스였던 것이다. 펀드에 좀더 투자하고 싶어 하는 고객들 역시 비슷한 양상을 보였다. 이들도 재정상의 결정에 도움을 받는 데 은행의 금융 전문가와의 능동적이고 긴밀한 접촉에 의지하고 있었다.

고객을 인터넷 뱅킹으로 이동시키는 정책을 지속하고 이를 불편하게 여기는 고객이 떠나는 것을 받아들일지 심각하게 고려한 결과, 은행은 전략을 수정하기로 결정했다. 개인 서비스를 원하는 고객들을 위해 새로운 브랜드를 만들고, 고객의 필요에 맞춤 서비스를 제공하기 위해 새롭게 단장한 다섯 개의 시범 은행 지점에 고객을 지원할 전담 팀을 가동했다. 이러한 방식은 엄청난 성공을 거두었다. 다섯 개의 지점은 지난 몇 년간 잃었던 수보다 더 많은 고객을 되찾았는데, 이것은 그동안 관심을 기울이지 않았던 고객과의 간격을 줄였기 때문에 가능한 일이었다. 현재 이 은행은 노년층에서 가장 높은 시장 점유율을 기록하고 있으며, 이러한 지점을 50개 정도 운영하고 있다.

2.2

조직의 전략 검토

이미 이야기했듯이 이 책의 목표는 전략 기획이 아니며, 따라서 이 부분이 길지는 않을 것이다. 여기서 말하고자 하는 바는 조직이 정의를 내린 전략은 비즈니스 프로세스를 개선하기 위한 노력의 방향을 정하는 데 기여하는 또 하나의 수준 높은 구성 요소라는 것이다. 다음 사례에서 볼 수 있듯이 전략은, 아니 좀더 정확히 말해 조직 전체의 전략에 대한 폭넓은 인식은 개선 프로젝트가 전략을 역행하거나 혼란에 빠져 아무 방향으로나 향하도록 용인하지 않는다는 사실을 분명히 해야 한다.

중견 기업에 속하는 유럽의 한 항공사는 높은 수준의 서비스는 물론 도착지와 출발지를 광범위하게 제공함으로써 전통적으로 비즈니스 여행 고객층을 우선 배려해 왔다. 1990년대에 시장에 들어온 저가 항공사들은 처음에는 일반 여행객을 주 고객층으로 삼았지만, 점차 비즈니스 여행 시장에서도 점유율을 높여 가기 시작했다. 저가 경쟁이 치열해지고 비용 절약에 대한 압박이 심해지자, 이 회사는 몇 개의 프로젝트를 가동했으며 지난 몇 년 동안 여러 가지 변화를 시도했다.

- 여러 도착지에 대한 출발 횟수를 현저하게 줄였다.
- 비즈니스 클래스 라운지 몇 개의 운영을 그만두었다.
- 탑승구 배치 인원을 줄였다. 그 결과 비즈니스 여행객들이 더 이상 곧바로 출구로 가서 그곳에서 예약을 변경하지 못하게 되었다.
- 항공료에 포함된 신문과 식사를 대폭 줄이거나 없앴다.

전체적으로 이 회사는 저가의 경쟁사들과 거의 비슷해졌으나 다소 높은 가격은 그대로 유지했다. 전통적인 비즈니스 여행객들은 이러한 변화에 이 항공사를 이전보다 덜 매력적으로 생각하게 되었다. 비즈니스 여행 고객층이 가장 많은 수익을 내기 때문에 이들이 여전히 최우선이라는 경영진의 확고한 믿음은 변하지 않았다. 그러나 현실에서는 소위 개선 프로젝트를 진행하면서, 많은 고객들이 전통적인 가격에 여전히 비즈니스 클래스 서비스를 제공하는 다른 항공사로 떠나가게 되었다.

이해관계자의 입장에서 새로운 개선 프로젝트를 고려해야 하는 영역을 찾아내고 현재 개선 프로젝트가 전략과 조화되어 있는지 확인하는 데 조직이 정의한 전략 방향을 검토하는 것은 매우 가치 있는 일이 될 수 있다.

전략을 검토하는 과정에서 사용할 수 있는 도구와 기술을 선택하는 단계로 넘어가기 전에 이전에 했던 말을 조금 바꿔야겠다. 모든 개선 계획들을 전략적 적합성의 관점에서 조심스럽게 평가해야 한다는 인상을 주었을지도 모른다. 다른 우선 업무나 프로젝트와의 협력 없이 프로젝트를 국지적으로 시작하는 데 너무 많은 자율성을 부여하지 못하도록 했지만, 예외는 있다. 즉 조직의 전략을 재정의하거나 변경한 프로젝트의 사례는 얼마든지 있다. 현재의 전략을 벗어나는 프로젝트를 절대로 용납하지 않는다면, 너무 쉽게 새로운 기회를 잃을 수도 있다. 이것은 민츠버그Mintzberg가 수행해 잘 알려진 창발적 전략emergent strategy(특별한 임무나 목표가 없거나 혹은 그것이 있더라도 무시하고 조직 내에서 시간이 지나면서 발전하는 행동의 유형)에 관한 연구 결과(1994)와 맥락을 같이한다. 모든 개선 노력을 전략과 제휴할 수 있다고 믿는 것은 너무나 순진한 발상이며 어쩌면 그래서도 안 될 것이다. 어떤 개선 노력은 궁극적으로 새로운 전략의 밑그림을 그리거나 큰 이익을 창출하는 대단한 프로젝트를 만들어낼 수도 있다.

전략을 체계화하고 검토하는 데 사용할 수 있는 약간의 도구와 기술을 소개하는 것으로 이 단락을 마무리하고자 한다. 이러한 도구와 기술은 이미 잘 알려져 있지만 정리하는 의미에서 간략하게 살펴보고자 한다.

- SWOT 분석
- 경쟁 세력 분석
- 전략 지도

2.3

강점 · 약점 · 기회 · 위협 분석

강점strength, 약점weakness, 기회opportunity, 위협threat(SWOT)의 관점에서 조직 내부와 조직을 둘러싼 요소들을 확인하는 SWOT 분석은 현존하는 가장 잘 알려지고 간결한 전략적 기술 가운데 하나라고 할 수 있다. SWOT 분석의 목적은 향후 조직에 미칠 영향력을 인식하는 것이다. 즉 이러한 영향력을 이해하고 모든 조직 구성원이 인지하도록 만듦으로써 전략적으로 더 나은 결정을 내리고 조직 전체가 향후 발전에 더 잘 준비하도록 돕는 것이다.

SWOT 분석을 실시하는 것은 기술적으로 간단한데, 가급적이면 조직의 서로 다른 부서와 분야의 사람들로 구성된 집단이 네 가지 관점 내에서 브레인스토밍을 수행한다. "기술적으로 간단하다"는 표현을 일부러 사용했는데, 경험으로 볼 때 SWOT 분석을 잘 실행하는 것은 특히 적절한 요소들을 산출한다는 관점에서 어려울 수도 있기 때문이다. 따라서 여기에는 교육이 필요하다. SWOT 분석을 실시하는 순차적인 접근 방법은 다음과 같다.

1. 조직 내에서 서로 다른 능력 수준을 참고해 분석을 수행할 팀을 구성하라. 팀에 외부 인원을 보충할 것인가를 고려하라.
2. 네 개의 분석 관점에서 적절한 주제들을 브레인스토밍하라.
3. 간단한 표나 매트릭스를 이용해 분석 결과를 보고서로 만들어라.
4. 확인된 주제 가운데 어떤 내용이 조직의 미래에 가장 큰 영향을 미칠지 토의하라.
5. 결과에 대처할 수 있는 전략 혹은 행동의 윤곽을 그려라.

최근 몇 년 사이에 인구가 지속적으로 감소하고 있는 어느 작은 도시의 시 당국은 이러한 경향에 대응하고자 새롭고 거대한 주거 지구의 개발을 고려하고 있다. 개발 예정 지구는 기존 인프라 시설이 자리 잡고 있는 현재의 주거 지구에 인접해 있지만, 여가 활동을 위해 많은 가족들이 찾는 공원과 녹지를 일부 변경하고 기존 도로 두 개를 확장 공사할 필요가 있다. 예상되는 결과를 충분히 이해한 후 계획을 시행하기 위해, 시 의회는 도시에 대한 SWOT 분석을 요청했다. SWOT 분석 결과는 그림 2.5와 같다.

강점	약점
• 높은 삶의 질을 제공하는 여유로운 마을 • 인근 대도시에 비해 저렴한 집값	• 부족한 일자리 수 • 도심에서 멀리 떨어진 위치
기회	**위협**
• 인근에 새로운 도로가 건설될 것이라는 소문 • 인구 유입으로 인한 경기 부흥	• 개발 계획에 대한 환경 단체의 반대 운동

그림 2.5 SWOT 분석 결과

시 의회는 새로운 주거 지구를 매력적으로 만들려면 추가적인 고용 기회와 비즈니스 활동이 중요하다고 결론 내렸다. 또한 계획에 반대하는 사람들을 달래기 위해 녹지를 제자리에 보전할 수 있는 가능성도 조사하기로 했다.

2.4
경쟁 세력 분석

SWOT 분석은 조직에 영향을 줄 수 있는 어떤 경향이나 발전을 확인하도록 의도된 매우 폭넓은 방법이다. 조직의 경쟁적 지위에 대한 더욱 구체적인 분석과 적절한 발전은 향후 개선 프로젝트를 위한 기초 자료로 매우 유용하게 쓰일 수 있다. 포터는 1980년대에 공인된 접근 방법 하나를 개발했다(보다 자세한 내용은 경쟁을 주제로 쓴 Porter, 1980, 1985, 1990을 참고). 이 분석은 그림 2.6에 나온 것과 같이 조직에 영향을 미치는 경쟁 세력competitive force에 기초하고 있다. 다섯 가지 경쟁 세력을 간략하게 설명하면 다음과 같다.

- **경쟁자**competitor_ 예를 들어, 가격 할인이나 서비스 수준에 대한 가중되는 요구 사항과 같이 경쟁에서 발생하는 영향 요인들과 조직으로부터 시장 점유율을 빼앗아가는 세력들
- **구매자의 협상력**buyer's bargaining power_ 구매자가 후방 통합backward integration(예를 들어 제조업체가 부품업체를 통합하는 경우)으로 조직의 지위를 위협하는 경우는 물론, 더 나은 조건을 획득하거나 공급자를 바꾸는 것
- **공급자의 협상력**supplier's bargaining power_ 공급자가 전방 통합forward integration(예를 들어 제조업체가 중간 상인을 통합하는 경우)으로 조직의 지위를 위협하는 경우는 물론, 조직의 거래 조건을 나쁘게 하거나 가격을 인상하는 것
- **새로운 진입자의 위협**threat of new entrants_ 전환 비용, 경쟁 장벽의 수위 등에 따라 경쟁자가 될 수 있는 세력들
- **대체재의 위협**threat of substitutes_ 구매자의 전환 성향과 전환 비용, 현재 제품과 대체재 간의 경쟁 등에 따라 조직의 상품이나 서비스를 대체할 수 있는 것

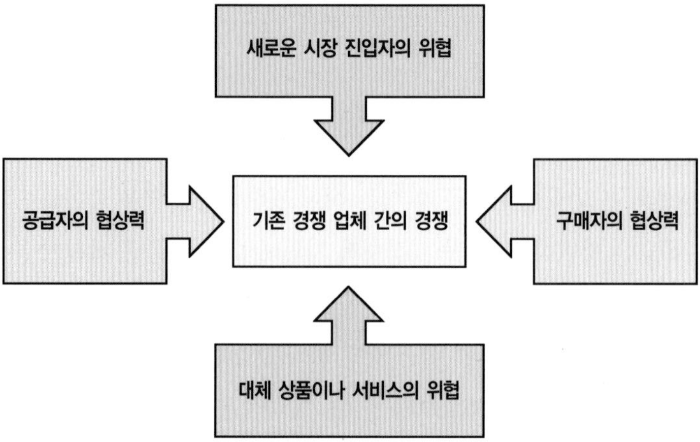

그림 2.6 다섯 가지 경쟁 세력

어떤 사람들은 이 모델에 한 가지 힘 또는 차원, 즉 다른 이해관계자들의 영향력이 빠져 있다고 주장한다. 이러한 이해관계자들로는 때때로 기준이나 요구 조건을 결정하는 규제 당국, 은행과 채권자 그리고 주주 등이 있다. 경쟁 세력이 다섯 개든 여섯 개든 간에, 분석의 목적은 조직 내부에서 미래에 구체화되어 조직의 경쟁적 지위를 약화시킬 가능성이 있는 위협을 이해하도록 만드는 것이다. 분석 절차는 SWOT 분석과 매우 유사하다.

1. 조직 내에서 서로 다른 능력 수준을 참고해 분석을 수행할 팀을 구성하라. 팀에 외부 인원을 보충할 것인가를 고려하라.
2. 각각의 범주에서 적절한 주제들을 브레인스토밍하라.
3. 확인된 주제 가운데 어떤 내용이 조직의 미래에 가장 큰 영향을 미칠지 토의하라.
4. 결과에 대처할 수 있는 전략 혹은 행동의 윤곽을 그려라.

자동차 부품을 공급하는 어떤 업체가 최근 몇 년간 유럽의 자동차 브랜드 절반 이상을 포함하는 무척 성공적인 고객 포트폴리오를 구축해왔다. 이 회사가 만드는 부품은 동으로 된 브레이크로 다른 많은 업체들이 공급하는 부품들과 결합해 브레이크 시스템을 만들 수 있다. 최근에 유사한 부품을 공급하는 다른 업체가 새로운 합성 물질로 실험을 하고 있다는 소문이 돌았는데, 이 합성 물질을 사용하면 부품의 무게를 획기적으로 줄일 수 있기 때문에 모든 자동차 제조업체들의 관심사가 되었다. 따라서 이러한 전략을 채택해야 하는지 결정하기 위해 경쟁 세력 분석을 실시했다.

회사는 작은 팀을 만들고, 다섯 가지 경쟁 세력 모델을 따라서 분석을 실시했다. 확인된 의미 있는 경쟁 세력을 소개하면 다음과 같다.

경쟁자

- 일반적으로 소비자에게 더 나은 조건을 제시하는 경쟁자(계약은 3년마다 갱신)
- 합성 부품을 개발해 무게가 줄어든 제품을 제시하는 경쟁자(가격은 미정)
- 우리 회사가 공급하는 부품을 포함해서 더 종합적인 브레이크 시스템 공급업체가 되는 경쟁자

구매자의 협상력

- 계약 기간 동안 더 많은 가격 할인을 요구하며 협상에서 더욱 공격적으로 변하는 소비자(위험이 커질수록 제품의 기준은 더 엄격해짐)
- 경쟁자들에게 회사의 계약 내용을 알려주는 소비자

공급자의 협상력

- 특별한 내용이 없음. 대부분의 공급자들은 지역 업체이며 우리 회사의 성공에 의존

새로운 진입자

- 산업이 합성 물질로 만든 브레이크 시스템 쪽으로 이동한다면, 이 물질을 전문적으로 다루는 공급업체가 이러한 시장을 목표로 삼을 수 있음

대체재

- 전 세계의 많은 곳에서 진행하는 개발 업무로 유체 기반 시스템을 대체할 전기 브레이크 시스템을 성공적으로 도입할 수 있음

경쟁 세력 분석 결과, 회사는 전환점에 도달했다는 것을 깨달았다. 현재 사용 중인 추진 기술에 관계없이 자동차 제조업체들은 계속해서 배기 물질을 줄이도록 압박하고 있으며, 제품의 중량은 점점 더 중요해지고 있다. 가까운 시일 내에 플라스틱 합성 물질 혹은 전기 브레이크 시스템이 동으로 만든 부품을 대체할 가능성이 높기 때문에, 현재 부품을 계속 개발하는 방법은 대안이 되지 못하는 듯했다. 따라서 최초로 승인된 합성 물질을 개발할 목적으로 핵심적인 개선 프로젝트를 시작했다.

2.5
전략 지도

캐플런과 노턴이 개발한 전략 지도strategy map는 균형성과표balanced scorecard(BSC)를 개척한 혁신적인 책(1996)에서 짧게 논의되었으며, 보다 포괄적인 접근은 전략 지도를 깊이 있게 다룬 책에서 찾을 수 있다(Kaplan and Norton, 2004). 전략 지도의 개념은 조직이 말한 바를 최종 전략 목표와 그 목표를 추구하는 과정 모두에서 이룰 수 있도록 추동하는 것이다. 전략 코스를 구성하는 조직은 재무, 고객, 내부 비즈니스 프로세스 그리고 배움과 성장 같은 균형성과표의 개념에서 정의된 관점을 사용해 최종 목표에 도달하는 과정에서 성취해야 할 이정표를 정의해야 한다. 그림 2.7에 일반적인 전략 지도가 나와 있으며, 이를 개발하는 절차는 다음과 같다.

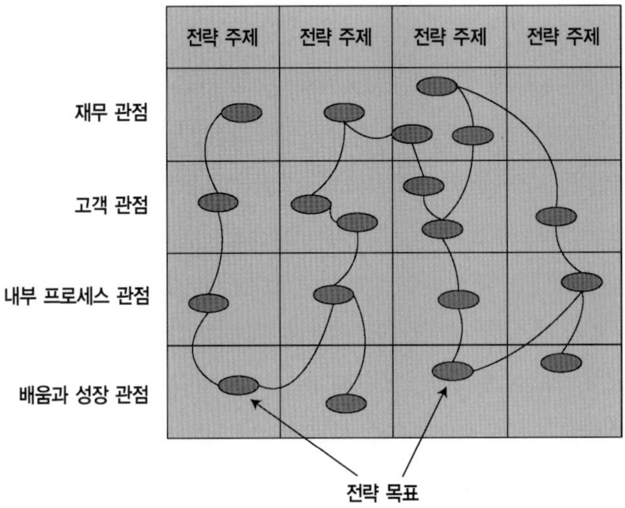

그림 2.7 일반적인 전략 지도

1. 조직 내에서 서로 다른 능력 수준을 참고해 분석을 수행할 팀을 구성하라. 팀에 외부 인원을 보충할 것인가를 고려하라.
2. 전반적이고 장기적인 전략 목표를 정의하면서 시작하라.
3. 지도에서 한 단계 내려와 전체 목표를 달성하려면 재무적인 관점에서 반드시 성취해야 할 전략 목표를 확인하라.
4. 다른 관점들에서도 이러한 방법을 계속하고, 상위 관점의 목표와 전체 목표를 수행하려면 무엇을 성취해야 하는지 항상 질문하라.
5. 각각의 단계에서 확인된 전략 목표들을 연결해 전략 경로를 만들고, 이것에 기초해 전략 지도를 작성하라.

완성된 전략 지도는 필수적이고 좀더 특별한 개선 노력을 이끌어내는 데뿐만 아니라 조직이 추구하는 방향을 구성원들이 분명하게 알도록 하는 데도 도움이 되어야 한다.

한 선박 회사가 환경 성과와 관련된 문제를 겪고 있었다. 핵심 고객들이 서로 다른 환경 문제(연료의 소비와 배출, 폐수 배출 등)에 대한 보고서를 요구했고, 회사가 이러한 문제에 충분한 분석 자료를 가지고 있지 않다고 불만을 표현했다. 그들은 만약 차후에 있을 계약 협상에서 환경 문제가 개선되지 않는다면, 환경을 관리하는 데 더욱 일관적으로 접근하고 있는 다른 업체와 계약할 수도 있다고 경고했다.

이러한 문제는 지금까지 낮은 비용과 믿을 수 있는 물류 서비스에 집중해왔던 회사의 전체 전략을 재검토하도록 만들었다. 외부 컨설턴트의 도움을 받아서 작은 비즈니스 개발 팀이 특히 회사 발전의 환경적인 측면을 검토하는 전략 지도를 설계했다. 그 전략 지도는 그림 2.8과 같다.

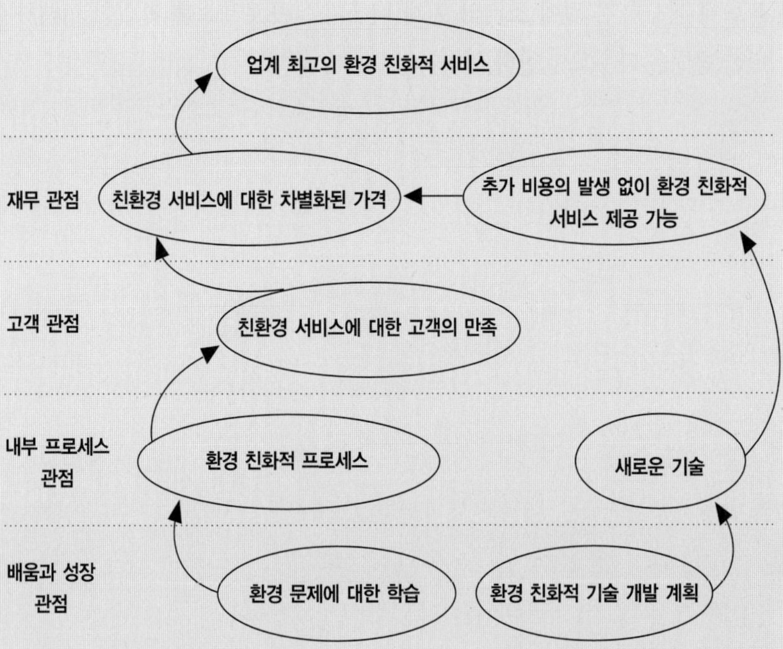

그림 2.8 선박 회사를 위한 전략 지도

회사는 전략 지도를 작성한 결과로 두 개의 특별한 개선 프로젝트를 시작했다. 하나는 거의 모든 직원 한 명 한 명에게 환경 문제에 대한 교육을 실시하는 것이고, 다른 하나는 배에서 내보내는 배출물과 연료 소비를 줄일 수 있는 새로운 환경 기술을 개발하는 것이었다.

사례에서 희망적으로 제시한 것과 같이, 조직의 전략은 어떤 개선 노력이 주어진 시점에 적절한가에 큰 영향을 미친다. 전략 기획이 품질 개선quality improvement을 주로 작업하는 사람들에게는 다소 생소할지라도, 조직의 이러한 측면에도 신경을 쓰는 것이 유용하다. 다음 장에서는 좀더 특별한 개선 프로젝트에 착수하기 전에 조직의 현재 비즈니스 프로세스를 확실히 이해하기 위한 방법을 다루고자 한다.

3장

비즈니스 프로세스 이해 증진

비즈니스 프로세스를 강의하던 때였다. 한 학생이 나에게 회사가 비즈니스 프로세스로만 구성되어야 하는지 아니면 전통적인 부서들 또한 가져야 하는지를 물었다. 당시 나는 "물론, 둘 다!"라고 대답해야만 했다(그로부터 십 년이 지났을 무렵, 몇몇 조직에서는 예전의 부서를 버리고 비즈니스 프로세스로만 조직을 구성하는 것이 기정사실처럼 되었다). 조직을 프로세스의 구성물로 보는 데는 많은 이점이 있으며, 그러한 접근법이 역사적으로도 옳다. 이 책은 전반적으로 개선을 어떻게 이행하는지를 다루며, 특히 비즈니스 프로세스를 겨냥한 개선 노력에 근거하고 있다. 이 장에서는 비즈니스 프로세스의 핵심 개념과 그것을 어떻게 이해할지를 다룬다.

3.1

프로세스 중심에서 부서 중심으로, 그리고 다시 비즈니스 프로세스 중심으로

역사상 어느 시점에서인가 사람들은 각각의 역할을 조정하고 조직적으로 활동함으로써, 혼자 일할 때에 비해 더욱 폭넓고 복잡한 업무들을 수행하기 시작했다. 예를 들어 농부가 밭 갈기, 씨뿌리기, 수확하기 등을 위해 일꾼을 고용했던 이유는 혼자 하기에는 일이 너무 많았기 때문이다. 여기서 초점은 필요한 프로세스를 이행함으로써 식량에 대한 수요를 충족시키는 것이었다. 다르게 말하면, 그러한 활동들은 프로세스 지향적이었다. 일꾼들은 밭 갈기, 씨뿌리기, 추수하기 등 분야별로 특화되어 일했다기보다는 필요한 업무를 수행하는 한 무리의 일손이었다.

얼마 지나지 않아 업무의 범위와 복잡성이 더욱 커지면서 조직에 고용되어 일하는 사람들의 수도 늘어났다. 업무 수행 조직이 커지면서 부서 단위의 조직화가 시작되었고, 어느 순간부터는 업무의 구분 및 특화 없이는 작업이 어렵게 되었다. 업무가 매우 복잡해져서 개개의 노동자들도 전문화되어야 했다. 따라서 비슷한 분야에 특화된 능력을 갖춘 노동자들끼리 부서를 구성하게 되었다. 부서별 업무 분장은 상업, 공공, 비영리 분야를 포함한 모든 조직에서 확고한 체제로 자리매김하게 되었다. 몇 년 전까지만 해도, 이러한 조직 구성이 지배적인 업무 방식이었으며, 일에 맞추어 좀더 직접적으로 조직을 구성하던 기존 방식을 완전히 대체했다. 사람과 일을 부서로 조직화하는 방식은 다음과 같은 이점들을 제공해왔으며, 또한 여전히 제공하고 있다.

- 사람들이 특화된 영역에 대해서는 매우 전문화되어 고도로 정련된 업무 기법을 개발하게 되었다.

- 그러한 부서들은 종종 관련 분야 전문가들의 주의를 쉽게 끌 수 있었다.
- 다양한 기능(예를 들어 재무, 인사, 관리)을 집중화하는 데 소요되는 비용을 감소시켰다.
- 직원들이 자신의 소속, 해야 하는 업무 범위를 명확히 인식하게 되었다.
- 조직 구조가 좀더 명확히 정의되어 이를 더욱 쉽게 묘사 및 표현할 수 있게 되었다.

따라서 '적어도' 몇몇의 현대화된 조직들은 기능 부서와 이를 수평으로 가로지르는 비즈니스 프로세스로 구성된다고 할 수 있다(이미 언급한 바와 같이 어떤 조직들은 부서 체계를 없애고 프로세스에 따라 직원들을 조직화하고 있기 때문에 '적어도' 라고 표현했다).

그림 3.1은 수직적 부서 체계와 이를 가로지르는 수평적 프로세스로 구성된 전형적인 조직을 보여 주고 있다(Andersen and Pettersen, 1996). 최근에는 조직 구성 방식과 업무 간에 이렇게 교차하는 관계가 몇 가지 문제를 일으킨다는 점이 분명해졌다.

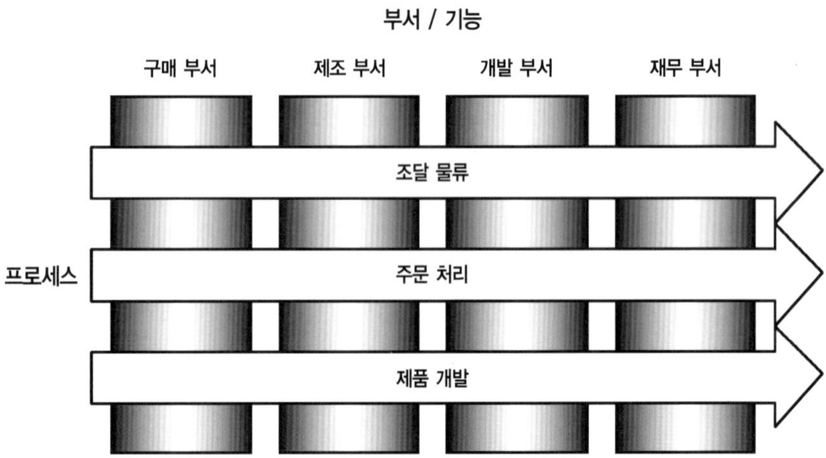

그림 3.1 수직적 부서와 수평적 프로세스 간의 관계

사람들은 그림 3.1에서 보이는 것과 같은 부서들로 구성된 조직도의 네모 칸 하나에 자리를 잡게 되며, 종종 이 네모 칸을 각각의 개인들이 반드시 그 안에만 있어야 하는 단단한 경계선으로 인식하게 된다. 이러한 조직에서는 경계 간의 의사소통이 제한되고, 각 부서원들은 자신의 부서가 해야 할 일만 충실하게 할 것이다. 따라서 부서 간을 가로질러 운영되며 각 조직 단위의 협조가 요구되는 프로세스는 자연히 어려움을 겪게 된다. 부서 직원들은 업무의 우선순위가 무엇인지 이야기를 듣는데, 이러한 우선순위가 결국 상사의 요구를 충족시키는 데 초점을 맞추는 것으로 끝나는 경우가 많다. 이러한 현상에 대해 잭 웰치Jack Welch는 "얼굴은 상사를 향하고 고객에게는 엉덩이를 보이는 자세with their face to the boss and their ass to the customer"라고 표현한 바 있다.

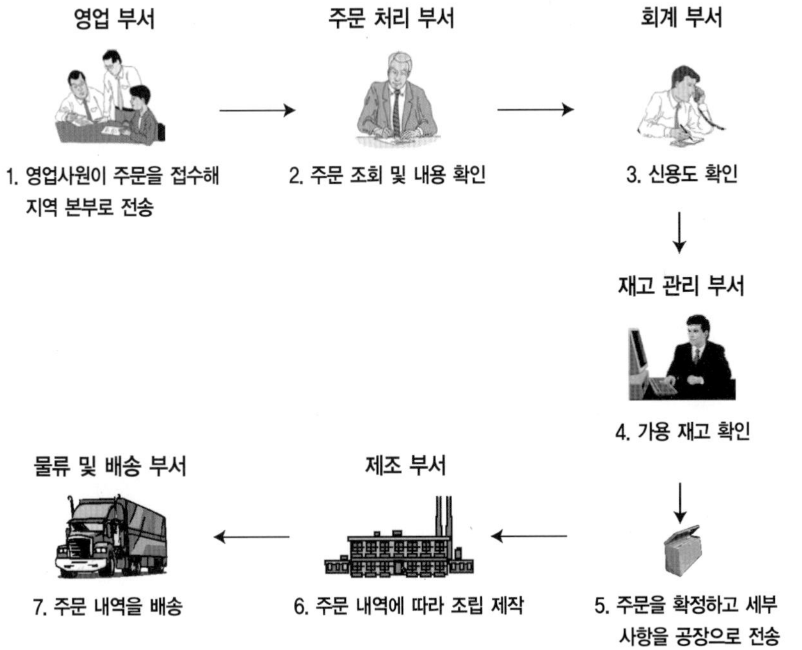

그림 3.2 단순한 비즈니스 프로세스

그림 3.2와 같은 프로세스를 생각해보자. 이것은 단순한 프로세스로 영업사원이 고객에게 주문을 받는 것으로 시작해 주문이 배송되면(혹은 궁극적으로 제품이 고객에게 안전하게 전달되면) 끝난다. 만약 이 프로세스가 일반적인 조직에서 이행된다면 몇 시간에서 며칠까지 걸릴 것이다.

이 프로세스를 전형적인 부서들 여럿에 걸쳐 실행한다면 그림 3.3에서 볼 수 있는 것과 같다. 여기서는 갑작스레 프로세스가 여러 부서 간 경계선department boundary을 가로질러야 하며, 업무는 다음 부서로 넘어갈 때마다 그곳의 우선순위에 따라 처리될 때까지 차례를 기다려야 한다. 선행 연구에 따르면, 이렇게 부서의 경계를 넘을 때마다 어림잡아 일주일 정도의 시간 손해가 발생하는 것으로 나타났다. 이 프로세스에서는 다섯 번의 횡단이 있으므로 총 5주의 시간이 추가된다.

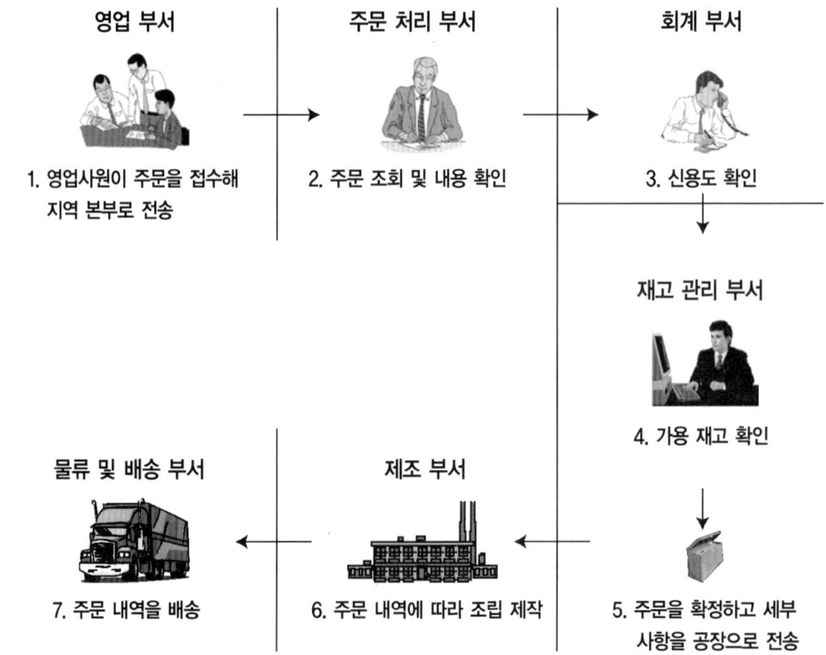

그림 3.3 동일한 단순 비즈니스 프로세스(부서 간 경계선이 존재하는 경우)

각 부서는 성과 수준performance level을 최적화optimization하는 동시에 자기 부서의 영향력과 권위 또한 극대화하고자 한다. 이러한 경우 보통 각 부서가 자신의 책임 범위 내에서만 최적화를 추구함으로써 부서들 간에 업무 목표 및 처리 방법을 둘러싼 충돌이 발생한다. 결국 조직 전체의 성과 수준은 단위 부서 성과 수준의 총합보다 작게 된다(Rolstadås, 1995).

건설 자재를 생산하는 한 업체는 일반적인 재고품, 재고가 아닌 규격품 그리고 특별한 규격 외 변형품을 납품한다. 이 업체의 주요 문제점 중 하나는 생산 능력에 대한 수요가 매우 일정하지 못해왔다는 것이다. 즉 어떤 때는 주문이 생산 한계를 훨씬 웃돌지만, 또 다른 때는 그에 한참 미치지 못한다. 수요가 많은 시기에는 납품에 소요되는 시간이 극적으로 늘어나는데, 이것은 시장에서 문제가 된다.

이 회사 영업부의 모니터링에서 핵심 성과 측정 지표는 각 기간별 판매 할당량의 달성이었다. 이 때문에 영업사원들이 목표를 달성하면 그 이후에 접수되는 주문에 대해서는 다음 기간을 위해 '서랍'에 넣어두는(계약 체결을 미루는) 상황에 이르게 되었다. 영업사원들이 다음 기간 영업이 부진할 경우 이렇게 확보해둔 주문으로 할당량을 채우려 했기 때문이다.

이로 인해 수요가 특정 시점에 집중되었고 제품의 생산 납기를 지키지 못하는 결과도 초래되었다. 이와 같이 영업사원이 (회사가 평가하는) 자신의 성과 수준만을 최적화하려는 경우, 회사 전체적으로는 바람직하지 못한 결과가 초래될 수도 있다.

이러한 문제들 때문에 지난 10년 동안 회사를 여러 개의 부서로 바라보던 시각이 비즈니스 프로세스에 초점을 맞추는 것으로 변화했다. 다음 몇 가지 이유들로 인해 이러한 변화는 논리적으로 필연으로 보이기까지 한다.

- 모든 프로세스에는 내부 혹은 외부 고객이 있으며, 프로세스에 초점을 맞춤으로써 고객에게 더 많은 관심을 쏟을 수 있다.
- 최종 제품의 가치는 부서 간을 가로지르는 프로세스에 의해 창출된다.
- 프로세스 경계선 및 프로세스의 고객과 공급자를 정의함으로써 의사소통이 더욱 원활해지고 요구 사항도 더 잘 이해될 수 있다.
- 많은 부서에 걸친 전체 프로세스를 관리하면, 개별 부서들을 관리하는 경우보다 부분 최적화 suboptimization의 위험이 줄어든다.
- 프로세스를 책임지는 프로세스 수행 주체 process owner를 지정함으로써 기능 조직 functional organization에서 종종 관찰되는 조직 간 책임 떠넘기기 현상을 피할 수 있다.
- 프로세스를 관리하면 시간과 자원을 보다 효율적으로 통제할 수 있다.
- 프로세스가 반복적으로 이행되는 경우, 지속적인 개선 기회를 추구함으로써 성과 향상이 용이하다.

2001년 매코맥 McCormack은 32개의 항목으로 이루어진 설문을 바탕으로 한 연구를 보고했는데, 여기서는 글로벌 및 미국 기업 100곳의 비즈니스 프로세스 지향성 business process orientation(BPO)과 다음 요소들 간의 상관관계를 분석했다.

- 비즈니스 성과
- 기능 상호 간의 충돌
- 부서 상호 간의 유대 관계
- 구성원 간의 팀워크

데이터를 상관 분석 correlation analysis과 회귀 분석 regression analysis을 이용해 분석했으며, 그 결과는 다음과 같다.

- 프로세스 지향적인 정책을 강하게 추진해온 회사는 그렇지 않은 회사에 비해 비즈니

스 성과가 상대적으로 높다.

- 프로세스 지향적인 정책을 강하게 추진해온 회사는 그렇지 않은 회사에 비해 구성원 간 팀워크는 높은 반면에 기능 상호 간의 충돌은 더 적었다.

이렇듯 분석 결과, 비즈니스 프로세스에 중점을 둘수록 업무 성과 역시 높은 것으로 나타났다. 그렇다면 비즈니스 프로세스란 무엇인가?

3.2

비즈니스 프로세스 정의

'프로세스' 의 사전적인 정의는 다음과 같다.

> 입력물을 결과물 혹은 출력물로 변환하는, 연관된 트랜잭션transaction 간의 논리적인 정렬

기업의 프로세스를 다른 형태의 프로세스들과 구별하기 위해 '비즈니스' 라는 단어가 추가되어 **'비즈니스 프로세스'** 라는 용어가 만들어졌다. 비즈니스 프로세스는 다음과 같이 정의될 수 있다(Ericsson Quality Institute, 1993, 22).

- 내부 혹은 외부 고객에게
- 구체적이고 측정 가능한 결과 혹은 제품을 전달하기 위한 목적으로
- 물리적인 또는 추상적인 대상을 정제하기 위해
- 조직의 자원을 이용하는 활동

비슷한 맥락에서 비즈니스 프로세스 재설계business process reengineering(BPR)의 창시자인 해머Hammer와 챔피Champy는 비즈니스 프로세스를 "하나 혹은 그 이상의 입력물로 고객에게 가치 있는 결과물을 창조하는 활동들의 집합체" 라고 정의했다(1993, 35). 최근의 견해는 "목적을 달성하기 위해 협력하고 상호 작용하는 수많은 역할들" 에 가깝다.

어떠한 정의를 따르는가에 상관없이, 대부분의 연구자들은 비즈니스 프로세스에서 반복성이 중요한 특성임을 강조한다. 언젠가 빅맥 햄버거의 조리 시간과 관

련한 통계를 본 적이 있는데, 처음 등장한 이래로 그 시간이 몇 분의 일로 감소해 왔다는 것이었다. 이것은 최신 요구 도구와 더불어 인간이 해낼 수 있는 최대한의 수준에 가깝게 각 프로세스별로 세심히 조정한 결과다. 만약 지구 상에서 하루에도 수십 번씩 발생하는 반복된 프로세스가 없었다면, 이러한 놀라운 수준의 개선도 이루어지기 어려웠을 것이다. 앞으로도 프로세스가 계속 반복될 것이라는 사실은 더 많은 개선을 위해 투자하는 일에 가치를 부여한다.

그러나 위에서 이야기한 빅맥의 예처럼 극단적으로 반복되는 프로세스들만 세심한 설계와 개선 지향적인 실험으로부터 이익을 보는 것은 아니다. 일상생활에서 수행하는 소규모의 작업들도 최적의 프로세스에 대한 고민을 통해 훨씬 높은 성과를 낼 수 있다.

프로세스 최적화는 세심하게 정의된 프로세스 설계와 통제된 실험 및 세밀한 프로세스 조정 작업의 결과다(여기서 프로세스란 활동의 연속, 각각의 단계를 이행하는 방법, 사용할 도구 등에 대한 정의를 포함한다). 사실 몇 회만(때로는 오직 단 한 번만) 실행되기 위해 만들어진 프로세스라 할지라도 사전에 최적화 방안을 고민하고 실행한다면 보다 효율적으로 이행할 수 있을 것이다.

비즈니스 프로세스 정의와 관련한 또 다른 핵심은 내부 혹은 외부 고객이 존재한다는 것이다. 그러므로 회사 내 거의 모든 활동들은 비즈니스 프로세스 혹은 그 일부분으로 보일 수 있다.

3.3

비즈니스 프로세스 분류

비즈니스 프로세스를 분류하는 방법은 수없이 많다. 프로세스 지향성 관점에서 앞서 나가는 기업들은 자신들의 업무를 철저히 분석해 주요 프로세스에 대한 목록을 관리해왔다. 예를 들어 제록스Xerox와 IBM은 각각 다른 수의 프로세스 목록을 만들었는데, 이 목록은 각 회사에서 실행되는 업무들을 위해 설계되었다.

비슷한 시기에 다양한 기관들이 더욱 폭넓은 관점에서 이와 유사한 작업을 수행했다. 이들의 목적은 기업의 프로세스를 문서화해 많은 기업에서 활용할 수 있도록 하는 것이었다. 국제벤치마킹협회International Benchmarking Clearinghouse(IBC), 유럽품질관리재단European Foundation for Quality Management(EFQM) 그리고 미국 자동차산업자문그룹Automotive Industry Action Group(AIAG) 등이 여기에 참여했다.

사업을 모형화하고 일반적인 일련의 비즈니스 프로세스를 정의하는 작업은 그 자체로 고유 분야로 인정받았고 학술적으로도 많은 연구가 진행되었다. 예를 들어 플리머스 대학교University of Plymouth의 연구원들은 비즈니스 프로세스 구조를 다섯 단계에 걸쳐 매우 광범위하게 정의했다. 이에 따르면 프로세스들은 세 개의 주요 그룹, 즉 운영operate, 관리manage 그리고 지원support 그룹으로 나누어진다.

노르웨이 과학기술대학교Norwegian University of Science and Technology(NTNU)[1]와 리서치 파트너인 노르웨이 산업과학기술연구소Stiftelsen for Industriell og Teknisk Forskning(SINTEF)가 함께 수행한 생산성에 관한 리서치 프로그램인 기술 산업의 생산성 향상 프로그램Productivity Program of the Technology Industry(TOPP)[2]은 이와 관련해 좀더 단순하고 실용적인 접근법을 보여 주는데, 여기서는 자가 진단 및 벤치마킹 방법론을 개발

---

1) (편집자 주) 노르웨이어로 Norges Teknisk-Naturvitenskapelige Universitet라고 한다.

2) (편집자 주) 노르웨이어로 Teknologiindustriens Produktivitetsprogram이라고 한다.

할 토대를 만들기 위한 비즈니스 프로세스 프레임워크를 개발했다. 마이클 포터 Michael Porter의 가치 사슬 value chain 논리에 따라 프로세스는 주요 프로세스 primary process와 보조 프로세스 support process로 구분되었다.

- **주요 프로세스_** 기업의 핵심을 이루며 가치를 창조하는 프로세스로서, 공급자 vendor로부터 물품을 받는 것부터 고객 지원 활동까지 회사 업무 전체를 관통한다.
- **보조 프로세스_** 직접적으로 가치를 창조한다기보다는 주요 프로세스를 지원하기 위해 필요한 활동들로서, 재무나 인사 관리와 같은 활동들을 포함한다.

이에 따라 주요 프로세스와 보조 프로세스를 도표로 나타내면 아래의 그림 3.4와 같다. 주요 프로세스는 궁극적으로 수익을 발생시켜 회사가 생존할 수 있게끔 하는 핵심 업무들을 의미한다. 그러나 보조 프로세스는 이것 없이는 주요 프로세스가 실행될 수 없다는 명백한 사실 측면에서 그 중요성을 갖는다. 주요 프로세스와 보조 프로세스는 함께 필수 불가결한 공생 관계를 이루고 있다고 할 수 있다.

더욱 명확하게 하기 위해(어쩌면 더욱 복잡하게 하는 것일 수도 있겠지만) 어떤 보조 프로세스들은 개발 프로세스 development process로 다시 분류될 수 있다. 개발 프

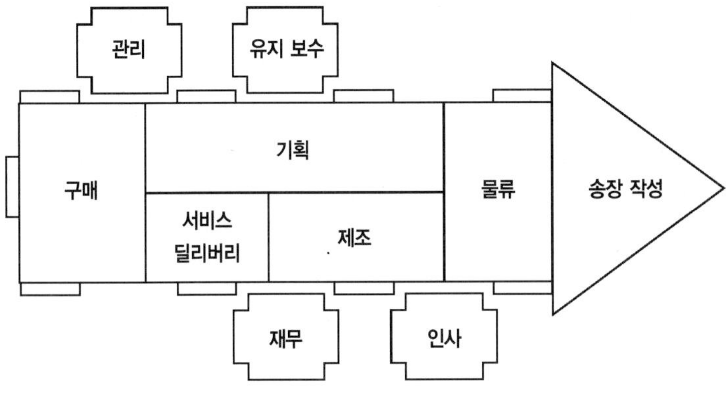

그림 3.4 주요 프로세스와 보조 프로세스

로세스란 가치 사슬과 주요 및 보조 프로세스를 더욱 높은 이행 수준으로 향상시키기 위한 프로세스로서 제품 개발, 직원 교육, 공급업체 개발 등이 이에 해당한다. EU 집행위원회가 지원하는 유럽성과연구네트워크 European Network for Advanced Performance Studies(ENAPS) 프로젝트에서는 주요 프로세스 및 보조 프로세스를 다시 세부 분류로 구분하는 프로세스 프레임워크를 정의했다(그림 3.5를 보라. 또한 ENAPS, 1997). 여기서 주요 프로세스는 "비즈니스 프로세스"라고 명명되어 네 개의 세부 프로세스로 구분되었으며, 이것은 다시 각각의 하위 프로세스로 구분되었다. 보조 프로세스는 "부차적 프로세스 secondary process"라는 대분류하에 지원 support 프로세스와 진화 evolution 프로세스로 분류된다.

프로세스 분류의 주요 목적은 어떤 타입의 비즈니스 프로세스가 조직 내에 존재하는지를 보다 잘 이해하기 위해서다.

ENAPS 고유 프레임워크

비즈니스 프로세스

- **제품 개발**
  - 제품 연구
  - 제품 엔지니어링과 설계
  - 프로세스 엔지니어링과 설계
- **고객 주문 계약 획득**
  - 시장 개척
  - 마케팅 및 영업
  - 발주
- **주문 이행**
  - 구매 및 조달
  - 제품 계획 및 조정
  - 제조 및 조립
  - 배송 및 물류
  - 주문 처리
- **고객 서비스**
  - 판매 후 서비스(A/S)
  - 제품 회수

부차적 프로세스

- **지원**
  - 재무 관리
  - 인사 관리
  - 정보 관리
  - 유지 보수
  - 내부의 위생, 환경, 안전 통제
- **진화**
  - 지속적인 프로세스 개선
  - 제품 연구
  - 제조 기술 연구
  - 인력 개발
  - 공급업체 개발
  - 외부 요인 관계 개발
  - 전략 기획

그림 3.5 ENAPS에서의 비즈니스 프로세스

3.4 조직 비즈니스 프로세스 식별

한 개 혹은 그 이상의 비즈니스 프로세스를 문서화하기 전에 그 기업에 어떤 비즈니스 프로세스가 있는지를 식별하는 작업이 반드시 선행되어야 한다. 기능 조직에서는 각 조직별 프로세스 구분이 명확하지 않기 때문에 이렇게 식별하기가 다소 어려울 수도 있다. 이러한 작업을 보다 용이하게 수행하기 위한 두 가지 방법이 있다(Peppard, 1998). 가장 직접적인 방법은 조직이 수행해야 하는 업무의 목록을 생성하는 것이다. 이 작업은 ISO 9000이나 이와 유사한 인증을 얻기 위해 문서화해놓은 프로세스 정의 혹은 절차를 참고해 수행할 수 있다.

더욱 가치 있고 체계적인 방법은 다음 사항을 면밀히 검토하는 것이다.

- 조직의 전략
- 조직의 비즈니스 성과와 관련해 이해관계를 갖는 이해관계자(개인, 조직, 기관 등)
- 조직이 생산하는 제품이나 서비스에 대한 기대
- 이러한 제품이나 서비스를 생산하고 지원하는 비즈니스 프로세스

그림 3.6은 위 항목 간의 상호 관련성을 보여 준다. 이 목록을 참고하면 조직이 수행하는 혹은 수행해야 하는 비즈니스 프로세스와 이해관계자들의 기대를 충족시키는 데 필수적인 비즈니스 프로세스를 식별하기가 훨씬 쉬워진다. 이상적으로는 조직이 이렇게 수립된 전략과 이해관계자를 만족시키기 위해 요구되는 비즈니스 프로세스를 정확하게 가져가야 한다. 위와 같이 도출된 것 이외에 다른 프로세스가 있다면(주요 프로세스를 지원하는 보조 프로세스가 아닌 한) 그것은 낭비적인 업무로 간주될 수 있다. 다시 말하면, 이해관계자의 입장에서 약간이라도

부족한 것은 불만족으로 이어질 수 있다.

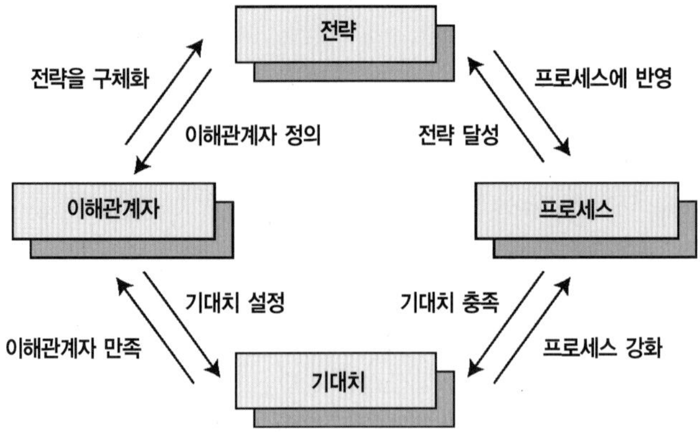

그림 3.6 전략과 이해관계자로부터 끌어낸 비즈니스 프로세스

역으로 이해관계자들이 요구하는 결과를 생산하기 위해 필요한 프로세스를 식별하는 방법도 있다. 이렇게 역방향으로 프로세스를 도출하는 경우 조직이 수행하는 업무를 포괄적으로 식별할 수는 없지만, 이러한 과정에서 식별되지 않는 프로세스는 이해관계자의 요구와 직접적인 관련이 적은 것이므로 큰 문제는 없다고 할 수 있다.

3.5

비즈니스 프로세스 모델링

무엇을 개선하든 간에 개선을 위해서는 기본적으로 현 상태가 어떤지 반드시 알아야 한다. 비즈니스 프로세스도 마찬가지다. 만약 현재의 프로세스가 어떻게 구성되고 어떻게 운영되는지 알지 못한다면 어디서부터 개선 작업을 시작하고 어떻게 개선해야 할지도 알기 어려울 것이다. 따라서 어떤 개선 활동에서든 항상 현재 프로세스의 문서화가 우선적으로 이루어져야 한다. 일반적으로 모델링modeling은 프로세스를 문서화할 수 있다는 점과 함께 다음과 같은 몇 가지 장점들을 가지고 있다.

- 모델링은 불확실한 추측을 허용하지 않으므로 불일치하거나 모호한 사항을 명확하게 정의할 수 있다.
- 모델링에서는 가설, 환경, 목적 등이 명확하게 표현되어야 하므로 정확도 수준이 전반적으로 높아지게 된다.
- 모델을 통해 향상된 시뮬레이션 및 시나리오 테스트가 가능하므로 가정 평가what-if assessment의 도구로 사용될 수 있다.
- 비즈니스 프로세스 모델이란 고도로 정밀하게 설계된 프로세스를 문서로 나타낸 것으로, 조직이 업무 프로세스를 체계적으로 관리하고 있다는 사실을 고객이나 품질 인증 기관 등에 제시하는 데 활용할 수 있다.
- 프로세스에 기반을 둔 ISO 9000의 2000버전을 포함해 많은 종류의 표준 혹은 인증은 광대한 프로세스 모델링을 요구한다.
- 관련된 조직과 사람 들이 모델링 정의 과정에 적극적으로 참여한 경우에는 이들의 업무에 대한 참여도와 열정을 증대시킬 수 있다.
- 프로세스 모델링을 정의할 때 관련자들과 의사소통하면 프로세스에 대해 더 잘 이해

할 수 있게 된다. 이것이 가장 중요한 이점이다. 조치 차원에서 광범위한 비즈니스 프로세스 모델링에 많은 노력을 쏟아붓고 나면, 직원들은 더욱 큰 관점에서 자신의 역할이 무엇인지, 자신들이 일에 쏟는 노력이 조직의 전반적인 목적에 어떻게 기여하게 되는지 깨닫게 된다.

비즈니스 프로세스를 문서화하는 작업은 다음과 같은 두 가지 접근법에 따라 수행할 수 있다.

- 특정 프로세스부터 순차적으로 문서화 작업을 수행하는 점진적 접근법
- 한꺼번에 모든 프로세스에 대한 문서화 작업에 착수하는 접근법

점진적으로 접근하는 방법은 실제로 매우 효과적이다. 이 경우 초기부터 많은 프로세스를 문서화할 필요는 없다. 필요성이 제기되면 자연스럽게 문서화될 것이기 때문이다. 이 접근법은 특히 자원이 부족한 소규모 조직 혹은 비즈니스 프로세스가 빠르게 바뀌는 조직에 적합하다.

나머지 한 가지 방법은 전체 조직을 대상으로 전체 혹은 대부분의 비즈니스 프로세스를 모델링하는 것이다. 3.3에서 이미 언급했듯이, 이 경우 모델링 대상 프로세스는 적게는 열다섯 개에서 많게는 100개까지 될 수 있다. 기업 내에서 이루어지는 모든 개개의 프로세스를 다 포함하기는 불가능하므로 가장 중요한 비즈니스 프로세스를 문서화하는 데 목적을 두어야 한다. 이러한 접근법의 장점은 다음과 같다.

- 작업에 많은 수의 직원들을 참여시킴으로써 긍정적인 태도 및 개선에 대한 동기 부여를 조성할 수 있다.
- 전체 프로세스를 조망함으로써 최고 경영자는 조직 전반을 포괄적으로 이해할 수 있게 되고 이를 바탕으로 특정한 프로세스에 대한 개선 작업을 지시할 수 있다.

- 문서화 작업을 통해 형성된 개개의 프로세스에 대한 통찰력은 종종 개개의 프로세스에서 개선되어야 할 요소를 정확히 집어내는 데 도움을 준다.

이러한 광범위한 프로세스를 모델링하기 위한 시간과 자원이 허락된다면 이것은 수행하기에 매우 가치 있는 작업일 것이다. 오늘날 이미 많은 조직들이 프로세스 모델링 작업을 수행해왔다. 이러한 프로세스의 문서화 작업이 ISO 9000 인증을 받을 목적으로 수행된 경우도 흔하다. 하지만 이미 작성된 프로세스 관련 문서들이 실제 현실을 반영하지 못하고 이상적인 상황을 나타내는 경우가 많다는 사실에 유의해야 한다. 그러므로 프로세스 개선 프로젝트를 성공적으로 수행하기 위해서는 현행 프로세스에 대한 정확한 인식에서 출발하는 것이 필수적이다. 따라서 시행착오를 줄이기 위해 기존의 문서에 대한 검증 작업을 선행하는 경우도 종종 발생한다.

프로세스 모델링 작업을 수행하는 방법과 관련해 명확히 정해진 것은 없다. 그림 3.7에 제시된 것처럼 각각의 상이한 수준에서 프로세스를 모델링할 수 있다. 각각의 사례에 대해 설명하면 다음과 같다.

- 이해관계자 모델은 이미 언급한 바 있다(2.1 참조). 이 그림은 이해관계자 분석을 도식화한 것이다. 이와 같은 상위 모델은 조직에 대한 가장 높은 수준의 시야를 제공한다.
- 공급자 · 수요자 관점에서 해당 기업의 위치를 표시하면 원자재의 공급자로부터 이를 통해 생산된 서비스 및 제품을 최종적으로 소비하는 수요자까지 정의할 수 있다. 모든 조직은 하나 이상의 가치 체계에서 자신의 위치를 가지며, 이러한 가치 체계 내에서 조직이 차지하는 위치를 이해하는 것은 프로세스 모델링 업무에서 아주 중요한 통찰력을 제공한다.
- 포괄적인 프로세스 모델 단계부터 프로세스가 구체적으로 나타나기 시작한다고 볼 수 있다. 하지만 이 단계에서는 아직 개별적인 프로세스를 묘사한다기보다는 각각의 프로세스가 조직 내부의 사슬 혹은 네트워크에서 서로 어떻게 연결되어 있는지를 보

여 주는 데 중점을 둔다. 따라서 개별적인 프로세스로 바로 건너뛰는 경우보다 전반적인 프로세스를 명확히 할 수 있다. 전체 모델을 구성하는 데는 많은 방법이 있는데, 아래 그림을 통해 예시를 살펴볼 수 있다. 이러한 유형의 어떤 모델들은 각각 다른 프로세스들 간의 흐름까지 제시할 정도로 매우 상세하다. 반면, 어떤 모델들은 같은 도식 내에 각각의 프로세스들을 한꺼번에 표현하기만 할 수도 있다.

- 어떤 경우에는 전체 프로세스 모델과 개별 흐름도 사이에 관계 대응relationship mapping을 포함하는 것이 도움이 될 수 있다. 관계 대응은 조직 내부 및 외부와의 업무 연계 현황을 나타낸다.
- 개별 흐름도flowchart는 가장 일반적인 프로세스 모델 유형이며 프로세스 개선 업무 시 가장 유용한 형태다.
- 마지막으로, 몇 년 전까지만 해도 일반적으로 사용되었던 텍스트 중심의 절차 해설서text-based written procedure 유형이 있다. 이는 매우 상세히 개발되기만 한다면, 가장 가치 있는 프로세스 설명서가 될 것이다. 예를 들면, 컴퓨터 프로그램에서 어떤 버튼을 눌러야 하는가나 기계 도구를 어떻게 잡아야 하는가와 같은 상세한 지침을 포함할 수 있다. 그러나 이것은 이해하는 데 시간이 오래 걸려서 프로세스를 전반적으로 알기에는 어려움이 있다. 따라서 개선 목적으로 모델링을 하고자 할 때 이 정도 수준까지 다루지 않는 것이 일반적이다.

이제부터는 가장 일반적으로 사용되고, 가장 유용하다고 판단되는 몇 가지 모델링 접근법을 좀더 자세히 제시한다.

- 관계 대응
- 전통적 흐름도(IDEF0 기법 포함)
- 복합기능 흐름도
- 프로세스 영역으로 구분된 흐름도
- 다단계 흐름도
- 통계를 추가한 흐름도

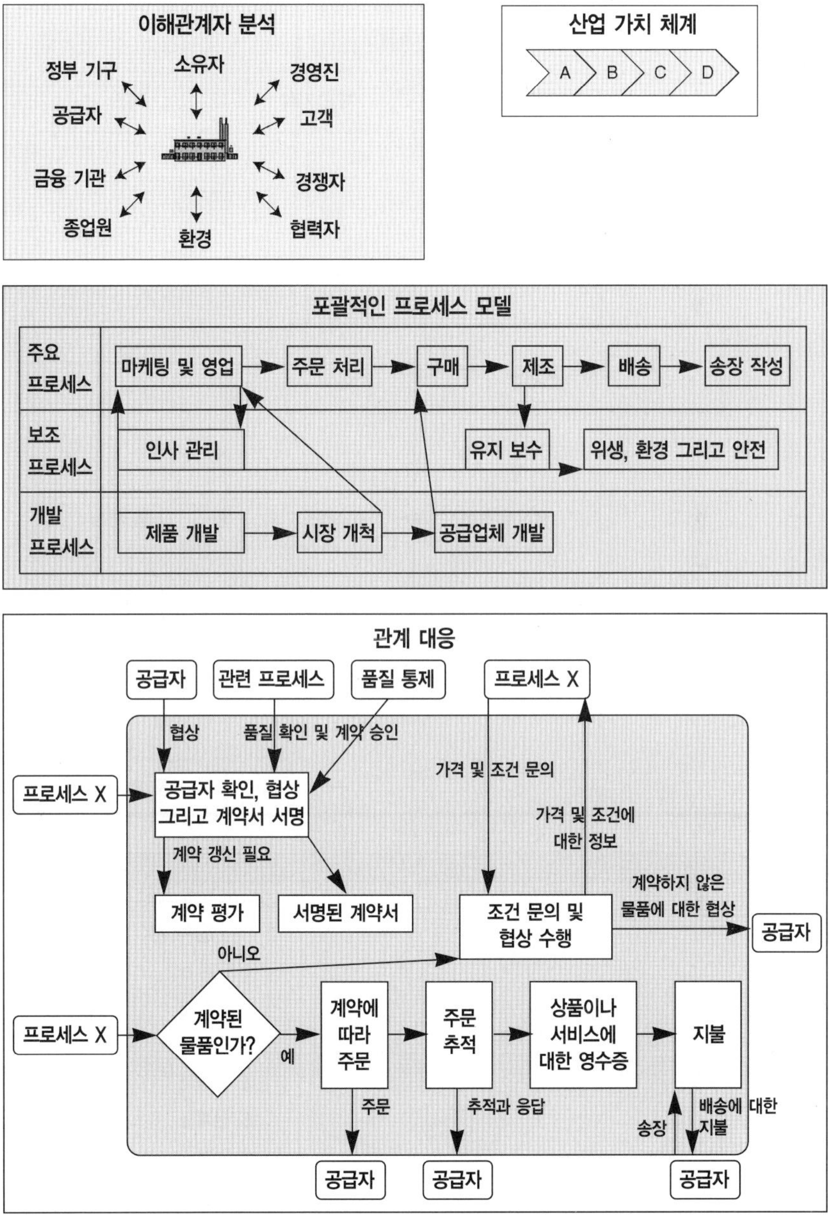

그림 3.7 프로세스 모델링 계층

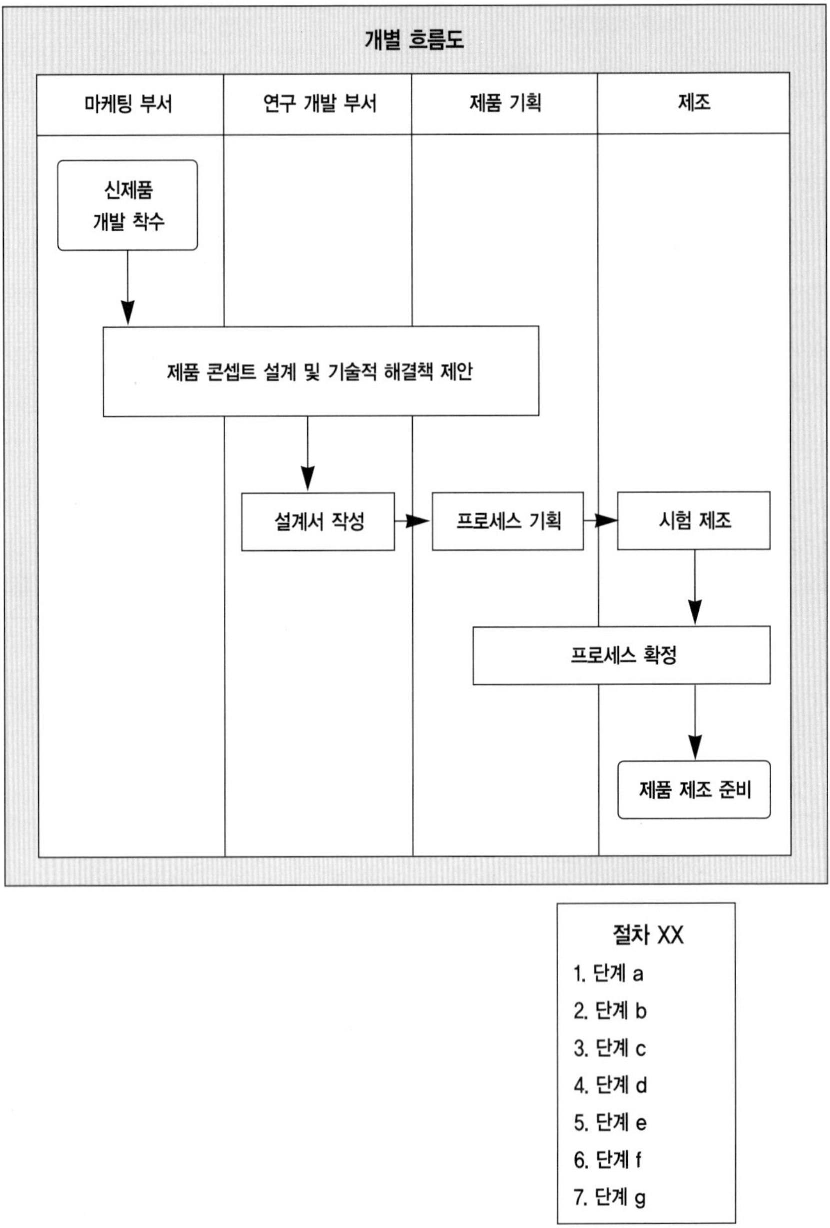

그림 3.7 프로세스 모델링 계층, 계속

3.6

관계 대응

어떤 프로세스에 대해 상세한 흐름도를 그리기 전에 프로세스를 이행하는 담당자는 누구이며 담당자 상호 간 혹은 그들과 외부 세계의 관계는 어떠한지를 정의할 필요가 있다. 많은 개인과 부서가 관련된 광범위하고 복잡한 프로세스일수록 특히 그러하다. 예를 들어, 주문 접수와 고객 물품 배송 프로세스를 문서화하는 경우 곧바로 프로세스를 그리는 것은 어려운 일이며 이러한 상황에서는 관계 대응relationship mapping을 먼저 그리는 작업이 필요하다.

일반적인 흐름도와 달리, 관계 대응은 활동이나 그 활동의 실행 순서를 고려하지 않는다. 관계 대응은 프로세스상에서 어떠한 역할을 하거나 프로세스에 영향을 미치는 각각 다른 조직 단위나 부서 혹은 담당자를 빈 종이에 배치시키는 방식으로 구성된다. 주문 접수 및 배송 프로세스에서 논리적으로 관련자participant는 고객이나 공급자뿐만 아니라 기업 내부에서는 영업, 기획, 생산 그리고 구매 부서가 될 수 있다. 게다가 재무 부서와 외부 운수 회사 역시 여기에 포함될 수 있다. 관계 대응을 그릴 때는 지나치다 싶을 정도로 많은 구성 요소들을 포함시키는 것이 좋다. 관계없는 것으로 확인되는 요소들은 프로세스의 각 부분에서 자연스럽게 제거될 것이기 때문이다. 관계 대응이 복잡하게 그려지는 경우, 각 구체화 단계별로 여러 버전을 작성하는 것도 좋은 방법이 될 수 있다.

일단 프로세스에 관여하는 잠재적인 관련자들을 정의하고, 그들 간의 관계를 분석한다. 이러한 관계를 표시하는 데는 각각 다른 형태의 화살표를 사용하는 것이 유용하다. 이 과정에서 다른 요소들과 전혀 관계가 없는 것으로 판명되는 요소들은 도표에서 지워나간다. 이러한 과정을 통해 최종적으로 그려지는 도표는 프로세스상에 있는 관련자와 이해관계자 간의 관계를 훌륭하게 표현할 수 있을 것이다.

그림 3.8은 프로세스 관계 대응의 사례다. 도표에서 사용되는 화살표 유형들은 예시일 뿐 이에 대해서는 어떠한 표준도 없다. 여기에서 주의할 부분은 관계 대응 작성이나 흐름도 작성 등 프로세스 문서화와 관련된 작업들을 할 때는 반드시 해당 프로세스의 핵심 관련자를 포함시켜야 한다는 점이다. 이는 프로세스가 현재 이행되는 방식을 제대로 문서화하기 위해서다. 한편으로 프로세스를 아주 자세하고 정밀하게 묘사하는 데 너무 많은 시간을 쏟지 않도록 주의해야 한다. 지나치게 많은 자원을 투여해 생성된 완벽한 모델보다는 적절한 자원을 통해 합리적인 수준으로 설계된 모델을 만드는 것이 더 바람직하다고 할 수 있다.

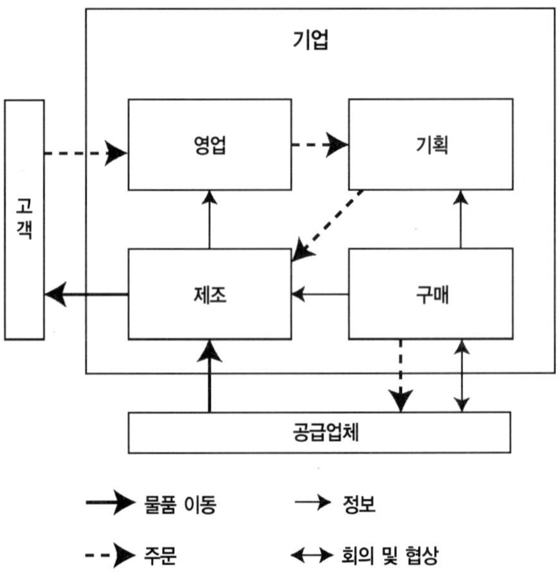

그림 3.8 관계 대응의 예

위의 내용을 요약하면, 관계 대응의 구성 절차는 다음과 같다.

1. 비즈니스 프로세스에 관여하는 내 · 외부 조직을 식별한다.
2. 정의된 조직들을 역할에 따라 배치시킨 다이어그램을 구성한다.
3. 각각의 조직을 대상으로 상호 간에 관계가 있는지를 확인하고, 관계가 식별되는 경우 다양한 형태의 화살표를 이용해 이를 표시한다.
4. 이와 같은 작업 이후에, 다이어그램에서 다른 조직과 연결이 전혀 없는 것으로 판명되는 조직은 특별한 이유가 없는 한 삭제한다.
5. 다이어그램이 해독하기 어려울 정도로 복잡해졌다면, 조직들을 이동시킴으로써 다이어그램을 조정해 가독성을 높인다.

유럽 전역에 공급하는 상품을 제조하는 중앙 집중화된 생산 공장을 갖추고 지역별로 재고 창고를 보유한 판매 조직들을 통해 상품을 판매하는 어느 국제적인 규모의 기업이 현재 지역별 판매 조직의 요구 사항이 생산 계획에 제대로 반영되지 않는다는 문제에 직면해 있다. 이를 개선하기 위해 회사는 제품의 유통을 개선할 수 있는 방안을 모색하기 위한 프로젝트에 착수했다. 하지만 곧 제품 및 정보의 흐름을 파악하는 일이 예상보다 수월하지 않은 것으로 판명되었고, 이에 대한 대책으로 관계 대응을 먼저 그려보기로 결정했다.

첫 단계는 모든 관련 조직으로부터 생산, 유통 및 판매 프로세스와 업무의 내용을 수집하는 것이었다.

- 지역별 판매 조직은 주요 고객과 연 2회 협의를 하고 이를 바탕으로 수요를 예측한다.
- 이러한 협의 자료를 통해서 획득한 정보를 바탕으로 지역별 판매 조직들은 제

품별 예상 주문량을 중앙의 생산 공장에 전송한다.

- 중앙의 생산 공장은 각 현지 판매 조직들로부터 다음 6개월에 대한 대략적인 전망치를 수집한다.
- 이 전망치를 토대로 생산 공장은 공급업체와 다음 기간의 계약 협상에 착수한다.
- 현지 판매 조직들은 매월 생산 공장에 주문서를 발송한다.
- 주문된 제품은 트럭으로 현지 판매 조직에 배송된다.

현지 판매 조직은 제품이 최종 소비자에게 판매 완료되었을 때에만 송장을 보냈다. 이 과정은 그림 3.9에서 보이는 관계 대응과 같이 표현될 수 있다.

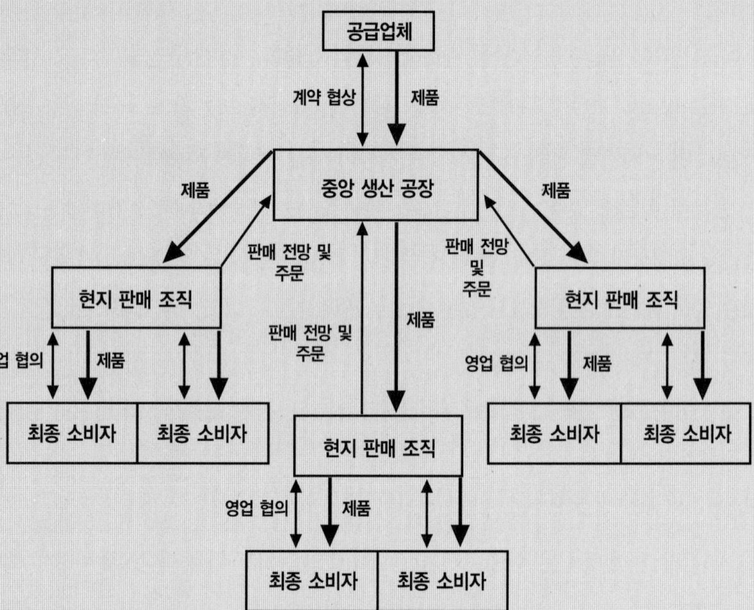

그림 3.9 공급 프로세스를 위한 관계 대응의 결과

3.7

전통적 비즈니스 프로세스 흐름도

비즈니스 프로세스 흐름도flowchart는 비즈니스 과정에서 수행되는 활동의 흐름을 그래픽으로 묘사한 것이다. 흐름도의 사용은 무엇인가를 이해하는 데 말로 기술된 것보다 그래픽으로 표현된 것이 훨씬 쉽다는 사실을 뒷받침해준다. 의미 있게 구성된 하나의 이미지는 수천 마디의 말보다 더 가치가 있다.

비즈니스 프로세스 흐름도를 그리는 방법에는 여러 가지가 있다(Andersen and Pettersen, 1996). 가장 기본적인 방법은 활동을 나타내는 기호들을 구분해 사용하고, 활동들 간의 관계를 나타내기 위해서는 화살표를 사용하는 것이다. 흐름도는 경우에 따라 그 형태가 다양하며 복잡한 그림에서부터 단순한 상자나 선에 이르기까지 사용되는 기호들 역시 다양한 모습으로 변형된다. 그러므로 어떤 한 가지 방식이 다른 방식보다 더 좋다고 할 수 없다. 중요한 점은 사용자들이 그 기호를 쉽게 이해할 수 있도록 그려야 한다는 것이다. 자주 사용되는 기호들은 다음과 같다.

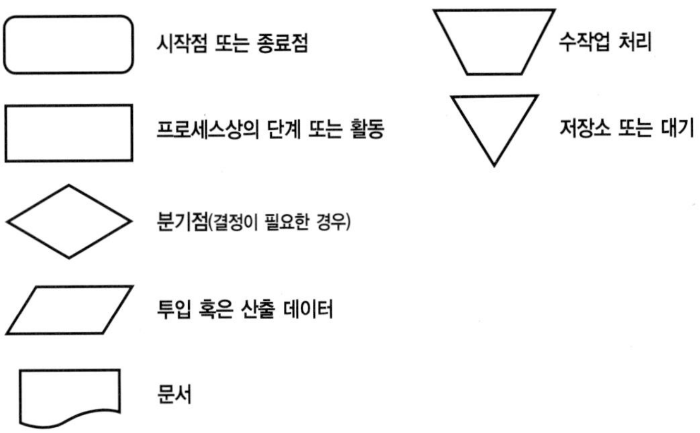

추가적으로, 비즈니스 프로세스 흐름도상의 한쪽 면에는 어떤 장비나 자원이 사용되었는지와 어떤 상태에서 활동들이 수행되었는지를 표시할 수 있다. 앞에서 예로 든 업무 절차에 대한 프로세스 흐름도는 그림 3.10에서 보이는 형태와 비슷할 것이다.

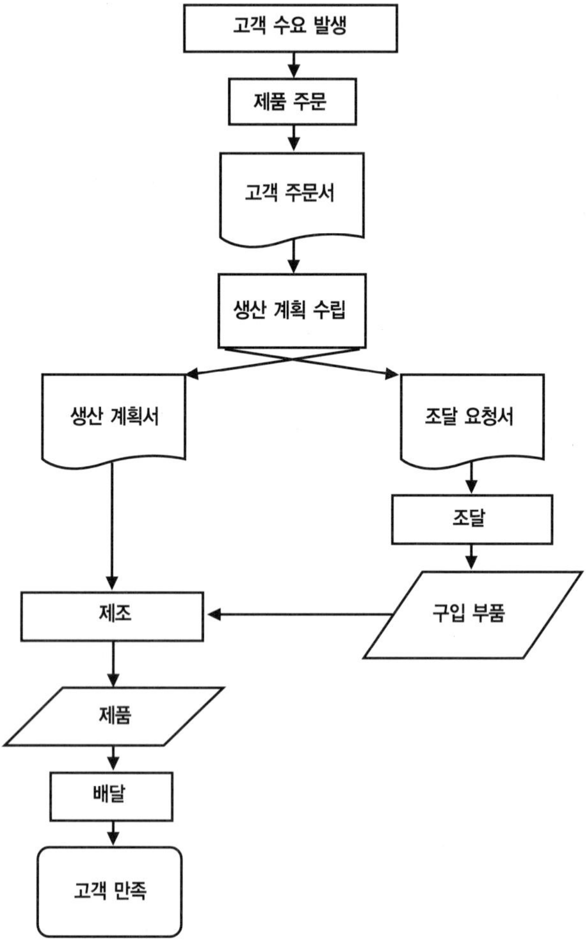

그림 3.10 공급 프로세스를 위한 흐름도

이 도표는 프로세스 공급자나 공급자와 고객 간의 협상까지 포함하는 등 훨씬 더 상세하게 표현될 수도 있지만, 비즈니스 프로세스 흐름도를 그리기 위한 기본적인 원칙들은 보여 주고 있다.

비즈니스 프로세스 흐름도를 그리기 위한 단계는 다음과 같다.

1. **모델링 대상 비즈니스 프로세스의 경계선 정의_** 특히 시작점과 종료점이 중요하다. 시작점과 종료점은 잘 정의된 산출물이거나 이벤트여야 한다.
2. **활동, 산출물, 대기 시간의 정의_** 종료점부터 시작해서 프로세스상에서 수행되는 활동들, 주요 산출물, 대기 시간 등을 확인한다.
3. **비즈니스 프로세스 흐름도 설계_** 항목들을 올바른 순서로 배치하고 프로세스 종료점부터 역방향으로 한번 따라가 봄으로써 그래픽적으로 잘 구조화된 비즈니스 프로세스 흐름도를 그려본다. 프로세스가 나뉘는 분기점에서는 가장 적합한 방향, 즉 왼쪽에서 오른쪽, 위에서 아래쪽으로 다이어그램의 활동 흐름이 진행되도록 방향을 잡는다.
4. **비즈니스 프로세스 흐름에 대한 의견 수렴_** 정의된 비즈니스 프로세스 흐름도에 대해서 모델링 팀 내의 의견 불일치가 존재하는 경우, 추가로 시간을 투자하더라도 최종적인 모습은 모두가 이해 가능한 공통의 이미지를 갖도록 해야 한다. 이러한 불일치는 종종 잠재적 갈등이나 오해의 요소를 명쾌히 정의할 수 있는 좋은 기회로 작용하기도 한다.
5. **가독성 개선_** 프로세스의 가장 중요한 요소가 정의되었고 올바른 순서로 배치되었다고 판단되면, 가독성을 높이는 방향으로 비즈니스 프로세스 흐름도를 수정한다.

어느 공공기관 사무실의 비서들이 문서나 자료 관리와 관련한 문제에 직면하게 되었다. 일단 자료를 철하고 나면 다시 찾기가 힘들다는 것이 문제였다. 몇몇 직원들이 사람마다 서류를 철하는 방법이 달라서 이러한 문제가 발생한다는 사실을 인식하게 되었고, 어떻게 하는 것이 올바른 방법인지 결정해야 할 필요성에 공감하게 되었다. 그들은 문제 해결을 위해 문서와 자료 정리를 위한 비즈니스 프로세스 흐름도를 그려보기로 했다.

비서들이 화이트보드와 메모용 노란색 스티커를 갖추고 회의실에 모였다. 그들은 모두 문서를 철할 때 비슷한 단계를 거치는 것으로 파악되었다. 다만, 자료를 어디에 철해야 하는지에 대한 기준이 사람마다 각기 달랐다. 열띤 토론 끝에 그들은 문서 관리를 위한 프로세스와 파일 분류 체계에 대한 합의점을 이끌어냈다. 그림 3.11의 비즈니스 프로세스 흐름도가 이 모임의 결과다.

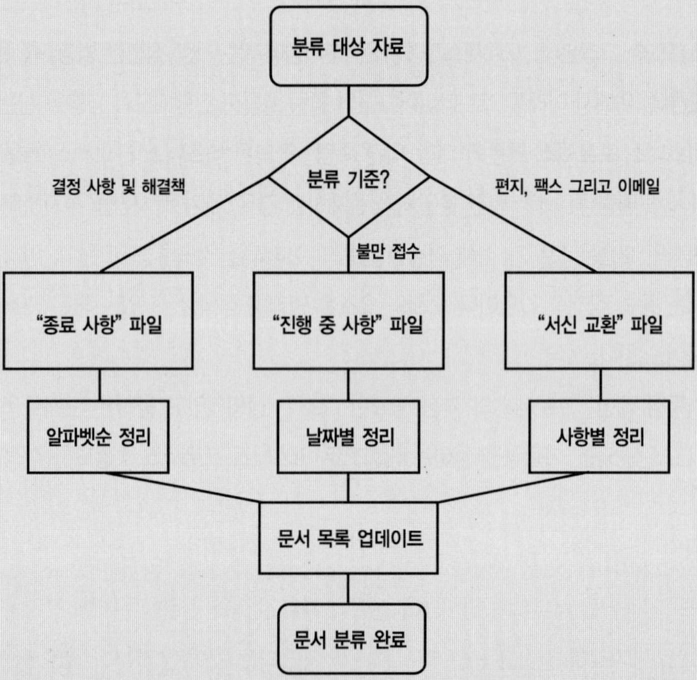

그림 3.11 문서 분류 프로세스를 위한 흐름도

비즈니스 프로세스 흐름도를 그리는 도구를 소개할 때, IDEF 제로라고 불리는 IDEF0 기법을 언급하지 않을 수 없다. IDEF0(IDEF는 Integrated DEFinition 방법론의 약자다)는 조직이나 시스템의 결정, 행동, 활동 들을 모델링하기 위한 표준을 제시하는 도구다. 이것은구조적 분석·설계 도구Structured Analysis and Design Technique(SADT)로 불리는 구조화가 잘된 그래픽 언어로부터 발전되어왔으며, 비즈니스 프로세스 흐름도를 그리는 데 필요한 표기법이나 규칙에 대한 일관성 있는 표준을 가지고 있어 프로세스를 이해하는 데 매우 강력한 접근 방식이다. 하지만 이렇게 작성된 비즈니스 프로세스 흐름도는 특히 복잡한 프로세스를 그리는 경우 가독성이 떨어진다. 모든 흐름들이 표현된다는 점에서는 적절하지만, 큰 그림을 보여주기 때문에 종종 프로세스를 한눈에 이해하는 데 어려움이 있다. 따라서 IDEF0 기법은 상위 수준의 프로세스 모델링에 적합한 도구라고 생각한다. IDEF0 기법 다이어그램에서는 도표상의 항목들 간에 네 가지 종류의 연결 고리가 존재한다.

- **통제**control_ 요구 사항, 법규, 회사 정책 등 프로세스에서 각 단계의 행동을 지시하는 요소
- **메커니즘**mechanism_ 프로세스를 수행하거나 지원하는 자원
- **투입**input_ 프로세스를 시작하게 하는 정보나 자원
- **산출**output_ 프로세스의 결과(투입에 대한 변형)

이 네 가지 연결 고리는 그림 3.12에서 보이듯 프로세스 단계를 표현하는 사각형의 지정된 면과 이어지도록 작성한다.

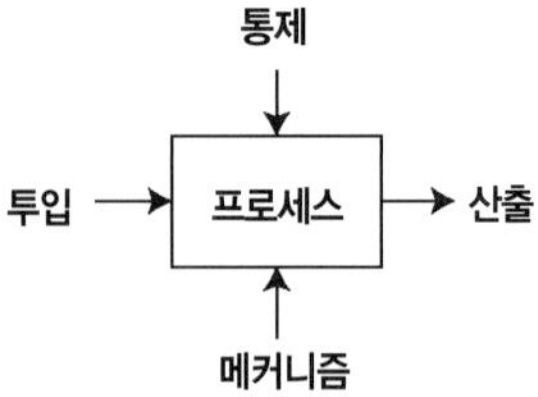

그림 3.12 표준 IDEF0 기법 다이어그램 디자인

그림 3.13은 전형적인 IDEF0 기법의 비즈니스 프로세스 흐름도를 보여 주고 있는데, 이 그림은 단순한 편에 속하는 모델링 프로세스다. 그럼에도 불구하고, 이 그림을 보는 독자는 상당히 복잡해 보인다고 생각할 것이다. 비록 기술적으로 일부 정확하지 않은 면이 있더라도 그림 3.10에 나온 더 단순한 형태의 비즈니스 프로세스 흐름도와 비교해볼 때, 이 흐름도는 항목들 간의 관련성이나 논리의 흐름을 이해하기가 훨씬 더 어렵다는 사실을 알 수 있다. IDEF0 기법의 표준에 대해 과도하게 비평하는 것처럼 들릴 수도 있지만 실생활에서 비즈니스 프로세스를 모델링하는 데 이 접근 방식이 덜 유용한 것은 사실이다.

그림 3.12에 보이는 IDEF0 기법의 표기법은 모델링 작업을 관리하는 데 유용하다. 이 외에도 터틀 다이어그램turtle diagram 접근 방식과 같은 다른 표기법 또한 존재한다. 터틀 다이어그램은 비즈니스 프로세스를 모델링하는 사람이 투입, 산출, 필요 장비, 필요 기술, 작업 지시, 성과 측정 등의 정보들을 잘 떠올릴 수 있도록 도와주기 위해 고안된 것이다.

이러한 모든 표준은 비즈니스 프로세스 흐름도가 논리적으로 구조화되어 있다는 사실을 보증해주는 역할을 한다. 표준과 관련된 한 가지 문제는 단순한 흐름도로는 누가 어떤 업무를 수행하고 있는지 파악하기 어렵다는 점이다. 이러한 정보는 다음에 다룰 복합기능 흐름도에서 더 잘 표현된다.

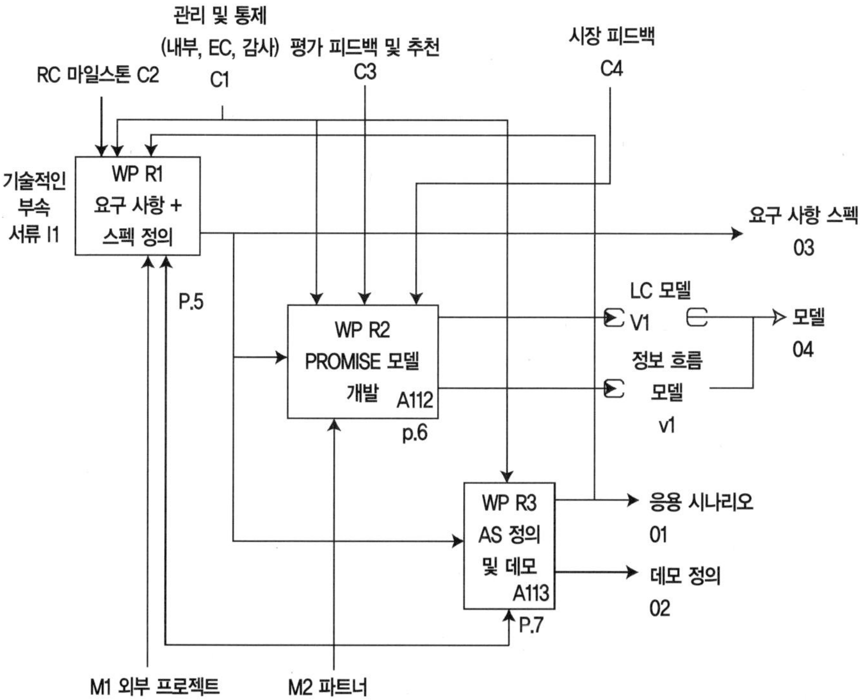

그림 3.13 샘플 IDEF0 기법 다이어그램

3.8
복합기능 비즈니스 프로세스 흐름도

앞서 언급한 것과 같이, 일반적인 흐름도는 일련의 프로세스에서 어떤 활동들이 수행되는지를 표현한다. 이에 반해 복합기능 비즈니스 프로세스 흐름도cross-functional flowchart는 구체적인 이름까지 명시해 누가 그 활동을 수행하는지, 그 활동이 어느 부서에 속하는지를 보여 준다(Andersen and Pettersen, 1996). 그림 3.14는 그림 3.10의 일반적인 흐름도를 좀더 상세하게 보완한 것이다. 각 업무 부서가 스윔레인swim lane(비즈니스 프로세스 흐름도상의 가로 방향 구분선으로 수영장의 트랙을 표시하는 선과 모양이 흡사해 붙여진 이름이다)으로 구분되며 업무 부서에서 수행되는 활동들이 이 스윔레인으로 둘러싸인 칸 안에 배치되어 있다.

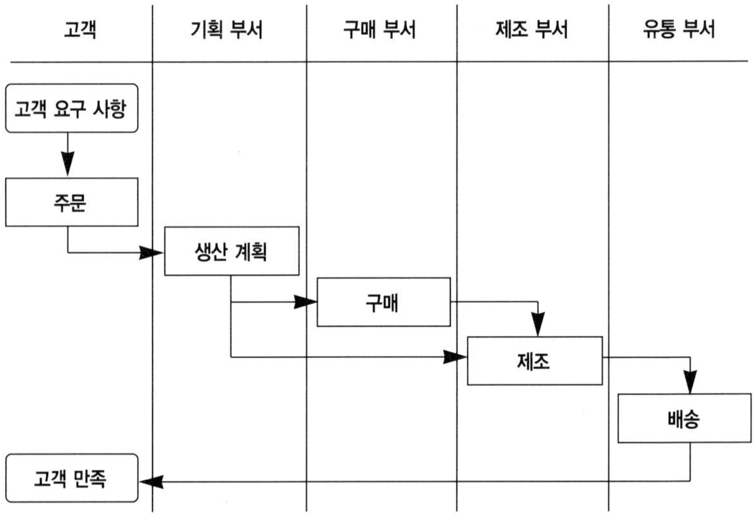

그림 3.14 복합기능 비즈니스 프로세스 흐름도의 예

이 정보들을 추가하는 것은 활동들 간의 순서를 표시하는 것에 비해 그리 많은 시간이 소요되지 않으면서도, 프로세스를 보다 명확하게 표현할 수 있다. 복합기능 비즈니스 프로세스 흐름도가 종종 권장되는 것이 바로 이러한 이유 때문이다. 이러한 형태의 흐름도가 가진 또 하나의 장점은 각 프로세스의 진행에 따라 책임 소재를 파악하기가 쉽다는 사실이다. 이 장의 앞부분과 그림 3.3에서 살펴본 바와 같이, 비즈니스 프로세스가 각 업무 부서 간에 이동되는 경우 종종 지연 상황이 발생하고는 한다. 복합기능 비즈니스 프로세스 흐름도는 이러한 지연 상황이 얼마나 자주, 어느 지점에서 발생하는지를 쉽게 확인할 수 있게 해주며, 책임 역할을 재조정하거나 같은 업무 부서에서 진행되는 항목들을 한꺼번에 수행하도록 재배치함으로써 비효율적인 프로세스를 개선할 수 있게 해준다. 또한 비즈니스 프로세스상에서 부서 간 또는 작업자 간에 빈번하게 이동하는 업무의 경우에는 전체 프로세스의 책임 역할이 산재되어 문제 발생 시 서로 책임을 전가할 소지가 있다는 것도 알려준다.

비즈니스 프로세스 흐름도의 각 레인은 프로세스상의 외형적인 작업자를 표시할 수 있으며, 각 프로세스 단계가 수행되는 물리적인 위치나 다른 요소를 나타낼 수도 있다. 또한 복합기능 비즈니스 프로세스 흐름도에 부가적인 정보 역시 표현할 수 있다. 세로축을 따라(만약 프로세스들이 가로 양식으로 그려졌다면 가로축을 따라) 다음과 같은 부가적인 정보들을 도표에 추가할 수 있다.

- 해당 프로세스의 소요 시간
- 해당 프로세스의 소요 경비
- 부가가치
- 진척도

비즈니스 프로세스 흐름도는 이러한 부가 정보로 프로세스상에서 단순한 활동들의 수행 순서보다 더 많은 정보를 담을 수 있게 된다. 복합기능 비즈니스 프로세스 흐름도를 만들기 위해서는 다음 사항들이 뒷받침되어야 한다.

1. **모델링 대상 비즈니스 프로세스의 경계선 정의_** 특히 시작점과 종료점은 잘 정의된 산출물이거나 이벤트여야 한다.
2. **활동, 산출물, 대기 시간의 정의_** 종료점에서 시작해 프로세스에서 수행된 활동들, 생성된 주요 산출물, 대기 시간 등에 대한 확인 작업을 수행한다.
3. **관련 조직 정의_** 각 프로세스 항목별로 해당 항목을 수행하는 조직이나 부서를 정의한다.
4. **비즈니스 프로세스 흐름도 모형 정의_** 참여하는 각 조직이나 부서 수만큼 레인이나 칸을 생성해 흐름도를 도표화한다. 이때, 가급적이면 긴밀한 협조하에 작업해야 하는 각 조직이나 부서는 서로 가까이 배치하는 것이 좋다.
5. **항목의 배치_** 프로세스의 말단부터 시작해서 반대 방향으로 거슬러 가며, 올바른 순서에 따라 올바른 레인에 각 항목들을 배치한다. 프로세스가 분기되어 그려지는 분기점에서는 가장 적합한 방향, 즉 왼쪽에서 오른쪽, 위에서 아래쪽으로 다이어그램의 활동 흐름이 진행되도록 방향을 잡는다.
6. **의견 수렴_** 모델링 팀 내 의견상 불일치가 있는 경우, 약간 시간을 두고 해결하도록 함으로써 최종적인 모습은 모두가 이해 가능한 공통의 이미지를 갖도록 해야 한다. 이러한 불일치는 종종 잠재적 갈등이나 오해의 요소를 명쾌히 정의할 수 있는 좋은 기회로 작용하기도 한다.
7. **가독성 개선_** 프로세스의 가장 중요한 요소가 정의되었고 올바른 순서로 배치되었다고 생각되면, 가독성을 높이는 방향으로 비즈니스 프로세스 흐름도를 수정하는 것도 좋은 방법이다.

한 대기업이 지난 몇 년간 세무 당국을 비롯한 각 공공기관에 제공하는 재무 보고를 위해 필요한 정보를 생성하는 데 꽤 큰 비용이 들었다는 사실을 알게 되었다. 따라서 각 프로세스상에서 누가 무엇을 했고, 어느 지점에서 비용이 발생했는지를 전반적으로 점검하기 위해 복합기능 비즈니스 프로세스 흐름도를 만들었다. 그림 3.15에서 보는 바와 같이, 그 결과로 만들어진 도표는 목적에 맞게 잘 구성되었고, 각각의 업무에 대한 책임 역할을 재분배함으로써 상당한 비용을 절감하는 데 도움이 되었다. 또한 여러 관련 부서에서 필요한 정보들이 체계적으로 수집됨으로써 자주 제출되지 않는 정보에 노력을 낭비할 필요가 없게 되었다.

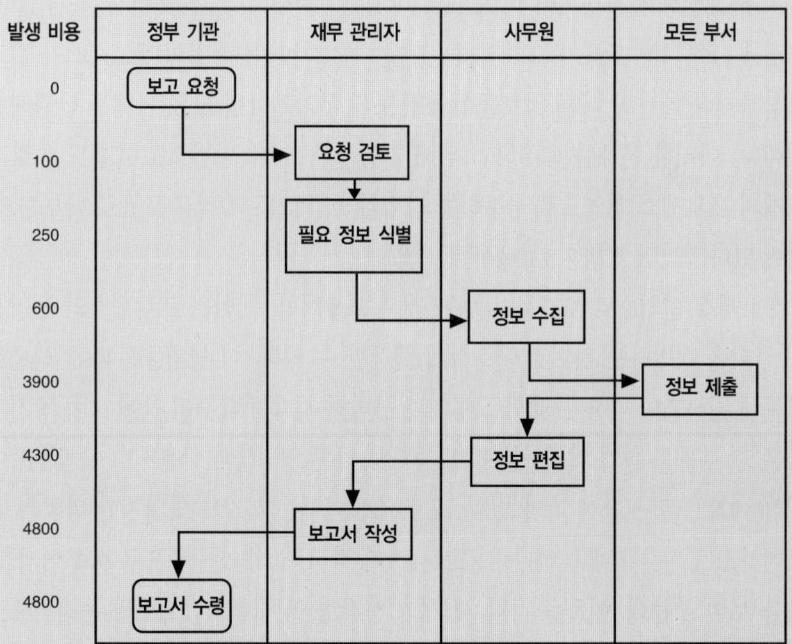

그림 3.15 보고 프로세스를 위한 복합기능 비즈니스 프로세스 흐름도

대체로 더 많은 정보를 추가할수록 더 복잡한 흐름도가 된다는 것을 잊지 말아야 한다. 비즈니스 프로세스 흐름도에 표시할 내용이 많은 경우 업무 흐름의 논리적 단계에 따라 도표를 분할해서 작성하는 방안도 고려할 수 있다.

3.9

프로세스 영역으로 구분된 비즈니스 프로세스 흐름도

IDEF0 기법의 표기법을 따르지 않는 경우에도 비즈니스 프로세스 흐름도가 지나치게 복잡하게 작성되어 이 도표로 작업하기 어려운 경우가 발생할 수 있다. 그림 3.14에 나온 도표가 그다지 좋은 예는 아니지만, 시작점의 프로세스가 길고 복잡하거나 다량의 다른 정보들이 흐름도에 부가된다면 도표는 매우 난해해질 것이다. 이러한 문제를 해결하기 위해 가능한 두 가지 방법으로 흐름도를 각각 별개의 프로세스 영역으로 구분하는 방법과 흐름도를 더 작은 도표로 나누는 방법이 있다(두 번째 방법은 3.10에서 다룰 것이다).

프로세스 영역으로 도표를 나누는 것은 그룹화할 수 있는 프로세스의 논리적인 구획을 식별하는 것으로 단순하게 생각할 수 있다. 이 영역들은 다른 색으로 구분해 칠하거나 다른 프로세스 영역과 구별해 사각형 테두리 안에 모아 넣거나 혹은 그 부분을 음영 처리하는 방법 등으로 다른 영역들과 구분시킬 수 있다. 이러한 예가 그림 3.16에 나와 있다. 프로세스 자체는 복잡하지 않지만 원칙은 잘 표현하고 있다. 이 예는 하나의 프로세스가 각각 세 개의 구획으로 이루어져 있음을 보여 주는데, 이들을 각각 세 개의 사각형 안에 배치함으로써 논리적으로 서로 구분한다. 수백 개는 조금 힘들겠지만, 수십 개의 단계로 이루어진 프로세스의 경우 이 방법은 꽤 효과적이다.

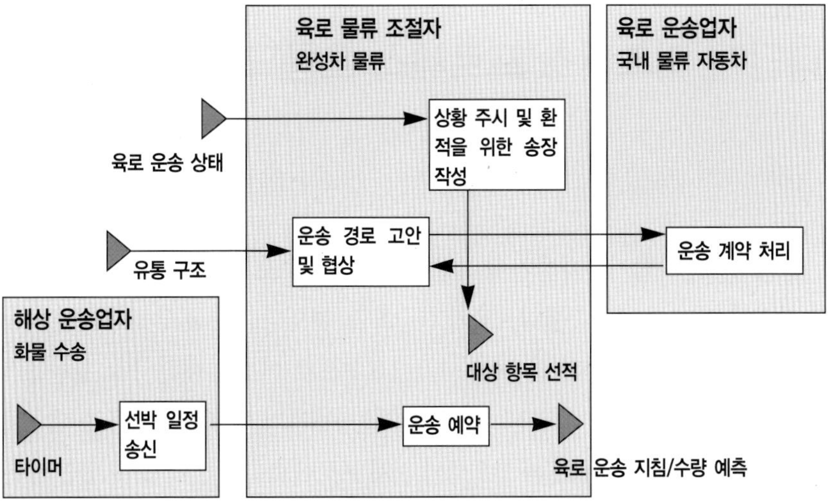

그림 3.16 프로세스 영역들로 구분된 비즈니스 프로세스 흐름도의 예

3.10

다단계 비즈니스 프로세스 흐름도

일반적이건 복합기능이건 간에 복잡한 비즈니스 프로세스 흐름도는 그 도표를 수직적인 여러 단계로 분할함으로써 단순화할 수 있다(Andersen and Pettersen, 1996). 원칙적으로 최상위 단계에는 1.0, 2.0 등으로 번호를 매긴 주요 활동들만 나타나야 한다. 이렇게 그려진 최상위 단계는 여러 가지 세세한 내용들 때문에 주요 부분을 간과하지 않도록 함으로써 전체 프로세스를 한눈에 볼 수 있는 좋은 도표가 된다. 그림 3.17은 그림 3.14의 도표를 단계 0으로 축약시켜 단순화한 형태다.

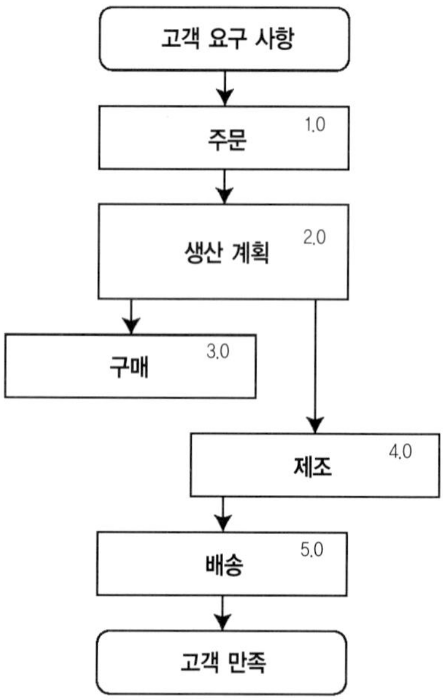

그림 3.17 프로세스에 대한 단계 0의 비즈니스 프로세스 흐름도

주요 활동들을 좀더 상세하게 표현하기 위해, 바로 한 단계 하위 수준에서 다른 비즈니스 프로세스 흐름도를 하나 더 만든다. 즉 3.0의 활동에 대한 더 상세한 도표를 그림 3.18과 같이 그릴 수 있다. 이 수준에서 각각의 프로세스는 3.1, 3.2와 같은 식으로 번호를 매겨 상위 단계와 논리적으로 연관시킨다. 더 상세하게 표현할 필요가 있는 경우, 몇 단계를 더 추가할 수 있다. 이러한 방식으로 단계별 도표를 구성하다 보면 단계 0의 도표만으로도 전체 프로세스를 나타낼 수 있게 된다. 필요에 따라 낮은 단계의 도표에 프로세스상의 각 단계에 대한 좀더 상세한 내용을 표현할 수도 있다. 이렇듯 다단계 비즈니스 프로세스 흐름도several-leveled flowchart는 상세한 내용을 이해하기 쉬운 표현 양식으로 전달할 수 있는 효과적인 기법이다. 인트라넷이 존재하는 곳에서 웹 브라우저를 통해 비즈니스 프로세스 흐름도를 전자적으로 저장하고 그에 접근할 수 있다면, 수직적 계층 구조도를 단

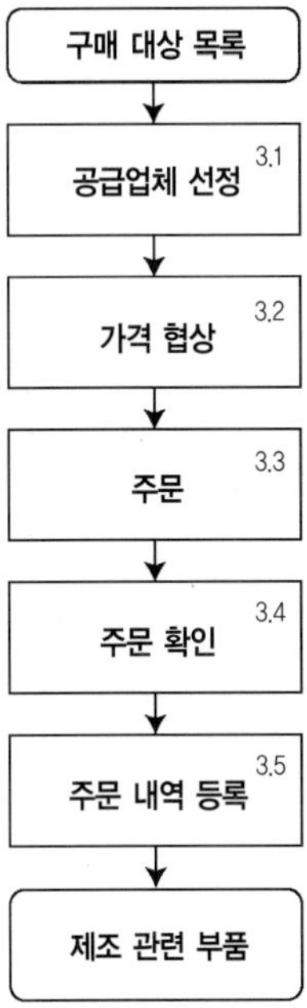

그림 3.18 구매 업무와 관련한 단계 1의 비즈니스 프로세스 흐름도

계별로 따라가며 볼 수 있어 더욱 효율적이다. 이 경우 도표상의 각 상위 단계를 클릭만 하면 해당 단계의 좀더 상세한 도표로 이동할 수 있다.

앞에 나온 사례의 회사에서는 재무 보고서 작성을 위해 필요한 정보를 저장할 때 모든 부서들이 같은 절차를 수행하도록 하기 위해 최적화된 프로세스 정보 흐름을 다단계 비즈니스 프로세스 흐름도로 문서화할 것을 결정했다. 그림 3.15에 나온 흐름도를 단계 0의 도표로 구성하고, 모든 부서에서 발생하는 활동을 나타내는 단계는 4.0으로 번호를 붙였다. 보고 작업은 각각 다른 부서에서 각각 다른 정보를 필요로 하기 때문에 특정 부서에만 해당하는 절차들은 단계 1로 생성했다. 구매 부서에 해당하는 내용은 그림 3.19와 같다.

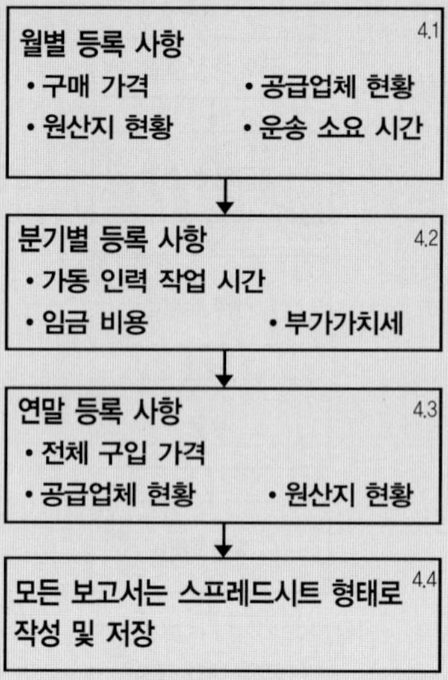

그림 3.19 보고 업무를 위한 단계 1의 비즈니스 프로세스 흐름도

프로세스들이 여러 갈래로 분기되는 경우, 각 중요한 분기에 대한 이해를 돕기 위해 비즈니스 프로세스 흐름도에 통계 자료를 추가할 수도 있다.

3.11
통계를 추가한 비즈니스 프로세스 흐름도

프로세스를 모델링하면서 종종 겪는 문제 중에 하나는 불명확한 예외 혹은 특이 사항들이 일련의 일반적인 흐름과 비교해 비슷한(때로는 더 많은) 정도의 주의를 필요로 하는 경우다. 대개 특정 프로세스는 정상적인 순서에 따라 수행되는데, 일부 고객이나 제품 또는 예외 사항 등으로 인해 일반적인 원칙에 다소간 변형이 발생할 수 있다. 이러한 프로세스를 모델링할 때, 모델링 팀은 이 예외 사항들을 포함하도록 요구할 것이다.

이러한 요소들은 비즈니스 프로세스 흐름도를 실제 꼭 필요한 것보다 더 복잡하게 만드는 요인이 된다. 따라서 가끔은 이러한 예외적인 사항들은 무시하고 주요 흐름만 간략하게 모델링하는 편이 프로세스를 논리적으로 이해하기에 더 충분한 경우도 있다. 반면에 이러한 예외 사항들이 프로세스상에서 문제를 유발하는 요인이 될 수도 있는데, 이때는 그것들을 반드시 파악해 도표에 표시해야 한다. 어느 경우든지 각각의 가능한 흐름(주요한 흐름이나 대안적인 흐름)에 대한 일정 정도의 발생 확률 등의 통계 값을 제시하는 것이 유용할 수 있다.

은행의 한 소규모 지점에서 사무실을 재단장하는 프로젝트를 시작했다. 새로운 사무실에 가장 알맞은 배치를 결정하는 데 은행 업무에서 고객의 흐름을 이해하는 것이 중요한 항목으로 떠올랐다. 논의된 주요 쟁점은 고객과의 첫 번째 접점이 되는 접수창구를 얼마나 많은 고객을 수용할 수 있는 공간으로 배치할 것인가와 다양한 분야의 전문화된 고객을 담당하는 관리자들이 위치할 후방 사무 공간을 어떻게 구성할 것인가였다.

현재 사무실 배치 상태에서 업무를 수행하는 일주일 동안 모든 고객 관련 활동이 기록되었다. 은행에서 고객들의 물리적인 이동 흐름을 나타내는 흐름도가 구성되었고, 거기에 다른 경로를 이용하는 고객들의 수를 나타내는 자료가 덧붙여졌다. 그 결과가 그림 3.20에 나와 있다. 이 도표는 은행 측이 창구에서 응대할 수 있는 고객의 수(그리고 업무 숙련도)를 증가시키는 데 기여했다. 은행을 방문하는 많은 고객들은 미리 약속을 한 후 해당 담당자의 사무실로 안내되는데, 그들 중 대부분이 접수창구에서도 처리할 수 있는 요청 사항을 가지고 있었다. 창구에서 처리하지 못하는 사안의 경우에만 고객을 관리자에게 안내함으로써, 고객 관리자들이 영업 우위를 달성하기 위해 쏟아야 할 귀중한 시간을 벌 수 있었다.

비즈니스 프로세스 모델링을 다루는 방법에 대한 소개를 마치면서, 최근 들어 사용되기 시작한 또 다른 모델링 프로세스 기법을 언급하고자 한다. 어떤 사람들은 비즈니스 프로세스 흐름도상의 단순화된 기호들이 오히려 더 이해하기 어렵다고 생각한다. 흐름도를 좀더 이해하기 쉽게 하기 위해서는 더 상세한 그림이나 심지어 사진 자료도 유용할 수 있다. 실제 기계 설비, 사람 또는 장소에 대한 사진들은 어떤 흐름도든지 좀더 명쾌하게 보이게 만든다.

몇몇 조직에서는 프로세스를 정리할 때 비디오 자료를 효과적으로 사용해왔는데, 이는 특히 해당 프로세스를 매우 정밀한 수행 순서로 정확한 절차에 따라 수행하는 것이 중요한 경우에 더욱 효과적이다. 그러한 프로세스의 경우, 비디오 자료가 다른 흐름도나 문서화된 절차보다 좀더 상세한 정보를 줄 수 있다. 자동차의 변속기를 정비하는 데 수행되는 각 공정들의 경우에, 도식적인 그림이 얼마나 복잡하고 헷갈리게 할지를 생각해보라. 수행하는 프로세스를 비디오 자료로 확인할 수 있고 또 필요한 경우에는 되돌려 보기도 가능하다면, 프로세스의 상세

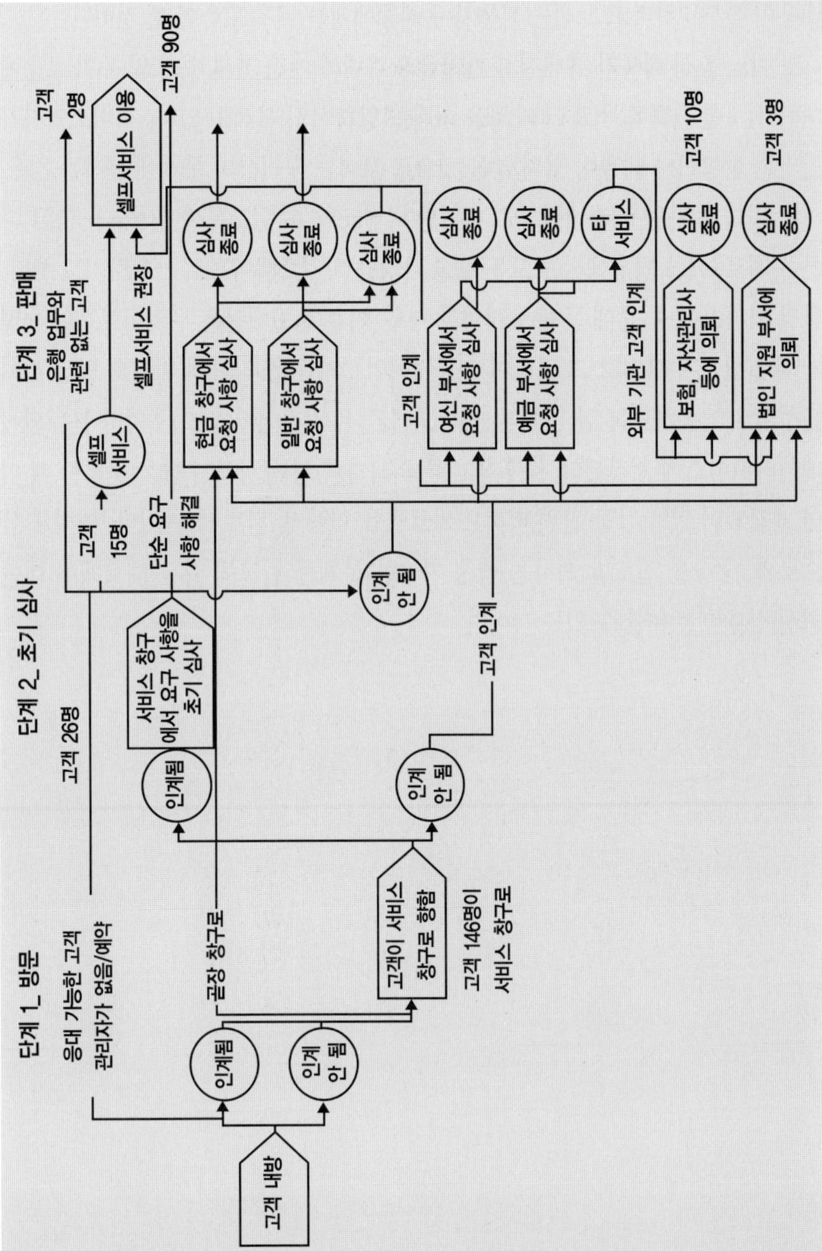

그림 3.20 은행 고객 이동 통계 값을 이용한 비즈니스 프로세스 흐름도

내용이 불분명하다고 느끼는 자동차 수리공에게는 매우 도움이 될 것이다.

또 어느 통신 회사가 휴대전화 기지국과 관련해 여러 가지 수리 및 유지 보수에 대한 절차를 녹화해두고 그 파일을 최대한 압축시킨 사례도 있다. 서비스업자가 막막한 상황이나 해결이 쉽지 않을 것으로 보이는 수리상의 문제에 봉착한 경우, 해당 비디오 파일을 휴대전화로 내려받아 참조할 수 있도록 한 것이다. 조금 다른 사례로, 어느 병원에서는 모든 수술 과정을 비디오테이프로 녹화하기도 했다. 담당 의사가 수술 중에 문제를 경험한 경우, 이후에 문제점은 무엇이었으며 어떻게 해결했는지 그리고 그 처방이 성공적이었는지 등을 녹화된 비디오 영상 위에 음성으로 녹음하도록 한 것이다. 해당 파일들은 각각의 키워드에 따라 분류되어 데이터베이스에 저장된다. 추후에 다른 의사가 특정 유형의 수술을 준비할 때 이미 제작되어 있는 각종 관련 비디오 자료들을 열람 및 검토할 수 있다. 이렇게 함으로써, 수술을 집도할 의사는 발생 가능한 문제들과 그에 따른 해결책에 대한 최신 정보를 보유할 수 있는 것이다.

3.12
비즈니스 프로세스 흐름도의 작성 도구

최근에 대두되는 전형적인 의문점이 바로 어떤 매체를 이용해 프로세스 모델링 작업과 비즈니스 프로세스 흐름도를 설계하느냐다. 종이와 연필 같은 전통적인 방법을 계속 고수하는 것이 나을까 아니면 추세를 따라 컴퓨터를 이용해 그리는 것이 나을까? 정답은 양쪽 모두라고 할 수 있다.

실제 프로세스들이 어떻게 되어 있는지를 서로 합의해나가는 첫 번째 단계에서는 종이에 작업하는 편이 훨씬 유리하다. 대개 이 시점에서는 전원이 함께 모여 협의하게 되는데, 플립차트나 한쪽 벽에 걸어놓는 커다란 걸개그림 형식의 자료를 주로 사용한다. 일반적으로 여러 가지 의견이 개진되면서 비즈니스 프로세스 흐름도는 계속 그 모양이 변하는 동적인 형태를 갖게 될 것이다. 이렇게 유동적으로 변경되는 내용을 큰 무리 없이 적용할 수 있게 하는 기법 중에 하나가 프로세스 구성 요소를 다양한 색의 스티커를 이용해 표시하는 방법이다. 도표에 내용이 계속 보완됨에 따라 스티커를 여기저기 옮겨 붙일 수 있으며, 도표를 지우고 다시 그려야 하는 불편도 피할 수 있다.

컴퓨터는 이러한 용도에는 상대적으로 쓸모가 적다. 무엇보다도 컴퓨터는 화면이 너무 작다. 프로젝터를 사용해 화면을 확대한다고 해도 첫 번째 단계의 회의에서 컴퓨터로 작업하는 것은 다소 어색하고 불편해 보인다. 게다가 정작 필요한 프로세스 및 모델링 작업보다 소프트웨어 도구 자체에 더 집중하게 될 위험이 있다.

하지만 그다음 단계에서는 끊임없이 변경되는 작업을 거치기 때문에 다소 관리하기 어려운 커다란 양식의 비즈니스 프로세스 흐름도를 정리해야 할 필요가 발생하며 이 경우 흐름도를 저장, 복사 및 수정할 수 있어야 한다. 따라서 컴퓨터를 이용하는 편이 훨씬 더 적합하다. 시중에 있는 여러 가지 소프트웨어 도구를 이용하면 흐름도의 작성 및 변경 작업을 매우 쉽게 할 수 있다.

흐름도가 완성된 후, 혹은 프로세스 모델링 작업 도중의 각종 회의에서도 흐름도를 그리는 데 컴퓨터를 이용하는 것이 좋다. 컴퓨터를 이용하면 도표를 인쇄하거나 복사 및 배포할 수 있다. 게다가 그 도표를 필요로 하는 사람(벤치마킹 파트너 등)에게 이메일로 파일을 보내거나 소프트웨어를 이용해서 회의 중에 도표를 수정할 수도 있다. 시간이 경과함에 따라 변경되는 비즈니스 프로세스에 맞추어 도표를 전자적으로 저장 또는 수정하는 것도 가능하다. 도표가 변경될 때마다 수많은 정보를 일일이 손으로 지우고 다시 그리면서 유지 및 보수하는 것은 어렵고 귀찮은 일이다. 각각의 목적에 따라 적절한 매체를 이용하는 접근법이 어느 한 가지 방법으로 전체 공정을 처리하는 것보다 훨씬 바람직하다.

4장

비즈니스 프로세스 개선을 위한 성과 측정 활용

프로세스 모델링의 중요성을 언급하는 데서 요지는 무엇인가를 개선 혹은 향상시키기 위해서는 그것의 현재 상태가 어떤지를 알아야만 한다는 점이다. 마찬가지로, 성과 측정을 논할 때의 요지는 프로세스를 개선하기 위해서는 지금 그 프로세스가 얼마나 효율적으로 수행되고 있는지를 알아야만 한다는 사실이다. 이 장에서는 성과 측정을 하는 데 가장 중요한 원칙에 대해 간략히 살펴보도록 하겠다.

4.1 비즈니스 프로세스 개선을 위한 성과 측정의 역할

성과와 관련된 아무런 정보 없이 조직을 운영하려는 것은 계기판 없이 차나 비행기 등을 운행하는 것과 같다. 계기판에서 볼 수 있는 여러 가지 형태의 게이지나 경고등, 경보 장치는 적절한 시점에 필요한 결정을 내릴 수 있도록 도와준다. 예를 들어, 유압 경고등이 켜지면 운전자는 즉시 원인을 체크해 오일을 보충할 것이고, 어느 정도의 속도로 운전하고 있는지 확인하고 싶을 때는 속도계를 볼 것이다.

비록 조직에서 얻는 성과 정보가 가장 최신의 것이 아니거나 즉각적인 실행으로 이어지지 않는다고 할지라도, 여전히 그 가치는 이루 말할 수 없을 정도로 크다. 비행기가 연착하는 바람에 갈아탈 비행기를 놓친 승객들이 생긴 경우, 항공사는 그들을 위해 다음 비행기에 남은 좌석이 얼마나 되는지 정확히 확인할 수 있어야 한다. 신발 가게 판매원은 고객이 원하는 사이즈가 없는 경우, 가까운 곳에 있는 다른 지점에 재고가 있는지 확인함으로써 그 고객을 위한 신발을 남겨두도록 조치할 수 있어야 한다. 제조 회사 구매 담당자는 지난 두 달 동안 제품 공급자의 납품 시점이 점점 늦어지고 있다는 사실을 알게 되면, 공급자에게 연락해 납품 기일을 준수해달라고 요구하거나 다른 공급자를 찾을 시기가 되었다고 판단할 수 있다.

이러한 예는 무수히 많다. 또한 정보들이 어떻게 제공되고 활용되는가에도 큰 차이가 존재한다. 이러한 성과 자료가 프로세스의 개선을 시작하도록 결정하는 데 매우 유용한 정보를 제공한다는 사실에는 의심의 여지가 없다. 성과 측정performance measurement이 조직에서 어떻게 사용되는지 조사해보면, 다음과 같은 다양한 적용 분야들을 확인할 수 있다(Andersen and Henriksen, 2004).

- 조직의 전반적인 성과 수준 모니터링
- 전략 방향을 수립하고 이 방향을 유지하기 위해 성과 자료를 활용
- 활동이나 프로세스의 상세한 운영 계획을 수행하기 위해 평균 또는 절대적인 성과 수준을 사용
- 제품이나 서비스에 대한 비용 견적 시 성과 기록 활용
- 가장 최근의 성과 자료에 근거한 계획 수립 시 활용
- 주요 성과 지표를 모니터링함으로써 사전 경고 체계를 수립하는 데 사용
- 공급자에 대한 정기적인 평가 수행
- 개인, 그룹 또는 전체 조직의 행동이 원하는 방향으로 나아가도록 촉진 및 변화시키는 데 성과 측정을 활용
- 특정 성과 지표에 집중해 인센티브를 만들어내고 보너스나 다른 보상을 위한 근거로 성과 자료를 활용
- 개선이 필요한 프로세스가 어떤 것인지 결정하는 수단으로 사용
- 개선 프로젝트가 약속한 바를 이행하고 있는지 모니터링 및 평가하는 수단으로 사용
- 목표를 공유하는 수단으로 성과 자료를 활용
- 고객과 성과 자료를 공유하는 데 활용
- 벤치마킹 시 활용

위에서 볼 수 있듯이, 이 목록 대부분은 프로세스 개선 작업과 연관이 있다. 또한 이러한 자료는 그 성과가 미비한 프로세스의 원인을 밝히는 데 유용한 통찰력을 제공하거나 비즈니스 프로세스 개선 프로젝트의 현황 분석 단계에서 어떤 측면에 변화가 필요한지 이해할 때 사용될 수도 있다. 요약하자면, 성과 측정 시스템은 비즈니스 프로세스 개선 시스템을 구성하기 위한 필수적인 요소다. 성과 측정 시스템 또는 체계는 주요 성과 측면을 주기적으로 측정하기 위한 절차로 이해할 수 있다. 이것은 어떤 조직에서는 높은 수준의 IT에 기반한 시스템이 될 수 있으며, 또 다른 조직에서는 단순히 6개월마다 고객 만족도 데이터를 수집하는 것을 의미할 수도 있다.

4.2

성과 측정 시스템 구축

비록 성과 측정 시스템performance measurement system이 경영학에서 일반적으로 사용되는 용어지만, 이 책에서 의미하는 것은 일정 규모 이상의 복잡한 시스템만은 아니다. 따라서 여기에서는 조직 내에 체계적인 성과 측정 수단이 존재하는 것이 개선 활동 노력에 어떻게 도움이 되는지에 대해서만 간략히 다루도록 한다.

지난 몇 년 동안 컴퓨터에 기반한 더 진보된 시스템이 성과 측정에 사용되어왔다. 여러 조직이나 기관이 너무 많은 시간과 돈을 시스템을 구축하는 데 쓰고 있는데, 이러한 시스템의 대부분은 매우 복잡하게 구현되어 제대로 작동하지 않는 경우가 많다. 스파이처Spitzer의 저서(2007)에 따르면, 성과 측정 시스템에서 10퍼센트만이 기술적인 부분이며 나머지는 시스템을 어떻게 활용하느냐, 특히 측정 내용과 측정 결과의 통합 및 상호 연계성에 집중하고 있다.

단순하든지 복잡하든지 간에, 어떤 형태의 성과 측정 시스템을 설계하고 구축하기 위해서는 여덟 단계의 프로세스를 거쳐야 한다. 설계 프로세스는 그림 4.1에 나와 있으며(Andersen and Fagerhaug, 2001), 각각 다음과 같다.

1. **비즈니스 구조와 프로세스에 대한 이해 및 절차도 그리기**_ 이것은 설계 프로세스의 도입 단계로 조직, 경쟁적 위치, 주변 환경뿐만 아니라 최소한 비즈니스 프로세스에 대해 재인식하고 이를 통해 사고할 수 있는 기반을 마련할 수 있도록 성과 측정 시스템을 고안하는 것을 주요 목적으로 한다.
2. **비즈니스 성과 우선순위 정의**_ 이 단계에서는 이해관계자들을 이해하고 그들의 요구 사항을 충족하기 위해 우선적으로 성과 항목을 정의한다.
3. **기존 성과 측정 시스템에 대한 이해**_ 이번 단계는 성과 측정 시스템이 이미 존재할

경우 기존 시스템의 어떤 부분이 새로운 시스템에서 재사용될 수 있을지를 검토하는 일을 수행한다.

4. **성과 지표 도출**_ 성과 지표performance indicator는 최적의 성과 측정 시스템을 만들기 위해 가장 중요한 요소로, 조직 성과나 비즈니스 프로세스 성과를 측정하기 위해 사용할 지표를 정의한다. 이 단계에서는 성과를 추출할 수 있도록 해주는 적절한 양의 정확하고 연관성이 높은 성과 지표를 정의해 성과 측정 시스템을 정착시키는 것을 목적으로 한다.
5. **필요한 데이터 수집 방법 결정**_ 정의된 성과 지표를 위해 필요한 데이터를 수집하기 위한 해법을 제시하는 단계다. 수작업 데이터 수집부터 운영 중인 IT 시스템을 통한 자동 데이터 취합까지 다양한 방법이 있다.
6. **성과 보고서 및 성과 측정 결과 표현 방법 정의**_ 이 단계에서는 성과 데이터를 사용자들에게 어떻게 보여 줄지를 결정한다. 경영 관리, 모니터링, 개선 활동에 성과 데이터를 어떻게 적용해야 할지, 성과 데이터에 대한 접근 권한은 누구에게 줄지에 대한 결정이 이에 해당한다. 성과 데이터의 표현 양식에 대한 디자인은 자동차 계기판의 디자인과 유사한 기능을 갖는다. 성과 측정 시스템의 화면을 통해 경영자가 데이터를 인식하고 해석해 적절한 판단을 내릴 수 있도록 지원하기 때문이다.
7. **성과 측정 시스템의 테스트 및 조정**_ 의도한 대로 작동하지 않는 요소들을 조정할 수 있도록 테스트하는 단계다.
8. **성과 측정 시스템의 활용**_ 이 단계에서 공식적인 시스템 운영을 시작하게 된다.

이 프로세스를 상세하게 다루는 것은 이 책의 범위를 벗어나므로 이 정도로 설명하기로 하고, 그 대신 성과 측정 시스템의 핵심을 이루고 있는 성과 지표에 대해 구체적으로 논의하도록 하겠다.

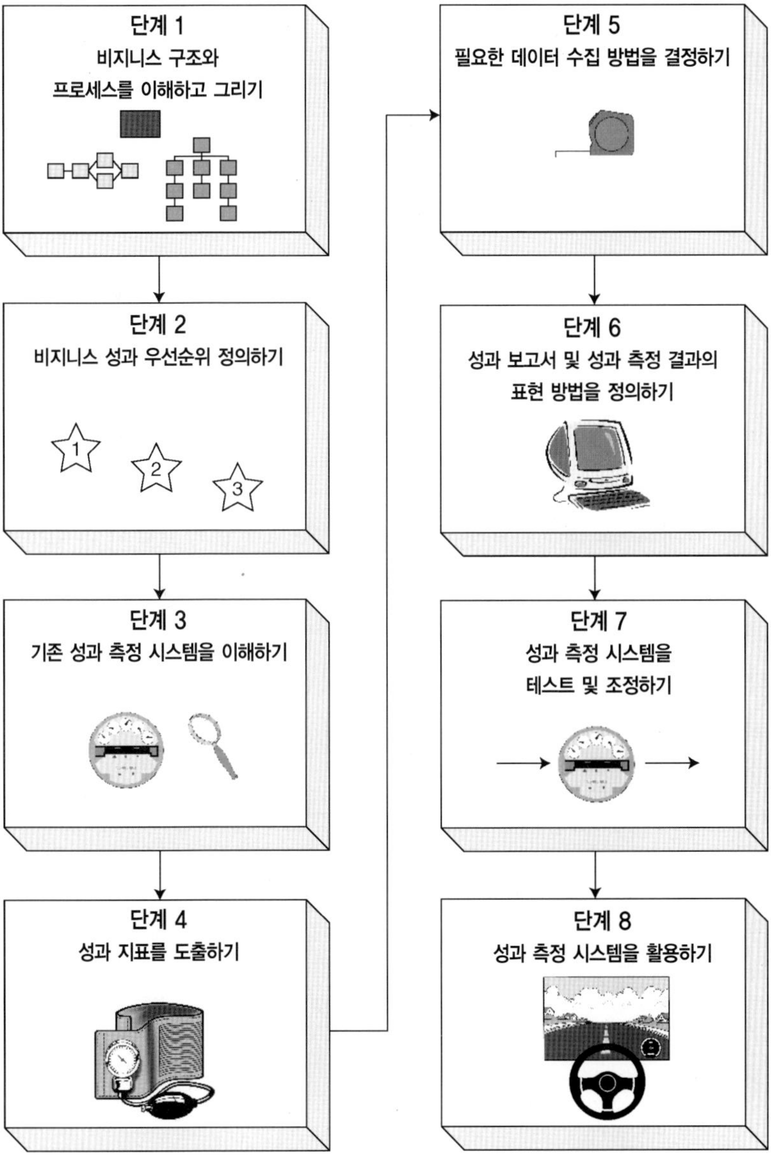

그림 4.1 성과 측정 시스템 설계 프로세스

4.3

성과 지표

다음에 소개되는 상반되는 개념들은 성과 지표performance indicator를 이해하는 데 도움이 될 것이다.

4.3.1 경성 지표 대 연성 지표

경성 지표hard indicator는 직접적으로 측정 가능한 순수한 사실인 반면, 연성 지표soft indicator는 간접적으로 측정될 수밖에 없는 덜 실체적인 상태다. 정량적 지표quantitative measure와 정성적 지표 qualitative indicator라는 용어로도 불린다. 어떤 일을 수행하는 데 걸린 시간 또는 소요 비용은 전형적인 경성 지표들이다. 요구 사항 또는 태도에 대한 만족도로 표현되는 특성은 연성 지표의 전형이다. 두 지표 간의 몇 가지 차이점이 표 4.1에 정리되어 있다.

경성 지표	연성 지표
객관적인 참조가 가능	관찰자의 선입견이 포함됨
정확한 정보 제공	부가적인 지표로 활용
체계적인 지표	여러 가지 변수에 의해 변화 가능한 상태

표 4.1 경성 지표와 연성 지표 간의 차이점

실제로 훨씬 더 광범위하게 사용되는 것은 경성 지표다. 연성 지표는 부정확한 면이 많아서 덜 유용한 지표로 사용되는 것이 사실이다. 하지만 데밍Deming(1986)이 강조한 것처럼, 가장 중요한 수치는 알 수 없는 경우가 흔히 발생한다. 서구 사회의 많은 기업을 몰락하게 한 치명적인 병폐 중의 하나가 수치에 의한 경영이라는 사실은 잘 알려져 있다. 고객 만족도는 제품이나 서비스에 대한 고객의 태도를 가장 잘 대변해주는 연성 성과 지표의 가장 좋은 예다. 정확히 측정하기 어렵다고 지레 겁먹은 많은 기업들이 고객 만족도를 고객 불평 접수 건수나 애프터서비스 비용 등과 같은 수치로만 측정하려 드는 경우가 있다. 불평 접수를 하지 않았다고 제품이나 서비스에 만족한다고 추정하는 것은 가장 어리석으면서 명백하게 잘못하는 것이다. 결론적으로 말하자면, 경성 지표와 연성 지표가 함께 활용될 때 완벽한 성과 평가의 그림이 완성되는 것이다.

성과의 정성적인 측면을 측정하려고 할 때, 부가적인 지표를 사용해 그 문제에 접근하는 것이 필요하다. 예를 들어, 어떤 회의의 참여도를 평가한다고 해보자. 회의의 참여도는 참가자의 태도와 관련된 것이므로 그 상태를 쉽게 정의하기 어렵다. 이러한 경우에 부가적인 지표가 사용될 수 있다.

- 토론에 적극적으로 참여하고 있는 사람의 수
- 개진되는 아이디어나 제안의 개수
- 여러 가지 이유로 회의실을 떠나는 사람의 수

비록 원래 측정하고자 했던 것에 대한 직접적인 대안은 아니지만, 이러한 지표들이 성과 측정 수준에 대한 간접적인 해석을 가능하게 해줄 것이다.

4.3.2 재무 지표 대 비재무 지표

재무 지표financial indicator는 재무적인 특징을 가지고 있고 측정 수단으로 금전적 가치를 사용하는 기본 지표와 파생 지표 모두를 포함한다. 이러한 지표들은 대부분 경성 지표이며, 대개 일정 산술식의 계산 결과다. 표 4.2에서 몇몇 실례를 볼 수 있다.

재무 지표	계산식(단순화)
이익	전체 매출액 – 전체 비용
부가가치	매출액 – 투입 비용
자본 회전	매출액/전체 자본액

표 4.2 재무 지표의 실례

이러한 재무 지표에 집중하는 것은 조직을 운영하거나 관리하는 데 가장 중요한 전통적인 방식 중의 하나다. 재무 지표는 회사의 재무 결과와 직접적으로 연관되기 때문에 종종 성과와 동의어로 사용된다. 품질, 서비스, 환경적 이슈 등과 같은 운영 상태가 경쟁 우위를 확보하는 데 밀접하게 관련되어 있다는 사실에 공감대가 형성됨에 따라 재무적인 기반을 가진 지표들을 운영 측면으로 재정의하는 작업도 일부 진행 중이다.

비재무 지표nonfinancial indicator는 금전적인 가치 이외의 측정 단위를 가진 성과 지표들의 통칭이다. 이 지표들은 다음 예에서 보이듯이 경성 지표와 연성 지표 모두를 포함하고 있다.

- 납기 준수
- 결함률
- 불만 접수 건수

- 고객 만족도
- 근무 환경 만족도
- 브랜드 인지도

경성 지표와 연성 지표의 경우와 마찬가지로, 재무 지표와 비재무 지표에 관한 결론은 둘 다 필요하다는 것이다. 이 양 지표 간의 균형이 깨질 때 문제는 발생한다.

4.3.3 선행 지표 대 후행 지표

양극을 이루는 지표가 항상 서로 상반될 필요는 없다. 오히려 서로 균형 있게 상호 작용하는 두 종류의 지표가 있다. 이 두 지표는 경영 방식과 관련해 서구 사회와 일본 사회의 사고방식 차이를 설명하는 데 종종 이용된다. 서구의 경영 문화는 결과와 절차를 강조하며 이를 측정하기 위해 성과 측정 시스템을 사용하는 반면에 전통적인 일본 사회의 방식은 건전한 방법으로 프로세스를 수행했는지, 그래서 결과적으로 바람직한 결과를 도출했는지를 가장 중요한 부분으로 생각한다. 이는 일본식 측정 시스템에 그대로 반영되어 있다.

캐플런Kaplan과 노턴Norton은 성과 측정의 한 가지 접근 방식인 균형성과표balanced scorecard(BSC)와 연계해 선행 지표leading indicator와 후행 지표lagging indicator라는 용어를 만들어냈다(1996). 후행 지표는 목표를 달성한 결과를 등록하는 것을 목적으로 한다. 후행 지표는 이러한 특징 때문에 비즈니스 프로세스에 따른 인과관계로 나타나게 되는데, 프로세스가 그 목표 산출물을 생산해낼 때 측정되므로 경고가 늦게 발생하게 된다(목표 산출물을 생산해내지 못했을 경우에 경고음을 낸다). 결과를 근거로 성과를 측정하는 것은 무엇인가 잘못되고 있다는 사실을 너무 늦게 알게 될 위험이 있다. 오히려 이슈나 문제점을 측정해서 프로세스가 의도한 대로 진행되고 있지 않기 때문에 의도한 결과를 도출해내지 못할 수도 있다는 사실을 조기에 경고할 수 있어야 한다.

높이뛰기, 스피드 스케이팅, 볼링과 같은 개인적이고 집중을 요하는 스포츠에 몸담고 있는 운동선수들과 이야기하다 보면 공통된 몇 가지 이야기를 듣게 된다. 그들은 해야 할 일과 과정에 집중해 훈련한다면 목표한 바는 자연스레 수반되어 따라올 것으로 믿는다고 한다. 만약 볼링선수가 스트라이크를 반드시 쳐야 할 상황에 처한다면, 사실 실패하게 될 가능성이 훨씬 높다. 하지만 만약 그 볼링선수가 스텝, 팔 동작, 마무리 기술과 같은 기본 기술에 집중하면서 이 기술들이 잘될 것이라는 확신을 갖는다면, 스트라이크를 쳐야만 한다는 압박에서 조금은 덜 긴장하게 될 것이고 따라서 스트라이크를 칠 가능성도 높아질 것이다.

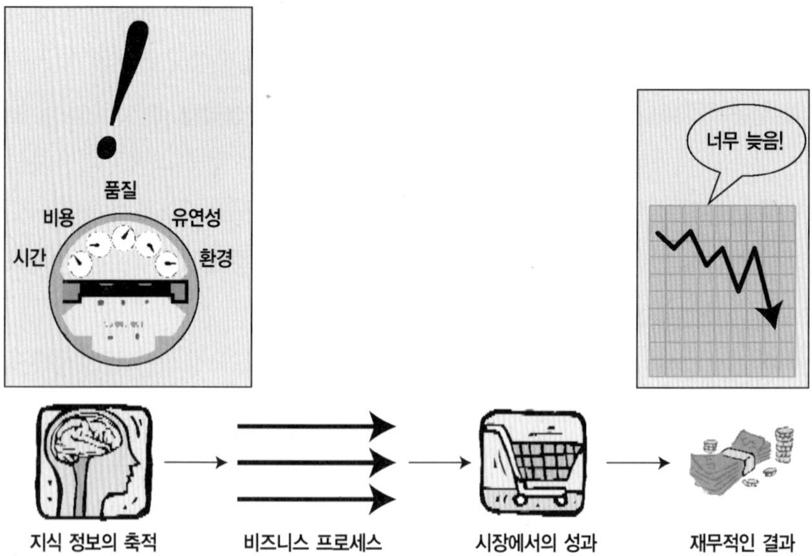

그림 4.2 조기 경보 시스템으로서의 성과 측정

그림 4.2는 조직의 조기 경보 원칙을 보여 주고 있다. 단순화된 인과 관계 흐름은 조직 내에서 지식 정보의 축적과 함께 시작한다. 이 지식은 비즈니스 프로세스를 수행하는 데 활용되고 이를 통해 시장에서 성과를 내며 이는 다시 재무 성

과로 이어진다. 통상적으로 지식 정보 축적의 초기 단계에서 재무적인 결과가 도출되는 데까지는 상당한 시간 차이가 존재한다. 이로 인해 조직은 최종 재무 결과를 확인하기 전까지 많은 잘못된 결정을 내릴 위험이 있다. 따라서 회계 시스템은 성과를 모니터링하기 위한 좋은 도구는 아니다. 시장에서의 성과에 초점을 맞추는 경우에도 조기 경보 체계를 갖출 수 있지만, 비즈니스 프로세스에 초점을 맞추는 경우에 훨씬 더 빠른 경보가 가능할 것이다. 가장 빠른 경보는 아마도 조직 내에서 생기는 기본적인 지식 정보의 축적 상황을 모니터링하는 것일 텐데, 이는 재무 지표에 빨간불이 켜진 것을 인식하기 1에서 2년 전이 될 수도 있다.

전 소비에트 연방에 있던 어느 대규모 농장의 관리인이 3년 연속으로 가장 생산성이 높은 곳에 주는 상을 받았다. 성과 측정 기준은 매년 생산된 고기의 중량이었다. 네 번째 되던 해 그 관리인은 자살했다. 더 이상 남아 있는 번식용 가축이 없었기 때문이었다.

이러한 상반된 형태의 성과 지표를 통해 성과는 반드시 균형 잡힌 방식으로 측정되어야 한다는 것을 알 수 있으며, 이것이 바로 BSC 개념이 전달하고자 하는 주요 메시지다. BSC는 또한 다양한 성과 관점을 포함해야 한다는 사실을 암시한다. 만약 비즈니스 프로세스 수행 시 소요되는 시간만을 측정한다면 직원들이 오직 이 목표를 달성하기 위해 고객에 대한 서비스의 질이나 친절을 희생할 수 있을 것이다. 또한 단지 품질만을 측정한다면 실질적으로 필요한 수준보다 훨씬 더 과도한 완벽함을 계속 추구하느라 프로세스가 더뎌질 것이다. 중요한 성과 측정 요소는 다음과 같은 관점을 포함한다.

- **시간_** 납품, 실행 속도 등을 의미하는 시간은 점점 더 중요한 것으로 자리하고 있

다(Stalk and Hout, 1990).

- **품질**_ 품질은 결함률과 같은 좀더 구체적인 요소뿐만 아니라, 고객의 욕구나 기대 수준을 만족시키는 제품이나 서비스 능력으로도 측정된다.
- **비용**_ 전체적인 모습뿐만 아니라, 성과 측면의 모습에서도 전통적으로 중요시된다.
- **유연성**_ 점점 중요성이 부각되는 요소로, 어떤 최적화된 해법이 제시될 수 있는지, 변동 사항에 어떻게 쉽게 대응할 수 있는지를 다룬다.
- **환경적 영향**_ 조직의 전반적인 성과를 논의할 때 결정적인 요소다.
- **안전**_ 직원들과 조직, 비즈니스 프로세스와 접촉하게 되는 외부인에 대한 안전을 의미한다.
- **기업 윤리**_ 지난 몇 년 동안 최고로 중요한 측면으로 입증되고 있는 요소로, 윤리적 표준이 준수되지 않은 몇몇 잘 알려진 회사의 경우 문을 닫는 상황까지 발생하기도 했다.

다음 장에서는 어떤 성과 목표가 달성하는 데 가장 필수적이며, 이를 위해서 어떤 개선이 필요한지에 대해 이야기하겠다.

5장

비즈니스 프로세스 개선 로드맵 작성

비즈니스 프로세스 개선을 위한 프로젝트를 시작하려면 계획을 수립하는 것이 중요하다. 방향이 정해져 있지 않은 상태에서 임의로 작업을 시작해서는 좋은 결과를 기대하기 어렵다. 이 장에서는 비즈니스 프로세스 개선을 위한 로드맵 및 로드맵 작성을 위한 도구들에 대해 다루도록 한다.

5.1

비즈니스 프로세스 개선 프로젝트 계획 수립

책의 앞부분에서 여러 번에 걸쳐 비즈니스 프로세스 개선 활동을 언급했지만 구체적으로 이 주제에 대한 내용을 다룬 적은 없다. 여기에서 이 주제를 논의하는 데 많은 시간을 쓰지는 않겠지만, 대부분의 비즈니스 프로세스 개선 작업이 프로젝트 단위로 수행되고 있다는 점은 언급하고 넘어가야 할 것 같다. 물론 프로젝트 수준이 아니라 한두 사람만이 참여하는 소규모의 개선 활동을 생각할 수도 있으며, 어떤 경우에는 그것이 적절한 접근 방식이 될 수도 있다. 하지만 조금이라도 복잡한 업무의 경우에는, 개선 작업을 프로젝트로서 수행하는 것을 권한다.

이것은 또한 일반적인 프로젝트의 계획 수립 절차, 즉 목표를 설정하고 이를 달성하기 위한 활동들을 정의하며 기간과 비용을 측정하고 역할과 책임을 정의하는 절차를 따라야 함을 의미한다. 이 모든 절차에 대해서는 셀 수 없이 많은 훌륭한 프로젝트 관리 서적을 구할 수 있으므로 전통적인 프로젝트 관리 방법론에 대해서는 설명을 생략하도록 한다.

그 대신 이 장에서는 개선 활동의 노력이 어떻게 하면 조직의 전략적인 우선순위나 이해관계자의 요구 사항 등에 합치하면서 업무 성과 개선도 이루도록 할 수 있는지를 언급하고자 한다. 이러한 종류의 분석에 사용할 수 있는 몇 가지 도구와 기술 들은 다음과 같다.

- 추세 분석
- 거미 도표
- 성과 매트릭스
- 준거평정법
- 품질 기능 전개

5.2

추세 분석

추세 분석trend analysis은 그 명칭이 함축하듯이, 시간이 지나면서 결과나 성과가 어떻게 발전하는지를 분석하는 기법이다. 현재의 결과를 과거의 성과와 비교함으로써 발전 방향에 대한 시사점을 찾을 수 있으며, 가끔씩은 이에 근거해 미래에 대한 예측도 추론해낼 수 있다. 후자는 정확도가 다소 떨어지지만, 긍정적이든 부정적이든 간에 추세를 찾아냄으로써 최상의 성과를 낼 수 있도록 하는 데 그 목적이 있다. 이는 앞에서 언급한 조기 경보 체제의 일부분으로서, 성과 수준이 받아들일 수 없을 정도로 현저하게 낮아지기 전에 부정적인 징후를 발견해 초기에 개선 활동을 통해 대책을 마련하는 것을 가능하게 한다.

추세 분석에는 복잡한 요소가 존재하지 않는다. 핵심적인 사항은 신뢰할 만한 추세 이미지를 만들어내기 위한 과거의 데이터를 충분하게 확보하는 것이다. 만약 기존 데이터가 충분하지 않다면 경미한 변동 사항이 추세로 확대 해석되어 프로세스를 함부로 변경하는 실수를 저지르는 일이 발생할 수도 있다.

추세 분석의 단계는 다음과 같다.

1. 성과 지표나 성과 범위 및 도표 작성 방법을 정의한다. 하나의 차트 안에 몇 가지 지표를 포함할 때의 이점은 지표들 사이의 공분산covariance을 발견할 수 있다는 것이다. 즉, 서로 동일한 추이로 변화하고 있는지 아니면 서로 상이한 방향으로 변화하고 있는지를 확인할 수 있다. 이것은 지표들이 서로 인과 관계인 경우 중요한 정보를 제공할 수 있다.
2. 추세 차트를 작성할 때, 시간은 가로축에 표시함으로써 차트의 오른쪽에는 가장 최근에 측정한 결과가 위치하도록 하는 것이 좋다.

3. 측정된 성과 지표는 세로축에 표시함으로써 시간의 변화에 따른 추세선trend line을 확인할 수 있도록 한다.

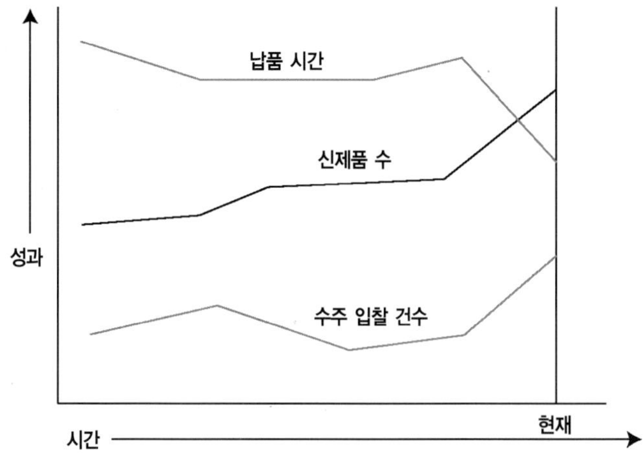

그림 5.1 세 가지 측정 지표를 포함하고 있는 추세 분석

그림 5.1은 세 가지 측정 지표를 포함하고 있는 간단한 추세 차트의 예다. 부정적인 추세를 보이는 측정 지표는 명백하게 개선 활동을 위한 후보가 될 수 있다. 하지만(조금 후에 구체적으로 언급하겠지만) 이러한 결정에 영향을 주는 것은 시간에 따른 발전 정도뿐만이 아니다. 이 비즈니스 프로세스가 조직의 경쟁력에 얼마나 중요한 역할을 하는지 또한 고려되어야 한다.

제품 개발과 제조의 효율성을 매우 중요하게 강조하는 어느 중규모 기업이 오랫동안 성과 측정performance measurement을 해왔다. 이 회사는 측정 결과가 현재의 상황에 올바른 청사진을 제시하고 있는지 확신하지 못하고 있다. 지금까지의 측정 결과는 다음과 같다.

- **단위 부품당 생산 비용_** 생산 설비 운영 총비용(부품 생산 및 완성품 생산 포함)을 생산된 부품의 수로 나눈 단위 부품당 생산 비용은 지속적으로 증가하는 경향을 보였으며 이를 감소시키기 위해 많은 노력을 기울여 왔다.
- **원재료 비용_** 제품 생산을 위해 구입한 원재료 비용은 지속적인 증가 추세이며 이를 감소시키기 위한 노력 또한 계속되었다.

회사는 새로운 관점에서 핵심 성과를 측정하기로 결정했다.

- **실제 부품당 생산 비용_** 실제로 제품 생산에 소요된 시간에 생산 설비의 시간당 운영비를 곱해 산정했다.
- **원재료 가격의 변화**
- **제품 개발에 소요되는 새로운 부품의 개수**

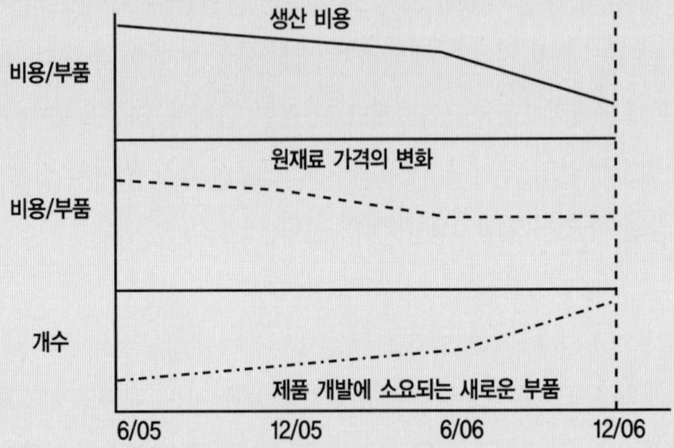

그림 5.2 추세 분석의 결과

2년 동안 측정한 데이터에 대한 추세 분석은 완전히 다른 상황을 보여 주었으며, 이를 그림 5.2에서 확인할 수 있다.

하나의 제품이 하나 이상의 기능을 수행할 수 있게 되면서 제품의 개수로 표현되는 전체 분량은 다소 줄어들게 되었다. 따라서 생산 설비 운영 총비용이 소수의 부품에 나누어졌으며, 이는 제품의 생산 비용이 증가한 것 같은 착각을 가져왔다. 하지만, 사실은 생산 프로세스에서의 정기적인 개선으로 비용이 감소했다. 한편, 제품 생산에 소요되는 부품이 지속적으로 증가해 원재료 비용도 증가한 것으로 보이지만, 실제로 부품의 가격은 계속적으로 감소해왔다. 생산 비용과 원재료 가격이 좀더 감소하지 않았던 이유는 제품 개발 기간 동안 새로운 부품들이 지속적으로 도입되었기 때문이다. 이러한 모든 문제점들이 새로운 관점의 분석을 통해 드러났고, 개선 노력은 제품 개발 프로세스에 집중되었다.

5.3

거미 도표

추세 분석을 통해 성과 수준을 이전의 수준과 비교할 수 있다면, 거미 도표spider chart를 통해서는 데이터를 그래픽으로 표현할 수 있다. 이것은 흔히 적용되는 일반적인 도표 유형으로, 특히 아래 두 가지 경우에 더 유용하게 사용될 수 있다.

- 복수의 상이한 성과 지표의 수준을 동시에 간략히 보고 싶은 경우(주로 순위가 어떻게 되고 어떤 지표가 뒤떨어져 있는지를 알아내고 싶을 때)
- 해당 조직의 성과 수준을 다른 조직의 수준과 비교하고 싶은 경우(특히 벤치마킹 데이터를 그래픽으로 표현하고 싶을 때)

그림 5.3은 제품 개발 비즈니스 프로세스를 위한 거미 도표의 예를 보여 준다. 도표상의 각 축spoke은 이 프로세스에 해당하는 성과 지표를 나타낸다. 각 축이 각각의 프로세스를 대표하도록 도표를 설계할 수 있으며, 하나의 도표가 전체 조직의 개략적인 모습을 대표하도록 설계하는 것도 가능하다.

거미 도표는 다음 절차에 따라 만들어진다.

1. **데이터 수집_** 시장 분석, 설문 조사, 경쟁사 분석 등으로부터 데이터를 수집한다.
2. **변수 지정_** 도표상의 각 축에 하나의 변수variable를 지정한다.
3. **측정 단위 정의_** 각 변수별로 별도의 측정 단위를 사용함으로써 각 축을 논리적으로 구분한다(도표 중심에서 멀어질수록 성과 수준은 높아진다).
4. **성과 수준의 표시_** 각 변수의 성과 데이터를 축 위에 점으로 표시한다. 이때 다른 비교 대상과 구분이 용이하도록 색깔이나 기호로 구분한다.

5. **성과 수준 연결**_ 성과 수준을 나타내는 각 점을 선으로 잇는다.

6. **갭 식별**_ 비교 대상과 가장 현저하게 차이가 벌어진 평가 항목을 식별한다.

자사 조직과 비교 대상이 되는 하나 이상의 조직의 성과 수준을 함께 표시함으로써 조직의 현재 수준을 진단할 수 있다. 비교 대상과 차이가 크게 벌어진 평가 항목을 파악함으로써 개선해야 할 비즈니스 프로세스를 식별할 수 있다.

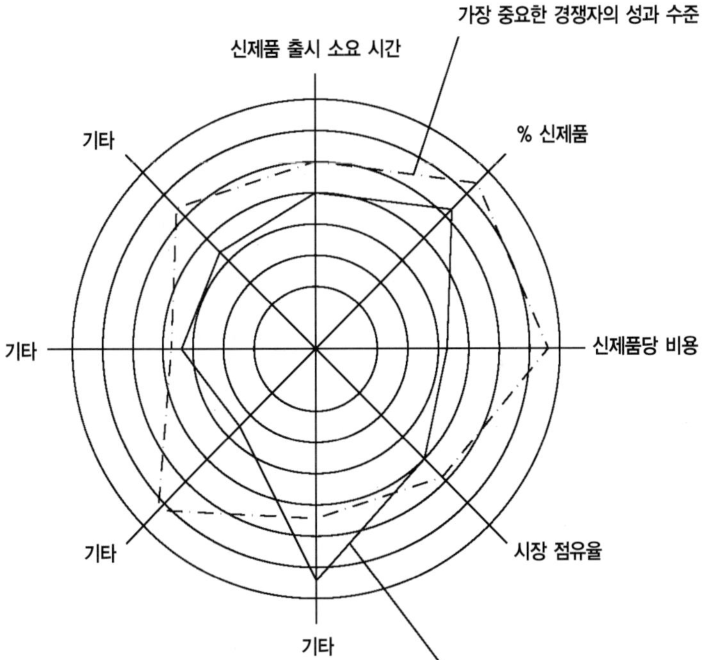

그림 5.3 거미 도표의 예

어디를 개선해야 할지를 깨달은 이후, 앞선 사례의 기업은 현재의 성과 수준을 경쟁 업체의 수준과 비교하고자 했다. 경쟁 업체가 직접 산출한 통계와 여러 자료들로부터 수집한 정보를 토대로 성과 비교를 위한 거미 도표를 설계했다. 그 결과는 그림 5.4에서 확인할 수 있다.

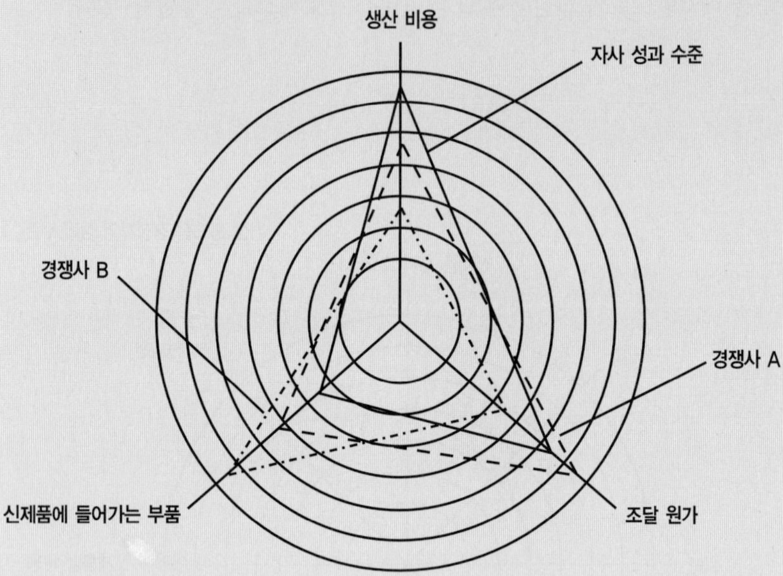

그림 5.4 핵심 성과 측정을 위한 거미 도표

이 결과는 생산 비용을 감축하기 위한 회사의 노력이 일부 성과를 거두었음을 확인해주었지만, 여전히 조달 원가와 관련해 몇몇 공급업체와 장기간 관계를 유지함으로써 개선할 수 있는 요인이 남아 있다는 사실도 알려 주었다. 더욱이 신제품에 들어가는 부품의 표준화와 관련한 성과 수준은 우울할 정도였다. 결과적으로 이러한 과정을 통해 시급히 개선이 필요한 지점을 식별할 수 있게 되었다.

5.4

성과 매트릭스

어떤 성과 지표 혹은 비즈니스 프로세스를 개선할지 결정하기 위해 거미 도표를 사용할 때 발생하는 문제는 도표에 포함되는 각 지표에 동등한 가중치를 부여해야 한다는 점이다. 거미 도표에서는 벤치마킹 대상과 가장 큰 차이를 보이는 영역이 바로 개선이 필요한 부분이라고 기계적으로 해석된다. 여기에는 각 평가 요소별 가중치가 반영되지 못한다는 문제가 있으며, 이러한 문제를 보완하기 위한 것이 성과 매트릭스performance matrix다. 그러므로 성과 매트릭스의 장점은 성과가 낮으면서 별로 중요하지 않은 영역에 개선 노력을 기울이는 불필요한 투자를 방지할 수 있다는 것이다.

그림 5.5는 일반적인 형태의 성과 매트릭스다. 성과 매트릭스는 중요도를 나타내는 가로축과 현재의 성과 수준을 나타내는 세로축으로 구분되는 네 개의 사분면으로 구성된다. 분석 대상이 되는 성과 지표는 현 성과 수준에 대한 객관적인 자료와 그 지표의 중요도에 대한 주관적인 평가에 따라 매트릭스상에 표시된다. 각 사분면의 의미는 다음과 같다.

- **중요하지 않음**(중요도 낮음, 성과 낮음)_ 성과 수준과 중요도가 모두 낮기 때문에 개선을 위해 어떠한 자원도 투입할 필요가 없다.
- **과잉**(중요도 낮음, 성과 높음)_ 조직의 경쟁력에 특별하게 중요한 것은 아니므로 관심의 대상이 아니다.
- **반드시 개선되어야 함**(중요도 높음, 성과 낮음)_ 개선을 이행해야 하는 명백한 영역에 해당한다.
- **좋음**(중요도 높음, 성과 높음)_ 이미 준수한 성과를 내고 있는 영역 또한 지속적으로

개선되어야 한다. 물론, 중요하지만 목표한 성과 수준에 미달하는('반드시 개선되어야 함' 사분면에 있는) 프로세스가 우선적으로 개선되어야 한다. 어떠한 프로세스도 이 사분면에 속하지 않는 경우, 차선책으로 '좋음' 사분면에 있는 프로세스가 개선 대상이 된다.

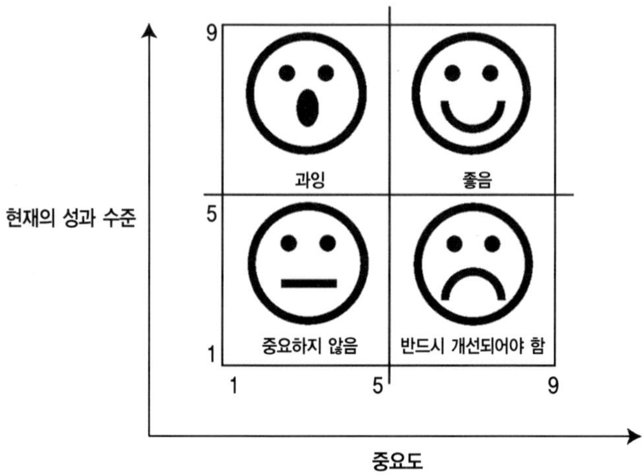

그림 5.5 일반적인 성과 매트릭스

성과 매트릭스를 사용하는 절차는 다음과 같다.

1. 중요도를 가로축에, 현재 성과를 세로축에 배치하고 양 축에 선을 그어 네 개의 사분면을 만든 후 각 축을 1부터 9까지의 척도로 구분
2. 분석 대상이 되는 비즈니스 프로세스를 선정
3. 도표 내에서 두 개의 축을 따라 각각 상응하는 위치에 분석 대상 프로세스를 표시 (각 프로세스는 구분될 수 있도록 상이한 기호를 사용해 표시)

해양 분야에 사용하는 중장비를 제조하는 어느 업체가 자체적인 분석 활동을 통해 여섯 개의 주요 이슈를 확인했다. 여섯 개의 이슈 영역 모두에서 개선이 필요했지만, 그 모두를 한꺼번에 시작할 만큼 자원이 충분하지 않았다. 회사는 우선순위를 결정하기 위해 다음의 여섯 가지 측정 내용을 포함하는 성과 매트릭스를 수행했다.

1. 제품 설계 프로세스의 개선
2. 제품 인도 소요 시간 개선
3. 제품 인도 정확성 개선
4. 가격 조건 만족도 개선
5. 유지 보수 서비스 개선
6. 제품 마무리 작업 개선

그림 5.6의 매트릭스는 회사가 제품 인도 소요 시간과 제품 인도 정확성을 개선하는 데 집중해야 한다는 평가 결과를 제시한다.

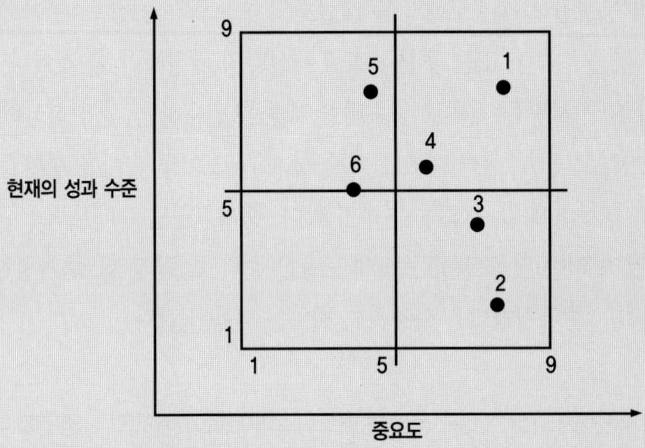

그림 5.6 여섯 개 성과 지표에 대한 성과 매트릭스

5.5

준거평정법

준거평정법criteria testing을 설명하기 전에 핵심 성공 요소critical success factor(CSF)라는 용어의 개념을 먼저 정의해야 한다.

> CSF란 조직의 경쟁력과 시장에서의 성과에 상당한 영향을 미치는 제한된 핵심적인 요소라고 정의할 수 있다.

이러한 CSF의 전형적인 예로 가격, 품질 그리고 시장에서의 평판 등을 들 수 있다. '고객들이 우리 회사와의 거래를 통해 진정으로 얻고자 하는 가치가 무엇이며, 그들을 우리 회사의 고객으로 유지하기 위해 회사가 제공해야 할 가치는 무엇인가' 라는 질문에 대한 답이 바로 CSF가 될 것이다.

조직의 경쟁력 향상을 목적으로 CSF를 개선하고자 노력하는 경우, 여러 성공 요소 중에 어느 것을 집중적 또는 우선적으로 개선할지 결정해야 할 것이다. 예를 들어, 고객의 요구 사항을 제대로 충족하는 제품을 인도하는 것이 회사의 주요한 경쟁 이점이라고 할 때, 무엇이 이를 가능하게 하고 어떻게 이를 개선할 것인가에 대해서는 명확하게 알 수 없는 경우가 많다. 준거평정법은 매트릭스 분석에 기초한 도구로 이러한 것을 결정하는 데 도움을 준다. 그림 5.7은 준거평정법의 일반적인 형태다. 준거평정법을 사용하는 절차는 다음과 같다.

1. CSF(일반적으로 셋에서 다섯 개 정도 선정)를 매트릭스의 위쪽에 배치한다. 경우에 따라 CSF의 중요도를 나타내는 가중치를 표시한다(그림 5.7 참고).
2. 매트릭스의 왼쪽에는 이러한 요소에 영향을 미칠 것으로 추정되는, 가능한 모든 비

즈니스 프로세스를 나열한다.

3. 각각의 비즈니스 프로세스가 CSF 각각에 미치는 영향력을 평가한다.
4. CSF의 가중치에 프로세스별 영향력을 곱해 얻은 값을 적합한 매트릭스의 빈칸에 기입한다.
5. 각각의 비즈니스 프로세스에 대해, 이렇게 얻은 값을 모두 더해 매트릭스의 오른쪽에 기록한다. 합계의 값이 클수록 조직의 CSF에 중대하고 포괄적인 영향을 미친다는 의미이므로 우선적인 개선이 필요하다.

프로세스 / CSF	1	2	3	4	5	합계
가중치	3	1	1	3	2	
프로세스 1	3	1	2	9	4	19
프로세스 2	9	3	1	3	2	18
프로세스 3	9	2	3	6	6	(26)
⋮						
프로세스 n	3	2	2	3	6	16

그림 5.7 준거평정법 매트릭스

가중치를 할당하고, 프로세스별 영향력을 평가하는 절차로 구성되는 준거평정법은 그 평가 방식이 상당히 주관적이라는 점을 지적할 필요가 있다. 분석을 통해 도출한 수치는 절대적인 해답이 아니라 방향을 수립하기 위한 참고 자료 수준으로 활용되어야 한다.

미용실의 한 지점이 감소 추세의 매출을 높이기 위한 개선 프로젝트에 착수했다. 우선 미용실의 CSF로 다음과 같은 항목들이 정의되었다.

1. 가격
2. 예약 서비스(고객이 원하는 시간에 예약할 수 있을 가능성)
3. 고객별 전용 미용사 배치 서비스
4. 부가 서비스(손톱 손질, 선탠 등)

각 CSF별로 가중치를 부여한 후 준거평정법을 실행했다. 그 결과는 그림 5.8과 같으며 직원 모집, 일정 관리, 예약 접수와 같이 가장 높은 점수를 기록한 세 개의 프로세스에 회사의 노력을 집중해야 한다는 결론이 도출되었다.

비지니스 프로세스 / CSF	1	2	3	4	합계
가중치	1	3	3	2	
머리 손질과 기타 서비스 제공	3	3	0	0	6
일정 관리	1	9	6	0	⑯
예약 접수	0	9	6	0	⑮
직원 모집	1	3	9	6	⑲
직원 고용 유지	1	0	9	0	10
추가 서비스 계획	0	0	0	6	6
필요 장비 구입	3	0	0	2	5

그림 5.8 미용실에 대한 준거평정법 결과

5.6
품질 기능 전개

품질 기능 전개quality function deployment(QFD) 도구는 제품 개발에 대한 소비자 지향적인 접근법을 제시하기 위해 개발되었다. 따라서 QFD는 소비자 욕구, 기대 그리고 요구 사항을 구조화하고 이들을 세부적인 제품과 프로세스 명세서로 옮기는 작업에 대한 방법론이라고 할 수 있다. 이와 같이 QFD는 제품 개발에 초점을 두고 있지만, 그 논리 전개 방식은 프로세스 개선 등 다른 문제 해결에도 적용될 수 있다. QFD가 프로세스 개선 업무에 어떻게 적용될 수 있는지 보여 주기에 앞서 이 도구의 이면에 숨겨진 이론을 소개하고자 한다. 우선적으로 제품 개발 프로세스는 몇 개의 연속적인 절차로 구성되어 있다(Akao, 1990).

- 소비자의 요구 사항을 제품 콘셉트로 전환
- 제품 콘셉트를 제품 설계로 전환
- 제품 설계를 생산 프로세스 설계로 전환
- 생산 프로세스 설계를 제품 생산 명세서로 전환

프로세스 각각의 단계는 소비자의 요구 사항을 충족해야 한다. 그림 5.9에서 제시된 것과 같이 QFD의 기본 구조는 단계별 관계 매트릭스Relational matrix다.

그림 5.9에서 대상What은 분석의 목표를 구성하며, 제품 개발의 시작 단계에서 소비자의 요구 사항과 기대를 의미한다. 수단How은 이러한 목표에 이르기 위한 방법을 말하며, 제품 개발의 시작 단계에서 기술적인 제품 콘셉트에 해당한다. 다음 단계에서 기술적인 제품 콘셉트는 다시 대상의 내용을 형성하며, 수단은 제품 콘셉트를 위한 구체적인 설계 방법을 제시한다. 대상에 대한 가중치와 수단에

대한 평가 결과(대상과 어느 정도의 상관관계를 갖는가에 대한 평가)를 곱하면 수단에 대한 성과 지표가 산출되고, 이는 그림에서 수준How much의 영역에 기록된다. 이러한 방법으로, 그림 5.10에서 보이는 것과 같이 소비자의 의견이 전체 프로세스를 통해 잘 반영되도록 제품 생산 단계별 관계 매트릭스가 연속적으로 작성된다.

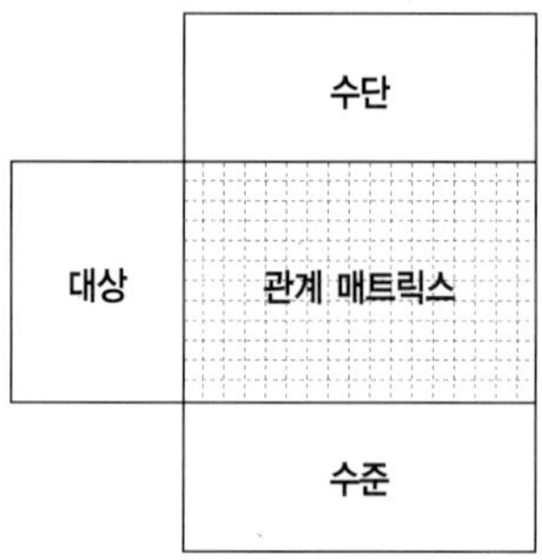

그림 5.9 QFD의 기본 구조

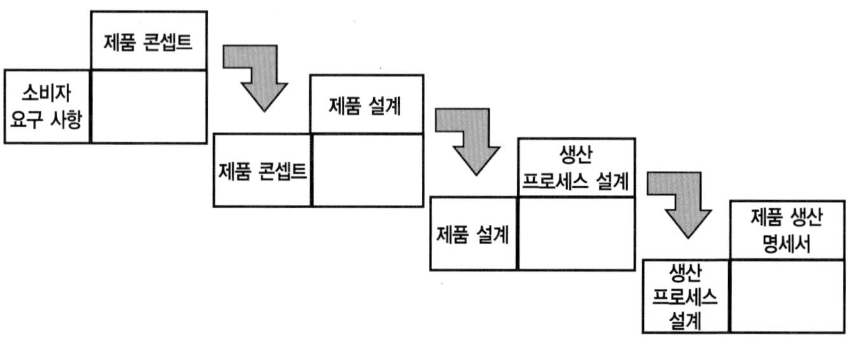

그림 5.10 일련의 QFD 도표

추가적인 정보를 더할 수 있다면, 그림 5.11에서 보이는 것과 같이 품질 주택house of quality으로 잘 알려진 도표를 작성할 수 있다.

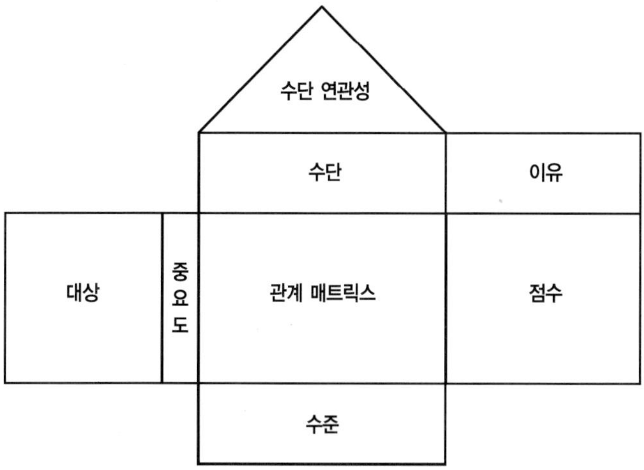

그림 5.11 품질 주택

품질 주택 각각의 빈칸에 해당하는 내용을 채워 넣음으로써 QFD 프로세스를 수행할 수 있다. 언급한 바와 같이, 대상은 외부의 요구 조건으로 제품 개발 과정에서 그에 대한 소비자의 요구 조건을 의미한다. 구성 요소의 중요성을 표현하는 가중치는 대상에 있는 각각의 요소에 부여되어 일부 요구 조건들을 다른 것보다 더욱 강조할 수 있도록 한다.

이유Why는 조직이 직면하는 도전을 의미하는데, 예를 들어 고객의 이러한 요구 조건을 충족시키기 위한 경쟁사의 새로운 전략 등이 이에 해당할 수 있다. 이는 경쟁사에 대한 벤치마킹을 통해서 정의될 수 있다. 그림 5.12에 벤치마킹 결과에 대한 예를 제시했다.

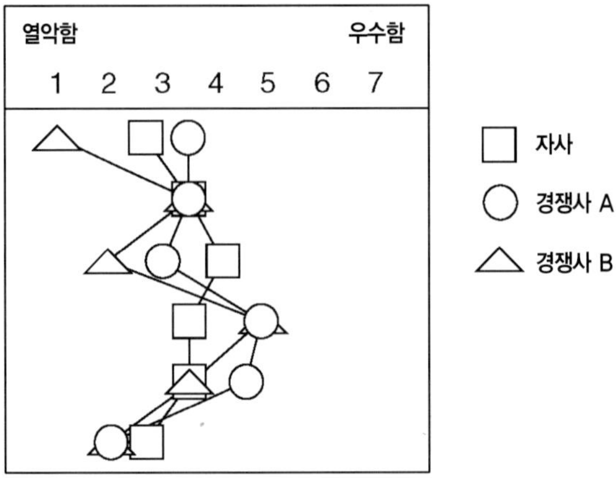

그림 5.12 경쟁사가 제공하는 서비스에 대한 벤치마킹 수행 결과

소비자의 요구 조건을 어떻게 수행할 것인지 결정한 후에 대상과 수단을 연결하는 관계 매트릭스가 완성된다. 매트릭스를 가급적 명확하게 하기 위해서, 가능하다면 적은 수의 관계 유형을 사용할 것을 권장한다. 일반적으로 사용하는 기호의 조합이 그림 5.13에 제시되었다. 같은 방식으로, 품질 주택의 지붕은 수단의 서로 다른 구성 요소들 사이에 어떤 관계가 있는지 여부를 확인하기 위한 관계 매트릭스로 구성된다. 이 매트릭스에서는 각 요소들 간에 작용하는 긍정적이거나 부정적인 관계를 제시하는 것이 가능하다. 이러한 매트릭스 작성 시 사용되는 몇 개의 보편적인 기호들이 그림 5.14에 제시되었다. 수단의 각 요소별 평가 값(해당하는 대상과 어느 정도 상관관계가 있는지에 대한 평가)과 대상의 가중치를 곱해 각 프로세스에 대한 중요도를 구하게 된다. 이렇게 얻은 모든 값들은 도표의 하단에 요약 및 기록되는데, 이는 수준으로 표현된다. 만약 수단의 모든 구성 요소들을 산출 값에 포함할 수 없다면, 높은 점수를 획득한 구성 요소들을 우선시해 기록한다.

QFD는 전체의 개선 계획 과정에서 조직의 전략이 지속적으로 반영될 수 있도록 보장하는 매우 유용한 기술이며, 같은 방식으로 전체 품질 개발 프로세스에서 소비자의 의견이 지속적으로 반영되도록 보장할 수 있다. QFD 도구를 사용하기 위한 프로세스는 다음과 같은 절차로 구성된다.

관계 정보	기호	가중치
약함	△	1
중간	○	3
강함	◉	9

그림 5.13 관계 매트릭스에 사용되는 기호들

관계 정보	기호
매우 긍정적	◉
긍정적	○
부정적	×
매우 부정적	※

그림 5.14 품질 주택의 지붕에 사용되는 기호들

1. 분석에서 사용할 요구 조건들을 확인하고 품질 주택에서 대상의 영역에 배치한다 (요구 조건들은 보통 전략적인 결정, 이해관계자의 기대 혹은 시장 조사를 통해 정의).
2. 각각의 요구 조건(대상)에 대해 가중치를 정의한다.
3. 개선 프로젝트의 후보가 되는 비즈니스 프로세스를 확인하고 수단 영역에 배치한다.
4. 수단 내 각각의 구성 요소에 대해, 대상의 구성 요소 각각에 대한 영향력을 평가한다(보통 1에서 9의 척도로 평가한 결과).
5. 대상의 구성 요소에 대한 중요도에 영향력을 곱한 결과를 품질 주택 중앙 부분에 기록한다.
6. 품질 주택의 지붕을 사용한다면, 대상의 구성 요소 두 개의 교차점에 있는 매트릭스

내의 빈칸에 그 요소들 상호 간 영향력의 정도(약함, 중간, 강함) 및 영향의 방향(긍정적 또는 부정적)을 기호로 표시한다.

7. 품질 주택에 벤치마킹 내용을 반영하고자 하는 경우, 자사를 포함한 벤치마킹 기업의 해당 항목(대상)별 점수를 성과측정표에 기록하고, 측정값들을 선으로 이어 프로필을 완성한다.
8. 5번에서 구한 값을 관계 매트릭스의 아래쪽에 수단 항목별로 합산 및 기록해 절대적 중요도를 산정한다.
9. 수단 구성 요소별 점수 합계의 퍼센티지(%)를 계산 및 기록해 상대적 중요도를 산정한다.
10. 비즈니스 프로세스별로 개선 프로젝트 수행 난이도가 현저히 다른 경우에는 수단의 구성 요소별로 난이도를 할당한다.
11. 절대적 중요도에 대한 점수를 수단의 구성 요소 각각에 대한 난이도로 나누어 절대적 중요도 값을 보정한다.
12. 보정 값을 반영해 상대적 중요도 점수를 산정한다.

그룹의 경영 환경 개선을 위해 그룹사들의 정보화 업무를 전담하는 PBI사는 그룹 외 시장 open market에 대한 진출을 계획 중이었다. 새로운 시장 상황에서 자신의 입지를 세우기 위해 PBI사는 개선이 요구되는 비즈니스 프로세스를 확인하고자 QFD를 활용하기로 결정했다. 최종적인 QFD 도표는 그림 5.15에 제시되어 있다.

먼저, 이해관계자를 분석하고 조직의 전략을 검토함으로써, 요구되는 성과 목표 및 수준을 자세하게 정의했다. 각각의 요구 조건에 가중치를 정의했고 외부 시장에서 경쟁 업체 두 곳을 대상으로 벤치마킹을 수행했다.

그다음으로, 확인된 비즈니스 프로세스들을 수단의 영역에 기입했고, 영향력을 나타내는 기호들을 사용해 관계 매트릭스의 요구되는 성과 수준 항목(대상에 해당)과 비즈니스 프로세스 항목(수단에 해당)의 교차점에 표시했다(비어 있는 칸은 영향 없음을 의미한다). 기호 각각에 대해 상응하는 수치를 정의한 후 이 수치와 대상의 항목별 가중치를 곱한 값을 합산했다. 좀더 자세히 설명해보자면, '사용자 접촉과 불만 사항 관리'(그림 5.15의 수단에 해당하는 항목 중 다섯 번째 요소)에 대한 계산은 다음과 같은 절차에 따라 산정되었다.

- 수준 10의 중요도를 갖는 시스템 가동 시간up-time 항목에 수준 9의 영향력을 미치므로, 두 값을 곱해 90의 값을 산출했다.
- 수준 5의 중요도를 갖는 연간 비용 절감 항목에 수준 1의 영향력을 미치므로, 두 값을 곱해 5의 값을 산출했다.
- 수준 9의 중요도를 갖는 외부 고객의 시스템 가동 시간 요구 조건 항목에 수준 9의 영향력을 미치므로, 두 값을 곱해 81의 값을 산출했다.
- 수준 4의 중요도를 갖는 연간 이익률 항목에 수준 3의 영향력을 미치므로, 두 값을 곱해 12의 값을 산출했다.
- 수준 10의 중요도를 갖는 기업 이미지 제고 항목에 수준 9의 영향력을 미치므로, 두 값을 곱해 90의 값을 산출했다.
- 위의 비즈니스 프로세스가 성과 수준 요구 사항에 전반적으로 미치는 영향은 전체 값의 합계인 278로 산정되었다.
- 마지막으로, 상대적 중요도 점수는 다이어그램의 끝에 계산되었는데, '사용자 접촉과 불만 사항 관리' 항목의 상대적 중요도는 18퍼센트로 산정되었다.

성과 수준 요구 조건(대상) \ 비즈니스 프로세스(수단)			중요도	포트폴리오 계획과 서비스 설계	소비자 커뮤니케이션 및 영업	정보 시스템 개발	정보 시스템 운영	사용자 접촉과 불만 사항 관리	인적 자원 관리	재무 관리
이해관계자 요구 조건	PBI 내부 고객	평균 97% 시스템 가동 시간 보장	10	△		○	◉	◉		
		모든 주요 서비스에 대한 연간 3%의 비용 절감	5	△		○	◉	△		◉
	임직원	합리적/혁신적 보상과 이익	9						◉	○
		우수한 업무 환경	7						◉	○
	외부 고객	시스템 가동 시간 요구 조건	9	△		○	◉	◉		
		전산 장비 공급업체 신뢰성	5		◉				○	
	주주	6%의 연간 수익률	4		◉	○	◉	○		◉
전략적 요구 조건		신뢰할 수 있고 비용 대비 효율적인 기업으로의 이미지 구축	10		◉		◉	◉		
		지속적인 신기술/솔루션 도입	8	◉	◉	◉				
		총수익의 25%를 외부 고객으로부터 충당	5	◉	◉					
		매력적인 업무 환경 제공	7						◉	○
절대적 중요도				141	288	156	342	278	222	150
상대적 중요도				9%	18%	10%	22%	18%	14%	10%

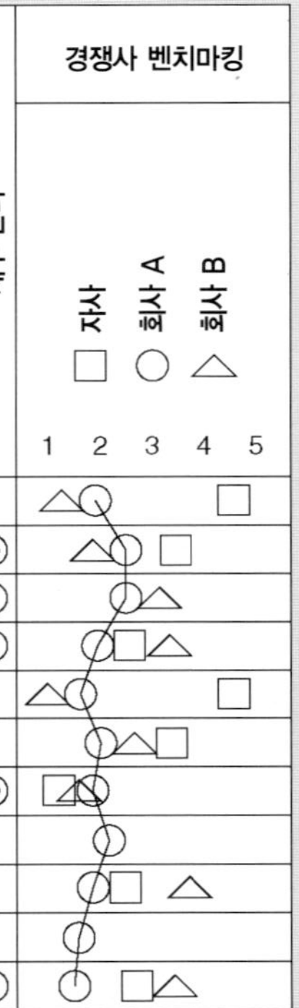

그림 5.15 PBI사의 QFD

6장

비즈니스 프로세스 개선을 위한 조직 구성

이 장에서는 조직이 지속적으로 개선 작업을 수행하는 데 요구되는 요소들, 즉 개선 기술과 교육, 개선을 위한 조직 구성 그리고 개선 지향적인 조직 문화의 촉진 등을 다룬다.

6.1

비즈니스 프로세스 개선 기술

1장에서 언급했던 지속적인 개선과 대약진 사이의 명백한 모순을 다시 한 번 간략하게 토의하고자 한다. 경영 분야에서 스포츠의 예를 빈번하게 드는 것이 엉뚱해 보이기도 하지만, 여기서도 예를 하나 들 수밖에 없다.

개선 능력을 인체의 근육으로 생각해보자. 알다시피 근육을 적절한 상태로 유지하고 활발하게 움직이려면 정기적으로 운동을 해야 한다. 선수들은 이러한 점을 잘 알기 때문에 항상 운동을 하고 자신의 종목에서 중요한 근육에 특별히 주의를 기울인다. 시합을 석 달 앞두고 원하는 대로 음식을 즐기거나 담배를 피우면서 우승했다는 세계 챔피언이나 올림픽 금메달리스트의 이야기를 들어본 일은 거의 없을 것이다.

이와 비슷하게 '개선 근육 improvement muscle' 을 논의해볼 수 있다. 근육을 장기간 쓰지 않고 방치해둔다면, 필요할 때 기운을 낼 수 없다. 일례로 새해 직후의 헬스클럽을 생각해보자. 그곳은 탄탄한 몸을 가꾸려고 결심한 과체중의 사람들로 북적거린다. 그들의 근육이 다시 살아나는 소리를 거의 들을 수 있을 정도다. 만약 이들 중에서 계속 운동하는 사람이 있다면, 근육이 부드럽게 움직이는 데는 몇 달이 걸릴 것이다. 조화된 근육과 강인한 체형을 가진 운동선수들과는 거의 정반대인 것이다. 따라서 개선 프로젝트를 시작할 때는 개선 기술을 충분히 숙련했는지 확인해야 하며, 이를 위해 다음과 같은 사전 조건들을 반드시 이행해야 한다.

- 비즈니스 프로세스 개선에 익숙해지도록 조직 내의 충분히 많은 부서들을 훈련시키고 개선 프로젝트에 관여시켜야 한다. 이는 최고 경영층이나 중간 관리자에게만 한

정되지 않는다. 지금까지 관찰한 최고의 개선 프로젝트에서는 언제나 조직의 모든 계층에서 차출한 구성원들로 팀을 구성했거나 보다 낮은 수준의 조직 구성원들이 개선 프로젝트를 전문적으로 수행했다.

- 언제든지 수행 중인 개선 프로젝트들이 충분해서 조직 구성원들이 정기적으로 개선 업무에 관여할 수 있어야 한다. 만약 어떤 사람이 개선 프로젝트에 마지막으로 참여한 지 3년 정도 지났다면, 그 사람은 거의 아무것도 없는 상태에서 다시 시작해야 할 것이다. 마음가짐이나 기술의 활용 모두 편안해지는 데 시간이 필요하며, 따라서 개선 업무에서 오랫동안 벗어나 있지 말아야 한다.
- 모든 계층의 구성원들이 개선 노력에 자유롭게 참여할 수 있도록 조직의 구조를 만들어야 한다. 이는 특정한 개선 프로젝트에 참여할 수 있는 시간을 여유롭게 주고, 사람들이 경험을 공유해 아이디어를 개발할 수 있도록 서로 만날 공간을 만들어준다는 의미다.
- 개선 업무에 참여하는 데 따르는 보상이 있어야 한다. 조직은 새로운 개선 프로젝트를 시작하는 개인이나 집단에 의존하는데, 이들은 아이디어를 내고 승인을 얻어 즉각적으로 실행할 만큼 열정적이다. 보통 이러한 열정은 조직에서 일반적으로 느끼는 책임감 이상의 것이기 때문에, 이러한 추가적인 노력에 충분한 보상이 이루어지지 않는다면 사람들은 이러한 행동을 하지 않거나 그만두게 된다.

이러한 조건들 중에서 나중의 두 가지는 뒤에서 다룰 것이다. 처음 두 가지의 경우, 다음 업무에 활용할 수 있는 개선 업무자들로 구성된 유능한 팀을 계속 유지할 것인가 아니면 필요할 때마다 한 무리의 게으르고 활동적이지 않은 사람들을 적절하게 교육하는 데 만족할 것인가를 결정하는 데 매우 중요하다. 후자의 내용이 별로 호소력 있게 들리지 않는다면, 즉시 실행할 수 있는 유일한 메커니즘은 교육과 훈련이다.

교육은 많은 형태와 유형으로 이루어질 수 있다. 전통적인 코스는 매력적이고 강력하기는 하지만, 지루하고 쉽게 잊히기도 한다. 교육은 개선 프로젝트에 참여했던 사람들 간에 경험을 나누는 과정을 통해 이루어질 수 있다. 사람들이 언제 어디서나 더욱 자유롭게 지식을 습득하도록 온라인 학습법도 사용할 수 있다. 요즘에는 컴퓨터 게임과 비슷한 교육, 명시적인 지식뿐만 아니라 암묵적인 비법들도 전수할 수 있는 교육, 참여할수록 흥미를 느끼도록 하는 교육 등 여러 형태의 교육에 대한 연구와 개발이 수행되고 있다. 하지만 어떤 훈련 방법을 사용하는가에 관계없이 모든 개개의 구성원들이 개선 업무에 대한 최소한도의 통찰력을 갖도록 하는 것이 중요하다.

6.2 비즈니스 프로세스 개선을 보조하는 조직 형태

이 책의 주된 내용이 조직 설계organizational design가 아니기 때문에 조직 구성에 대한 차별화된 철학과 그 내용을 설명하지는 않을 것이다. 오히려 비즈니스 프로세스 개선에 대한 기회와 풍토에 직접 관련된 몇 가지 주제를 이야기하고자 한다.

조직 구조에서 조직의 비즈니스 프로세스를 어느 정도까지 가시화하고 드러내야 하는가는 계속 문제가 되는 사항이다. 인습적인 사일로스silos(부서 간 장벽)가 비즈니스 프로세스에서의 흐름과 협력을 얼마나 방해하는가는 이미 확인한 바 있다. 그러나 진정으로 어떤 대안을 제시하려는 것은 아니다. 사실 대안이 하나 있기는 한데, 그것은 비즈니스 프로세스에 따라 조직을 구성하는 것이다.

비즈니스 프로세스는 매우 다양한 형태를 취하지만 보통은 조직에서 프로세스 수행 주체process ownership의 유형과 관계있다. 여전히 부서에 초점을 맞추거나 또는 이제 막 비즈니스 프로세스에 적응하기 시작한 조직에서 발생하는 일반적인 문제는 조직의 프로세스에 책임감을 느끼는 사람들이 거의 없다는 것이다. 대개의 경우 어디서 하나의 프로세스가 끝나고 다음 프로세스가 시작하는지에 대한 제한된 정의가 있다. 그러나 그 누구에게도 양질의 제품이나 서비스를 제때에 프로세스로부터 소비자에게 전달할 책임이 부여되지는 않는다. 기껏 누군가가 프로세스에 책임이 있다고 간주되더라도, 종종 한 사람 이상이 동시에 이러한 책임을 진다. 그 결과 조직 주변에 국부적 '제왕들'이 나타날 수 있는데, 이는 프로세스의 일부분을 지배하지만 아무도 전체 프로세스를 완전히 책임지지는 않는 것을 말한다. 수행 주체가 없는 프로세스의 두드러진 특징은 경영층으로부터 명확한 지시가 없는 한 어떤 개선도 실행되지 않는다는 것이다.

프로세스 수행 주체란 사람들을 개별적인 비즈니스 프로세스의 주체로 임명한다는 의미다. 경영층은 반드시 프로세스의 주체를 임명해야 하는데, 여기서 일반적인 규칙은 프로세스에서 조직 권한이 가장 큰 사람이나 프로세스의 가장 큰 부분에 영향력을 행사하는 사람이 프로세스의 수행 주체가 되어야 한다는 것이다. 프로세스 수행 주체에게는 다음과 같은 다양한 책임이 부여된다.

- 프로세스의 변화를 주도
- 프로세스의 성과 수준을 지속적으로 측정
- 프로세스에서 개선 작업을 시작
- 프로세스를 개선하기 위해 함께 일할 프로세스 운영 그룹을 조직. 운영 그룹은 보통 각 업무 프로세스의 담당자들로 구성되지만 경우에 따라서 프로세스와 관련된 공급자 또는 소비자가 구성원으로 참여하는 경우도 있다.

기업이 프로세스가 지향하는 방향과 프로세스 수행 주체를 결정하면, 조직도는 부서 관리자들로 된 수직적 사일로스에서 프로세스 수행 주체들로 된 수평적 프로세스로 그 성격이 변한다. 양극단의 예가 그림 6.1과 6.2에 나와 있다.

비즈니스 프로세스와 그에 대응하는 프로세스 수행 주체에는 종종 위계 구조가 존재한다는 사실에 유의해야 한다. 그림 6.2에서 보는 것과 같이, 제품을 제조해 소비자에게 배달하는 광범위한 프로세스는 이 프로세스와 관련해 고차원적인 의사 결정을 수행하는 프로세스 수행 주체를 하나 두고 있다. 또한 이 프로세스는 예를 들어, 주문 관리와 제조 그리고 배달 및 설치와 같이 낮은 수준에서 보다 짧은 몇 개의 프로세스로 구성되어 있다. 이러한 하위 프로세스의 개별적인 프로세스 수행 주체는 자신의 독립적인 프로세스에 책임을 진다. 그러나 이들은 반드시 전반적인 프로세스의 수행 주체와 협력해야 한다.

이 모델을 극단적으로 수용하는 많은 조직의 사례들을 보아왔는데, 그것은 모든 전통적인 부서를 해체하고 전체 직원들을 하나 혹은 그 이상의 프로세스 수행 부서process department에 배치하는 경우다. 프로세스 수행 부서는 유사한 분야의 전

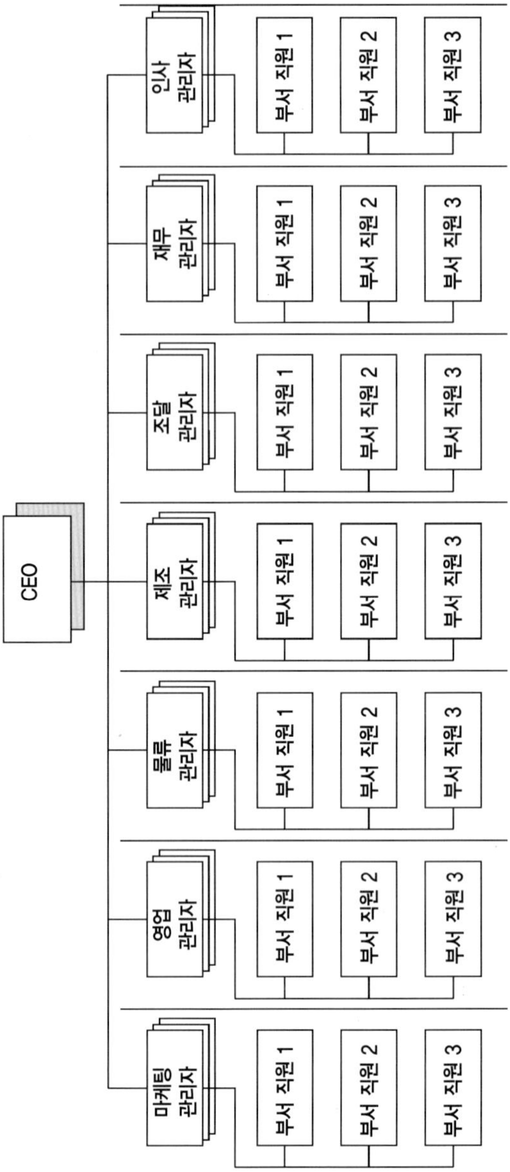

그림 6.1 수직적 사일로스로 구성된 전통적인 조직

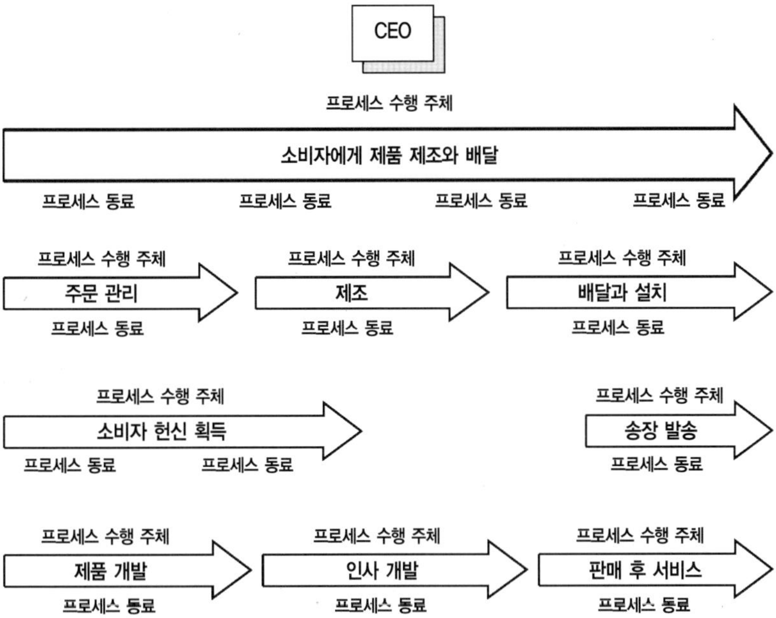

그림 6.2 프로세스 수행 주체와 비즈니스 프로세스를 따른 조직 구성

문가들로 부서를 구성하는 원칙을 따르지 않고 오히려 문제가 되는 프로세스를 실행하는 데 요구되는 서로 다른 유형의 전문가들로 구성된 조직 단위를 말한다. 팀 구성원에 인사 관리 책임이 있는 프로세스 수행 주체가 이러한 조직 단위를 인솔한다. 때때로 팀 구성원들이 하나 이상의 프로세스에 속해 있는 경우에는 두 명 이상의 프로세스 수행 주체들이 공동으로 해당 조직 단위를 책임지기도 한다.

이러한 조직 모델에는 물론 고유한 이점이 있지만 약점 또한 존재한다. 이러한 약점 중 하나가 대부분의 프로세스에서 상근 직원을 두지 않는 경향으로, 이 경우 프로세스 간에 자원을 공유하는 수준에서 그치게 된다. 따라서 이러한 직원들에 대한 지휘 체계가 모호해지는 일도 발생할 수 있다. 이러한 경우에 프로세스 수행 주체들은 업무량이 많은 상황에서 프로세스 내의 직원 수를 최대화하기 위해 다투게 되고 일부 프로세스의 팀 구성원들은 전문적인 문제를 토의할 같은 분야의 동료를 잃게 되었다고 항의할 수도 있다.

다수의 조직들은 일종의 매트릭스 조직을 설계해 조직 모델의 양극단 사이에서 균형을 맞추고자 노력한다. 이러한 경우 전통적인 기능 부서들을 여전히 유지해 부서 관리자들이 부서원들에 인사 관리 책임을 진다. 이와 동시에 비즈니스 프로세스는 조직도로 그린다고 해도 각각의 부서들 위로 겹쳐 나타나기 때문에 명확하게 표현된다. 부서의 모든 직원들을 하나 혹은 그 이상의 프로세스에 배치하고, 프로세스 수행 주체들에게 어떻게 시간을 활용하고 어떤 임무를 수행할 것인가 등에 관한 권한을 부여한다. 그동안 듣고 보아온 바에 따르면, 이렇게 한다고 모든 문제가 해결되지는 않는다. 여전히 자신이 원하는 방향으로 직원을 이끌려고 하는 여타의 관리자들이 존재하는 것이다. 그러나 이 모델은 합리적인 타협안이 될 수 있다.

어떠한 조직 모델을 적용하는가에 따라서 일선의 업무 수행 조직들을 어떻게 구성할 것인지가 결정된다. 여기서 관심을 가져야 하는 부분은 비즈니스 프로세스 개선 업무 이행 시 조직 모델이 어떻게 기능을 수행하는가다. 지난 몇 년간 많은 조직들과 함께 일하면서 배운 교훈이 하나 있다면, 개선 업무는 팀으로 하는 스포츠라는 것이다. 개인보다 팀이 더 많은 지식과 아이디어 그리고 창의력을 불러일으킬 뿐만 아니라 개선 업무와 홀로 싸우는 것처럼 좌절을 주는 일도 없다. 솔직히 말해서, 한 사람이 개선 프로젝트를 수행해야 할 이유는 없다.

개선 프로젝트 팀을 구성하는 데 특별한 비법은 없다. 다만 적절한 사람들을 찾아내 프로젝트와 관련된 임무를 부여하는 것이 중요하다. 구성원과 관련해, 팀은 다음의 역할을 충족해야 한다.

- **팀장_** 회의를 소집하고 프로젝트의 프로세스를 모니터링하면서 관련자들의 의견이 제대로 수집되고 있는지 또는 필요한 정보가 적절히 수집 및 공유되고 있는지를 확

인해야 한다. 보통 이러한 업무의 많은 부분을 위임하기는 하지만, 결과에 대한 책임은 여전히 팀장에게 있다. 일반적으로 팀장은 조직의 위계 구조에서 가장 높은 직책을 맡고 있는 사람이 담당한다.

- **경영진 의사의 반영**_ 경영진의 인사를 개선 프로젝트 팀에 합류시키거나 프로젝트 팀의 구성원 한 명이 경영진의 입장을 대행하도록 권한을 부여할 수도 있다.
- **프로세스 수행 주체 또는 책임자**_ 개선해야 할 대부분 혹은 전체 프로세스를 책임져야 한다.
- **프로세스에 관여하는 여타의 사람들**_ 가급적 프로세스를 진행하는 방향에서 횡단면의 조직 단위로 구성하는 것이 좋다. 개선되어야 할 프로세스의 상위 또는 인접한 조직의 인원들로만 팀을 구성하지 않는 것이 매우 중요하다. 실제로 개선된 업무 프로세스를 수행해야 할 당사자들이 팀에 속하지 않는다면, 개선된 프로세스를 실제로 이행하기가 매우 어려울 수 있다.
- **프로세스의 내부 혹은 외부 고객**_ 프로세스 지향적인 사고에는 고객을 가장 주요한 요인으로 고려해야 한다는 생각이 내포되어 있다. 프로세스의 고객을 팀에 참여시킴으로써 고객의 요구 사항을 개선된 프로세스에 반영할 수 있다.
- **프로세스에 대한 내부 혹은 외부 공급자**_ 어떤 프로세스에든 고객이 있는 것과 같이 어느 프로세스에나 정보나 자원 등을 투입하는 공급자들이 있다. 공급자는 그들이 투입하는 자원 때문에 어느 정도까지는 프로세스의 성과 수준을 형성하는 요인의 일부분이 된다. 따라서 개선 활동에 포함해야 한다.
- **외부 도움**_ 개선 프로젝트 팀이 개선 활동 및 방법론 등에 익숙하지 않은 경우, 외부 컨설턴트 등 전문가의 도움을 받는 것이 바람직하다.

한 사람이 여러 가지 역할을 하는 것도 가능하다. 경험으로 볼 때, 한 팀을 여섯에서 일곱 명을 초과해 구성해서는 안 되지만, 팀의 규모는 프로젝트의 범위와 복잡한 정도에 따라 달라질 수 있다. 또한 팀의 규모가 너무 작아지지 않게 관리해야 하는데, 이러한 경우에는 임무를 수행하는 능력이 저해되거나 프로젝트 결과에 대한 폭넓은 주인 의식이 약화될 수 있다. 팀원을 선발할 때, 후보자들에 대한 다음의 요건들을 확인해야 한다.

- **업무에 전심전력으로 참여할 수 있는 시간**_ 프로젝트에 참여할 시간이 없는 핵심 인물을 포함하기보다는 프로젝트에 헌신할 수 있는 사람들을 선발해야 한다. 프로젝트에서 반드시 필요로 하는 사람의 경우에는 어떻게 하든 별도로 시간을 낼 수 있도록 해야 한다.
- **조직 및 조직의 비즈니스 프로세스에 대한 능력과 지식 그리고 프로세스 개선 업무에 사용할 도구에 대한 교육**_ 도구tool에 대한 교육은 프로젝트의 착수 시점에 이미 준비되어 있어야 한다.
- **프로세스의 개선 업무에 대한 자발적인 동기**_ 자신의 의지에 반해 선발된 팀원은 개선 팀의 구성원으로 적절하지 않다.
- **협력하고 다른 사람의 의견에 귀 기울여 의사소통할 수 있는 능력**_ 비즈니스 프로세스는 팀워크가 중요하므로 혼자서 일하는 스타일의 사람에게는 적합하지 않다.
- **조직에 대한 신뢰와 애착**_ 개선 프로젝트의 결과물이 실제로 조직의 성과 개선에 효과적이려면 참가자들이 해당 조직에 신뢰와 애착을 가져야 한다.

대략 400명의 직원을 둔 제조업체가 조달 프로세스와 물류 프로세스에 관계된 개선 프로젝트에 착수했다. 회사는 다음과 같은 사람들로 프로젝트 개선 팀을 구성했다.

- 조달 관리자
- 물류 관리자
- 생산 기획 관리자

그 외에 외부 인원들을 팀의 일부로 고용했는데, 이러한 구성은 몇 가지 부정적인 결과를 가져왔다.

- 세 명의 관리자들은 상당히 광범위한 지역으로 출장을 다닐 뿐만 아니라 무척 바쁜 편이라 회의를 함께하거나 매번 회의 전에 일을 완수하는 데 어려움이 많다.
- 이들이 조직 내에서 지위가 상당히 높다는 사실은 실제로 프로세스를 수행하는 데 덜 관여한다는 것을 의미한다. 따라서 팀 내에 프로세스에 대한 지식이 너무 부족하기 때문에 세부적인 개선안을 제안하거나 프로세스를 문서화하기가 어렵다.
- 각각의 팀 구성원은 자신이 맡은 영역의 책임자로서 그 성과에 개인적인 책임까지 져야 한다. 따라서 해당 영역에 문제가 있다는 사실을 쉽게 받아들이지 못하며, 건설적인 개선안을 제안해도 적극적으로 지지하기 어려운 위치에 있다.

따라서 팀에 실제 일을 수행할 인원을 좀더 충원하는 것이 바람직하다.

이와 같이 특정 프로젝트를 위해 한시적으로 운영되는 조직이 있는가 하면, 지속적으로 개선 업무를 선도하는 상설 조직들도 있다. 여기서는 이러한 조직의 대표적인 예로 품질관리그룹quality circle과 복합기능 팀cross-functional team을 설명할 것이다.

6.3

품질관리그룹

일본에서 유래한 품질관리그룹quality circle은 1970년대와 1980년대 서양의 경영 관련 문헌에 처음으로 서술되었을 때 인기가 매우 높았다. 많은 연구자들과 컨설턴트들이 미국과 유럽에 품질관리그룹을 도입하고자 노력했고, 일부 기업들은 그 가치를 높게 인정해 여전히 사용하고 있다.

품질관리그룹의 구성원 및 수행 업무는 다음과 같다(Aune, 1985: 11).

- 같은 업무 영역에서 모인 사람들(실무에서 비슷한 문제를 경험하고 같은 유형의 업무를 수행하는)의 집단으로서
- 팀장(초기에는 가급적 조장이나 그와 유사한 사람)의 지시 아래 업무를 수행하며
- 일상 업무 시간 중 대략 일주일에 한 시간 정도의 정기적인 회의에 자발적으로 참여함으로써
- 자신의 업무 영역 내에서 우선순위에 따라 문제를 확인하고 분석해 해결하며
- 필요한 경우 관련 책임자에게 문제 해결에 소요되는 비용을 근거와 함께 첨부해 요청하는 업무를 담당하는 조직

품질관리그룹의 목적은 두 가지로 정의할 수 있다.

- 개선을 창출해 조직의 경쟁력을 강화하는 것
- 개개의 조직 구성원들이 창의적으로 기술을 개발하는 데 좋은 기반을 제시하고, 실제 개선 업무에서 이러한 기술을 사용하도록 권장하는 것

표준적인 접근 방법은 몇몇의 품질관리그룹을 만들고, 각각의 그룹에 리더를 두는 것이다. 그 위에 보통 퍼실리테이터facilitator(조력자)가 존재하는데, 이들은 그룹 내에서 누군가가 싫은 일을 강요당할 때 도와주는 역할을 한다. 퍼실리테이터들은 또한 조직 경영에서 접점으로 기능하기도 한다. 여기에 종종 전체 활동을 조율하는 운영 위원회를 두기도 하는데, 이러한 위원회는 대개 경영진으로 구성한다. 이렇게 서로 다른 요소들을 한곳으로 모으면, 품질관리그룹의 업무 조직이 그림 6.3과 같이 구성된다.

미국과 유럽에 있는 많은 조직들이 1970년대와 1980년대에 품질관리그룹을 운영하려고 시도했다고 이야기한 바 있다. 품질관리그룹이 서양에서는 왜 그렇게 성공적으로 운영되지 못했는지를 보여 주는 여러 연구들이 있는데, 이러한 연구들은 그 이유를 다음과 같이 제시한다.

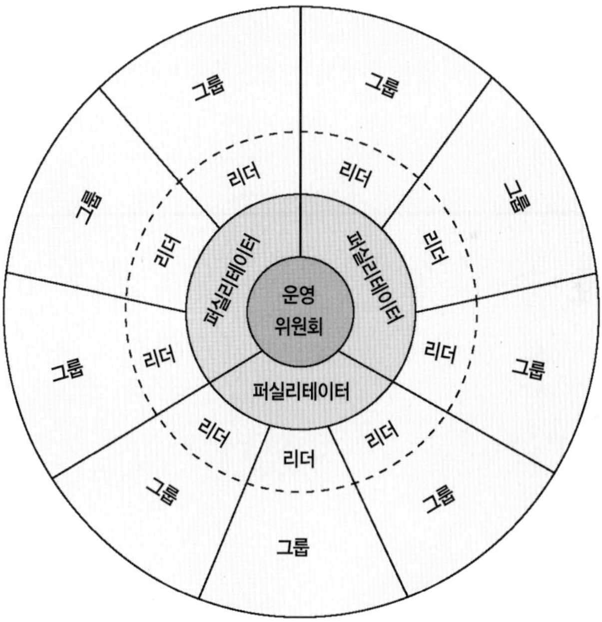

그림 6.3 품질관리그룹의 조직

- 품질관리그룹들을 관장하고 조율하는 상위의 품질 관리 프로그램이 운영되지 않았다.
- 품질관리그룹이 조직 내에서 일상 업무의 일부분으로 자리 잡지 못했다.
- 품질관리그룹이 품질에 대한 일반적인 이해 수준이 충분히 높아지기 전에 도입되었다.
- 기업들은 비즈니스 프로세스 자체보다 달성 가능한 재정 이익에 더 많은 관심을 보였다.
- 품질관리그룹이 수행하는 업무가 관료주의적인 것으로 인식되었다.
- 품질관리그룹이 부분적으로 작은 문제들을 해결하는 데 성공하면서, 자신들이 해결할 수 있는 문제 이외의 것까지 관여했다.

마지막 설명은 프로세스 개선 프로젝트의 수행 조직이 어떻게 구성되어야 하는가라는 관점에서 특히 중요하다. 프로세스 개선에 대한 이해는 처음에는 조직 단위 내에서 부분적인 문제를 검토하는 수준으로 시작해 단계적으로 더욱 복잡한 문제 해결에 이르게 되고, 차차 지속적인 개선 작업의 필요성도 인식하게 된다. 지속적인 프로세스 개선 작업을 수행하는 데는 복합기능 팀이 흔히 이용된다.

6.4

복합기능 팀

복잡한 문제들은 단일한 차원으로 이루어진 경우가 거의 없기 때문에 하나의 조직 단위에서 해결할 수 없다. 얼마간 개선 업무를 수행해온 성숙한 조직들은 프로세스 복합 기능적인 문제들을 해결할 필요성을 인식하게 되므로, 이 시점부터는 개선 노력 역시 복합 기능적이어야 한다. 이러한 문제를 진정으로 개선하는 방안은 종종 조직도의 '백색' 구역, 즉 부서들 혹은 비즈니스 프로세스들 사이의 경계 영역에서의 노력에서 나온다. 프로세스 개선에 대한 광범위한 능력과 권한이 부여된 복합기능 팀cross-functional team을 운영하는 것이 이러한 도전에 해답이 될 수 있다.

복합기능 팀은 다음과 같이 정의할 수 있다.

> 서로 다른 기능을 수행하는 부서나 책임 영역, 그리고 때로는 서로 다른 위계 조직의 인원들로 구성된 집단을 말한다. 이 팀의 목적은 복수의 비즈니스 프로세스나 조직 단위가 관련된 문제를 해결하는 것이다.

복합기능 팀은 특정한 문제를 조사하거나 해결하려는 목적으로 필요에 따라 조직하며, 목적을 달성한 이후에는 해체할 수 있다. 물론 품질관리그룹처럼 영구적으로 남을 수도 있다. 이러한 팀의 일반적이고 권장할 만한 규모는 네 명에서 여덟 명이다. 복합기능 팀을 운영할 때는 아래와 같은 원칙들을 준수해야 한다.

- 구성원들이 전원 참석할 수 있는 경우에 회의를 개최한다.
- 회의 장소는 특정 구성원의 고유 영역이 아니어야 하며 또한 방해받지 않는 곳이어

야 한다.

- 회의는 일상적인 업무 시간에 해야 한다.
- 팀이 구성되기 전에, 경영층은 현실적으로 예산이 허용하는 한 팀이 제안하는 추천안에 따르기로 동의해야 한다.
- 필요에 따라 전문가들을 소집할 수 있다.

팀을 구성한 후, 팀원들이 자신의 역할을 제대로 인식하고 적절한 업무를 수행하기까지 얼마 동안은 혼선이 빚어질 수 있다는 점을 감안해야 한다. 이러한 시기에는 팀원 간의 논의가 시간 낭비로 보이고 어떠한 해결책이나 개선 방안도 이끌어내지 못하는 것처럼 느껴질 수 있다. 그러나 이러한 시간이 궁극적으로는 서로 다른 비즈니스 프로세스를 이해하고 서로 더 잘 알아가는 데 도움이 된다. 복합기능 팀은 비즈니스 프로세스 개선 프로젝트의 산출물로서 개선 과제 목록, 단계별 이행 계획 그리고 과제 이행 시의 기대 효과 및 소요 비용을 제시해야 한다.

6.5 개선을 지향하는 조직 문화의 정착

여러 조직을 내부 깊숙이 분석하고 그들의 개선 활동을 연구한 결과, 개선 활동의 성공은 해당 조직의 조직 문화가 지속적인 개선을 지원하는가에 달려 있다는 사실을 발견했다. 이러한 조직에는 대부분 낙관주의, 긍정적인 사고 그리고 더 나은 것을 끊임없이 탐구하는 자세 등을 만들어내는 분위기라는 실체적인 특성이 존재한다. 이러한 조직에는 자신들이 이미 높은 성과를 내고 있다는 자신감이 있지만, 동시에 지속적인 개선을 통해 앞으로도 더 높은 성과를 낼 수 있다는 진심 어린 신념도 존재한다. 이러한 조직과 접촉하는 사람들에게 자신감을 심어주고, 대부분의 경우 그 사람들이 따라 하도록 격려하는 역할을 하는 것이 바로 조직의 문화다. 이러한 개선 지향적인 조직 문화는 단시간 내에 정착되지 않으며, 오랫동안 조심스럽게 발전시키고 육성해야 한다.

연구 결과를 살펴보면, 이러한 유형의 문화는 크게 성공한 조직에서 발견할 수 있다. 콜린스Collins의 저서(2001)에 따르면, 적어도 지난 50년 동안 단지 평균적인 성과를 올린 일단의 기업들과는 달리 같은 산업 분야에서 크게 성공한 기업들이 있었다. 또한 성공한 기업들에서는 기업의 핵심 가치를 보존하거나 성장을 촉진하는 데 기여하는 다음과 같은 공통점도 몇 가지 발견되었다.

- **크고 위험하면서도 담대한 목표**big, hairy, audacious goal(BHAG)_ 기업의 성장을 자극한다.
- **사교적인 집단 문화**_ 기업의 핵심 가치를 유지한다.
- **다양한 일들을 시도해보고 결과가 성공적일 경우 지속적으로 수행**_ 기업의 성장을 자극한다.
- **토착적인 경영**_ 기업의 핵심 가치를 유지한다.

- **현실에 안주하지 않고 끊임없이 개선 추구**_ 기업의 성장을 자극한다.

이 가운데 마지막 사항은 앞에서 언급한 세계적인 수준의 개선 지향적인 조직에서 발견되는 조직 문화다. 그렇다면 이러한 문화를 어떻게 창출하고 지속할 것인가? 이것은 대답하기가 불가능한 질문이다. 여기에 이르는 방법에는 여러 가지가 있지만, 그 어디에도 지름길은 없다. 또한 개선 문화를 이루는 단계들의 목록을 제공할 수도 없지만, 적어도 다음에 나오는 요소들은 개선 지향적인 조직 문화를 촉진하는 데 중요한 역할을 할 수 있다.

- **조직 내 모든 직위에 있는 직원들을 격려하라**_ 업무가 잘 이루어져 만족할 만한 결과를 내고 있을 때는 그 성공을 즐기면서 현실에 안주하고 싶어진다. 이러한 때에 비판을 제기하거나 완전하지 못한 업무를 지적하거나 또는 좀더 개선이 가능한 방안을 제안하는 직원들은 흥을 깨는 것처럼 보일 수도 있다. 또한 지속적인 개선을 달성하는 데는 시간과 돈 그리고 노력이 들기 때문에, 이를 위한 아이디어 또는 지적사항을 무시하거나 나중으로 미룸으로써 사장하기 쉽다. 이것은 개발해야 하는 개선 정신을 말살해버리는 가장 확실한 방법이다. 이러한 아이디어를 항상 긍정적으로 대하고 존중하라. 아이디어가 나쁘거나 혹은 비용 측면에서 아이디어를 실행하는 것이 효율적이지 못할 수도 있다. 그러나 중요한 점은 조직이 아이디어를 환영하고 진지하게 받아들인다는 사실이다.
- **성공을 축하하라**_ 개선 프로젝트가 성공적으로 완수된 경우, 그 성과는 널리 홍보되어야 한다. 성공적인 사례를 전파함으로써 창출되는 긍정적인 에너지에는 이루 말할 수 없는 가치가 있다.
- **필요 이상의 만족 또는 안심을 경계하라**_ 성공적인 결과를 자축할 때는 조직이 잘못된 안도감이나 만족감에 빠지지 않도록 해야 한다.
- **조직을 지속적인 벤치마킹에 노출시켜라**_ 조직의 자기만족과 싸우는 데 벤치마킹보다 효과적인 방법은 거의 없다. 조직의 성과 수준을 적절한 대상과 비교하면, 지나치

게 자신감에 차 있는 조직을 이러한 불행한 상태에서 일깨울 수 있다. 어떤 유형의 상품을 배송하는 데 평균적으로 3주가 걸리는 상황에서 경쟁사들은 지속적으로 일주일 내에 배송을 완료한다는 사실을 알게 된다면, (비교 대상이 적절하지 않다고 주장하거나 비슷한 결과를 얻을 수 없는 이유를 변명하지 못하게 하는 한) 성과 개선을 위한 아이디어를 곧 도출할 수 있을 것이다.

- **개선을 달성한 경우에는 포상하라**_ 조직에서 제공하는 포상에는 명예와 위신, 다양한 혜택, 금전(보너스나 임금 인상) 그리고 승진 등과 같은 다양한 형태가 있다. 이렇게 포상을 하면, 이미 개선을 실행하고 상을 받은 이들뿐만 아니라 개선을 창출하면 자신에게 이익이 온다는 것을 본 이들까지 많은 사람들이 좀더 개선에 힘과 마음을 쏟도록 동기를 부여할 수 있다. 조직 내에 성과 측정 시스템이 있다면, 여기서 얻은 자료를 상을 주는 데 유용하게 쓸 수 있다. 그러나 유의해야 할 문제가 있다. 많은 연구자들이 여전히 서로 다른 유형의 포상에 따른 효과에 대해 논쟁하고 있으며, 심지어 어떤 포상은 거의 가치가 없다고까지 주장한다. 포상이 불공평하게 이루어질 경우 직원들에게 부정적인 영향을 줄 수 있으며, 포상 시스템이 어설프게 설계된 경우에는 조직에서 원하지 않는 행동을 부추길 수도 있다. 이것은 특히 개인적으로 포상할 때 실제로 발생할 우려가 있는데, 이는 팀워크와 비즈니스 프로세스 사고방식을 망치는 자기중심적이고 이기적인 문화를 불러올 수 있다.

이제까지 실제로 비즈니스 프로세스를 개선하는 데 사용할 도구들을 설명하기 전에 필요한 입문 내용을 모두 소개했다. 다음으로 모두가 바라는 개선을 창출하는 데 사용할 수 있는 각각의 개선 도구를 더욱 자세히 살펴보자.

7장

비즈니스 프로세스 개선 도구상자

비즈니스 프로세스 개선 도구상자와 관련해, 여기에서는 개선 업무 내 각각의 단계들과 그러한 단계에 속한 도구들을 개괄적으로 살펴보고자 한다. 각각의 도구에 대한 좀더 자세한 내용은 이어지는 장들에서 확인할 수 있다.

7.1

도구상자의 필요성

도구tool의 목적은 본질적으로 도움을 제공하는 데 있다. 예를 들어, 차를 고치고 싶을 때는 그에 필요한 도구를 선택해 사용한다. 여기서 원하는 결과는 차가 다시 달리는 것이며, 스패너나 펜치 혹은 드라이버 가운데 어떤 도구를 사용했는가는 문제가 되지 않는다. 이와 마찬가지로 조직이 원하는 결과는 성과를 개선하고 경쟁력을 강화하는 것이다. 이러한 목적에 도움이 된다면 필요한 어떤 도구라도 사용할 수 있다. 따라서 도구를 많이 아는 것보다는 목적을 달성하는 데 적절한 도구를 선택하고 사용하는 방법을 아는 것이 더욱 중요하다.

수많은 학자들이 회의나 세미나 혹은 토론회 등에서 특정한 도구의 사용에 대해 서로 다르게 주장해왔으며, 때때로 격렬하게 논쟁하기도 했다. 이렇게 갖가지 주장이 난무한다는 사실은 그동안 도구의 목적이 아니라 도구 자체를 너무 강조해왔다는 것을 보여 준다. 여기서 소개하는 모든 도구들은 각기 다른 요구 조건과 목적에 쓰이며, 도구의 사용과 결과는 그것이 적용되는 상황에 따라 달라진다. 따라서 어떤 도구가 최고라고 단언하는 것은 불가능하다.

모든 도구들은 조직이 개선을 위해 노력할 때 이용 가능한 크고 잘 갖추어진 도구상자toolbox에 들어 있는 것처럼 보여야 한다. 또한 도구들은 서로 보완해 공동으로 기능해야 한다. 어떤 도구를 사용할 것인가는 그 도구를 사용하는 조직 및 그것이 적용되는 상황의 특성에 달려 있다. 먼저 조직이 처해 있는 상황과 문제를 정의한 후에 적절한 도구를 선택해야 한다. 만약 도구가 하나밖에 없다면(예를 들어 망치), 어떻게 그렇게 빨리 모든 문제들이 못처럼 보이게 되는지 정말 놀랄 정도다. 따라서 이 책의 목적은 비즈니스 프로세스를 개선하는 업무를 수행하는 실무자들에게 광범위한 도구상자를 제공하는 것이다.

7.2
비즈니스 프로세스 개선 모델

개선 프로젝트를 보다 잘 이해하는 데 개선 프로젝트가 전형적으로 거치는 여러 단계를 살펴보는 것도 효과적이다(그림 7.1 참고).

이렇게 프로세스를 선형으로 나타내면 간결해 보이지만, 실제로 개선 프로젝트가 그림에서처럼 간결하게 이루어지는 경우는 거의 없다. 실제로는 개선 팀이 특정 단계를 건너뛰거나 다시 이전 단계로 돌아가거나 또는 특정 작업을 반복할

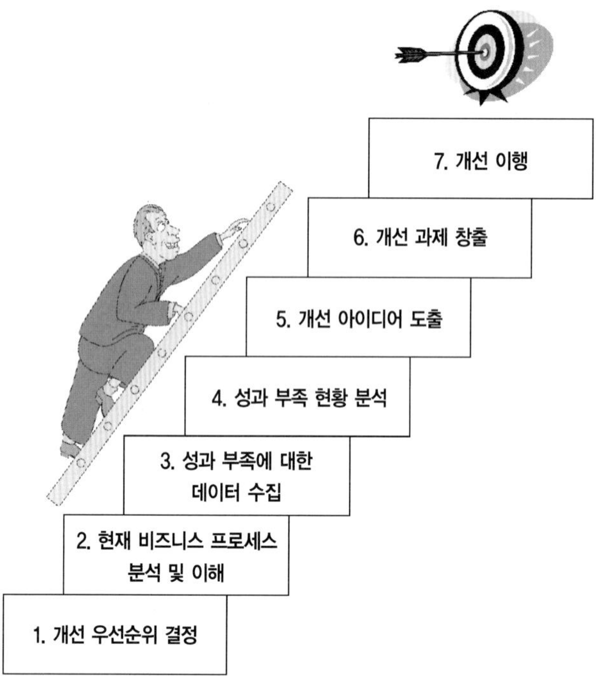

그림 7.1 비즈니스 프로세스 개선 업무의 단계

수 있다.

이 모델의 일곱 단계에는 각각 다음과 같은 목적이 있다.

1. **전반적인 성과에 대한 이해에 기초해 개선 우선순위를 결정하라**_ 이는 특정한 개선 프로젝트를 본격적으로 시작하기 이전인 초기 단계이며, 그 목적은 조직의 상황과 이해관계자 그리고 전략에 비추어볼 때 우선적으로 개선이 필요한 비즈니스 프로세스가 무엇인지 정의하는 것이다.
2. **현재의 비즈니스 프로세스를 분석 및 이해하고 무엇이 문제인지 확인하라**_ 이는 개선 프로젝트에서 일반적으로 첫 번째 단계에 해당하며, 목적은 현재 프로세스가 얼마나 잘 작동하는지, 발견된 문제에는 어떠한 특징들이 있는지 분석 및 이해하는 것이다.
3. **성과 부족에 대한 데이터를 수집하라**_ 비즈니스 프로세스 개선 프로젝트가 최대한의 성과를 내기 위해서는 객관적인 사실과 데이터에 기초해야 한다.
4. **성과 부족에 대한 현황을 분석하라**_ 이 단계에서는 기대 이하의 성과를 야기하는 문제의 진정한 본질을 이해할 수 있도록 여러 가지 기술들을 사용한다.
5. **성과 부족의 원인과 가능한 개선에 대한 아이디어를 도출하라**_ 이것은 성과 부족을 야기하는 원인이 무엇인지에 대해 광범위한 아이디어를 도출하는 창의적인 단계다. 또한 동시에 개선 프로세스의 다른 단계들에서 사용할 수 있는 도구를 선택하는 단계이기도 하다. 도출된 아이디어 가운데 가장 적합한 것을 선정하고 이에 대한 합의를 이끌어내는 방법은 10장에서 소개할 것이다.
6. **성과 부족을 해결할 개선 과제를 창출하라**_ 성과 부족 요인을 제거할 새로운 해결책이나 프로세스를 창출하는 단계다.
7. **개선을 이행하라**_ 프로세스를 개선하는 방법을 찾는 것에 비해 쉽게 보일 수도 있지만, 실제로 변화를 이행하는 것은 종종 개선 프로젝트에서 가장 어려운 부분이 될 수 있다.

7.3

도구상자 안의 도구들

각각의 단계에는 사용할 수 있는 여러 유용한 도구와 기술 들이 있으며, 이들을 잘 활용하는 데 별도의 자격증이나 학위가 필요한 것도 아니다. 이 책에서 제시하지 못한(즉 있어야 할 것이 없다고 생각되는) 도구가 있을 수 있으며, 어떤 도구들은 실제 적용했을 때 기대만큼 딱 들어맞지 않을 수도 있다.

이제부터는 (처음 두 개는 이미 다루었기 때문에 단계 3에서 시작해) 비즈니스 프로세스 개선 작업의 수행 단계별로 도구를 소개할 것이다. 각각의 단계에서 활용 가능한 도구와 기술이 표 7.1에 제시되어 있다. 현재 프로젝트가 어떤 단계에 있는지 그리고 어떤 업무를 해결하고 싶은지에 따라 이 표는 이용 가능한 도구에 대한 지침을 제공한다.

몇몇 도구들은 더 복잡하기 때문에 사용하는 데 기술이 더 많이 필요하거나 시간이 더 오래 걸릴 수 있다. 또한 도구들이 가져올 변화나 혁신의 정도 역시 다양하다. 따라서 다양한 도구들을 실행해본 후 가장 적합한 도구를 선택하는 것이 바람직하다.

표 7.1 개선 업무에서 각각의 단계를 위한 도구들

개선 우선순위 결정	현재 비즈니스 프로세스 분석 및 이해	성과 부족에 대한 데이터 수집	성과 부족 현황 분석	개선 아이디어 도출	개선 과제 창출	개선 이행
카노 모델과 이해관계자 분석	관계 대응	표본추출법	주요사건기술법	브레인스토밍	능률화	A△T 분석
SWOT 분석	전통적 흐름도	설문조사법	파레토 도표	브레인라이팅	이상적 프로세스 수립 활동	계통도와 프로세스 결정 프로그램 도표
경쟁 세력 분석	복합기능 흐름도	점검표	원인·결과 도표	크로퍼드메모쪽지법	품질 기능 전개	역장 분석
전략 지도	프로세스 영역으로 구분된 흐름도	문제 집중 다이어그램	5why 기법	여섯 색깔 모자 기법	통계적 프로세스 관리	
추세 분석	다단계 흐름도		산포도	명목 집단 기법	6시그마	
거미 도표	통계를 추가한 흐름도		히스토그램	쌍대 비교	비즈니스 프로세스 재설계	
성과 매트릭스			연관도		벤치마킹	
준거평정법			매트릭스 다이어그램			
품질 기능 전개			존재 유무 분석			
			병목 현상 분석			

8장

성과 부족에 대한 데이터 수집 도구

품질 관리 분야의 권위자들이 대부분 동의하는 사실이 하나 있다면, 그것은 사실에 근거한 의사 결정의 중요성이다. 이번 장에서는 비즈니스 프로세스에서의 성과 부족에 대한 데이터를 수집하는 도구와 기법을 다룬다. 여기에는 다음과 같은 네 개의 주요 접근법과 도구가 있다.

- 표본추출법
- 설문조사법
- 점검표
- 문제 집중 다이어그램

8.1

표본추출법

표본추출법sampling은 그 자체로 구체적인 도구라기보다는 데이터를 수집하기 전에 알아야 할 유용한 원칙이라고 할 수 있다. 데이터 수집은 시간과 비용이 매우 많이 드는 작업이 될 수 있는데, 표본추출법은 이를 매우 경제적으로 하도록 해준다. 표본추출법의 목적은 가장 적은 양의 데이터를 수집함으로써 유효한 현황 분석 결과를 도출하는 것이다. 표본을 추출하는 방법은 다양한데, 그중 가장 일반적인 유형은 다음과 같다.

- **무작위 표본추출법**random sampling_ 임의의 숫자를 활용해 모집단에서 표본을 선정한다. 이러한 임의의 숫자는 난수표를 이용하거나 컴퓨터로 생성해낼 수 있으며, 단순히 주사위를 던져서 뽑을 수도 있다. 예를 들어 4, 11, 19, 21, 34 등 임의의 숫자를 활용해 1,000명의 소비자 중 해당 순번을 추출한 후 그에게 의견을 물을 수 있을 것이다.
- **계통 표본추출법**systematic sampling_ 많은 경우에 임의로 표본을 추출하는 것은 매우 어렵거나 불가능한 일이다. 계통 표본추출법을 활용하는 경우, 데이터는 일정한 기간이나 숫자, 길이 등의 간격으로 수집된다. 줄을 서서 기다리는 고객의 수를 20분마다 세어보는 것이 그 예다.
- **층화 표본추출법**stratified sampling_ 어떠한 비즈니스 프로세스에 대해 집단별로 다른 행동을 보이는 경우가 있다. 이러한 경우 표본을 집단별로 적정 비율을 추출해 표본이 해당 집단의 성격을 대표할 수 있도록 해야 한다. 만약 어떤 기업에 영업사원이 일곱 명 존재한다면, 각 영업사원별 고객 그룹에서 그들이 담당하는 고객 수에 비례하게 표본을 추출해 고객 만족도 점수를 수집해야 한다.

- **집약 표본추출법** cluster sampling_ 장기간 변동이 없는 안정적인 모집단인 경우, 집약 표본추출법을 활용하는 것이 가장 간단하다. 이 경우, 한 그룹 단위가 전체 모집단을 대표해 표본으로 선정된다. 예를 들어, 한 시간 동안 생산된 상품 묶음을 한 주 동안 생산된 상품을 대표하는 표본으로 추출한다.

앞에서도 언급했듯이, 표본추출법은 하나의 통합된 도구가 아니며 오히려 다른 도구들을 뒷받침하는 데 활용된다. 따라서 표본 추출의 일반적인 절차를 정의하기는 어렵지만, 다음과 같은 중요한 사항은 고려해야 한다.

1. 적절한 표본추출법을 선정하기 위해 수집 대상인 모집단의 성향을 판단하라(모집단의 동질성, 데이터의 군집성 등).
2. 표본의 크기를 정하라. 표본의 크기를 정하는 것은 까다로운 작업이 될 수 있는데, 표본의 크기와 빈도를 구체화하는 표준 자료를 참고하면 수월하게 작업할 수 있다. 이와 같은 표준에는 ANSI, ISO 표준 등이 있다.
3. 선택한 표본추출법에 따라 데이터 샘플을 수집하라.
4. 평균값과 중간 값 등 간단한 값을 산정해 표본이 모집단을 합리적으로 대표할 수 있는지를 검증하라.

어느 종합 병원에서 여러 번에 걸쳐 병원 전체 여러 병동에 전염병이 발생했다. 의사 한 명이 이 문제를 고찰하다가 특정한 박테리아가 전염병 발생 전에 항상 나타나며, 이 박테리아가 나타나는 시기 역시 감염 확산을 막거나 줄일 수 있도록 조치하기에 적절하다는 사실을 발견했다.

그리하여 전염병 발생 및 확산 전에 이를 예견해 막을 수 있도록 이 박테리아의 출현 여부를 알아내는 테스트를 실시하기로 계획했다. 처음에는 모든 병동에서 이 실험을 하려고 계획했으나, 이렇게 하는 경우 전염병으로 인한 피해보다 실험을 하는 데 드는 비용과 그로 인해 업무에 주는 피해가 더 클 것으로 예상되었다.

병원 당국은 병원 관계자와 환자에게 피해를 주지 않으면서도 향후 전염병의 전조를 발견 및 예방할 수 있도록 표본을 추출해 실험하는 방안을 수립하기 위한 컨설팅 프로젝트를 수행했다. 컨설턴트는 각 병동에서 박테리아 발견 테스트를 격주로 실시하는 방안을 수립했다. 이렇게 바이러스 테스트 절차를 도입한 이후, 전염병이 발생하기 전에 일부를 예측해 신속히 조치 및 예방할 수 있었다.

8.2
설문조사법

표본추출법은 적은 양의 데이터를 수집하면서도 당면한 성과 부족을 전반적으로 고찰했다고 합리적으로 확신할 수 있게 해준다. 비즈니스 프로세스에서는 많은 경우, 사람의 태도, 감정 또는 의견에 관한 정보가 중요하다. 이러한 정보는 단순한 물리적 크기나 pH 농도를 측정하는 데 적합한 도구를 사용해서는 수집할 수 없다. 이와 같은 문제의 경우, 설문조사법surveying으로 데이터를 수집한다.

응답자로부터 대답을 얻는 방법에는 최소한 두 가지가 있다. 첫째, 질문을 문서 형태로 배포하고 응답자도 문서로 작성해 답하는 방법이다. 이러한 접근법의 경우, 질문서를 우편으로 보내거나 응답자에게 직접 전달할 수 있고 이메일이나 웹사이트 등의 전자적인 수단을 활용할 수도 있다. 둘째, 구두로 질문하고 응답자도 구두로 대답하는 방법이다. 이는 전통적으로 인터뷰에서 주로 활용되는 방법인데, 직접 대면하거나 전화로 할 수 있으며 또는 컴퓨터를 이용해 전화로 질문하고 응답을 녹음하는 방식도 이용할 수 있다. 모든 종류의 설문조사법에서는 대량의 데이터를 비교적 쉽고 저렴한 비용으로 수집할 수 있다. 응답자가 직접 써서 작성하는 설문 조사가 비용 대비 가장 많은 데이터를 수집할 수 있는 반면, 인터뷰를 통해 수집되는 데이터의 질이 가장 높다.

설문조사법은 다음과 같은 절차에 따라 수행한다.

1. 설문 조사를 하는 목적과 이를 통해 수집된 데이터를 어떻게 활용할 것인지를 명확히 정의한다.
2. 수립된 목적을 성취하는 데 어떠한 정보가 필요한지 정한다.
3. 설문 조사를 어떠한 방법으로 할 것인지 결정한다. 즉 문서(우편, 팩스, 이메일 또는 인

터넷)로 할 것인지 아니면 구두(전화 또는 직접 대면)로 할 것인지 결정한다.

4. 질문의 종류, 순서, 이해 용이성, 문구, 분류, 간결성 등을 염두에 두면서 질문서를 만든다.

어느 실버타운에서 지난 몇 달 동안 입주 노인 수가 점차 줄어들고 있었다. 경영진이 입주한 노인 및 그들의 친척과 복도에서 마주칠 때 잠시 이야기해본 결과 많은 수의 입주자들이 실버타운에서 제공하는 서비스에 불만을 가지고 있다는 사실을 알게 되었다.

경영진은 현상을 이해하고 상황을 개선하기 위해 보다 철저한 조사를 실시하기로 하고, 주로 노인들의 법적 후견인으로서 노인들의 거주지 선택에 영향을 미치는 친척들과 노인 입주자들을 대상으로 설문조사법을 실행했다.

우선 두 종류의 설문지(노인 입주자용 설문지와 친척용 설문지)가 준비되었다. 응답자에게 입주 공간의 편리성 및 청결도, 식사 및 의료 서비스의 질, 실내 레크리에이션 활동 및 여행 프로그램에 대한 만족도, 가격 등에 대해 두 쪽 정도의 짧은 질문서를 배포했다. 2주 동안 각각의 응답 그룹으로부터 30개 정도씩의 회신이 돌아왔다. 이를 통해 다음과 같은 사실이 밝혀졌다.

- 식사의 경우, 영양을 고려한 식단이 제공되기는 했지만 그 순환 주기가 짧고 메뉴가 다양하지 않아 쉽게 질렸으며, 이로 인해 몇몇 입주자들은 그들이 먹어야 하는 적정량보다 적게 식사했다.
- 건강 상태가 매우 나쁜 일부 입주자들의 경우, 자신들 수준에 맞는 레크리에이션 활동 프로그램이 부족하다고 답했으며, 건강한 입주자들도 유사하게 대답했다. 레크리에이션 활동 프로그램은 평균적인 건강 상태의 입주자들을 위한 것들이 대부분인 것으로 예상되었다.

- 친척들은 방문 시간이 지나치게 제한적이어서 그 시간을 맞추기가 어렵다고 답했다.
- 매 분기, 즉 석 달 단위로 입주비가 청구되다 보니 그 금액이 비교적 컸으며, 이로 인해 지불에 어려움이 있다고 응답했다.

이와 같은 이슈들은 대부분 적은 비용 투자로 큰 개선 효과를 거둘 수 있는 것들이었다. 식단을 다양화해 반복 주기를 늘렸으며, 모든 입주자들이 각자의 건강 수준에 맞는 레크리에이션을 선택할 수 있도록 다양한 프로그램을 개발했다. 또한 방문 시간을 연장하고, 청구서를 월 단위로 발행했다. 몇 달이 지나자 빈방이 사라졌으며, 노인 입주자 및 그 친척들의 만족도도 상승했다.

8.3 점검표

점검표check sheet는 수집된 데이터를 기록하는 표 또는 양식이다. 가장 주요한 용도는 다양한 문제 또는 사건이 발생하는 빈도를 기록하는 것이다. 점검표는 문제가 되는 영역이 어디인지 또는 문제 발생의 원인이 무엇인지에 대한 중요한 정보를 제공한다. 이는 개선 과정 동안에 어떠한 부분에 집중해야 하는지를 결정하는 기초 자료가 된다.

점검표에 의한 데이터 수집은 보통 다음과 같은 절차로 진행된다.

1. 어떠한 사건들을 기록할 것인지를 결정한다. 이는 사건 발생 여부가 모호해 결정하기 어려운 상황을 피할 수 있도록 명확히 정의되어야 한다. 이와 함께 분류하기 어려운 사건들을 기록하기 위해 "기타"라는 유형도 만들어두면 좋다.
2. 기록할 전체 기간과 적절한 시간 간격을 정의한다.
3. 기록하는 동안에 사용할 점검표를 구상한다. 전체 기간 동안에 시간 간격별로 발생한 각각의 사건을 기록할 수 있는 점검표의 예가 그림 8.1에 제시되어 있다.
4. 계획된 기간 동안에 데이터를 수집한다. 이에 앞서, 수집하는 데이터가 일관성이 있도록 데이터 수집에 참여하는 모든 이들 사이에 해당 작업이 무엇인지에 대한 합의가 이루어져야 한다.
5. 데이터가 모두 수집되고 난 후에는 발생 빈도가 가장 높은 사건이 무엇인지를 분석한다. 이 분석 결과는 개선 대상 비즈니스 프로세스 중 구체적으로 어떠한 영역이 개선 작업에서 강조되어야 하는지 등의 우선순위를 결정하는 데 도움이 될 것이다. 파레토 도표Pareto chart는 점검표 분석을 보다 시각적으로 만드는 데 도움이 된다(그림 9.2 참조).

문제점	첫 번째 주	두 번째 주	세 번째 주	유형별 발생 빈도
A	卌///	卌//	卌 卌//	27
B	//	/	/	4
C	/	卌 卌//	卌卌	23
D	卌 卌 卌 //	卌 卌 卌 卌///	卌卌///	53
E	//	////	///	9
F		/	/	2
G			//	2
H	卌/	卌//	/	14
기간별 발생 빈도	36	55	43	134

그림 8.1 점검표의 예

점검표 분석법에서는 정해진 유형의 문제점들만 조사하게 될 위험성이 있음을 알아야 한다. 즉 오로지 점검표에 정의된 유형의 문제만 찾기 때문에, 예상되는 문제점들에만 관심이 모두 집중됨으로써 해당 기간 동안에 일어난 다른 유형의 문제들을 기록하지 않을 수 있다. 이는 문제 유형 분류에 "기타"라는 항목을 추가해 해결할 수 있지만, 항상 이와 같은 사항을 염두에 두고 있어야 한다.

전기 설비를 공급하는 어느 중소기업이 매년 개인 또는 기업 고객의 설비 공사를 수주하고자 무수히 많은 지원서를 제출한다. 이 기업은 사업 수주율이 목표치를 밑돌았기 때문에 제안서 작성 프로세스를 검토하고 이를 개선하고자 했다.

회사는 더 많은 공사를 수주하지 못한 이유를 전반적으로 검토하기 위해 그림 8.2와 같은 점검표를 만들고, 공사 낙찰에 실패할 때마다 고객에게 그 이유를 물어본 후 석 달 동안 그것을 점검표에 기록했다.

그림 8.2의 점검표가 보여 주듯이, 회사가 예상했던 것과 달리 가격은 수주 실패의 주요 원인이 아니었다. 오히려 작업 시간의 유연성 부족이 주요 문제로 매우 자주 언급되었다. 따라서 이에 대한 해결 방안으로 투입 가능한 인부들을 모니터링할 수 있는 새로운 시스템이 구상되었다. 이와 함께 매우 급작스러운 일정도 소화할 수 있다는 점, 작업 횟수도 융통성 있게 여러 번으로 나누어 수행할 수 있다는 점, 낮 시간만이 아닌 저녁에도 작업할 수 있다는 점 등을 모든 입찰 지원서에 명시했다. 이러한 개선 활동의 결과로 수주 건수가 급격히 증가했으며, 실질적으로 더 높은 가격에 낙찰받을 수 있게 되었다.

수주 실패 원인	1월	2월	3월	유형별 발생 빈도
지나치게 높은 가격	//	///	//	7
낮은 품질	//	/	/	4
낮은 유연성	~~////~~ ~~////~~ ~~////~~	~~////~~ ~~////~~ //	~~////~~ ~~////~~ ///	40
실사 기간 동안의 부정적인 인식	///	//	///	8
전문성 부족	/	//	//	5
기간별 발생 빈도	23	20	21	64

그림 8.2 수주 실패 원인을 기록한 점검표

8.4

문제 집중 다이어그램

앞에서 언급한 점검표는 데이터(특히 사건 발생에 관한 정보)를 수집하는 데 매우 유용한 도구였다. 기록 기간, 사건 영역, 기타 등 점검표의 각 칸에 기술될 내용을 정해 양식을 완성하면, 원하는 데이터를 기록하는 데 쉽게 활용할 수 있다. 그러나 몇몇 경우에는 각 칸에 들어갈 내용을 적당히 정의해 점검표를 만드는 것 자체가 쉽지 않다.

예를 들어, 렌터카 회사가 자동차의 어느 부위가 가장 많이 찌그러지고, 어느 부위에 흠이 많이 나는지에 관심이 있다고 하자. 이와 같은 데이터를 얻기 위해 후드, 자동차 지붕, 트렁크, 문 등의 부위가 열거된 점검표를 활용할 수도 있다. 그러나 수집된 데이터는 매우 개략적일 것이다. 문이 파손된 경우, 정확히 어떤 부위에 파손이 일어났는지에 관한 정보는 기록되지 않을 것이다. 이와 같은 경우에 문제 집중 다이어그램problem concentration diagram이 보다 나은 통찰력을 제공할 수 있다. 렌터카를 빌리는 경우 자동차를 다양한 각도에서 묘사한 그림이 있는 작은 종이 문서에 서명을 하게 된다. 만약 자동차에 이미 파손된 부분이 있다면, 이러한 사항은 그림에 기록되어 있어야 하며, 추가적으로 발생한 파손은 반환과 동시에 기록된다. 이와 같은 문서는 어디에 흠집이 가장 많이 발생하는지를 알아내고, 이에 대비해 어느 부위(예를 들어 자동차 문 보호 장치)를 추가적으로 보강해야 하는지를 판단하는 기초 자료로 활용할 수 있다.

점검표와 문제 집중 다이어그램을 결합해 사용할 수도 있다. 점검표가 데이터를 수집하는 데 적합하다면, 문제 집중 다이어그램은 기록된 데이터를 심화 분석하는 데 적합하다. 이와 같은 경우에 문제 집중 다이어그램은 문제점을 보다 구체화하는 분석 도구가 되는 것이다.

문제 집중 다이어그램을 통한 분석 절차는 다음과 같다.

1. 어떠한 사건들을 기록할 것인지를 정하고, 각 문제 또는 사건별로 기록하는 데 사용할 기호를 정한다.
2. 데이터를 기록하는 전체 기간과 시간 간격을 정한다.
3. 시스템, 물건 또는 지역의 구성도나 지도를 그려 문제 집중 다이어그램을 만든다.
4. 사건 발생 시 즉시 문제점에 관한 데이터를 직접 기입해 다이어그램을 완성해나간다.

어느 중소 도시가 가로등을 제대로 관리하지 못한다는 비판을 지속적으로 받아왔다. 시민들은 어두운 골목을 지날 때마다 불안감을 느꼈고, 지역 언론에서는 가로등이 부족한 것과 범죄 및 교통사고 발생이 어느 정도 관계가 있다고 주장했다.

이 도시의 가로등 담당인 기술관리부는 지속적인 가로등 유지 보수량 증가로 인해 늘어나는 업무와 가로등 부족 사태에 대한 시민들의 부정적인 인식 때문에 골머리를 앓고 있었다. 매우 역설적인 사실은 지난 2년 동안 월 평균 전구 및 부품의 교체나 수리 건수가 무척 많았으며, 시에서는 가로등 전담 팀을 설립하고 전용 차량까지 배치해 업무 효율성을 향상시켜왔다는 점이다.

따라서 왜 그렇게 전구 또는 등이 많이 고장났는지에 관한 광범위한 토론이 벌어졌다. 전체 가로등 가운데 극히 일부만이 행인의 투석 또는 총기 발사로 고장이 났기 때문에 의도적 파괴 행위는 주요 원인의 후보에서 제외되었다. 많은 경우에 전구가 아무런 이유 없이 예상 수명보다 일찍 고장 났고, 몇몇 다른 경우에는 연소된 흔적도 보였다. 전구들은 모두 상표가 같았으며, 같은 제조사에서 구매되었고, 품질 역시 균등했다.

이와 같은 기이한 현상에 의문을 가진 가로등 팀은 수리가 된 모든 가로등을 기록하기로 했고, 이를 위해 가로등의 위치가 모두 표시된 지도 형태의 문제 집중 다이어그램을 활용했다. 수리를 담당한 팀은 모두 이러한 지도를 자동차에 가지고 다니면서, 가로등을 수리할 때마다 이를 지도에 표시했다. 수리 팀들은 모든 가로등의 위치가 표시된 문제 집중 다이어그램에 약 400개의 결함 있는 가로등을 기록하고, 이를 지역별로 표시했다. 이 지도를 단순화한 것이 그림 8.3이다.

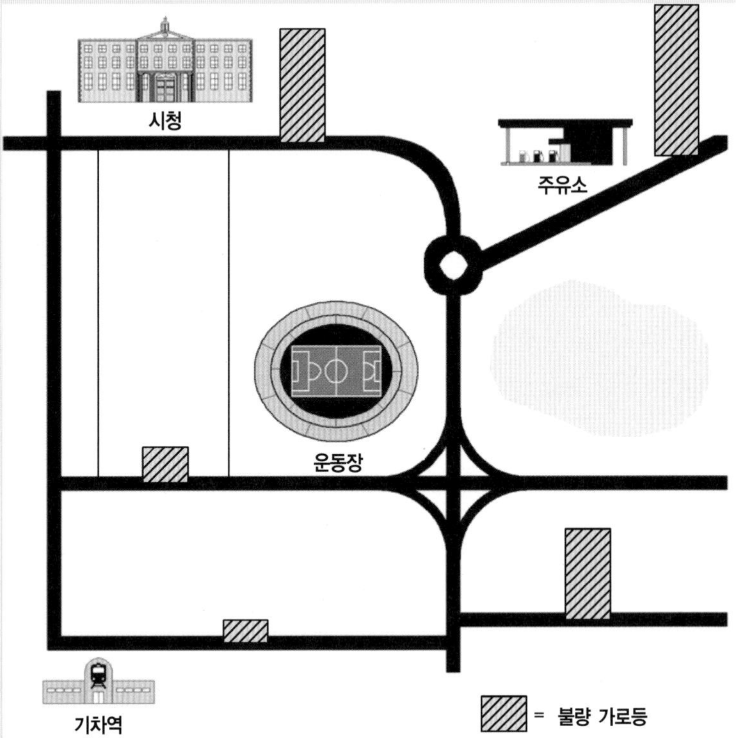

그림 8.3 가로등 문제 집중 다이어그램의 일부를 단순화한 그림

그림 8.3에 보이는 단순화된 지도에서는 이러한 사항이 명시적으로 나타나지는 않지만, 문제 집중 다이어그램 원본에서는 고장 난 가로등이 있는 지역이 두드러지게 구분되었다. 대부분의 지역에서는 전구나 부품이 괜찮았는데, 특정 지역에서는 절대적으로 많은 수의 가로등이 고장 났다. 처음에 가로등 팀은 이와 같은 현상이 왜 나타나는지 그 원인을 알 수 없었다. 그러다가 아주 우연히, 그 지역 전력 회사의 직원이 이 지도를 접하게 되었다. 그는 그 지도에 표시된 지역이 최근 이삼 년 사이에 발전기가 새로 설치된 지역과 정확히 일치한다는 사실을 발견했다. 전력 회사에서 실험해본 결과, 이 지역의 전압량이 종종 구형 발전기를 사용하는 다른 지역보다 높게 나타났다. 가로등에 사용한 전구와 부품 들은 높은 전압에 취약했고, 이로 인해 많은 전구와 부품 들이 과부하에 걸려 고장 나거나 연소된 것이었다.

가로등에 부하되는 전압을 쉽게 줄일 수 있는 방법이 없었기 때문에 이 문제를 단기간에 해결할 수는 없었지만, 시에서는 가로등에 사용되는 전구 및 부품을 높은 전압에 잘 견디는 제품들로 점차 교환함으로써, 결국 이 문제를 해결해나가고 있다.

이와 같이 성과 부족에 관한 데이터들이 수집되면, 다음 단계로 이에 대한 현황을 분석한다.

9장

성과 부족에 대한 현황 분석 도구

성과 부족에 대한 현황을 분석하는 도구는 무수히 많다. 이 책에서는 알려지지 않은 기법보다는 널리 활용되고 있는 간단한 도구 몇 가지를 선정해 소개한다.

- 주요사건기술법
- 파레토 도표
- 원인·결과 도표
- 5why 기법
- 산포도
- 히스토그램
- 연관도
- 매트릭스 다이어그램
- 존재 유무 분석
- 병목 현상 분석

9.1

주요사건기술법

주요사건기술법critical incident은 개선되어야 하는 프로세스, 하위 프로세스 또는 문제를 식별하는 데 활용될 수 있다(Lawlor, 1985). 이와 함께 개선 대상을 식별하는 작업을 마치고 개선 프로젝트를 수행하는 경우, 성과 부족의 원인을 발견하는 데도 주요사건기술법은 유용하다.

주요사건기술법은 조직적인 문제에 관한 정보를 공공연하고 솔직하게 얻을 수 있는 접근법이기도 하다. 이 접근법의 경우, 관련자들이 정직하게 응답해야 분석이 성공적일 수 있다. 따라서 모든 참여자들이 자신의 견해를 완전히 자유롭게 제시할 수 있어야 한다는 것이 전제 조건이 된다. 이와 같은 견지에서, 경영진은 제시된 의견이 검열되는 일이 없도록 해야 하며, 지나치게 솔직한 경우에 받을 피해를 우려해 정보를 제공하지 않는 일이 없도록 올바른 태도를 견지해야 한다.

주요사건기술법은 다음과 같은 절차로 진행된다.

1. 먼저, 분석에 참여할 사람들을 정한다. 여기에는 비즈니스 프로세스 개선 과정에 적극적으로 참여했던 사람들이 포함되어야 한다.
2. 그다음 단계로, 참여자들에게 다음과 같이 질문한다.
   - 지난주에 발생한 사건 중에서 어떤 것이 가장 대처하기 어려웠는가?
   - 어떠한 사건이 고객 만족도에 가장 큰 해를 끼쳤는가?
   - 어떠한 사건에 추가 자원이 가장 많이 투입되었는가? 혹은 직접 비용이 가장 많이 발생했는가?

   이러한 질문을 하는 목적은 직원이나 조직 및 기타 이해관계자에게 문제를 일으키는 주요 사건에 집중하기 위해서다. 질문 기간은 며칠에서 몇 달까지 가능하나, 지나치게 길지 않은 것이 좋다. 왜냐하면, 기간을 지나치게 길게 잡으면 주요 사건의 후보가 너무 많아져 가장 주요한 사건을 결정하기가 매우 어렵게 되기 때문이다.

3. 수집된 답변은 서로 다른 사건이 언급된 횟수에 따라 분류 및 분석된다. 이와 같은 목적을 위해 그래프와 같은 양식을 활용할 수 있다. 가장 빈번하게 일어나는 핵심적인 사건들의 경우, 재발 방지책을 마련해야 하는 가장 유력한 후보가 될 것이다.

어느 대기업에서 전화 교환원 열다섯 명의 고객 서비스를 향상시키기 위한 프로젝트를 시작했다. 어디에서부터 시작해야 할지 결정하기가 어려웠기 때문에 주요사건 기술법으로 분석해보기로 했다.

모든 교환원에게 지난 한 달 동안 그들이 경험한 가장 어려웠던 상황이 무엇인지 질문했다. 응답을 유형별로 분류해 빈도가 높은 순으로 표시한 도표는 그림 9.1과 같다.

도표가 보여 주듯이 가장 주요한 사건은 "교환 상대가 전화를 받지 않는 경우"와 "교환원이 해당 요청 사항의 담당자를 알지 못하는 경우"였다. 이를 해결하기 위해 담당 직원을 조회할 수 있는 시스템이 계획되었으며, 누가 어떠한 요청을 담당해야 하는지에 관한 보다 명확한 규정도 수립되었다.

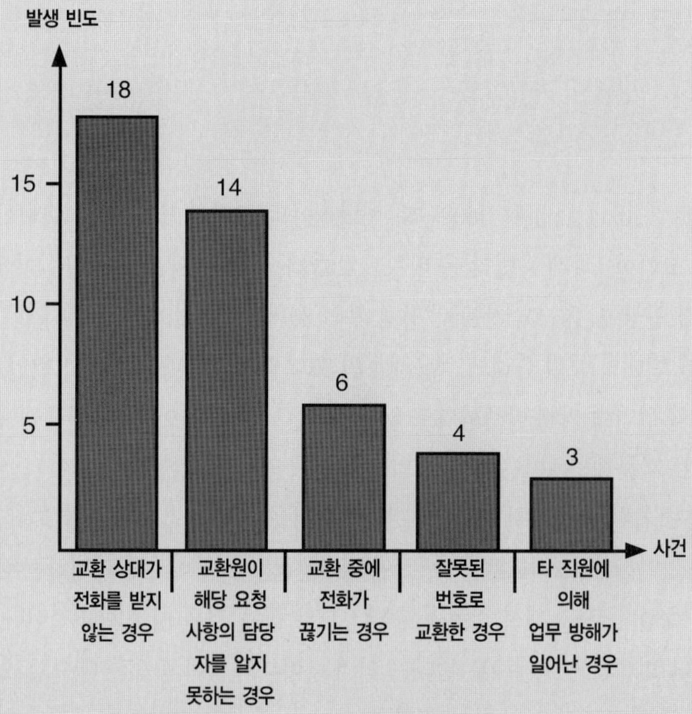

그림 9.1 전화 교환원을 위한 주요사건기술법

9.2

파레토 도표

파레토 도표Pareto chart는 1800년대 이탈리아의 수학자 빌프레도 파레토Vilfredo Pareto가 고안한 '파레토 법칙'을 바탕으로 한다. 그는 부의 분배에 관심이 있었으며, 전체 인구 중 약 20퍼센트가 전체 부의 80퍼센트를 소유하고 있다고 주장했다. 이를 현대의 품질 관리에 적용해보면 80퍼센트의 결과는 소수의 원인, 즉 20퍼센트의 원인에 의해 발생한다고 말할 수 있다. 예를 들어, 구매 물품과 관련된 80퍼센트의 문제는 보통 20퍼센트의 공급자에 의해 발생한다. 더 나아가 낮은 품질 또는 소홀한 직무 수행으로 인해 발생한 비용의 약 80퍼센트는 약 20퍼센트의 원인에 기인한다. 그러므로 "핵심적인 일부분the vital few"이라고 명명하는 이 20퍼센트에 대한 공략을 개선 활동의 출발점으로 삼는 것은 매우 합리적이다. 이는 나머지 80퍼센트는 무시해도 된다는 의미는 아니다. "이 중요한 다수these important many"의 문제도 역시 적절한 때에 다룰 것이다. 파레토 법칙은 공략해야 할 문제의 우선순위만 다룰 뿐이다.

파레토 도표는 이 왜곡된 분배 상태인 '80대 20 법칙' 을 그래프로 나타내는 도구다. 파레토 도표는 성과 부족의 원인을 심각한 정도에 따라 나열해 보여 주며, 이러한 심각한 정도는 빈도, 비용, 성과 등을 통해 측정 및 표현한다. 왼쪽에서부터 까다로운 순서대로 원인을 나열함으로써, 가장 핵심적인 원인 몇 가지를 한눈에 식별할 수 있다. 추가적인 정보를 담기 위해 누적 분포를 함께 그리기도 한다. 일반적인 파레토 도표가 그림 9.2에 나와 있다.

파레토 도표를 활용하는 가장 일반적인 절차는 다음과 같다.

1. 이슈 및 성과 부족을 정의하고, 그 원인들을 식별한다.

2. 여러 원인을 비교할 때 활용할 정량적인 기준을 결정한다. 앞서 언급했듯이, 문제의 발생 빈도 또는 이로 인한 금전적인 비용 등을 기준으로 설정할 수 있다.
3. 기존에 수집된 데이터를 활용하거나 필요한 데이터를 수집한다.
4. 가로축에 중요도가 높은 순서에 따라 왼쪽에서 오른쪽으로 원인들을 나열한다. 각각의 중요도를 나타내는 값을 직사각형으로 그린다.
5. 왼쪽 세로축에 데이터 값을, 오른쪽 세로축에 백분율 값을 표시한다. 그리고 누적 분포를 왼쪽에서 오른쪽 방향으로 그린다.

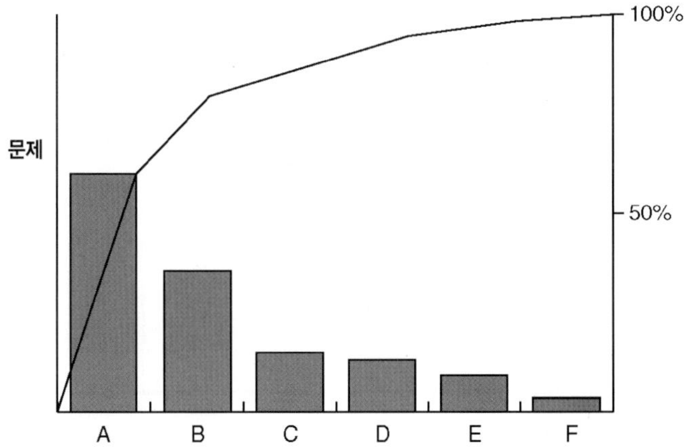

그림 9.2 누적 분포가 가미된 일반적인 파레토 도표

파레토 도표가 완성되면, 다음과 같은 질문에 개략적으로 대답할 수 있게 된다. 이 프로세스의 성과가 낮게 나타나는 가장 주요한 원인은 무엇인가? 또는 가장 핵심적인 원인 때문에 발생한 비용은 얼마이며, 그 비율은 전체에서 몇 퍼센트를 차지하는가? 이와 같은 정보는 효과가 가장 큰 영역에 초점을 두고 개선 활동을 할 수 있도록 해준다. 파레토 도표는 일반적인 스프레드시트 소프트웨어를 활용해 쉽게 그릴 수 있다.

점검표를 설명하는 부분에서 예시했던 전기 설비를 공급하는 중소기업은 점검표와 함께 파레토 도표도 그려서 이슈 및 성과 부족을 분석했다. 왼쪽 세로축에는 회사가 수주에 실패한 원인별 빈도 대신에 이렇게 수주하지 못하면서 포기해야 했던 수입, 즉 수주에 실패한 공사 건수의 가치를 표시했다(그림 9.3 참조).

작업 시간의 유연성 부족은 수주 실패의 원인 가운데 응답 빈도가 가장 많기도 했지만, 그럼으로써 포기해야 했던 수입 측면에서도 비중이 가장 높다는 사실이 파레토 도표에서 드러났다. 즉, 이를 통해 회사에 새로운 업무 계획 체계가 필요하다는 결론을 내릴 수 있었다.

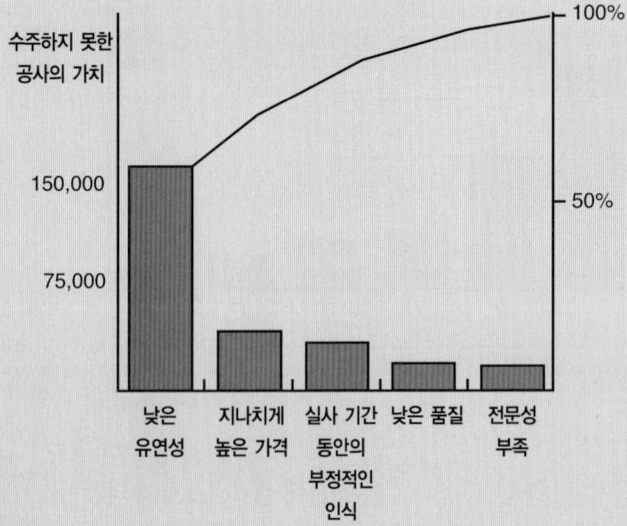

그림 9.3 수주하지 못한 공사의 가치를 표시한 파레토 도표

9.3

원인·결과 도표

원인·결과 도표cause-and-effect chart는 품질 관리 분야에서 가장 고전적이고 많이 활용되어온 분석 도구 중 하나다. 이 도구가 유행이 지난 오래된 분석 기법이라고 주장하는 사람들도 있지만, 원인·결과 도표는 다양하게 활용될 수 있는 진정으로 유용한 도구다. 그 이름에서 나타나듯이 이 도구는 결과에 대한 모든 가능한 원인을 분석하는 데 그 목적이 있다. 분석의 대상이 되는 결과는 과거 경험했던 문제일 수도 있고, 원인으로 예상했던 현상이 더 이상 발생하지 않는 미래의 상태가 될 수도 있다.

원인·결과 도표에는 다음과 같은 종류가 있다.

- 특성요인도
- 작업공정도

특성요인도fishbone chart는 원인과 결과를 분석하는 가장 전통적인 방법으로, 최종 산출물이 생선 뼈 형태를 닮아서 '어골도' 라고도 불린다. 이 도표를 작성하는 기본 원칙이 그림 9.4에 기술되어 있다. 특성요인도를 작성하는 데는 두 가지 방법이 있다.

- **분산분석법** dispersion analysis_ 해결되어야 할 결과를 화살표 오른쪽 끝에 기술하고, 주요한 원인 항목을 화살표 곁가지로 나열하며, 각각의 항목 가지에서 다시 다양한 곁가지를 내 세부 원인을 분석하는 방식이다. 각 가지마다 가능한 모든 원인의 후보군이 식별된다.

• **원인열거법** cause enumeration_ 모든 원인 후보를 단순히 브레인스토밍을 통해 생각나는 대로 나열한 후에 각 원인들을 그룹으로 모아 특성요인도에 기입하는 방식이다.

어떠한 방법에 의하든지 동일한 산출물이 나온다.

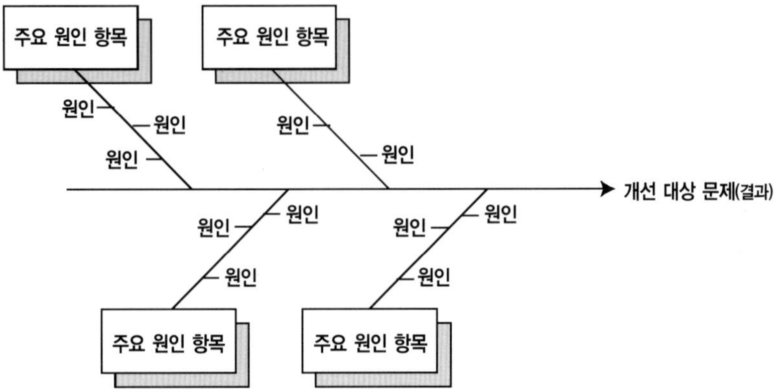

그림 9.4 특성요인도의 구조

가장 흔히 활용되는 분산분석법 방식에 의한 특성요인도 작성 절차는 다음과 같다.

1. 분석 대상 영역을 잘 알고 있는 사람들로 그룹을 구성한다.
2. 원인을 분석해야 하는(즉 문제가 되는) 현상이 무엇인지 명확히 기술한다. 해당 조직의 비즈니스 프로세스에서 성과가 낮은 영역이 주요 분석 대상이 될 것이다.
3. 화이트보드나 기타 넓은 칠판 형태의 도구에 긴 화살표를 그리고, 화살표 끝에 분석 대상인 문제가 되는 현상을 기입한다. 이때 중요한 것은 원인을 기술할 충분한 공간을 남겨 두는 것이다(반드시 대칭으로 그리거나 예쁘게 그릴 필요는 없다).
4. 주요 원인 항목을 식별하고, 이를 3번에서 그린 화살표에서 뻗어 나온 가지에 기입

한다. 제조 프로세스의 경우, 다음과 같은 항목을 주로 사용한다.

- 사람
- 기계 및 설비
- 물건
- 방법
- 수단
- 환경(문화적, 조직적, 물리적 환경 등)

이와 유사하게, 서비스 프로세스의 경우 다음과 같은 항목을 주로 활용한다.

- 사람
- 프로세스
- 제약 조건
- 작업 환경

5. 가능한 모든 원인을 브레인스토밍해 도표의 적절한 위치에 간단명료하게 기술한다. 주요 원인 항목을 한 번에 하나씩 차근히 검토하되, 현재 다루는 것 이외의 다른 항목에 관한 내용도 의견을 수렴해둔다. 하나 이상의 항목과 관련된 원인은 해당 항목에 모두 기입한다. 초안을 작성한 후에 이를 다시 정리한다.
6. 기술된 원인들을 분석해 심화 연구가 필요한지 여부를 결정한다. 이러한 분석의 목적은 단순한 증상이 아닌 근본적인 문제를 치유하는 것이라는 사실을 명심해야 한다.

특성요인도의 변형 중 하나인 작업공정도process chart는 비즈니스 프로세스 개선을 보다 직접적으로 다룬다. 먼저, 개선 대상인 프로세스의 핵심 단계를 그린다. 문제를 유발하거나 성과가 낮다고 생각되는 프로세스의 각 단계별로 특성요인도를 작성해 이 단계들이 예상치보다 떨어지는 원인을 분석한다. 각 단계별로 특성요인도를 작성하는 방법은 앞에서 설명한 바와 같다.

프로세스 단계별로 특성요인도를 모두 작성한 후, 그중 어떤 원인이 가장 중요한지를 식별하기 위해 종합적으로 분석한다. 이러한 과정을 거쳐 성과를 창출하

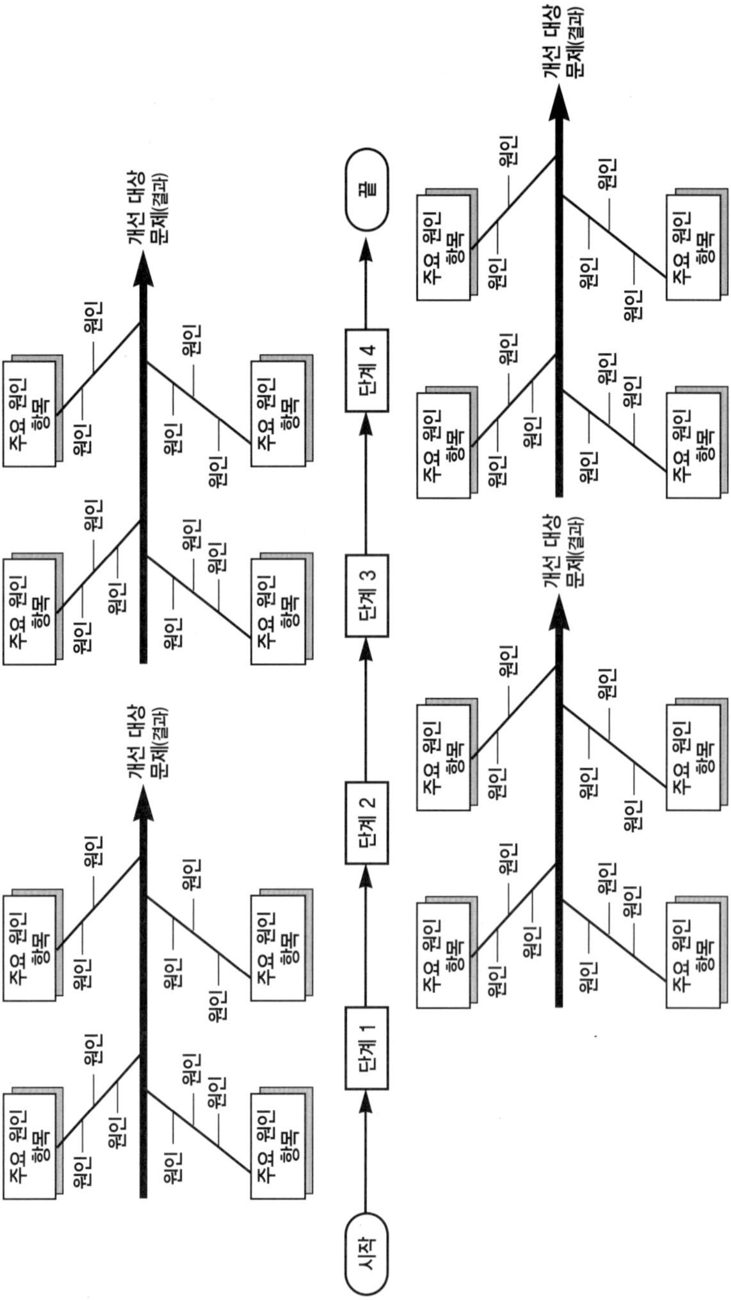

그림 9.5 각각의 단계별로 특성요인도를 도출한 프로세스 분석도

는 데 좋지 않은 영향을 미치는 요인들에 대한 해결 방안을 도출한다. 이렇게 분석한 결과 도출한 산출물은 그림 9.5에서 보는 바와 같다.

펌프를 만드는 어느 회사가 불량 펌프가 다수 제조되는 문제에 직면했다. 분석 결과, 주로 펌프 축 두 개의 크기가 정확하지 않게 제작되기 때문에 불량품이 나온다는 사실을 발견했다. 따라서 회사는 설계 담당자, 제조 공정 관리자, 펌프 축 관련 부서의 관리자 및 기타 관리자들로 구성된 그룹을 만들었다. 이 그룹을 만든 목적은 문제의 원인을 찾아 해결하는 것이었다. 이들은 특성요인도를 그렸고, 이를 통해 문제가 발생한 원인을 어느 정도 알 수 있었다(그림 9.6 참조).

이렇게 특성요인도를 그린 결과 잘못된 냉각제 사용과 낮은 실내 온도가 펌프 축의 크기에 영향을 미쳤으며, 이것이 불량품이 생산된 원인이라는 점이 밝혀졌다. 즉, 특성요인도를 통해 펌프 축이 제작되는 물리적인 환경이 프로세스에 적합하지 않다는 사실을 발견한 것이다.

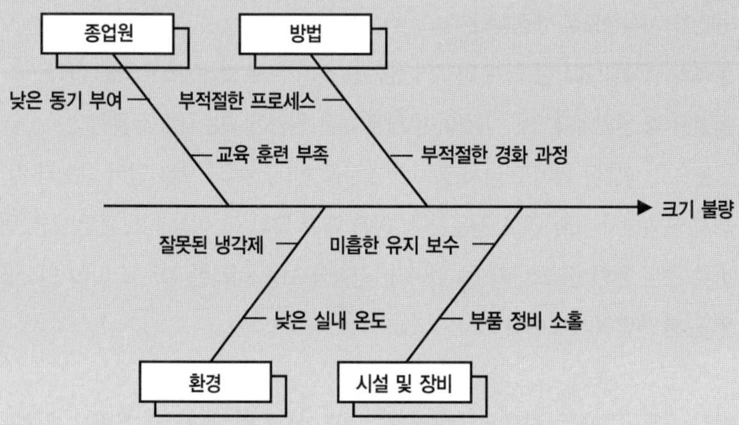

그림 9.6 펌프 축 생산 문제를 분석한 특성요인도

9.4

5why 기법

5why 기법five whys analysis은 why-why 도표 또는 근본원인분석법root cause analysis으로도 알려져 있다. 이름에서 나타나듯이 이 분석법의 목적은 문제의 근본 원인을 파악하는 것이다(Andersen and Pettersen, 1996). 이 기법은 원인·결과 도표와 연계해서 활용할 수 있는데, 원인·결과 도표에서 분석된 원인이 단순히 가벼운 증상이 아니라 문제에 대한 근본 원인이라는 사실을 확인하는 데 사용한다. 이 분석법은 양파 까기에 비유할 수 있는데, 양파의 중심부에 도달할 때까지 그 껍질을 한 꺼풀 한 꺼풀 벗겨 내는 과정과 같다.

5why 기법은 다음과 같은 절차에 따라 수행한다.

1. 분석 시작점을 결정한다. 보통 문제점 또는 분석이 좀더 필요한 가장 높은 단계의 원인을 시작점으로 설정한다.
2. 분석의 시작점보다 한 단계 아래의 원인을 찾기 위해 브레인스토밍을 한다.
3. 식별한 각 원인마다 "왜" 이것이 문제에 대한 원인이 되는지를 질문한다.
4. 질문으로 식별한 답에 또다시 동일한 질문을 한다. 궁극적으로 답이 나오지 않을 때까지 계속해서 "왜?"라고 질문한다. 이에 대한 답이 더 이상 나오지 않으면 이것이 바로 근본 원인 중 하나가 될 것이다. 경험상 보통 이러한 질문을 다섯 번 정도 하면 근본 원인이 도출된다.

여기서 "왜why"라는 질문을 "어떻게how"로 살짝 바꾸면, 이 기법은 원하는 상태 또는 목적에 도달하기 위한 근본적인 수단을 찾는 분석법이 될 것이다. 5why 기법은 다양한 방식으로 수행할 수 있다. 각기 다른 단계의 원인을 가시적으로 볼 수 있도록 단계들을 아래로 나열하는 방식이 그림 9.7에 나와 있다. 그림 9.7의 예에서 제조 회사는 작업량을 줄이고자 한다. 이 분석에 의하면 작업량을 줄일 수 있는 핵심적인 방법은 공급자와 좋은 관계를 유지하는 것이다. 이 분석을 수행하지 않았다면, 회사는 재고를 없애는 것이 작업량을 줄이는 방법이라고 생각했을 것이고, 이는 향후 매우 심각한 문제가 되었을 것이다.

작업량 감축

- **왜?** 재고품 폐기
  - **왜?** 제조 시간 단축
    - **왜?** 소량 단위 생산 계획
      - **왜?** 공급자로부터 신속한 재료 공급
        - **왜?** 공급자들과 매우 친밀한 관계 유지

그림 9.7 5why로 분석한 목록의 예

단계가 상이한 원인 간 구조를 나타내기 위해 아래의 예와 같은 구조도를 그리는 방법도 있다.

어느 비디오 대여점에서 고객 만족도를 조사해보니 최근 들어 만족도가 유례없이 하락한 것으로 나타났다. 고객들에게 문의해본 결과, 다음과 같은 것이 주요 원인으로 밝혀졌다.

- 긴 대여 및 반납 처리 시간

- 빈약한 비디오 대여 목록
- 불친절한 직원
- 불편한 매장 위치 및 배치

5why 분석을 통해 그림 9.8과 같은 도표가 도출되었다. 낮은 임금과 경영 전문성 부족이 문제 대부분의 원인이었다.

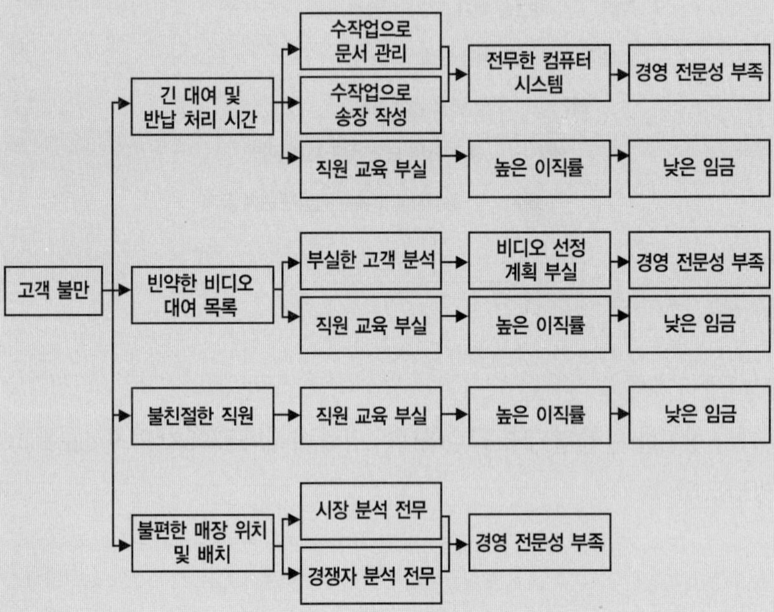

그림 9.8 5why 분석 도표

9.5

산포도

산포도scatter chart는 두 변수 간의 관계를 보여 주는 데 활용될 수 있다. 프로세스 특징, 실행 수단 또는 기타 상황들이 변수가 될 수 있으며, 이 변수들은 주로 일정 기간 주기로 측정된다. 한 요소가 증가하면 다른 변수는 증가 또는 감소하거나 무작위로 변할 수 있다. 만약 두 변수가 동시에 변한다면, 이는 그 두 변수가 관련이 있거나 서로 강한 영향을 준다는 것을 의미할 수 있다. 초과 근무 시간이 증가하면 불량품도 비례해 증가하는 경우를 예로 들 수 있다. 물론 두 변수가 동시에 변동하는 경향이 있더라도 이것만으로 두 변수에 원인과 결과 관계가 있다고 확신할 수는 없다는 점을 항상 염두에 두어야 한다. 제3의 변수가 결과에 대한 원인일 수도 있기 때문이다. 1925년에서 1965년까지 다우존스 지수Dow Jones index와 슈피리어 호Lake Superior의 수위 간 산포도를 그렸을 때, 두 변수 사이에 명백한 상관관계가 나타났다는 점에서 이와 같은 사실을 볼 수 있다.

변수 간 관계의 정도는 높은 양에서 높은 음의 상관관계까지 나타날 수 있다. 이 양극단 사이에는 음 또는 양으로 좀더 약한(낮은) 상관관계가 있으며, 상관관계 없음도 존재한다. 그림 9.9는 다양한 정도의 상관관계를 보여 주는 산포도의 예다.

산포도를 사용하는 경우, 주로 다음과 같은 절차에 따라 수행한다.

1. 고찰할 두 개의 변수를 선택한다. 하나는 독립 변수를, 다른 하나는 종속 변수를 선택한다.
2. 독립 변수의 각 값에 대응하는 종속 변수의 값을 측정한다. 이 두 값은 한 쌍으로 산포도에 표시할 데이터 값이 된다. 의미 있는 산포도를 그리기 위해서는 최소한 30쌍의 값이 필요하며, 되도록이면 100쌍 이상의 값을 수집하는 것이 좋다.

3. 독립 변수, 즉 원인이 될 것으로 예상되는 변수를 X축에 그리고, 종속 변수인 결과가 될 것으로 예상되는 변수를 Y축에 그린다.
4. 수집한 데이터 쌍을 도표에 표시하고 이를 분석한다. 만약 두 변수가 상관관계 없음의 형태를 띤다면, 데이터 쌍을 로그 도표logarithmic chart에 그려보도록 한다. 일반적인 X-Y축에 그렸을 때 보이지 않던 두 변수 간의 관계가 로그 도표에 그리면 드러나는 경우도 있기 때문이다.

일정 수 이상의 데이터를 가지고, 수작업으로 산포도를 그리는 작업은 매우 지루할 수 있다. 스프레드시트 소프트웨어가 이와 같은 작업을 매우 간단하게 해준

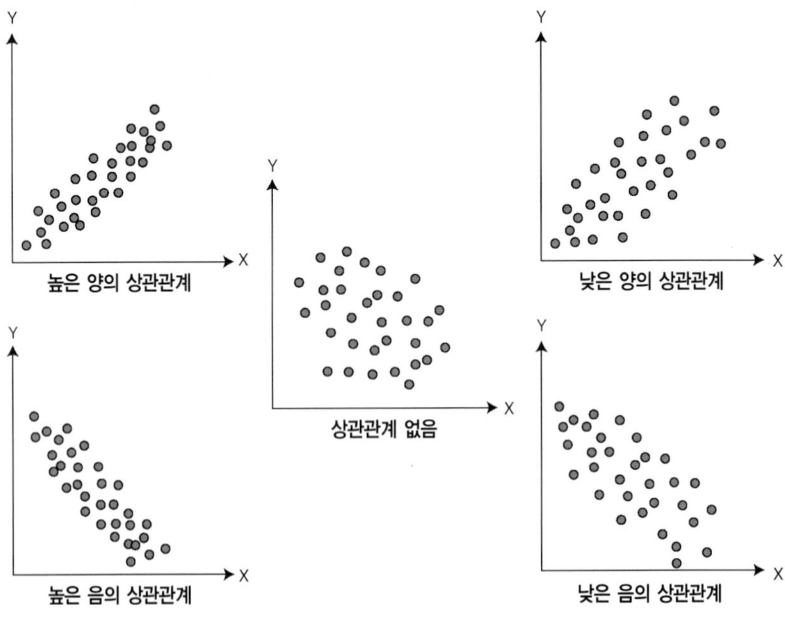

그림 9.9 다양한 상관관계 유형을 나타내는 산포도

다. 만약 산포도에서 상관관계가 있다고 보이면, 이를 확인하기 위해 변수들을 심화해서 분석해야 한다. 이러한 맥락에서 산포도에서 상관관계 없음으로 나타난 변수들이라도 아무런 관련성이 없다는 결론을 곧바로 내려서는 안 된다.

앞서 언급한 전기 설비를 공급하는 중소기업은 급작스럽게 몰려드는 작업량에 대한 준비 정도를 높이기 위해 작업량(대기 서비스 인력 수를 산정할 목적)과 천둥 번개가 친 일수 간의 관계를 분석하기로 했다. 회사는 한 분기 동안 매주 작업량과 천둥 번개가 친 일수를 기록했다. 수집한 데이터로 그린 산포도(그림 9.10 참조)에서는 나쁜 날씨와 작업량 간에 명백한 상관관계가 있음이 드러났다. 그 결과, 회사는 생산력이나 예비 생산력의 가능성을 계획할 때 일기 예보를 고려하기 시작했다.

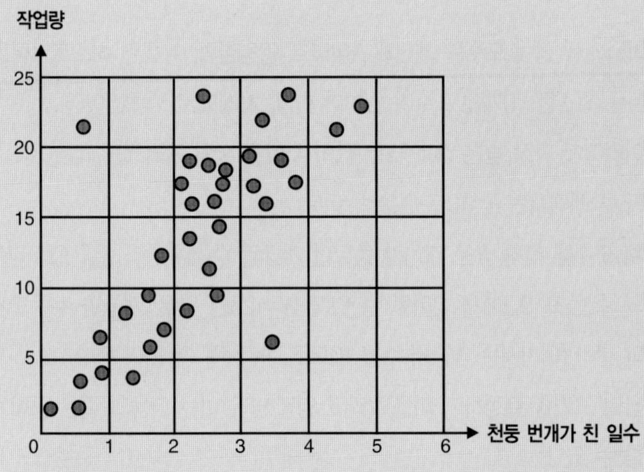

그림 9.10 날씨와 작업량의 관계를 분석한 산포도

9.6

히스토그램

히스토그램histogram 또는 막대그래프라고 불리는 이 도표는 도수의 분포와 분산을 표시하는 데 사용된다. 도수에는 길이, 원의 지름, 지속 기간, 비용 등과 같이 다양한 요소가 이용될 수 있다. 동일한 정보를 표 형태로 표현할 수도 있지만, 이렇게 하는 경우 자료가 나타내는 특징을 포착하기 어렵다. 그래프 형태로 표현하는 것이 데이터 간 관계를 파악하는 데 더 쉽다. 사건 발생의 빈도를 보여 주는 파레토 도표와는 달리, 히스토그램은 데이터의 구간을 나타낸다.

히스토그램을 작성하는 과정은 다음과 같다. 여기서는 생산된 부품 125개에 있는 구멍의 지름을 측정한 사례로 히스토그램을 작성해보았다. 히스토그램을 그리는 데 활용된 데이터는 표 9.1에 있다.

1. 데이터에서 전체 도수를 계산해 N이라고 명명한다. 유효한 히스토그램을 그리기 위해서는 최소한 50개의 도수가 있어야 한다. 사례에서 N=125이다.
2. 데이터에서 가장 높은 값과 낮은 값의 차이인 수치 거리 값numerical distance R을 산출한다. 사례에서는 R=10.7−9.0=1.70이다.
3. 전체 도수에 따라, R은 크기가 동일한 계급의 수number of classes C로 나누어진다. 계급의 수는 표 9.2에서 찾아볼 수 있다. N=125인 경우, 계급의 수는 7에서 12 사이여야 한다. 여기서는 계급의 수를 10으로 한다. 즉 C=10이 된다.
4. 계급의 크기를 결정하고 이를 H라고 명명한다. 이는 다음과 같은 공식을 활용해 계산할 수 있다.

$$H = \frac{R}{C} = \frac{1.7}{10} = 0.17 \approx 0.2$$

계급의 크기는 0.2로 반올림했다. 이는 계급의 크기가 도수와 동일한 소수 자리여야 하기 때문이다. 사례의 경우 소수점 한 자리가 된다.

5. 각 계급의 가장 하위 값과 상위 값을 정한다. 이는 데이터에서 가장 낮은 값을 첫 번째 계급의 하위 값으로 해서 설정하면 된다. 계급의 상위 값은 하위 값에 계급의 크기 값을 더함으로써 구할 수 있다. 사례에서는 첫 번째 계급의 범위는 9.0에서 9.2가 될 것이며, 그다음 계급은 9.2에서 시작해 9.4까지 될 것이다. 세 번째, 네 번째 계급 등도 이와 동일한 방법으로 결정한다. 계급 구간을 설정할 때 하위 값은 해당 계급에 포함되고 상위 값은 해당 계급에 포함되지 않는다. 즉, 사례에서 보면 9.2는 첫 번째 계급이 아닌 두 번째 계급에 포함되는 것이다.
6. 히스토그램을 간단하게 작성하기 위해 점검표에 데이터 값을 기입한다. 히스토그램을 그리기 위한 점검표의 예는 그림 9.11과 같다.
7. 마지막으로, 점검표를 활용해 히스토그램을 그린다. 계급 구간은 가로축에, 빈도는 세로축에 표시한다. 계급 간 분포도는 막대 형태로 표현된다. 이와 같은 과정을 통해 도출된 히스토그램은 그림 9.12와 같다.

9.9	9.9	10.4	9.8	10.1	10.2	9.8	10.3	9.7	9.7
9.8	9.3	10.2	9.3	9.2	9.8	9.8	10.1	9.8	9.8
9.7	9.8	10.2	9.8	10.2	10.0	9.7	9.5	9.6	9.5
10.2	9.4	10.1	10.1	9.6	9.7	10.0	10.0	9.3	9.5
9.9	10.1	9.6	9.7	9.6	9.5	9.7	9.7	10.0	9.7
9.3	10.7	9.8	9.8	9.8	9.9	9.6	9.7	9.7	9.9
9.0	10.2	9.3	10.3	9.9	9.9	10.1	10.7	10.7	9.6
10.0	9.5	9.2	9.9	10.0	10.1	10.0	9.8	9.4	9.3
9.5	9.7	9.7	9.7	9.8	10.2	10.4	9.6	9.9	
9.6	9.7	9.4	9.8	9.9	10.3	9.8	10.0	10.0	
10.3	9.4	10.6	9.4	9.8	9.8	9.5	10.7	10.1	
9.5	9.6	10.1	10.1	9.6	9.3	9.5	9.9	10.3	
9.9	9.5	9.7	10.1	10.0	10.0	9.6	9.4	9.9	

표 9.1 부품 125개에 있는 구멍의 지름을 측정한 결과

전체 도수 N	계급의 수 C
50 이하	5에서 7
50에서 100	6에서 10
100에서 250	7에서 12
250 이상	10에서 20

표 9.2 계급의 수 C 정의

계급	하위 값	상위 값	빈도	합계
1	9.0	9.2	/	1
2	9.2	9.4	卌////	9
3	9.4	9.6	卌卌卌/	16
4	9.6	9.8	卌卌卌卌卌//	27
5	9.8	10.0	卌卌卌卌卌卌/	31
6	10.0	10.2	卌卌卌卌///	23
7	10.2	10.4	卌卌//	12
8	10.4	10.6	//	2
9	10.6	10.8	////	4
10	10.8	11.0		0

그림 9.11 히스토그램을 그리기 위한 점검표의 예

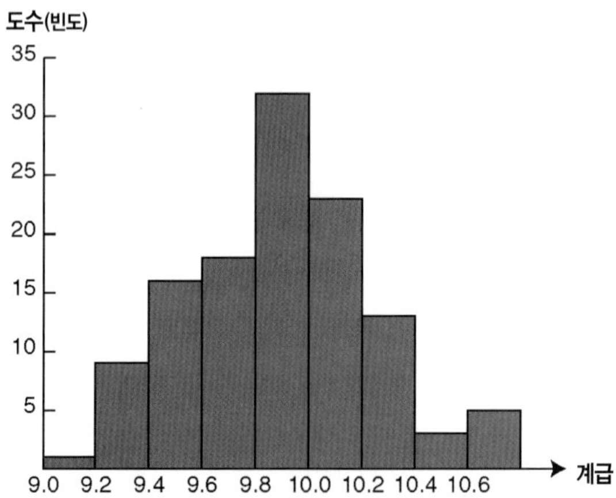

그림 9.12 앞의 사례를 바탕으로 그린 히스토그램

앞에 언급한 사례의 히스토그램은 철강 부품을 제작하는 회사에서 만든 것이다. 이 부품의 지름은 7.5에서 10.5밀리미터 사이여야 한다. 히스토그램을 통해서 회사는 생산 공정에서 10.5밀리미터 이상 부품도 생산되고 있으며 따라서 전체 부품의 약 3퍼센트가 불량품이라는 사실도 알게 되었다. 이와 같은 정보는 생산 프로세스를 개선해 불량품을 줄이는 데 활용되었다.

히스토그램은 11.4에서 다룰 통계적 프로세스 관리statistical process control(SPC)와 밀접한 관련이 있다. SPC에서 관리도control chart의 목적이 프로세스가 제대로 통제되고 있는지를 지속적으로 모니터링하는 것이라면, 히스토그램은 관리도에서 도출되지 않는 영구적인 일탈까지도 나타낼 수 있다. 따라서 프로세스상의 문제를 찾아내도록 히스토그램의 형태를 매우 자세히 조사 및 분석해야 한다.

이상적인 히스토그램은 데이터의 분포 및 편차의 전반적인 이미지를 나타내는 동시에 보다 구체적인 정보도 제공한다. 그러나 만약 계급의 수가 지나치게 적다면 막대그래프의 수 역시 너무 적어 데이터의 특징을 드러내기에 부족할 것이다. 같은 맥락에서 계급의 수가 지나치게 많아도 데이터의 특징이 드러나기 어려운데, 이는 계급들 중 도수가 없는 것들도 있기 때문이다. 이러한 경우에는 머리빗 형태의 히스토그램이 도출될 것이다.

특정 형태의 히스토그램은 프로세스에 몇 개의 전형적인 문제점이 있음을 보여 준다.

- 하나의 두드러진 최고점이 있는 히스토그램은 프로세스의 평균값을 보여 준다. 프로세스의 도수가 최고점 값에서 얼마나 많이 분산되어 있느냐에 따라 좋은 프로세스인지 아니면 나쁜 프로세스인지가 결정된다. 그림 9.13에서와 같은 히스토그램은 도수의 분산도가 낮으며, 그 값들도 목표 영역 범위 안에 있다. 이러한 프로세스는 좋은

프로세스라고 할 수 있다. 그림 9.14에 있는 히스토그램은 데이터 값이 넓게 분산되어 있는데, 이는 그림 9.13에 비해 좋지 않은 프로세스임을 나타낸다. 만약 데이터가 분산된 정도를 줄일 수 없다면, 100퍼센트 통제될 경우에 방지할 수 있는 목표 값의 제한 범위 밖으로 결과가 벗어나게 된다.

- 더 나아가 히스토그램에서 최고점의 위치는 해당 프로세스가 통제되고 있는지 아닌지를 나타낸다. 앞서 언급했듯이 그림 9.13의 히스토그램은 데이터 값이 목표 값의 제한 범위 내에 좁게 분산한 좋은 프로세스다. 반면 그림 9.15의 히스토그램은 데이터 값의 분산도는 낮지만 도수 분포가 목표 값의 제한 범위를 벗어난 프로세스를 나타낸다. 이러한 프로세스는 개선하면 좋은 프로세스가 될 수 있다.
- 그림 9.16과 같이 최고점이 두 개 있는 히스토그램이 발생하는 원인은 다양하다. 먼저 한 가지 원인은 데이터가 두 개의 다른 원천으로부터 추출된 경우로, 그 여부를 필히 확인해보아야 한다. 두 번째는 프로세스의 평균값이 데이터를 수집하는 동안에 변경된 경우다.
- 잘린 형태(히스토그램의 양 끝이 서서히 줄어들지 않고 급작스럽게 없어진 형태를 보이는 경우)의 히스토그램은 데이터 값이 조작되었다는 것을 보여 준다. 그림 9.17에서 보듯이 목표 값의 한계 지점에서 막대그래프가 갑작스레 사라졌다. 이러한 경우 목표 값

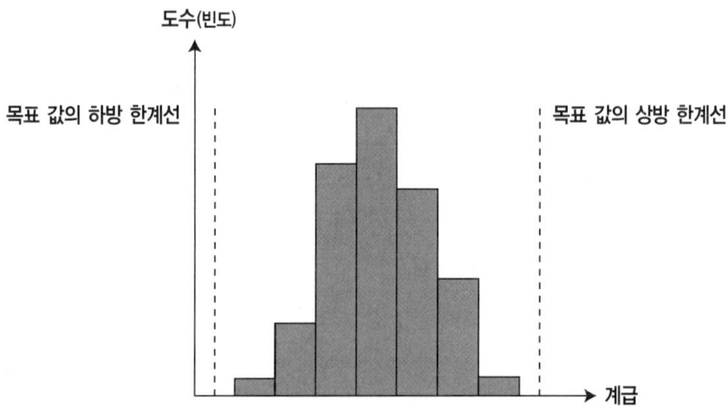

그림 9.13 분산도가 낮고 중앙에 집중된 프로세스

이외의 데이터 값은 자료에서 제거되었을 것이다. 이러한 문제는 많은 비용을 초래한다. 따라서 이와 같은 문제점을 없애기 위해 프로세스를 개선해야 한다.

- 앞서 언급한 머리빗 형태의 히스토그램은 계급의 수가 지나치게 많다는 것을 의미한다. 그러나 이러한 형태는 측정 장비에 문제가 있어 발생하기도 한다. 만약 측정 장비의 정밀도가 낮아 계급 구간 사이의 값을 측정하지 못하면 이와 같은 형태가 나타날 것이다. 이러한 경우에는 측정 방식을 새로 수립해야 한다.

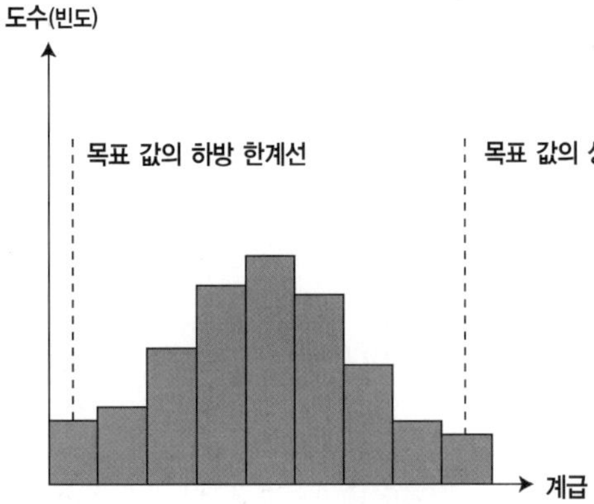

그림 9.14 분산도가 높은 프로세스

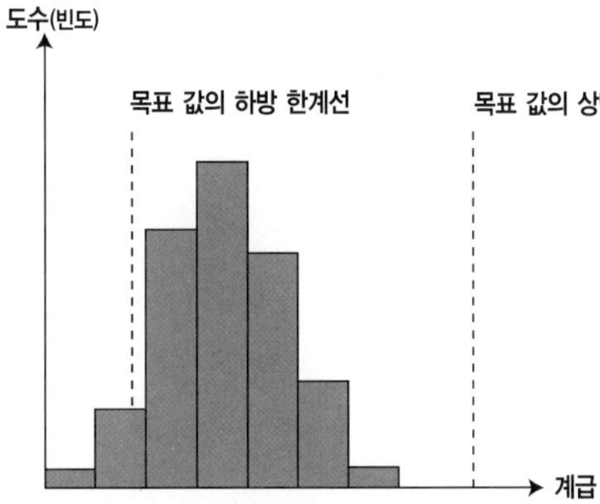

그림 9.15 분산도는 낮지만 중앙을 벗어난 프로세스

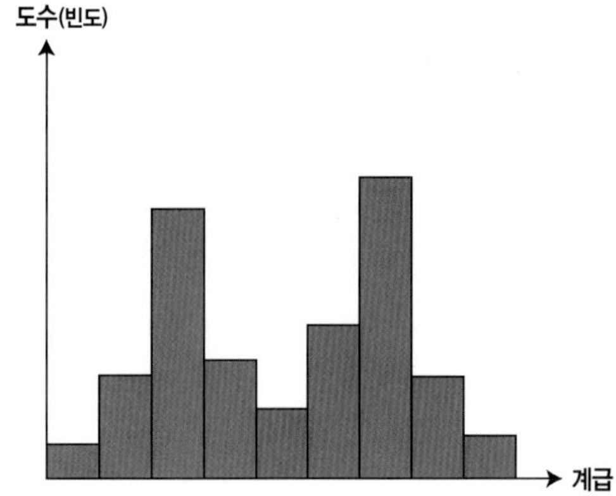

그림 9.16 최고점이 두 개인 히스토그램

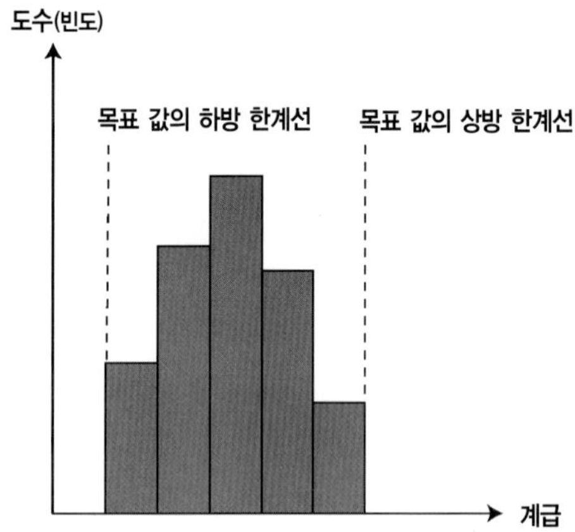

그림 9.17 잘린 형태의 히스토그램

9.7

연관도

연관도relations diagram를 이용하면 복잡한 문제에 대한 논리적인 원인·결과 관계를 규명할 수 있다. 특히 원인·결과 관계가 서로 복잡하게 얽혀 있는 경우에는 연관도를 통해 이를 시각화할 수 있어 유용하다. 연관도에는 두 가지 유형이 있다.

- 정성적 연관도
- 정량적 연관도

정성적 연관도qualitative relations diagram는 그림 9.18과 같이 원인과 결과 간의 관계를 표현한다.

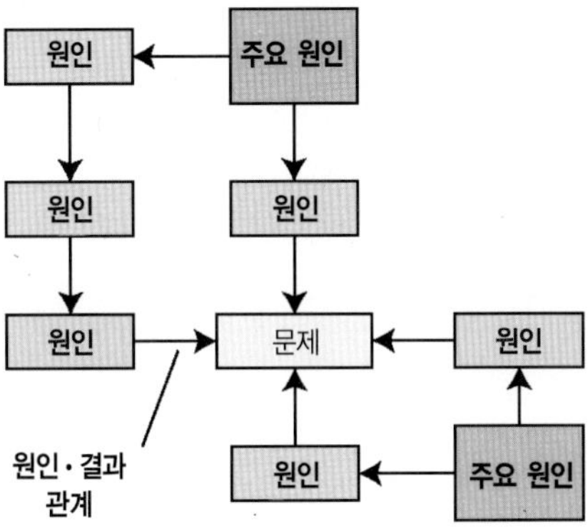

그림 9.18 정성적 연관도

정성적 연관도는 다음과 같은 단계를 거쳐 그린다.

1. 해당 문제와 관련이 있을 것으로 생각되는 요인들을 지면 위에 자유롭게 배치한다.
2. 각 요인들 간의 원인·결과 관계를 화살표로 표시한다.
3. 여러 요인들 중에서 주요 원인을 구분한다.
4. 문제와 관계되는 주요 원인에 개선 노력을 집중한다.

어느 회사에서 많은 비용을 들여 성과 측정 시스템을 도입했다. 하지만 직원들로부터 긍정적인 호응을 얻지 못했으며, 그 결과에 대한 신뢰도 또한 매우 낮았다. 경영진이 그림 9.19와 같이 연관도를 작성한 결과, 주요 원인 두 개를 발견할 수 있었다.

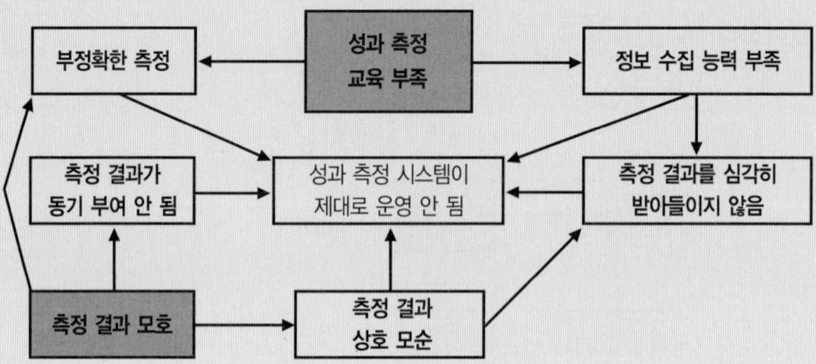

그림 9.19 성과 측정 시스템의 낮은 신뢰도에 대한 정성적 연관도

정량적 연관도quantitative relations diagram는 다양한 요인들 간의 연관 관계를 도출하는 데 더욱 용이할 수 있다. 그림 9.20은 다음과 같은 절차에 따라 작성한 연관도의 예다.

1. 여러 요인들을 지면 위에 원을 그리듯이 돌아가면서 배치한다.
2. 각 요소별로 화살표를 이용해 서로 어떤 식으로 관계를 맺고 있는지 표시한다. 이 경우 화살표의 방향이 원인에서 결과로 이어지도록 한다.
3. 원인·결과 방향을 정의한 후, 화살표의 개수를 세고 도표에 표시한다.

화살표의 개수에 따라 각 요소는 다음 두 경우 중 하나의 역할을 한다고 볼 수 있다.

- **원인**_ 자신을 향하는 화살표의 개수보다 자신이 가리키는 화살표의 개수가 더 많은 경우에 해당한다.
- **결과**_ 어떤 원인에 의해 발생하는 현상으로, 자신이 가리키는 화살표의 개수보다 자신을 향하는 화살표의 개수가 더 많은 경우가 이에 해당한다.

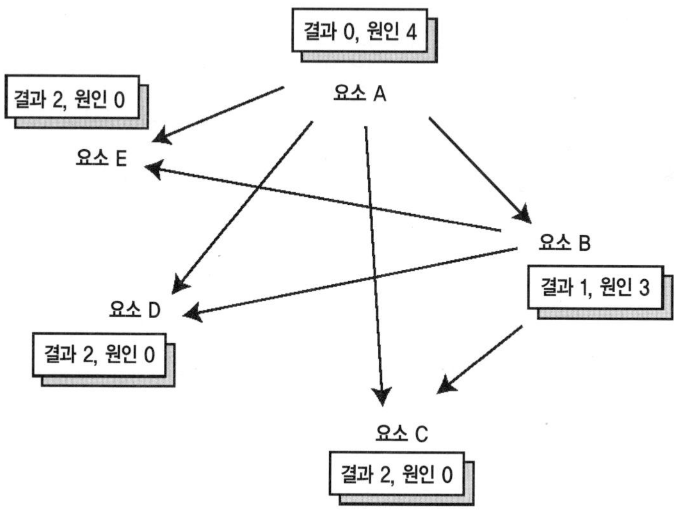

그림 9.20 일반적인 정량적 연관도

앞에서 정성적 연관도로 분석한 내용을 정량적 연관도로 나타내면 그림 9.21과 같다. 이 경우에도 똑같은 결론에 도달한다는 사실을 확인할 수 있다.

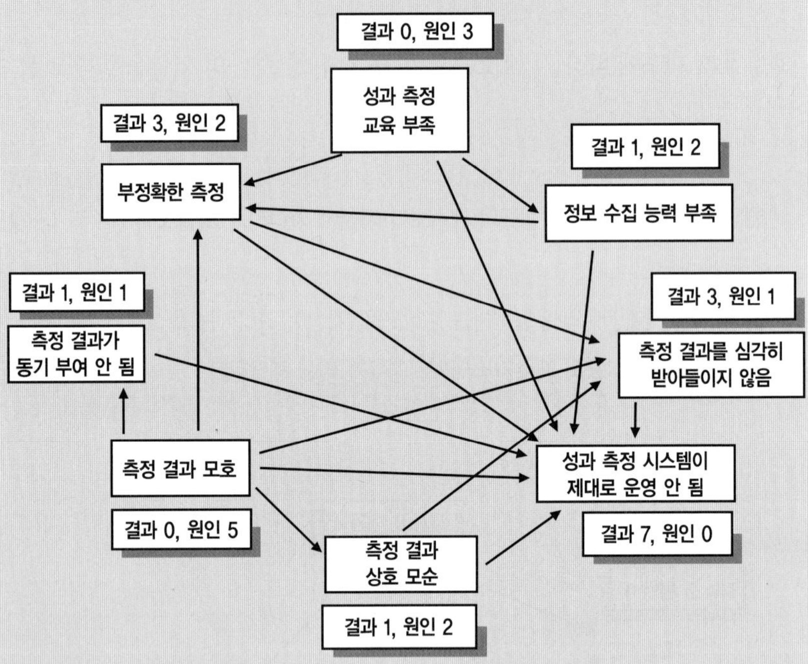

그림 9.21 정량적 연관도의 예

9.8

매트릭스 다이어그램

지금까지 서로 다른 요소들 간의 인과 관계를 밝히는 다양한 도구들을 살펴보았다. 매트릭스 다이어그램matrix diagram도 서로 다른 요소들 간의 관계를 밝히는 도구이기는 하지만, 다른 기법들과 비교해볼 때 이 도구가 가지는 강점은 바로 관계의 강도strength of relationships를 시각적으로 묘사해준다는 것이다. 매트릭스 다이어그램도 다른 도구들과 마찬가지로 개선 영역 우선순위 정하기, 문제점과 원인 식별 및 계획 수립과 같은 개선의 다양한 단계에서 사용될 수 있다.

매트릭스의 형태와 분석해야 할 변수의 수에 따라, 그림 9.22처럼 몇 개의 매트릭스 형태가 도출될 수 있다(Swanson, 1995).

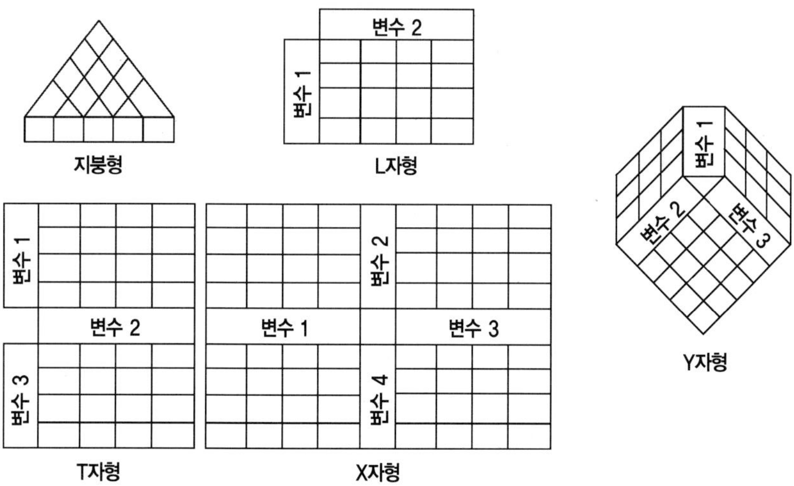

그림 9.22 매트릭스 다이어그램의 형태

- **지붕형_** 5.6에서 간략하게 언급한 바와 같이, 관계의 강도가 오직 단일한 방향으로만 주어지는 다른 매트릭스와는 달리 지붕형 매트릭스 다이어그램은 관계를 중립적, 긍정적, 부정적으로 구분해 표시한다.
- L자형
- T자형
- Y자형
- X자형
- **C자형_** C자형의 경우에는 3차원의 관계를 다루기는 하지만, 복잡해서 거의 사용되지 않는다.

매트릭스 형태별로 변수의 수, 직접 · 간접 관계(제3변수)의 수가 표 9.3에 표시되어 있다.

매트릭스 형태	변수의 수	직접 관계	간접 관계
L자형	2	1	0
T자형	3	3	1
Y자형	3	3	0
X자형	4	4	2
C자형	3	3(동시에)	0
지붕형	1	–	–

표 9.3 매트릭스 다이어그램별 변수의 수 및 관계

5.6에서 설명했듯이, 변수들 간 관계의 강도를 표시하기 위해 그림 9.23처럼 관계의 강도를 표시하는 기호와 숫자를 사용한다. 매트릭스 다이어그램을 사용할 때는 다음과 같은 단계를 따른다.

1. 서로 관계를 분석해야 할 변수를 선택한다.
2. 변수의 수와 예상되는 관계의 수에 따라 매트릭스 형태를 선택한다(표 9.3 참조).
3. 변수를 매트릭스에 표시한다.
4. 그림 9.23의 기호를 사용해 변수 간 관계의 강도를 표시한다. 숫자를 실제 매트릭스에 표시할 경우에는 매트릭스가 복잡해져서 이해하기가 어려울 수도 있기 때문에, 실제 매트릭스에는 강도를 나타내는 숫자는 표시하지 않는다.
5. 매트릭스의 각 행과 열에 표시된 기호는 관계의 강도를 나타내는 숫자를 대신하는 것이므로, 매트릭스의 행과 열 각 하단에 전체 합계를 표시하도록 한다.
6. 관계의 강도 합계가 높은 변수들이 중요한 역할을 하는 것이므로, 추가적으로 분석해야 한다.

관계	기호	강도
약함	△	1
중간	○	3
강함	◉	9

그림 9.23 관계의 강도를 표시하는 기호

앞의 사례에서 소개되었던 비디오 대여 체인점은 고객의 요구 및 기대의 관점에서 서로 다른 비즈니스 프로세스를 분석하기로 했다. 분석은 L자형 매트릭스 다이어그램으로 그림 9.24처럼 진행되었다.

이러한 분석을 통해, 체인점은 비디오를 빌리는 데 드는 시간을 줄이려면 대여 절차뿐만 아니라 사용되는 정보 시스템도 함께 개선해야 한다는 사실과 가격을 낮추기 위해서는 거의 모든 프로세스에서 개선이 이루어져야 한다는 사실을 알게 되었다.

고객의 기대	프로세스							
	시장 분석	대여 및 반납 시간	대여 목록 선택	광고	경쟁자 분석	정보 시스템	교육 훈련	합계
낮은 가격		△	○	○	◉	○	○	22
다양한 목록 구비	◉		◉	○	△	○	◉	34
충분한 수량	◉		◉			○		21
배치		◉			○			12
위치					○			3
빠른 대여 및 반납		◉				◉	○	21
친절한 직원		◉					◉	12
합계	18	22	21	6	16	18	24	125

그림 9.24 비디오 대여 체인점의 매트릭스 다이어그램

9.9
존재 유무 분석

개선 프로젝트를 수행하다 보면 너무 많은 아이디어가 수집되어 아이디어들이 과도하게 넘쳐 나는 현상을 자주 목격하게 된다. 정기적으로 개선 프로젝트에 참여하는 사람들은 브레인스토밍brainstorming을 통해 다양한 아이디어를 수집하는데, 그 결과 성과 부족의 원인이나 가능한 개선 방안 등에 대한 아이디어의 홍수를 경험하게 된다. 이러한 경우에는 중요한 아이디어와 중요하지 않은 아이디어를 구분해내는 것이 쉽지 않다.

존재 유무 분석is-is not analysis은 차이를 식별해 관련이 없는 것을 분류해내는 데 유용하게 사용될 수 있다. 존재 유무 분석을 사용하게 되면, 어떤 이슈가 관련이 없는지 파악할 수 있을 뿐만 아니라 성과 부족을 야기하는 가장 큰 요인을 파악하는 데도 도움이 된다. 개선 활동의 후기 단계에서도, 아이디어가 홍수를 이룰 경우 이 방법이 아이디어와 문제점의 관련 유무를 분석하는 데 유용하게 사용될 수 있다. 존재 유무 분석을 수행하는 프로세스는 다음과 같다.

1. 여섯 개의 행과 네 개의 열로 구성된 빈 매트릭스를 만들고, 제일 첫 행에는 그림 9.25처럼 각 열의 제목을 적는다.
2. 매트릭스 왼쪽 맨 위 칸에는 '성과 부족'이라고 적는다.
3. 두 번째 열의 맨 위 제목 줄에는 '존재'라 적고 '무엇', '어디', '언제', '누구' 등과 같은 정보를 채운다.
4. 동일한 방법으로 세 번째 열의 맨 위 제목 줄에 '부재'라 적고 동일한 정보를 채운다.
5. 두 개의 열을 비교해 차이점을 네 번째 열에 적는다.
6. 네 번째 열에 있는 각각의 요소에 대해, 어떻게 이것이 성과 부족의 원인이 될 수

있는지를 분석한다.

7. 이러한 방법으로 확인한 원인들에 대해, '존재'와 '부재'의 열에 있는 모든 항목을 설명할 수 있는지를 확인하도록 한다.

성과 부족	존재	부재	차이점
무엇이 발생했고, 어떠한 요소가 영향을 받았는가?			
문제는 어느 곳에서 발생했는가?			
언제 문제가 발생했는가?			
성과 부족의 정도는 얼마인가?			
누가 관련되어 있는가?			

그림 9.25 존재 유무 분석을 위해 사용되는 일반적인 도표

스키 리프트, 스키 장비 대여점, 스키용품 가게, 식당과 호텔 등 여러 사업체를 운영하는 대형 스키 리조트에서 최근 리프트와 관련된 몇 건의 안전사고가 보고되었다. 리조트에서는 약 한 달간에 걸쳐 이들 사고를 조사하고 향후 추가 사고를 방지하기 위한 실행 계획을 수립했다.

그림 9.26의 매트릭스는 전년도에 일어났던 사고를 분석해놓은 것이다.

분석 결과에 따르면, 사고는 리조트의 특정한 구역에서 특정한 고객층에게만 발생했다. 조사가 좀더 진행된 후, 다음과 같은 사실들이 밝혀졌다. 스키를 타는 사람들

의 접근을 막았던 2번 리프트와 5번 리프트 주변에 있는 나무들이 훼손되어 있었는데, 이는 서로 다른 슬로프로 갈 수 있는 지름길을 만들기 위해 훼손한 것이었다. 그래서 리조트에서는 울타리를 치거나 다른 방해물을 설치해 이 지름길을 봉쇄했고, 대부분의 사고를 방지할 수 있었다.

성과 부족	존재	부재	차이점
무엇이 발생했고, 어떠한 요소가 영향을 받았는가?	리프트에서 떨어지는 장비 때문에 밑에 있는 사람들이 다침	리프트에서 떨어져 다친 사람은 없음	리프트에서 떨어진 장비 때문에 사고가 발생
문제는 어느 곳에서 발생했는가?	2번 리프트와 5번 리프트 위쪽 50야드 이내	1, 3, 4번 리프트와 2, 5번 리프트 아래쪽에서는 사고 없음	오직 리프트의 일부 지역에서만 발생
언제 문제가 발생했는가?	95퍼센트 이상의 사고가 주말에 발생	주 중에는 거의 발생하지 않음	주말에만 문제 발생
성과 부족의 정도는 얼마인가?	일곱 살에서 스물두 살 사이의 고객이 다침	스물두 살 이상 고객 중에는 다친 사람 없음	나이가 어린 고객에게 발생
누가 관련되어 있는가?	스키 초보자들이 떨어뜨린 스키, 헬멧 등의 장비가 관련됨	스키에 능숙한 사람이 딱 한 번 스키를 떨어뜨림	스키 대여점에서 장비를 빌린 초보자들이 사고 대부분에 관련됨

그림 9.26 스키 리조트 존재 유무 분석

또 한 가지 사실은 스키 장비 대여점에서 장비를 빌린 초보자들이 리프트에서 스키나 다른 장비를 떨어뜨려 사고를 발생시킨다는 것이었다. 지름길을 봉쇄한 이후에는 이렇게 떨어뜨린 장비들이 더 이상 안전사고를 일으키지는 않았지만, 장비를 떨어뜨린 사람이나 그것을 주워야만 하는 관리 요원들에게는 여전히 골칫거리가 아닐 수 없었다. 이 문제를 해결하기 위해 리프트에서 장비를 떨어뜨린 경험이 있는 고객들 중 세 사람을 인터뷰했더니, 그들 모두 다음과 같은 불만을 토로했다. 장비를 대여할 때 부츠나 스키를 어떻게 신는지 제대로 교육받지 못했기 때문에 신고 있던 부츠가 헐거워져 리프트에서 떨어뜨렸다는 것이었다. 리조트에서는 이러한 의견을 수렴해 장비를 빌릴 때 직원 한 사람은 적절한 장비를 골라주고, 다른 직원 한 사람은 올바른 사용법을 설명해주도록 장비 대여 프로세스를 변경했다.

9.10
병목 현상 분석

병목 현상 분석bottleneck analysis은 골드랫이 제시한 최적 생산 기술optimized production technology(OPT) 이론과 제약 이론theory of constraints에 포함된 대규모 연구에서 찾아볼 수 있다(Goldratt and Cox, 1992 그리고 Goldratt, 1990). 이 이론들은 제품과 서비스를 제공하는 생산 시스템에서의 병목 현상을 위주로 설명되어 있다. 생산 시스템은 입력물을 산출물로 변환하는 데 사용되는 사람, 컴퓨터, 기계 그리고 자동차 등과 같은 많은 자원들로 구성되어 있으며, 이러한 자원들은 다음의 두 가지 형태 중 하나로 분류될 수 있다.

- **병목**bottleneck_ 시장에서 요구되는 것과 동일하거나 그 이하의 역량을 가지고 있는 자원
- **비병목**non-bottleneck_ 시장에서 요구되는 것보다 우수한 역량을 가지고 있는 자원

병목이란 생산 시스템이나 비즈니스 프로세스에서 정상적인 흐름을 감소시키거나 제한하는 것을 말하며, 프로세스상에서 진행의 흐름이 느려지는 지점을 병목으로 볼 수 있다.

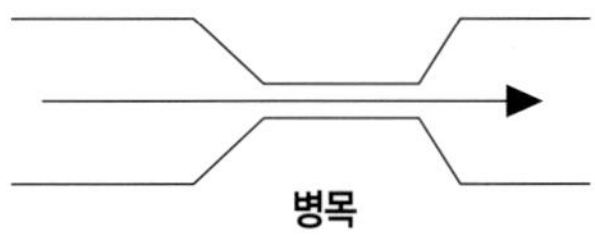

그림 9.27에서처럼 제품을 생산하는 프로세스가 다섯 단계로 구성된, 간단한 예로 설명해보도록 하겠다. 생산 프로세스가 현재의 능력으로 일주일 동안 2,000

개의 제품을 생산할 수 있다고 가정해보자. 만약 수요가 일주일당 2,200개로 증가한다면, 세 번째 단계의 프로세스는 이러한 수요의 증가를 따라가지 못하고 결국 병목 지점이 될 것이다. 비록 다른 네 개의 생산 단계에서 늘어난 수요량을 충족할 수 있다고 하더라도, 세 번째 단계의 병목 자원 때문에 전체 프로세스의 생산량은 제한될 것이다. 병목은 이처럼 전체 프로세스에서 가장 취약한 연결고리로 전체 프로세스가 얼마나 많이 생산할 수 있느냐를 결정하게 된다.

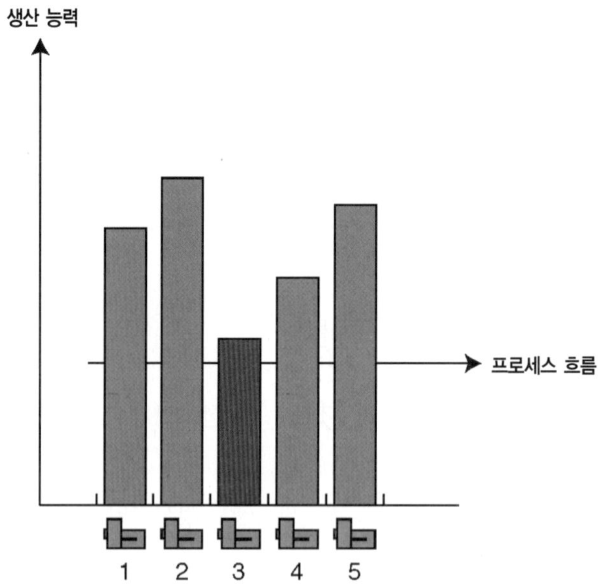

그림 9.27 전체 프로세스의 흐름을 제한하는 병목 자원

제약 이론은 병목의 특성 및 병목 자원과 비병목 자원이 어떻게 연결되어 있는지를 심도 있게 설명해주는데, 여기에서는 이에 대한 자세한 설명은 하지 않겠다. 하지만 프로세스 내에서 제약 자원으로서의 병목의 중요성을 잘 이해해야 하며, 어떠한 자원들이 병목을 구성하고 있는가를 파악하는 것 역시 유용하다.

우선 병목을 제거하기 위해서는 병목 자원의 생산 능력을 향상시키거나 병목을 피하기 위해 프로세스를 재설계하도록 한다. 하지만 일회성에 그쳐서는 안 되고, 병목을 제거하는 일은 지속적인 작업이라는 것을 인지해야 한다. 만약에 병목 자원이 기계이거나 혹은 다른 물리적 도구라면 유지 보수 계획에 따라 유지보수 활동이 제대로 수행될 수 있도록 해야 한다. 만약에 병목 자원이 사람이라면 그 사람에 대한 업무 만족도 향상, 스트레스 감소 등의 종업원 관리 프로그램을 실시해야 한다. 또한 병목 자원에서 생산되는 것을 다른 자원으로 돌리는 등의 병목을 피하기 위한 프로세스 최적화 방안이 고려될 수 있다. 병목은 전체 프로세스의 소요 시간을 결정하는 주요한 요소이기 때문에, 이에 대한 면밀한 관리 및 개선이 필요하다.

하지만 병목으로 식별한 이후에 이를 어떻게 다룰 것인가는 병목 현상 분석의 초점이 아니다. 병목 현상 분석의 목적은 프로세스나 생산 시스템에서의 병목을 파악하는 데 있다. 다음은 병목을 어떻게 식별하는지를 설명하고 있다.

1. 흐름도나 네트워크 다이어그램 network diagram을 이용해 비즈니스 프로세스나 생산 시스템의 모델을 만든다.
2. 프로세스나 생산 시스템에서 생산되는 제품과 서비스에 대한 수요를 파악한다.
3. 프로세스의 끝에서부터, 각각의 자원에 소요되는 시간에 분량을 곱해 각 자원에 요구되는 생산 능력을 결정한다.
4. 막대그래프에 각 자원별로 두 개의 막대로 표시된, 필요한 생산 능력과 가능한 생산 능력을 비교해 필요한 생산 능력이 가능한 생산 능력을 초과한다면 이것을 병목 자원으로 판별한다.

지금까지 병목의 정의와 어떻게 병목 현상 분석이 진행되는지를 살펴보았는데, 여기서 간과해서는 안 되는 점은 병목은 일시적인 현상이라는 것이다. 수요 조건의 변동이 없다면 병목 자원은 항상 동일하지만, 만약에 수요 조건이 변동된다면 병목 현상 없이 역할을 수행하던 다른 자원이나 프로세스가 병목이 될 수도 있다.

위급한 응급환자부터 경미한 타박상을 입은 환자에 이르기까지 수많은 사람들을 치료하고 있는 한 대학 병원의 응급실은 응급환자들의 대기 시간이 너무 길어 골머리를 앓고 있다. 대부분이 사고를 당한 수많은 환자들이 주 중에 특히 오후 7시부터 11시까지 응급실에 들이닥쳐 병원 복도에는 치료받을 차례를 기다리는 사람들로 긴 줄이 만들어졌고, 기다리는 데 지쳐 불만을 토로하는 환자들의 소리도 여기저기서 들렸다. 이렇게 응급환자들이 길게 늘어선 줄은 환자들뿐만 아니라 병원에서 근무하는 직원들에게도 큰 스트레스가 아닐 수 없었다.

병원에서는 몇 달 전 응급실을 포함해 병원 전체의 프로세스를 점검하는 프로젝트를 진행했다. 이 프로젝트의 결과로 산출된 흐름도에 따르면 일반적으로 응급실에서는 다음과 같은 프로세스에 따라 응급환자의 진료가 진행되었다.

- 환자가 응급실에 도착하자마자, 수속을 담당하는 간호사가 환자의 증상을 확인하고 수속을 처리한다.
- 맨 처음 환자의 증상을 확인하고 수속을 처리했던 간호사가 정확하게 환자의 증상을 파악한다면, 다음 진료 단계인 엑스레이, 혈액 검사, 전문의 진료 등으로 바로 넘어갈 수 있다.
- 만약에 처음 수속을 담당했던 간호사가 정확하게 증상을 진단하지 못한다면, 이 환자는 대기표를 받아 차례를 기다려야만 하는데 대부분의 경우가 이에 해당한다.
- 본인의 차례가 되면 환자는 응급실에서 근무하는 인턴의 진료를 받게 되며, 인턴은 환자가 어느 과에 가서 치료를 받아야 할지를 결정한다. 어떤 경우에는 이 단계에서 간단한 치료를 받고 귀가하기도 한다.

- 하지만 일반적으로 환자는 다시 기다리던 줄로 돌아가 엑스레이, 혈액 검사 또는 다른 의사에게 진료를 받기 위해 기다리게 된다.
- 다시 환자의 차례가 돌아오면 간호사가 환자를 다음 진료 단계로 데려간다. 하지만 만약에 이 단계가 엑스레이 같은 추가 검사를 위한 것일 경우, 환자는 검사를 마친 후 다시 줄로 돌아가 기다려야 한다.
- 검사가 불필요한 경우이거나 검사 결과가 나온 후 환자의 차례가 돌아오면 드디어 응급실의 전문의를 만나게 된다.
- 대부분의 환자에게는 이것이 마지막 단계다. 치료를 받고 귀가하거나 혹은 진단을 받고 추가 치료나 검사를 위해 다시 병원을 찾아오는 것이다.

통계에 따르면 많은 환자들이 병원에서 약 서너 시간을 보내고 귀가하게 되는데, 이들 중 대부분이 감기나 타박상, 경미한 상처 등으로 간단한 진단이나 치료만 받으면 되는 경우들이었다. 간호사 등 응급실의 직원들은 엑스레이나 다른 검사 장비의 기능이 떨어져 환자들이 기다리는 시간이 길어진다는 불만을 토로하고 있었으며, 응급실 전문의들은 환자를 진료할 준비가 되었음에도 불구하고 오랜 대기 시간 때문에 실제로 환자를 진료하기 전에 아무것도 하지 않으면서 보내는 시간이 너무 길다고 불평했다.

이러한 문제의 원인을 파악하기 위해 병목 현상 분석을 실시했는데, 그 결과 그림 9.28과 같이 처음 환자의 진단과 수속을 담당하는 간호사가 병목 지점이라는 것이 판명되었다. 보다 세부적인 검토를 수행한 결과, 수속을 담당하는 부서에 인력이 부족해서 처음 수속을 담당하는 간호사가 환자의 증상을 충분히 확인하기 위한 질문을 할 수 없었고, 따라서 알맞은 진료 단계로 보내지 못하고 있다는 사실을 확인할 수 있었다.

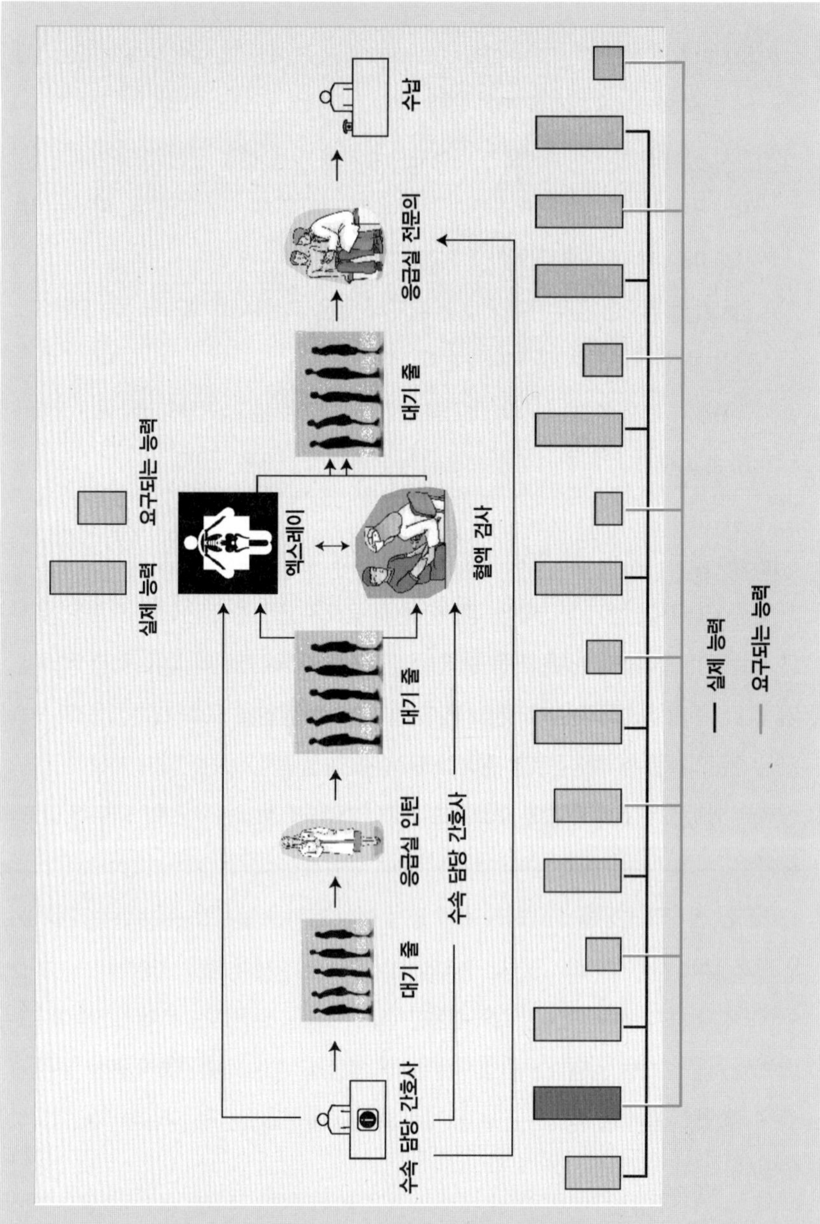

그림 9.28 응급실 병목 현상 분석

10장

아이디어 도출 및 선택을 위한 도구

앞서 살펴본 두 개의 장에서는 성과 부족에 대한 데이터를 수집하는 단계와 성과 부족 및 그 원인을 분석하는 단계에서 사용되는 도구들을 알아보았다. 성과 부족 및 원인에 대한 이해는 그에 대한 해결책이나 개선 방안과 관련된 아이디어를 도출하는 단계에서도 유용하게 사용될 수 있다. 이번 장에서는 다음과 같은, 해결책을 모색하기 위한 아이디어를 도출해내는 데 유용한 도구들을 살펴보도록 하겠다.

- 브레인스토밍
- 브레인라이팅과 크로퍼드메모쪽지법
- 여섯 색깔 모자 기법
- 명목 집단 기법
- 쌍대 비교

앞서 말했듯이, 이 책에 소개된 몇몇 도구나 기법 들은 개선 프로세스 전반에 걸쳐 사용될 수 있다. 특히 이번 장에서 설명하는 기법들은 많은 아이디어를 도출하고 또 도출된 아이디어들 가운데 좋은 것을 선택해야 하는 개선 프로젝트 전반에 걸쳐 사용될 수 있는 유용한 도구들이다.

10.1

브레인스토밍

개선 프로젝트에서 문제점에 대한 해결 방안을 찾는 데는 창의력이 요구되며, 대부분의 사람들은 올바른 해법을 찾기 위한 분석적 사고 능력을 가지고 있다. 개선 작업에서 브레인스토밍brainstorming의 주요 목적은 가능한 한 많은 해결책을 도출하고 그중에서 최적의 답안을 찾는 데 있다. 이번 장에서 설명하는 브레인스토밍이나 다른 기법들은 이러한 목적을 이루는 데 매우 중요하다. 브레인스토밍은 아마도 가장 많이 알려진 접근 방법일 텐데, 가능한 많은 아이디어를 도출한다는 목적 이외에도 다음과 같은 많은 장점들을 가지고 있다.

- 창의력을 자극한다.
- 복합적인 문제 해결 방법을 제시한다.
- 다른 사람의 아이디어를 바탕으로 자신의 아이디어를 확장할 수 있도록 한다.
- 조급하게 다른 아이디어를 평가하는 경향을 최소화한다.
- 전형적인 해법을 뛰어넘는 생각을 할 수 있도록 해준다.

브레인스토밍에는 다음과 같은 두 가지 방법이 있다.

- **구조적 브레인스토밍**structured brainstorming_ 브레인스토밍에 참여한 각 참가자들이 돌아가면서 하나씩 아이디어를 제시하는 방법이다. 이 방법은 보다 구조적이며 동등한 참여의 기회를 보장해주는 장점이 있는 반면에, 자발적인 면이 덜하고 서로의 아이디어를 참고해 보다 새로운 아이디어를 제시할 수 있는 가능성이 제한된다는 단점도 있다.

- **비구조적 브레인스토밍** unstructured brainstorming_ 브레인스토밍에 참여한 사람 모두가 자유롭게 아이디어를 동시에 제시할 수 있는 방법이다. 이 방법은 매우 자발적이기는 하지만, 혼란스럽게 진행될 수도 있으며 한 사람 혹은 몇 명만 브레인스토밍을 이끌어갈 수 있다는 단점이 있다.

위의 두 가지 방법 모두 다음과 같은 프로세스를 따른다.

1. 브레인스토밍의 주제를 명확하게 정의하고, 화이트보드나 플립차트 맨 위에 주제를 써놓는다.
2. 브레인스토밍 참가자들이 구조적 혹은 비구조적 방법에 따라 아이디어를 제시할 수 있도록 한다. 아무리 우습게 보이는 아이디어라도 모든 사람이 브레인스토밍에 참여해 아이디어를 제시할 수 있도록 해야 한다.
3. 아이디어를 낸 사람의 의도가 훼손되지 않도록 적절한 단어를 사용해 제시되는 모든 아이디어를 기록한다.
4. 브레인스토밍을 하는 동안에 참가자가 토론하거나 논쟁하거나 혹은 제시된 아이디어를 평가하지 못하도록 한다. 만약에 제시된 아이디어를 이해하기가 어렵다면 이에 대한 추가적인 설명은 요구할 수 있다.
5. 더 이상 새로운 아이디어가 제시되지 않고 있다면 잠시 휴식을 취한다. 휴식을 취하고 난 후에도 기존에 제시된 아이디어를 답습하거나 새로운 아이디어가 더 이상 나오지 않는다면 브레인스토밍을 중단한다.
6. 브레인스토밍의 맨 마지막에 아이디어를 평가한다. 평가를 할 때는 한눈에 보아도 드러나는 스타급의 매우 좋은 아이디어들을 먼저 하도록 한다. 나머지 아이디어들은 그룹이나 주제별로 묶어서 평가한다.

이렇게 브레인스토밍을 통해 정리한 아이디어 목록은 이제 개선 활동 아이디어를 선택하기 위한 시발점이 된다. 브레인스토밍과 관련해 다음과 같은 규칙을 기억하고 있으면 많은 도움이 될 것이다.

- 브레인스토밍을 하는 동안에는 아이디어에 대한 어떤 비판이나 토론도 하지 않는다.
- 제시되는 아이디어를 비웃지 않는다.
- 편안하고 자발적으로 참여한다. 바보 같더라도 아이디어는 아이디어인 것이다.
- 제시되는 모든 아이디어를 기록한다.
- 아이디어끼리 합쳐 본다. 브레인스토밍에서 나온 아이디어는 한 개인의 것이 아닌 참가자 모두의 것이라고 할 수 있으니, 내 아이디어와 다른 사람의 아이디어도 쉽게 합쳐 볼 수 있다.

한 살부터 네 살까지의 아이들 30명이 한 반으로 구성되어 있는 어느 유아원의 교사들은 몇몇의 학부모들로부터 자녀들이 유아원에서 다른 아이들에게 괴롭힘을 당한다는 항의를 받았다. 교사들은 몇몇 아이들이 다른 아이들을 괴롭히는 것을 이미 알고 있었지만, 대수롭지 않게 여기고 그냥 넘어갔었다. 하지만 부모들로부터 항의를 받고 나서 유아원에서는 아이들 간의 괴롭힘을 방지하기 위해 유아 교육 전문가를 초빙했다.

유아 교육 전문가는 아이들이 어떻게 아이디어를 브레인스토밍하는지 배워야 한다고 제안했다. 유아원의 아이들은 모두 열정적으로 브레인스토밍 훈련에 참여했다. 유아 교육 전문가는 생일 파티에서 할 수 있는 게임이나 맛있는 과자와 음식을 예로 들었다. 그러고 나서 아이들에게 교실의 분위기를 좋게 만들 수 있는 아이디어를 생각해보라고 말했다. 아이들은 마흔 가지 이상의 좋은 아이디어를 생각해냈는데, 예를 들면 다음과 같은 것들이었다.

- 나이가 많은 아이와 적은 아이를 짝으로 맺고, 상대방을 매주 돌아가면서 바꾼다.

- 아이들이 돌아가면서 어떤 게임을 하고 놀지를 결정한다.
- 다른 아이들을 괴롭히는 아이에게는 점심시간에 간식을 주지 않는다.

이러한 아이디어들 중에서 실제로 몇 가지를 실행한 후 유아원의 분위기를 좀더 화기애애하게 바꿀 수 있었다.

10.2 브레인라이팅과 크로퍼드메모쪽지법

브레인라이팅brainwriting과 크로퍼드메모쪽지법Crawford slip method은 브레인스토밍의 일종으로, 글로 직접 자신의 아이디어를 기록해 제출하는 방법이다. 이 방법들의 장점은 보다 세부적이고 조리 있게 아이디어를 묘사할 수 있도록 해준다는 것이다. 브레인라이팅이 브레인스토밍을 단순하게 글로 옮긴 것이라고 한다면, 크로퍼드메모쪽지법은 참가자들의 익명성을 보장해주는 방법이다. 따라서 아이디어를 도출하다가 논쟁이 발생해 회의가 지지부진해진 경우나 많은 아이디어를 수집할 필요가 있을 때 사용한다(Swanson, 1995).

브레인라이팅을 먼저 살펴보면, 다음과 같은 두 가지 방법으로 수행될 수 있다.

- **카드 방법**card method_ 조그만 카드에 아이디어를 기록하고, 이를 참가자에게 돌려서 기록된 것과 관련된 아이디어나 확장된 아이디어를 제시할 수 있도록 하는 방법이다.
- **갤러리 방법**gallery method_ 여러 개의 화이트보드나 플립차트에 아이디어를 기록해놓고, 참가자들이 이들 주변에 둘러앉아 관련된 아이디어나 확장된 아이디어를 제시할 수 있도록 하는 방법이다.

브레인라이팅의 프로세스는 다음과 같다.

1. 브레인스토밍과 같이, 아이디어 도출의 주제를 명확하게 정의한다. 주제는 화이트보드나 참가자 개개인이 가지고 있는 카드에 쓸 수 있다.
2. 그다음 참가자들이 각자 가지고 있는 카드나 화이트보드에 아이디어를 기록한다. 자신의 아이디어를 기록할 때는 남들이 알아보기 쉽도록 정확하게 기록한다.

3. 참가자들은 다른 사람의 아이디어에 자신의 것을 추가해 복합적 아이디어나 새로운 아이디어를 만들어낼 수 있다.
4. 마지막에는 이렇게 수집된 아이디어를 구두로 논의한다.

크로퍼드메모쪽지법은 브레인라이팅의 카드 방법과 유사하지만, 아이디어를 기록한 카드를 참가자들에게 돌리지 않는다는 점에서 서로 다르다. 브레인라이팅이나 크로퍼드메모쪽지법 모두 참가자들이 수집된 아이디어를 평가하지는 않으며, 아이디어는 한 사람이 컴퓨터 프로그램을 이용해 정리한다. 정리된 아이디어 목록은 수집된 모든 아이디어를 포함하며, 이를 보면서 개선 작업에서 어떤 아이디어를 사용할지 논의한다.

승마 학교와 클럽이 사용할 뿐 아니라 개인 마주들도 말을 맡기는 승마장이 있었는데, 수년 동안 이곳을 사용하는 이들 그룹 간에 갈등이 지속되어왔다. 클럽의 회원들은 승마 학교에서 항상 승마 홀과 패덕을 점유한다는 불만을 토로했으며, 개인 마주들은 승마 학교의 학생들이 자신들의 장비를 빌리거나 훔쳐간다고 목소리를 높였다. 또한 각각의 그룹은 시설을 사용한 후에 청소를 하지 않는다고 서로서로 비난했다.

이러한 갈등은 한 마주가 마구실에서 값비싼 안장을 잃어버리면서 걷잡을 수 없이 악화되었다. 결국 승마장의 사장은 어떤 대안을 마련해야 한다고 생각했지만, 각 그룹 간의 긴장과 갈등을 고려해볼 때 브레인스토밍은 적절하지 않아 보였다. 그래서 그는 승마장의 모든 사용자들에게 아이디어 제안용 카드를 배부하고 승마장을 보다 잘 운영하기 위한 건설적인 아이디어를 가능한 한 많이 제시해달라고 요청했다.

승마장의 사장은 이들 세 그룹으로부터 스무 장 이상의 아이디어가 적힌 카드를 다시 받았고, 이것들을 검토 및 분류했다. 아이디어들 중에는 다른 사람을 내쫓거나 승마 학교의 문을 닫으라는 등의 부정적인 의견도 있었지만, 대부분은 건설적이었다. 그는 이러한 아이디어들 중 다음과 같은 몇몇을 실행하기로 했다.

- 승마 학교와 클럽이 패덕이나 승마 홀을 시간을 정해놓고 돌아가면서 사용할 수 있도록 한다.
- 주변 농장 소유주들의 허가를 받아서 그들의 농장에서 말을 탈 수 있도록 한다.
- 승마 학교 학생들이 연습할 때, 가끔씩은 실제 말 대신 통나무 등을 이용하도록 한다.
- 승마 학교에서 사용하는 장비들을 잘 정리 및 정돈해서 학생들이 승마장의 다른 도구들을 함부로 가져다 쓰는 일이 없도록 한다.

이러한 아이디어를 실행한 후 승마장의 상황은 예전보다 훨씬 좋아졌다.

10.3
여섯 색깔 모자 기법

여섯 색깔 모자 기법six thinking hats이란 문제점과 이에 대한 해결 방안을 몇 개의 다른 시각에서 바라볼 수 있도록 해주는 도구다. 이 기법은 아이디어를 도출하는 데 사용되기보다는 창의력을 불어넣는 데 오히려 유효한 도구라 말할 수 있다. 하지만 여기서는 여섯 색깔 모자 기법을 아이디어를 도출하는 도구로 사용하도록 하겠다. 좀더 다른 시각으로 토론에 임한다면, 기존의 관점으로는 볼 수 없었던 새로운 아이디어들을 도출할 수 있는 기회를 얻을 수 있기 때문이다. 또한 의도적으로 참가자들이 해결책에 대한 반대 의견을 제시하도록 한다면, 그 해결책의 실행 가능성 및 결점 들을 확인할 수 있을 것이다.

여섯 색깔 모자 기법은 어떤 종류의 생각을 해야 하는지를 알려주고, 참가자가 주제에 대해 그러한 방향으로만 생각하도록 한다. 여섯 색깔 모자 기법은 에드워드 드보노Edward de Bono(1985)가 창의력과 사고력을 증진하기 위해 개발한 것으로 다음과 같이 모자의 색깔별로 각각 역할이 주어지게 된다.

- **하얀색 모자_** 차갑고 중립적이며 객관적이다. 이 모자를 쓰고 있는 사람은 사실이나 숫자와 관련된 사항을 이야기하며, 체계적이고 신중해야 한다.
- **빨간색 모자_** 감정적이다. 이 모자를 쓰고 있는 사람은 느낌이나 직감, 감정과 관련된 사항에 대해서만 이야기한다.
- **검은색 모자_** 비관적이고 부정적이다. 이 모자를 쓰고 있는 사람은 아이디어가 왜 실패할지에 대해서만 관심을 갖는다.
- **노란색 모자_** 긍정적이고 희망적이다. 이 모자를 쓰고 있는 사람은 아이디어에 대한 긍정적 측면에만 관심을 갖는다.

- **초록색 모자**_ 창조, 풍요, 성장 등을 표현한다. 이 모자를 쓰고 있는 사람은 새로운 아이디어를 도출해낼 수 있도록 창의적인 관점으로 접근한다.
- **파란색 모자**_ 하늘과 연관된다. 이 모자를 쓰고 있는 사람은 보다 넓은 시각에서 이야기한다.

위에서 살펴본 각각의 색깔별 모자는 어떤 것은 긍정적인 의미를, 또 다른 어떤 것은 부정적인 의미를 내포하고 있지만, 이들 모두는 생산적인 토론에 똑같이 중요한 역할을 담당하고 있다. 여섯 색깔 모자 기법을 사용할 때 적용하는 단계는 다음과 같다.

1. 토론 참가자 각각에게 하나씩 색깔 모자를 나누어 준다. 그리고 각 참가자는 토론이 진행되는 동안 스스로를 자신이 쓰고 있는 모자의 색깔과 동일시해야 한다는 것을 주지시킨다.
2. 참가자들이 문제점을 토론하고 있다면, 각각의 색깔 모자는 다음과 같은 역할을 한다.
   - 하얀색 모자를 쓴 사람은 문제점과 관련된 사실만을 제시한다.
   - 초록색 모자를 쓴 사람은 문제를 어떻게 해결할 수 있는지에 대한 아이디어를 제시한다.
   - 가능한 해법을 논의할 때, 노란색 모자를 쓴 사람은 해법의 장점을, 검은색 모자를 쓴 사람은 해법의 단점을 제시한다.
   - 빨간색 모자를 쓴 사람은 해법에 대한 모든 참가자들의 직감을 이끌어내기 위해 노력한다.
   - 파란색 모자를 쓴 사람은 토론을 요약 및 정리한다.

열두 개의 상영관이 있는 극장에서 영화가 끝난 후의 청결 상태에 대한 청소 대행

업체 직원들의 불만이 많이 접수되었다. 여기저기에 쓰레기가 가득하고, 좌석에는 음료수를 엎지른 자국이 묻어 있으며 또한 의자 뒷부분에는 여러 군데 발자국이 나 있다는 것이었다. 이러한 문제를 해결하기 위해 영화관 관리인은 청소 대행업체 직원 두 명, 스낵바 직원 두 명, 티켓 판매원 그리고 관리인 본인 등 여섯 명으로 팀을 구성해 여섯 색깔 모자 기법을 사용해보기로 했다.

이 관리인은 여섯 색깔 모자 기법을 잘 알고 있는 자신의 친구를 불러서 이에 대한 설명을 요청했고, 여섯 명의 팀원들은 반나절 동안 교육을 받은 후 드디어 이 기법을 사용할 준비가 되었다. 그들은 업무 시작 전 아침에 모여서 각 색깔별 모자를 서로 나누어 갖고, 토론을 진행했다. 대부분의 참가자들은 자신의 색깔에 맞는 입장을 잘 고수했다.

마지막으로 파란색 모자를 쓰고 있던 관리인은 토론에서 나온 모든 아이디어를 요약 및 정리하면서 마무리했다. 이 토론에서 나온 아이디어 중 꽤 괜찮은 것들을 소개해보면 다음과 같다.

- 음료수를 컵이 아닌 병에 제공하자.
- 의자에 음료수를 놓을 수 있는 컵홀더를 만들자.
- 영화 시작 전에 극장에서의 에티켓에 대한 광고를 상영하자.

10.4

명목 집단 기법

브레인스토밍을 설명할 때 언급했지만, 한 사람 또는 몇몇의 사람들만 토론을 주도하는 경우가 있다. 이렇게 되면 아이디어가 종합적으로 수집되지 못할 뿐 아니라 토론에서 소외되는 사람들은 계속 아이디어 제시 없이 침묵하게 된다.

명목 집단 기법 nominal group technique(NGT)의 목적은 모든 참가자들이 해법을 선택할 때 동등한 목소리를 낼 수 있도록 하는 것이다. NGT를 사용할 때는 다음과 같은 단계를 따르는 것이 좋다.

1. 브레인라이팅과 같이, 첫 번째 단계는 참가자들이 한 장의 카드에 하나의 아이디어를 기록하는 것이다.
2. 수집된 아이디어를 모두 플립차트에 기록하고, 아이디어를 간단히 논의한다. 논의를 하는 이유는 각 아이디어의 의미를 명확히 하고, 유사한 아이디어를 제거하기 위해서다. 이 단계의 마지막에서는 각 아이디어를 알파벳 'A'부터 대응해 나열한다.
3. 다음 단계는 참가자들이 각각 아이디어의 순위를 매겨보는 것이다. 개별적으로 아이디어의 순위를 매긴 후에는 각자의 순위 카드에 1위부터 5위까지의 아이디어를 적는다(각각의 아이디어는 플립차트에 적어놓은 알파벳에 일대일로 대응한다). 각 참가자들이 아이디어의 순위를 매길 때는 중요하고 우수한 순서대로 5점부터 1점까지 다섯 개의 아이디어에 점수를 부여하도록 한다.
4. 회의 진행자가 순위 카드를 모아서 플립차트에 각 알파벳별로 참가자들이 부여한 점수들을 적는다. 각각의 아이디어별로 부여된 점수가 합산되어 전체 점수가 결정되고, 가장 높은 점수를 획득한 아이디어가 최선의 아이디어 혹은 해결 방안으로 결정된다.

개선 활동을 진행할 때, 가장 높은 점수를 받은 아이디어를 우선적으로 고려한다.

직원이 400명인 한 회사에서 개인 및 부서 간 내부 의사소통이 잘 되지 않는다는 사실을 발견했다. 브레인스토밍으로 몇 가지 좋은 아이디어가 제시되었으나, 보다 많은 사람들에게 아이디어를 얻기 위해 NGT를 사용하게 되었다.

A. 이메일 사용을 늘린다.
B. 질문을 받은 사람은 그 요청을 수신했다는 사실을 다시 알려준다.
C. 사무실이 변경될 경우, 모든 사람이 알 수 있도록 공지한다.
D. 출장을 갈 경우에는 전화 메시징을 사용하도록 한다.
E. 주간 단위로 부서 회의 및 부서 간 회의를 실시한다.
F. 우편물을 자동으로 분류한다.
G. 사무실 공간의 칸막이를 최소화한다.
H. 점심시간에 함께 식사를 하도록 한다.

그림 10.1은 참가자 중 한 사람의 순위 카드를 보여 준다. 그리고 점수를 모두 계산한 플립차트는 그림 10.2에서 볼 수 있다. 이 플립차트를 보면 알 수 있듯이, NGT를 통해 선정된 최선의 아이디어는 회사가 사내의 모든 사람이 이메일 시스템을 활발하게 사용할 수 있도록 하는 것이다.

문제점_ 원활하지 못한 내부 의사소통	
아이디어	점수
A	5
B	4
C	1
D	2
H	3

그림 10.1 개인별 순위 카드

문제점_ 원활하지 못한 내부 의사소통		
아이디어	점수	합계
A	5 5 4 5 3 2 5 4	33
B	4 3 4 3 2 2	18
C	1 4 5 3 5	18
D	2 3 4 5 2 2 3	21
E	1 2 1	4
F	2 3 2 4 1	12
G	1 5 3 2 1	12
H	3 5 5 5 1	19

그림 10.2 점수가 합산된 최종 플립차트

10.5

쌍대 비교

NGT를 성공적으로 사용하기 위해서는 참가자들이 아이디어들 간의 비교를 통해 우선순위를 결정할 수 있어야 한다. 하지만 순위를 매겨야 할 아이디어가 많은 경우 실제로는 어떤 것을 선택해야 할지 쉽게 결정을 내리기가 어렵다. 여기서 소개하고자 하는 쌍대 비교paired comparison는 우선순위를 좀더 쉽게 결정할 수 있도록 도와주는 기법이다. 쌍대 비교 기법은 여러 개의 아이디어를 한꺼번에 비교하는 것이 아니라, 순차적으로 두 개의 아이디어를 비교할 수 있도록 해준다. 여러 개의 아이디어 중에서 하나를 선택하는 것보다는 두 개 중에 한 개를 선택하는 것이 더 쉽기 때문에 이러한 기법을 사용한다. 쌍대 비교를 사용할 때는 다음과 같은 단계를 따른다.

1. 비교할 대상들을 명확하게 선별한다. 전체 대상의 수는 비교가 가능한 정도이어야 한다. 따라서 여덟 개를 넘지 않도록 한다.
2. 비교 대상으로 매트릭스를 만든다. 비교 대상들에 알파벳을 부여하고 세로줄에는 각각의 알파벳(A, B, C)을, 가로줄에는 비교되는 알파벳의 쌍(A/B, A/C, B/C)을 적는다. 각 쌍의 수는 [비교 대상의 수X(비교 대상의 수-1)]/2만큼 생긴다.
3. 참가자들이 각 쌍에 대해 둘 중 하나를 선택하게 하며, 매트릭스 안에 이를 기록한다.
4. 참가자들이 모든 쌍에 투표를 한 후에 각 쌍별로 전체 점수를 더한다. 이 점수는 전체 참가자의 숫자와 동일하다.
5. 각 비교 대상별로 점수를 모두 합산하면, 가장 높은 점수를 획득한 아이디어가 최선의 것으로 결정된다.

NGT 사례 연구에서 살펴본 회사가 이번에는 쌍대 비교 기법을 적용해보기로 했다. 매트릭스가 너무 복잡해지지 않도록 NGT에서 높은 순위를 얻은 다섯 개의 아이디어만 비교해보기로 했다. 다섯 가지 아이디어는 다음과 같다.

A. 이메일 사용을 늘린다.

B. 질문을 받은 사람은 그 요청을 수신했다는 사실을 다시 알려준다.

C. 사무실이 변경될 경우, 모든 사람이 알 수 있도록 공지한다.

D. 출장을 갈 경우에는 전화 메시징을 사용하도록 한다.

H. 점심시간에 함께 식사를 하도록 한다.

쌍대 비교 결과로 나온 매트릭스는 그림 10.3과 같다. 매트릭스를 보면 알 수 있듯이, 내부 의사소통 활성화를 위한 최선의 아이디어는 A와 D로 결정되었다.

	A/B	A/C	A/D	A/H	B/C	B/D	B/H	C/D	C/H	D/H	**합계**
A	6	2	5	3							16
B	1				0	4	5				10
C			2			3		1		4	10
D		5			7			6	5		23
H				4			2		2	3	11
참여자 수	7	7	7	7	7	7	7	7	7	7	

그림 10.3 내부 의사소통 활성화를 위한 쌍대 비교 매트릭스

11장

개선 창출을 위한 도구

지금까지 살펴본 기법들은 비즈니스 프로세스 개선 모델의 초기 단계에서 모두 주요한 역할을 담당하는 도구들이었다. 이러한 도구들의 주된 목적은 비록 전체 개선 활동에서 아주 작은 부분만을 담당하더라도 개선에 기여하는 것이다. 이번 장에서 다룰 도구들은 이러한 목적에 보다 직접적으로 부합한다. 그 도구들은 다음과 같다.

- 능률화
- 이상적 프로세스 수립 활동
- 품질 기능 전개
- 통계적 프로세스 관리 및 관리도
- 6시그마
- 비즈니스 프로세스 재설계
- 벤치마킹

11.1 능률화

능률화streamlining의 이면에 있는 원칙은 비즈니스 프로세스에서 낭비되는 요소나 불필요한 자원을 제거하는 것이다. 이러한 능률화의 특징은 프로세스 내에서 혹은 프로세스가 존재하는 환경 내에서, 성과 수준을 떨어뜨리지 않고 프로세스가 쉽게 흘러가도록 하는 것이다. 비즈니스 프로세스 능률화는 몇 개의 보다 세부적인 기법들을 합쳐 놓은 것이다. 이 세부적인 기법들은 완전히 따로따로 사용될 수도 있지만, 서로 합쳐 놓았을 경우에 보다 강력한 능률화의 효과를 가져온다. 지금부터 이들 중 몇 가지 기법들을 간략하게 알아보도록 하겠다. 이 외에도 다른 기법들이 있지만, 여기서 다룰 기법과 유사하거나 이전에 살펴본 것들은 언급하지 않겠다. 이 기법들은 비즈니스 프로세스를 능률화할 때 사용이 권장되는 순서로 소개될 것이다(Harrington, 1991).

능률화는 프로세스 모델이나 흐름도와 결합해 살펴보면 보다 큰 효과를 낸다. 흐름도를 여행할 때 사용하는 지도로 생각해보자. 능률화 작업을 할 때, 오르기 힘든 가파른 언덕이나 건너기 어려운 깊은 계곡을 만나는 경우가 있다. 흐름도에 이러한 난관이나 방해 요소를 다른 색깔로 표시해두면, 프로세스의 어느 곳에서 흐름이 느려지거나 진행이 안 되는지를 쉽게 파악할 수 있다. 따라서 이를 제거하거나, 또는 피하기 위해 새로운 길을 만들 수 있다.

11.1.1 관료주의 제거

'능률화'와 '관료주의bureaucracy'는 매우 상반되는 단어들이다. 능률화는 일반적으로 효율적이고 쉽게 흘러가는 프로세스와 관련되어 있는 반면에, 관료주의는 느리고 지연되는 프로세스와 동일하게 취급될 수 있다. 따라서 비즈니스 프로세스를 능률화할 때, 첫걸음은 관료주의를 제거하는 것이다.

이러한 관료주의의 전형 중 하나가 바로 불필요한 문서 작업이다. 많은 관리자들이 업무 시간의 약 40에서 50퍼센트를 업무와 관련된 문서를 읽고 쓰는 데 허비하고 있다. 한 연구 결과에 따르면, 사무실에서의 업무 중 약 60퍼센트 정도가 다른 사람의 업무를 검토하거나, 또는 정보의 유용성에 대한 고려 없이 그저 저장하고 복구하는 데 쓰인다고 한다. 하지만 이러한 관료주의적 업무 태도의 부정적인 효과는 간과되는 경우가 많다. 따라서 이러한 관료주의에 대한 비판은 업무 처리 지연, 형식주의, 불필요한 작업 등을 최소화하는 데 매우 중요하다.

1. 관료주의를 제거하려면 우선 관료주의적 업무를 선별해야 한다. 다음은 관료주의적 업무를 선별해내기 위한 질문들이다.
   - 다른 사람의 업무를 검토하거나 승인하는 데 수행되는 활동인가?
   - 한 사람 이상의 결재가 필요한가?
   - 여러 장의 사본을 요구하는가?
   - 특별한 이유 없이 여러 장의 사본이 저장되어 있는가?
   - 사본이 불필요한 사람에게 송부되고 있는가?
   - 효율성과 업무의 질을 감소시키는 사람이나 부서가 포함되어 있는가?
   - 복사기를 무한정 사용하거나 큰 파일보관함을 쓰는가? 연구 결과에 따르면, 사내에 보관된 모든 문서의 90퍼센트는 다시 사용된 적이 전혀 없다고 한다.
2. 관료주의적 활동들은 흐름도나 프로세스 모델에서 파란색으로 표시한다.
3. 파란색 활동을 책임지고 있는 사람은 활동과 관련된 시간과 비용 및 유용성을 보고한다. 하지만 이러한 개선 활동들은 자주 반대에 부딪히는데, 이는 일부 사람들이 이러한 관료주의적 활동들이 일상적인 업무를 수행하는 데 반드시 필요하며 조직의 장기적인 생존에 중요하다고 생각하기 때문이다.
4. 당위성이 입증되지 못한 활동은 제거한다.

11.1.2 중복성 제거

특히 경영 관리나 지원과 관련된 프로세스인 경우에, 유사하거나 중복된 업무가 복수의 부서에서 수행되는 경우가 많다. 이러한 일이 발생하는 원인은 서로 다른 부서나 조직 들이 업무를 독자적으로 수행하거나, 아니면 다른 부서나 조직에서 어떤 업무를 수행하는지 모르기 때문이다. 이러한 업무 중복은 프로세스 비용뿐 아니라 데이터가 서로 상충될 가능성도 증가시킨다.

예를 들어, 구매 부서에서 부품의 가격을 공시했다고 생각해보자. 그런데 디자인 부서에서도 같은 부품을 다른 가격에 공시하는 일이 생길 수 있다. 이렇게 회사의 여러 부서들이 부품 가격을 각각 다르게 사용하면 결국 데이터가 상충되어 오류가 발생하게 된다. 많은 부서나 조직에서 서로 간의 신뢰 부족 때문에 각자 개별적으로 데이터를 관리한다. 또한 서로 사용하는 시스템이 달라 데이터가 상충하는 경우도 많다.

중복되는 데이터를 관리하는 데 쓰이는 비용과 시간을 줄이기 위해서는 각각의 활동들을 검토해 한 번을 초과해 나타나는 활동이나 문서 등을 제거해야 한다. 이렇게 중복된 활동들은 흐름도에서 밤색으로 표시한다.

11.1.3 부가가치 분석

부가가치 분석 value-added analysis은 프로세스 능률화에서 매우 중요한 개념이다. 먼저 '가치'와 '부가가치'의 개념을 알아보도록 하자. 제품과 서비스가 원재료로부터 최종 제품이나 서비스의 형태로 변형될 때, 가치에는 두 가지 변화가 일어난다.

- 원재료, 노동, 에너지 등을 제공함으로써 프로세스는 조직에게 비용을 발생시킨다. 하지만 제품에 부가된 가치는 이렇게 발생되는 비용과는 별개다.

- 제품에 기능성, 미적 요소, 브랜드 이름 등을 추가함으로써 생산 단계에서 발생된 집합적인 비용보다 더 높은 가격으로 판매할 수 있는 부가가치를 만들어낸다.

따라서 기업은 시장에서 지불되는 가격인 제품과 서비스의 가치가 이를 생산하는 데 투입된 비용보다 항상 클 수 있도록 해야 한다. 이러한 점에서 가치란 사실상 시장 가치와 실제 투입된 생산 요소의 가치 모두를 나타내는 이론적인 개념이다. 부가가치, 즉 AV는 다음과 같이 표현할 수 있다.

$$AV = V_a - V_b$$

V_a는 생산 공정 이후의 가치를, V_b는 생산 공정 이전의 가치를 말한다. 이미 언급했듯이, 이러한 가치는 용도에 맞는 기능성, 명성, 다른 제품이나 서비스와의 시너지 등과 같은 보다 주관적인 요인의 영향을 받는다. 게다가 고객에게 제공되는 가치는 제품이나 서비스를 생산하는 데 얼마가 들었는지와는 전혀 상관이 없다. 만약에 벤츠 자동차를 현재 비용의 절반 수준으로 생산할 수 있다고 할지라도, 소비자에게 제공되는 가치는 여전히 동일할 것이다.

기업에서 제품과 서비스를 생산하는 동안 여러 활동들이 일어나는데, 이들은 다음의 세 가지 범주로 나눌 수 있다.

- **실제 부가가치 활동**real value-adding activity(RVA)_ 최종 고객의 관점에서 제품에 가치를 부가하는 활동들을 말한다. 이러한 것으로는 제품의 기능성, 외관 디자인 또는 서비스의 유용성 등을 창출해내는 전환 활동이 있다.
- **조직 측면의 부가가치 활동**organizational value-adding activity(OVA)_ 고객의 관점에서가 아니라, 조직의 관점에서 가치를 부가하는 활동들을 말한다. 생산 계획 수립, 유지 보수, 인력 관리 등이 이에 포함된다.
- **비부가가치 활동** non-value-adding activity(NVA)_ 고객의 관점에서나 조직의 관점에서나

어느 쪽에서도 가치를 부가하지 못하는 활동을 말한다. 전형적인 예로는 대기, 저장, 재작업 등이 있다.

부가가치 분석은 최종 고객에게 제공되는 부가가치에 공헌하는 정도를 판단하기 위해 프로세스 내 각각의 활동을 면밀히 관찰한다. 그래서 각각의 활동을 위에서 말한 세 가지 범주 중 하나로 분류한 후, OVA는 최소화하고 NVA는 제거하는 것을 목적으로 한다. 각각의 활동에 대한 부가가치 분석은 그림 11.1에서와 같이 순차적인 질문들을 통해 이루어진다(Harrington, 1991).

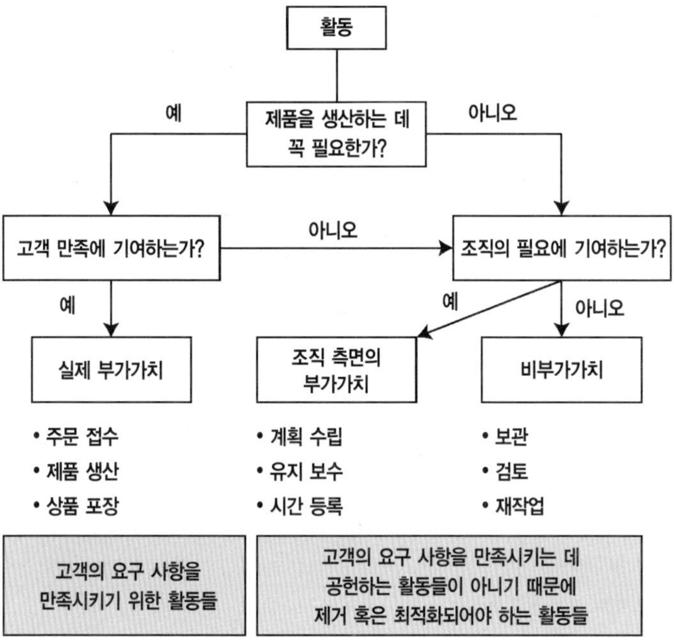

그림 11.1 부가가치 분석을 위한 질문들

프로세스 내 각각의 활동들을 위의 세 가지 범주 중 하나로 분류한 후에는, 이들을 흐름도상에 각각 다른 색깔로 표시한다. RVA는 초록색으로, OVA는 노란색으로, NVA는 빨간색으로 표시하며, 이것으로 RVA가 전체 활동에서 어느 정도 부분을 차지하는지 쉽게 파악할 수 있다. 이렇게 활동별로 색깔이 표시된 도면은 때때로 기업에게 큰 충격을 줄 수도 있다. RVA에 비용의 30퍼센트, 소요 시간의 5퍼센트 정도만이 투입되었다는 것을 알면 충격을 받지 않겠는가? 이러한 정보를 표현하는 또 하나의 방법은 그림 11.2와 같은 비용 · 소요 시간 도표cost-cycle time chart다(Harrington, 1991). 비용 · 소요 시간 도표는 RVA가 프로세스에서 시간과 비용의 주요 부분을 차지할 수 있도록, NVA를 제거하고 OVA를 최소화하는 데 효과적이다.

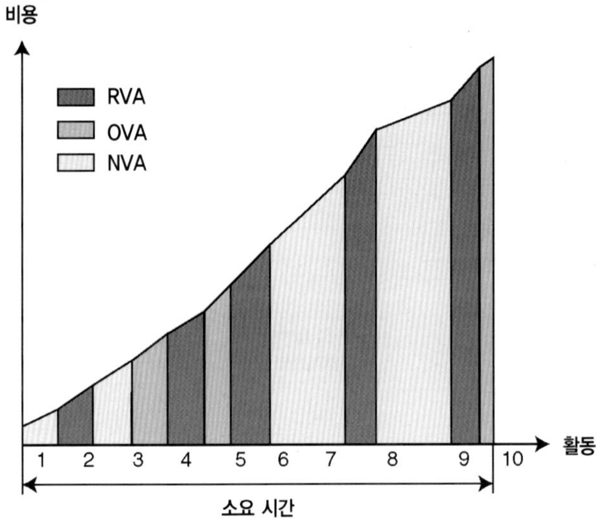

그림 11.2 비용·소요 시간 도표

NVA를 제거하고 OVA를 최소화하는 실행 방법은 아직 의견이 분분하지만, 다음과 같은 일반적인 제안은 할 수 있다.

- 재작업은 오직 오류의 근원을 없앨 때만 제거할 수 있다.
- 문서나 여타 정보가 단순히 이동만 하는 경우, 작업을 결합시키거나 사람들을 좀더 가까이 배치하거나 또는 프로세스를 자동화함으로써 이것을 최소화할 수 있다.
- 대기 시간은 작업을 결합시키거나 작업량의 균형을 맞추거나 또는 프로세스를 자동화하면 최소화할 수 있다.
- NVA에 관련된 대부분의 활동은 경영층이 결정만 하면 제거할 수 있다.
- 조사나 통제는 정책이나 절차를 변경하면 제거할 수 있다.

이렇게 개선 작업을 한 후에는, OVA는 비율이 감소하고 NVA는 비율이 최소화함으로써 RVA의 비율이 증가해야 한다. 부가가치 분석 이후의 전형적인 모습은 그림 11.3과 같다(Harrington, 1991).

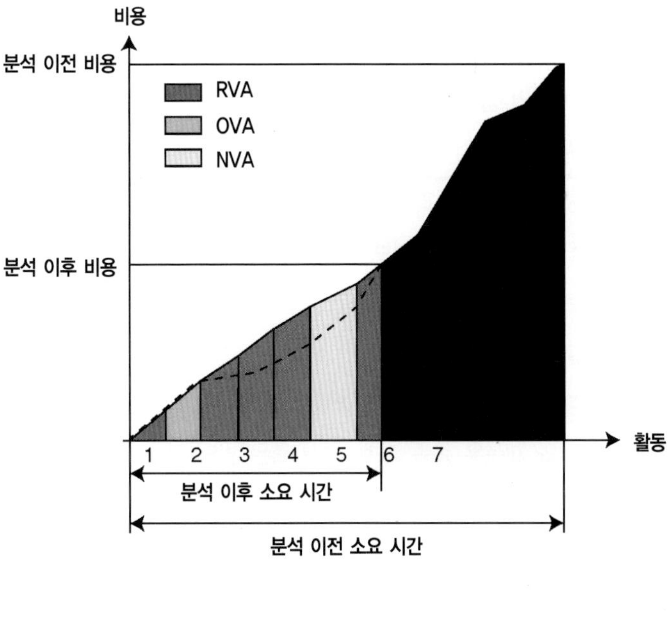

그림 11.3 부가가치 분석 후의 비용·소요 시간 도표

11.1.4 프로세스 소요 시간 감소

주요 비즈니스 프로세스에서는 때때로 병목이 될 가능성이 높은 주요한 자원을 사용하며, 이러한 프로세스에서 생산되는 제품이나 서비스가 소비자들에게 매우 의미가 있는 경우도 많다. 또한 이러한 제품이나 서비스는 고객에게 가능한 한 빨리 제공되어야 하는데, 프로세스의 소요 시간이 길어지면 제품이나 서비스가 고객에게 적시에 제공되지 못할 뿐 아니라 이에 대한 보관비도 발생하게 된다.

어디에서부터 소요 시간을 줄이기 시작할 것인가를 결정하기 위해서는 본래 시간이 오래 걸리거나 또는 특히 주요 프로세스와 관련되어 지연을 발생시키는 활동 등을 먼저 고려해보아야 한다. 소요 시간을 줄이기 위한 일반적인 방법은 다음과 같다.

- **순차적 방법이 아닌 병렬적으로 활동을 수행한다**_ 일반적으로 비즈니스 프로세스에서 대부분의 절차는 병렬적으로 진행될 수 있음에도 불구하고 순차적으로 진행되는 경우가 많다. 순차적인 접근 방법에서 프로세스 소요 시간은 개별적인 절차들과 절차들 간의 전환 시간 및 대기 시간의 합으로 나타난다. 하지만 병렬적 접근 방법을 사용할 경우에는 보다 좋은 결과를 얻으면서도 소요 시간을 80퍼센트 정도까지 줄일 수 있다. 제품 개발을 예로 들어보자. 제품 개념 정립, 도면 설계, 부품 구입 그리고 공정 처리로 이루어지는 순차적인 과정을 병렬적으로 처리하면, 개발 시간을 획기적으로 줄일 수 있다.
- **활동의 순서를 변경한다**_ 이것은 문서와 제품의 불필요한 이동과 깊게 관련되어 있다. 회사에서 문서와 제품은 종종 기계, 부서 혹은 빌딩 간에 이동되고는 한다. 예를 들어, 한 문서가 검토와 결재를 위해 두 사무실 사이를 수십 차례 오간다고 해보자. 이러한 활동의 순서를 약간만 변경해 한 사무실에서 모든 프로세스를 수행한 후에 다른 사무실로 보낼 수 있다면, 프로세스의 효율성 또한 높아질 것이다.
- **방해 요인을 줄인다**_ 방해 요인은 프로세스의 지연을 야기하며, 주요 비즈니스 프

로세스의 소요 시간을 증가시킨다. 예를 들어, 중요한 주문을 위한 생산 활동이 덜 중요하지만 그동안 지연되었던(따라서 시급한) 주문 때문에 중단될 수 있고, 중요한 비즈니스 프로세스에서 작업하는 사람들이 다른 누군가가 대신해도 될 전화를 받느라 방해를 받을 수도 있다. 그러므로 주요 비즈니스 프로세스가 중단되지 않고 진행될 수 있도록 방해 요인을 줄여야 한다.

- **타이밍을 지킨다**_ 본래부터 각 활동들 사이에 상대적으로 시간 간격이 긴 경우가 있다. 예를 들면, 매주 한 번씩만 작성하는 보고서가 있는 반면에, 이틀에 한 번씩 발주를 내는 구매 건도 있다. 이러한 보고서나 구매 건과 관련된 사람들은 잊어버리지 않도록 항상 마감 시간을 염두에 두어야 한다. 그러나 때때로 제조 부서에서 목요일 정오까지 구매 요청이 접수되지 않으면 그다음 주까지 발주가 이루어지지

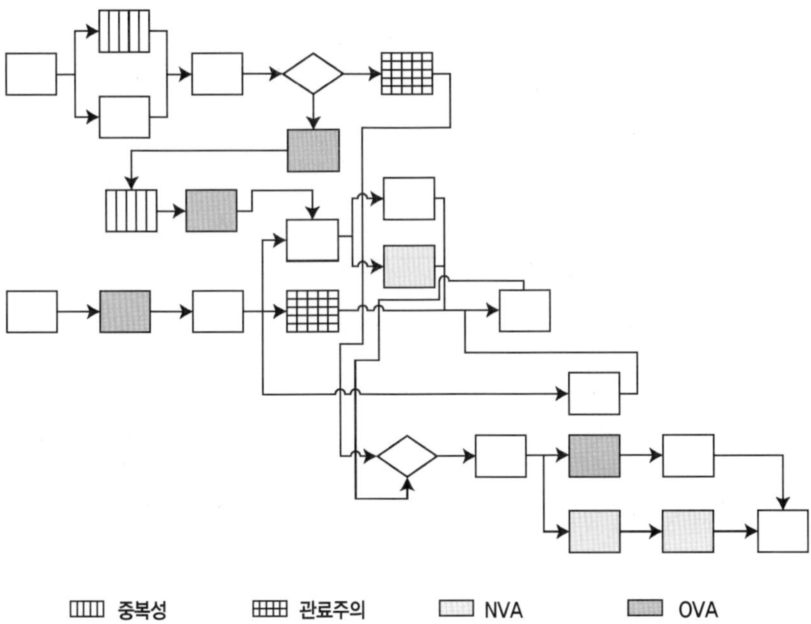

그림 11.4 능률화 분석에 따른 흐름도

못한다는 사실을 모르고 있는 경우도 있다. 이러한 경우처럼, 타이밍을 지키면 프로세스에서 소요 시간을 많이 줄일 수 있다.

소요 시간을 줄이는 다른 많은 방법들도 있지만, 위에서 말한 것들이 가장 중요하다. 만약 지금까지 설명한 능률화 분석 기법들과 흐름도상에 색깔을 표시하는 방법을 함께 사용한다면, 이 다이어그램은 매우 유용하게 사용될 수 있을 것이다. 그림 11.4는 관료주의, 중복성, NVA 그리고 OVA를 표시한 가상의 프로세스를 보여 주는 흐름도다.

지난 25년간 지속적으로 성장해온 어느 가전업체는 그동안 몇몇 관리 업무가 전체 비즈니스 프로세스를 지연시키는 요인으로 작용해왔다는 사실을 알게 되었다. 특히 주문 프로세스에서의 지연이 매우 심해서, 다른 운영 프로세스에도 심각한 영향을 끼치는 것으로 파악되었다. 그래서 이 회사는 프로세스를 능률화하기로 결정했다.

회사가 성장하면서 이전 체제의 기반 위에 각기 다른 컴퓨터 운영 체제가 도입되었는데, 이때 이전의 일상 업무들은 단순히 자동화되거나 컴퓨터 기반으로 바뀌었다. 하지만 이러한 일상 업무들은 생산량이 적거나 업무가 복잡하지 않았던 과거 시절의 것들이어서 비록 자동화가 되었지만, 관료주의적 업무 행태는 그대로 남아 있었다. 따라서 능률화의 첫 번째 단계는 관료주의적인 요소를 파악해 제거하는 것이었다.

회사는 특히 문서나 의사 결정이 여러 사람이나 부서의 결재를 받는 절차와 메커니즘에 관심을 두었고, 주문 프로세스에서는 열두 번의 결재 단계를 거쳐야 한다는 사실을 알게 되었다. 또한 열두 번의 결재 단계를 모두 거치는 데 9일이나 소요되었지만, 실제 검토가 이루어진 것은 오직 두 번 정도밖에 되지 않았다는 것도 알게 되었다. 주문을 접수하는 데 너무 오랜 시간이 걸린다는 고객의 불만이 많았다는 사실을 고려해볼 때, 회사가 해결책을 찾는 것은 너무나 당연했다. 따라서 열두 번의 결재 단계 중 검토가 전혀 이루어지지 않는 열 번을 모두 없애고, 업무를 수행하는 사람이 스스로 처리할 수 있도록 권한을 줌으로써 일주일가량의 시간을 절약했을 뿐 아니라 비용도 줄이는 효과를 보았다.

또한 수년에 걸쳐 도입된 많은 하위 시스템들이 처리하는 업무가 같거나 유사하다는 점을 발견했다. 그래서 다음 단계로 중복성 제거를 진행했으며, 이를 위해 프로세스 및 산출물이 세부적으로 묘사된 흐름도를 사용했다. 그 결과 열여섯 단계가 중복된다는 사실을 알게 되었는데, 이는 주로 각기 버전만 다른 주문서가 접수되기 때문이었다. 하지만 국내외에서 모두 통용될 수 있는 주문서를 만든다면, 프로세스 내의 열세 단계를 제거할 수 있었다. 이에 4개월에 걸쳐, 한 번 입력된 정보는 모든 프로세스에서 사용할 수 있도록 주문 시스템을 완전히 재설계했고, 프로세스 소요 시간을 9일이나 단축했을 뿐 아니라 프로세스와 산출물의 품질과 정확성도 향상시킬 수 있었다.

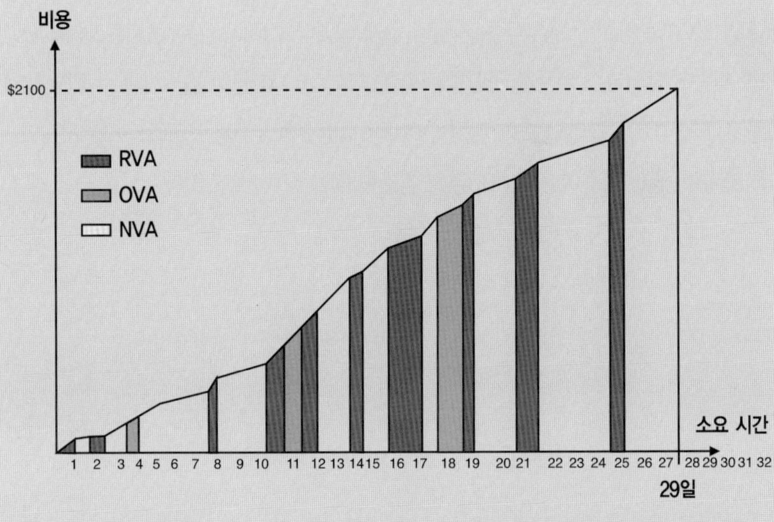

그림 11.5 능률화 이전의 비용 • 소요 시간 도표

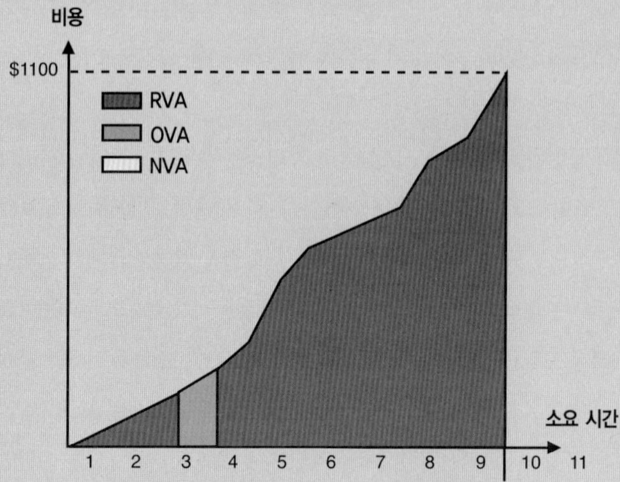

그림 11.6 능률화 이후의 비용·소요 시간 도표

마지막으로 부가가치 분석을 시행한 결과, 현재 프로세스에는 NVA의 비율은 매우 낮지만 OVA의 비율은 꽤 높다는 사실을 알게 되었다. 그래서 내부 문서를 등록하는 개별 활동에 들어가는 시간을 줄임으로써 NVA와 OVA를 많이 감소시킬 수 있었다. 그림 11.5와 11.6은 각각 능률화 이전과 이후의 비용 · 소요 시간 도표로 소요 시간이 약 19일(64퍼센트), 비용이 약 1,000달러 감소한 것을 보여 주고 있다.

11.2

이상적 프로세스 수립 활동

부가가치 분석에서처럼 현재 존재하는 프로세스와 각각의 개별 단계를 검토해 효율성을 확보하는 것이 아니라, 현재 프로세스 및 개별 단계와의 연결 고리를 끊고 아예 새롭게 시작하는 것도 가능하다. 이것이 바로 이상적 프로세스 수립 활동idealizing이다. 이상적 프로세스 수립 활동의 목적은 낭비나 지연 요인이 없는 최적의 프로세스를 설계하는 것으로, 가능한 해법을 찾는 데 유용한 기법 중의 하나다. 이상적 프로세스 수립 활동은 이상적 프로세스가 실제로 가능하지 않다고 해도, 현재 프로세스가 어떻게 개선되어야 하는지에 대한 통찰력을 제공해준다는 점에서 매우 유용하다. 즉, 이상적 프로세스와 현재 상황의 차이점을 발견하는 것이 해법을 찾거나 개선 프로젝트를 진행하는 시발점이 될 수 있다.

이상적 프로세스 수립 활동은 가능한 한 많은 아이디어를 이끌어내기 위해 일반적으로 그룹으로 진행된다. 여기서 중요한 점은 해당 프로세스를 실제 담당하는 사람이 그룹의 일원으로 참여해 이상적 프로세스를 설계하는 데 자신의 의견을 피력하도록 하는 동시에 프로세스상의 제한적 요인을 잘 모르는 사람들도 참여해 그러한 요인을 고려하지 않는 신선한 아이디어를 제시할 수 있도록 하는 것이다. 따라서 그룹 내에서 여러 가지 아이디어가 혼합될 수 있다.

사실 이상적 프로세스 수립 활동을 어떻게 활용하고 진행하는지에 대한 특별한 기준은 없다. 하지만 흐름도는 이상적 프로세스 수립 활동에서 유용하게 사용될 수 있으며, 이상적인 흐름도를 그린 후 현재 프로세스의 흐름도와 비교해보도록 한다. 이렇게 흐름도를 이용한 접근 방법은 강력한 시각적 자료를 제공해준다는 점에서 좋다. 그림 11.7에서처럼 두 흐름도 간의 차이를 분석하면, 현재 프로세스에서 이상적인 상태로 진행하기 위한 해법을 찾아내는 것이 가능해진다.

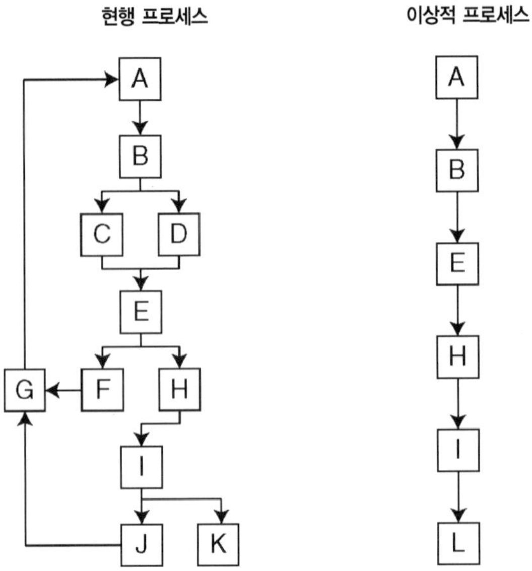

그림 11.7 현행 프로세스와 이상적 프로세스 분석

이상적 프로세스 수립 활동은 비록 그 목적은 약간 다르지만, 11.6에서 설명할 급진적 비즈니스 프로세스 재설계clean sheet business process reengineering 및 12.1에서 설명할 A⊿T 분석과 관계가 깊다.

다양한 고객들의 광고 전단지, 카탈로그 등을 인쇄하는 어느 중견 인쇄업체는 오랫동안 제품에 하자가 발생하자, 실제 인쇄를 하기 전에 하자를 발견할 수 있도록 이상적 프로세스 수립 활동을 수행하기로 결정했다. 각기 다른 업무를 담당하는 일곱 명의 직원들이 모여 약 2주간 여러 번의 회의를 진행했다. 이 회의 결과, 그림 11.8에서와 같은 현재 프로세스와 이상적 프로세스의 흐름도를 얻을 수 있었다.

인쇄업체는 3개월간의 노력 끝에 이상적 프로세스로 전환할 수 있었고, 인쇄 이후에 발견되는 인쇄물의 하자를 월평균 열여덟 개에서 한 개 정도로 감소시켰다.

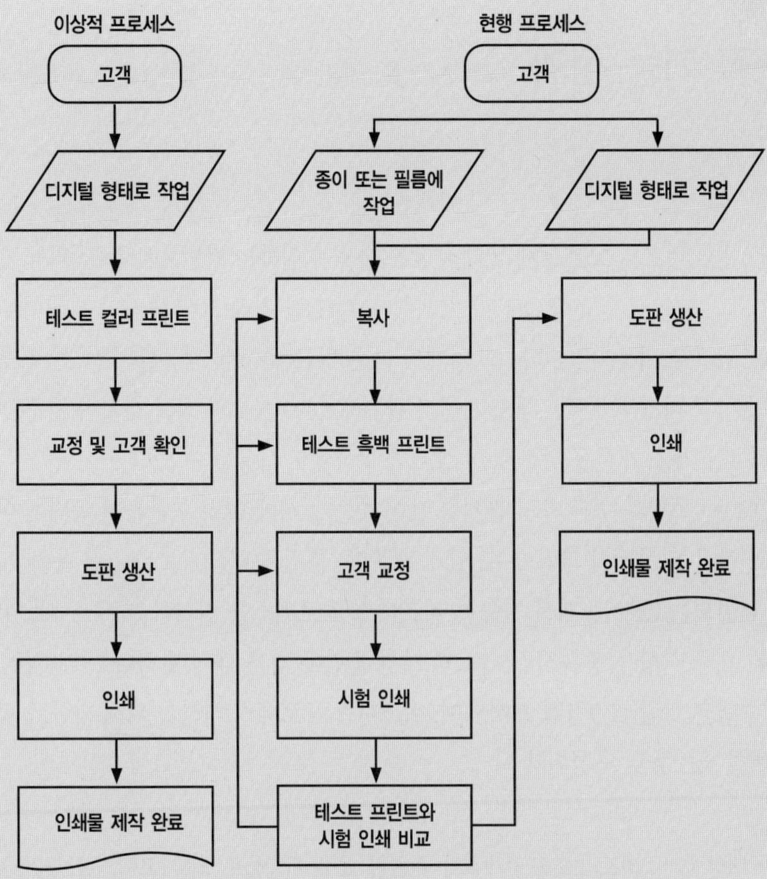

그림 11.8 인쇄업체의 이상적 프로세스 수립 활동

11.3

품질 기능 전개

5.6에서 비즈니스 프로세스 개선 로드맵을 수립하는 방법으로 품질 기능 전개 quality function deployment, 즉 QFD를 소개했다. QFD는 원래 고객 중심의 제품 개발을 위한 도구로 사용되었으나, 그 외에도 다른 많은 분야에 적용할 수 있는 훌륭한 기법이다. 비즈니스 프로세스 개선과 관련해 QFD는 초기 개선 계획 수립뿐만 아니라 프로세스 개선을 위한 좀더 상세한 분석에도 사용할 수 있다.

QFD는 목적과 수단 간의 관계를 보여 주는 동시에 여러 수단들이 목적에 어떠한 영향을 미치는지 파악할 수 있게 해준다. 품질 주택 house of quality을 통해 도표로 표현되는 QFD는 개선 가능한 비즈니스 프로세스를 인식하고 프로세스와 관련된 요구 사항을 충족시킬 최고의 개선 방안을 찾는 데 적합하다. 일반적인 품질 주택은 그림 11.9처럼 제시되며, 비즈니스 프로세스 개선을 위해 다음과 같은 특별한 요소들로 구성된다.

- **대상** What_ 비즈니스 프로세스와 관련된 요구 사항들로 외부 고객의 요구가 가장 중요하며, 외부 공급자, 내부 고객, 조직 내 이해관계자 등의 요구도 포함된다.
- **중요도** Importance_ 요구 사항들의 중요도를 구분하기 위한 가중치를 표시한다.
- **수단** How_ 요구 사항을 충족하기 위한 수단들로, 예를 들어 서비스 제공 시간을 단축하라는 요구가 있다면 수요가 집중되는 시간에 처리 용량을 증가시킬 수단을 고려할 수 있다.
- **관계 매트릭스** Relational matrix_ 품질 주택 도표의 중간에 위치하며 요구 사항(목적)과 수단 간의 관계를 분석한다.
- **수단 연관성** How vs. How_ 품질 주택 도표의 상단에 위치하는 수단 연관성에서는 여

러 가지 수단 간의 관계를 분석한다. 예를 들어 처리 용량 증가라는 수단과 함께 비용 감소를 위한 인원 감축이라는 수단이 존재한다면, 두 수단 간의 상충 관계를 쉽게 표현할 수 있다.

- **이유** Why_ 프로세스 개선과 관련해 다른 조직의 프로세스와 비교가 가능하도록 벤치마킹하는 데 활용된다.
- **수준** How much_ 마지막 항목은 분석 결과를 표현하며, 요구 사항의 중요도와 관계 매트릭스 각각의 연관성에 가중치를 곱해 수단별로 점수를 합한다. 점수가 높을수록 요구 사항을 충족시키는 수단이 더 적합하다고 할 수 있다.

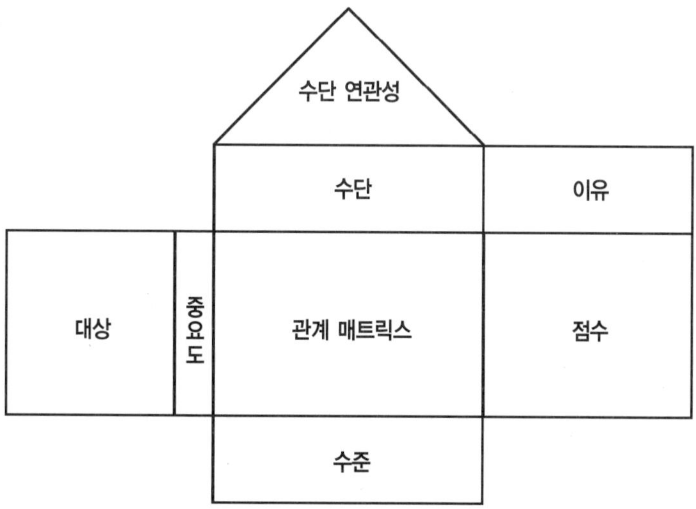

그림 11.9 QFD에서 사용하는 일반적인 품질 주택

개선 계획을 수립하는 데 QFD를 적용한 예는 다음과 같다. 이 예가 개선을 위한 QFD의 활용과 관련된 모든 것을 보여 주지는 못하지만, 적어도 고객의 요구 사항을 효과적으로 반영해 비즈니스 프로세스 개선에 활용하는 방식을 설명하고 있다.

그림 11.10은 상품 배송 절차에 대한 품질 주택의 예다. 프로세스 개선 팀에서는 고객의 요구 사항을 식별하고 그것을 충족하기 위한 수단들을 검토해 아래와 같은 QFD를 사용하기로 했다.

우선 요구 사항은 고객의 요청과 내부적 필요로 구분되었으며, 개별 요구 사항별로 중요도가 부여되었다. 예를 들어 신속하고 안전한 배송은 필수 불가결한 것으로 중요도가 높게 책정되었으며, 내부적 요구 사항인 잔업 감소와 재고 현황 파악은 그에 비해 중요도가 낮았다. 이와 같이 내부보다 외부적 요구 사항이 중요도가 높은 것이 일반적인 현상이라고 할 수 있다.

다음으로 브레인스토밍을 통해 요구 사항을 충족시킬 수 있는 특징이나 수단 등을 선정했다. 관계 매트릭스에 있는 교차점에는 특징 또는 수단 들이 요구 사항에 미치는 효과의 정도를 기호로 표현했다.

또한 요구 사항들과 관련해 경쟁 회사 두 곳(A와 B)의 자료를 수집 및 분석했고, 이를 관계 매트릭스 오른편 벤치마킹 칸에 표시했다. 벤치마킹 결과에 따르면, 요구 사항과 관련해 경쟁 회사 두 곳 모두 비교적 높은 점수를 얻었다. 마지막으로 벤치마킹을 통해 분석한 경쟁사들의 현재 수준과 자사의 전략적 판단을 기반으로 목표 점수도 정했다.

각각의 특징 또는 수단 들에 계량적인 목표치가 설정될 수 있는데, 여기에 나와 있는 예에서는 배송트럭과 관련된 목표치로 일반적인 유지 및 보수를 넘어서는 수리 횟수가 6만 마일당 1회 이하로 정의되었다. 자사는 경쟁사들에 비해 트럭의 내

구성이 상당히 낮은 수준임에도 불구하고, 6만 마일당 1회라는 의욕적인 목표를 수립했다.

관계 매트릭스의 연관성 가중치와 개별 요구 사항들의 중요도를 곱한 값을 각각의 특징 또는 수단별로 합해 절대적 중요도를 계산했다. 절대적 중요도는 프로세스의 개선이 요구 사항들에 전반적으로 미치는 영향을 나타낸다. 절대적 중요도의 밑에 있는 상대적 중요도는 개선에 따른 전체 효과 중에서 개별 특징 또는 수단이 차지하는 비중을 의미한다. 이 두 가지 지표를 통해 효율적인 배송 계획 수립, 생산자와의 의사소통 증대, 컴퓨터 기반의 주문 시스템 활용이라는 세 가지 수단들이 보다 효과적인 것으로 분석되었다.

그리고 조직 내에서 개별 수단들의 실행에 따른 난이도를 추정했다. 난이도가 높을수록 개별 수단들을 실제로 수행하는 것이 어렵기 때문에, 절대적 중요도를 실행 난이도로 나눈 조정된 절대적 중요도를 산출했다. 실행 난이도를 고려한 조정된 절대적 및 상대적 중요도에 따르면 효율적인 배송 계획 수립이 요구 사항들에 대한 효과가 가장 크면서 실행도 쉬운 수단으로 분석되었다. 이러한 분석은 상품 배송과 관련해 어떠한 프로세스를 개선해야 하는지에 대한 분명한 방향을 제시한다.

마지막으로 품질 주택의 지붕에 해당하는 윗부분에서는 여러 가지 특징 또는 수단 간의 시너지를 평가했다. 효율적인 배송 계획 수립은 생산자와의 의사소통 증대 및 컴퓨터 기반의 주문 시스템 활용과 긍정적인 시너지 효과를 발휘한다. 반면 지역 보관 창고는 효율적인 배송 계획 수립을 복잡하게 하는 악영향을 미친다.

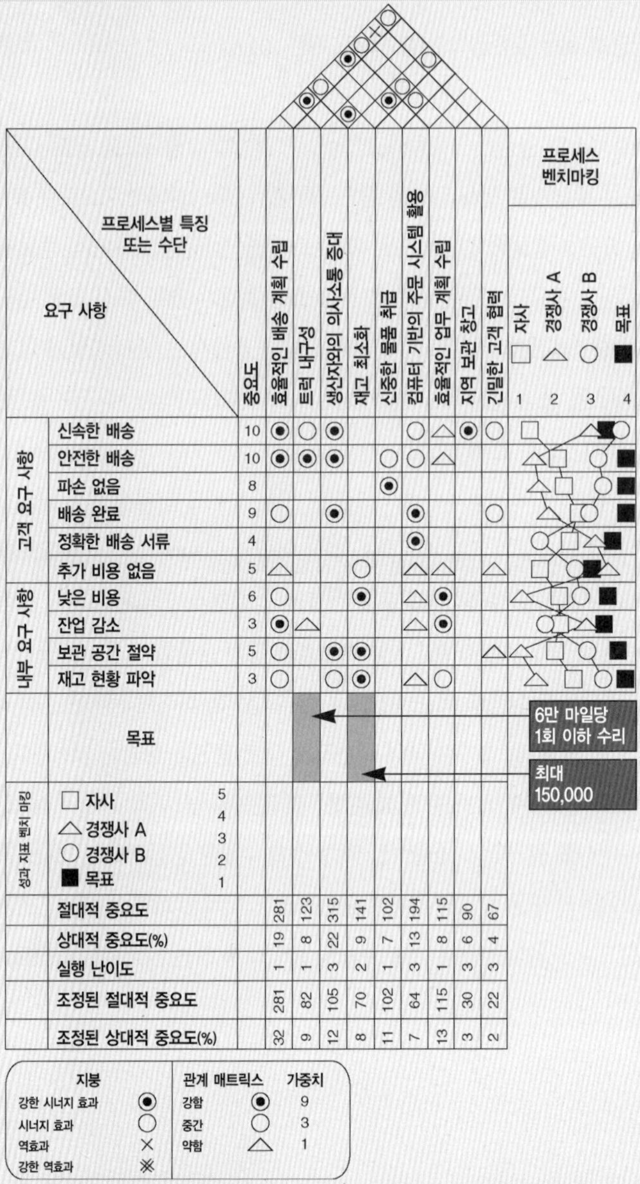

그림 11.10 프로세스 개선을 위한 품질 주택의 예

11.4

통계적 프로세스 관리

안정적인 비즈니스 프로세스는 통계적으로 합리적인 형태라는 특징을 보인다. 따라서 프로세스에 관한 통계치는 일반적으로 일정하게 한정된 범위 안에 존재하며, 이러한 특징을 조직 내 비즈니스 프로세스 개선에 활용할 수 있다.

11.4.1 변화량의 정의

통계적 프로세스 관리statistical process control(SPC)에 대해 설명하기 전에, 통계량과 관련된 중요 용어들을 정의하는 것이 필요하다. 무엇보다도 만성적 변동chronic variation과 우발적 변동sporadic variation을 구분하는 것이 중요하다.

- **만성적 변동**_ 비즈니스 프로세스에 고유하게 존재하는 변동으로 특정한 한 가지 원인보다는 여러 가지 요소들이 복합적으로 발생시킨다. 즉 시스템 내부적으로 발생하기 때문에 일반 원인 변동common cause variation이라고도 한다. 통상 비즈니스 프로세스에는 만성적 변동이 존재하며, 프로세스 자체를 변화시키지 않고서는 감수해야만 하는 부분이다. 예를 들어 빌딩 내부의 우편물 전달 업무를 생각해보면, 우편물 전달자의 속도, 우편물의 수, 휴식 시간, 엘리베이터 대기 시간 등의 요소에 따라 전체 소요 시간이 필수적으로 변할 수밖에 없다.
- **우발적 변동**_ 특별 원인 변동special cause variation으로 비정기적인 원인에 의해 발생하며 일반적으로 만성적 변동보다 변화량이 크다. 일반적으로 변동을 발생시킨 특정한 개별 원인을 파악할 수 있으며, 원인을 제거함에 따라 변동을 없앨 수 있다. 우편물 전달 업무에서 우발적 변동은 엘리베이터의 고장, 신규 장비의 도입 등에 의해 발생될 수 있을 것이다.

SPC의 목적은 위의 두 분류 방법에 따라 변동을 구분함으로써, 프로세스 개선을 촉진하는 것이다.

11.4.2 기본 통계량

SPC를 알기 위해서는 먼저 근간이 되는 기본적인 통계량의 특징에 대한 이해가 필요하다. 대부분의 프로세스와 관련된 통계는 다음 두 가지 통계량을 통해 비교적 정확하게 표현될 수 있다.

- **산술 평균** arithmetic mean value_ 통계적 용어로 기대치인 산술 평균은 예를 들어 뚫린 구멍의 크기 측정 등에 사용되며, 다음의 수식으로 계산된다.

$$\overline{X} = \frac{1}{n}\sum_{i=1}^{n} X_i$$

- **표준 편차** standard deviation_ 프로세스 수행에서 기대되는 변동을 측정하는 통계량으로, 예를 들어 기대치가 7.9밀리미터인 구멍의 표준 편차는 0.15밀리미터로 표현된다. 표준 편차의 기호는 σ_x 이며 다음의 수식으로 계산된다.

$$\sigma_x = \sqrt{\frac{\sum_{i=1}^{n}(X_n - \overline{X})^2}{(n-1)}}$$

일반적으로 σ는 분포 자체의 표준 편차를 나타내고 표본 집단의 표준 편차로는 s를 사용하기 때문에, σ를 사용하는 것이 완벽하게 맞지는 않지만 본문에서는 활용하기로 한다.

안정적인 프로세스에 대한 측정치는 산술 평균 주위에 골고루 분포하게 되며, 이 경우 정규 분포를 활용해 프로세스를 통계적으로 분석할 수 있다. 정규 분포는 통계적으로 특수한 경우로 다음과 같은 특징을 가지고 있다.

- **대칭성** symmetric_ 산술 평균을 기준으로 특정하게 높은 값이 나올 확률은 낮은 값이 발생할 확률과 동일하다.
- **종형 분포** bell-shaped_ 그림 11.11에서 볼 수 있듯이 특정 값이 발생할 확률을 표현하는 정규분포곡선은 종과 유사한 형태를 가진다.
- 정규분포곡선은 가로축과 두 점에서 접하며, 이 점들은 각각 산술 평균보다 표준 편차의 세 배 크기만큼 크거나 작은 값이다. 즉, 산술 평균보다 표준 편차의 세 배만큼 크거나 작은 값이 발생될 확률은 거의 제로에 가깝다는 것이다. 이렇게 최대 변동 값이 표준 편차의 세 배인 $3\sigma_x$보다 작은 것은 정규 분포의 기본 특징 중 하나다. 정확하게는 모든 값의 68.26퍼센트는 한 배 크기의 표준 편차 내에서, 95.45퍼센트는 두 배 크기의 표준 편차 내에서 그리고 99.73퍼센트는 세 배 크기의 표준 편차 내에서 발생한다. 따라서 세 배 크기의 표준 편차의 범위 내에 확률 값을 모두 더한 합인 정규분포곡선의 아래 부분은 1과 같다.

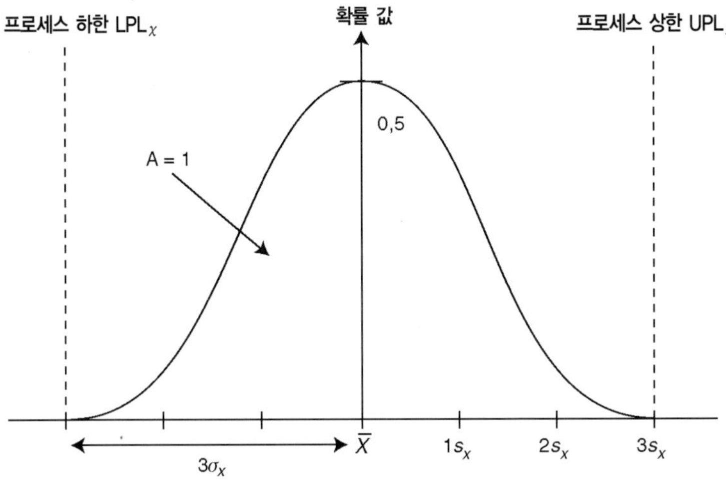

그림 11.11 정규분포곡선

정규 분포를 따르는 통계치는 $-3\sigma_x$부터 $+3\sigma_x$까지 총 $6\sigma_x$ 내에서 발생하기 때문에, 이 범위를 벗어나서 발생되는 프로세스로부터의 값은 특별한 원인에 따른 우발적 변동이 된다. 프로세스 관리를 위한 관리도control chart는 프로세스로부터 발생된 측정치와 함께 그림 11.11에서 볼 수 있듯이 좌우 방향으로 $3\sigma_x$ 크기의 상한선과 하한선을 사용한다. 프로세스 관리도에 대해서는 11.4.4에서 보다 자세히 설명할 것이다.

만성적 변동이 낮을수록 개별 프로세스의 품질 수준이 높다고 할 수 있으며, SPC는 이렇게 자연적으로 발생되는 변동을 감소시키고, 우발적 변동의 발생을 발견하는 데 활용될 수 있다. 단, SPC를 이용하기 위해서는 프로세스와 관련된 기대치와 변동 폭이 일정해 통계적으로 안정적이어야 한다.

위에서 설명한 기본적인 통계 원칙들과 관련 법칙을 기반으로 비즈니스 프로세스를 관리하면서 평균값의 변화 여부, 변동 폭의 증가 여부, 기대되는 한계 이상의 변동 발생 여부, 허용 가능한 변동 폭의 범위 등에 대한 분석이 가능하다. 평균값과 차이가 크지만 표준 편차의 세 배보다는 작은 관측치가 존재할 때, 프로세스를 조정해 이 값을 보정하려고 하면 오히려 프로세스 자체의 균형이 무너지게 될 수 있다. 즉 프로세스를 조정함에 따라 오히려 반대편으로 변동 폭이 확대되는 것이다. 이렇게 일반적으로 발생 가능한 변동 값임에도 불구하고 프로세스 자체를 조절하고자 하는 것을 보통 부정 변경tampering이라고 하며, SPC의 적합한 활용을 위해서는 피해야 하는 방식이다.

일반적인 생산 공정과 관련된 물리적 측정치뿐만 아니라 다음과 같은 여러 가지 비즈니스 프로세스 및 프로세스 관련 측정치들이 다양한 관리도를 이용하는 SPC 분석에 활용될 수 있다.

- 업무를 수행하는 시간
- 프로세스 수행에 따라 발생하는 비용
- 프로세스 수행에서 발생하는 오류, 결함 또는 불량품의 횟수

- 길이, 넓이 등 특정한 물리적 값

기대되는 평균값과 변동 폭을 기반으로 관리 한계 control limits를 정의함으로써 프로세스의 특징과 관련된 측정치들을 도표에 표현할 수 있다. 목적 및 결과에 따라 다양한 측정치들의 활용이 가능하며, 상황에 맞는 적절한 측정치들에 대해서는 11.4.5에서 보다 자세하게 설명할 것이다. 결론적으로, SPC는 프로세스를 모니터링하고 개선하는 데 활용할 수 있는 좋은 도구인 것이다.

11.4.3 관리도의 종류

정규 분포의 특성에 기반한, 표준 편차의 세 배 크기의 관리한계선은 가장 간단한 형태의 관리도라고 할 수 있다. 하지만 정규 분포를 활용한 관리도가 모든 상황에 적합한 것은 아니며, 여러 가지 형태의 관리도가 개발되어왔다. 먼저 다음과 같이 정보를 두 가지 형태로 구분하는 것이 필요하다.

- **연속형 데이터**_ 미터, 시간, 제곱미터 등 측정이 가능한 정보로 비교적 높은 정확도를 가지고 연속적인 형태로 측정이 가능하다.
- **이산형 데이터**_ 합격/불합격, 흑/백, 완료/미완료 등 측정이 불가능한 속성이나 특징을 분류하는 정보로 정수나 일정한 구간 값을 통해 수치로 표현이 가능하다. 연속형 데이터는 이산형 데이터로 변환이 가능한데, 예를 들어 길이로 나타나는 연속형 데이터에 일정한 기준을 정해 합격/불합격으로 분류하면 이산형 데이터로 바꿀 수 있다.

연속형 데이터 variable data에는 프로세스와 관련된 중심과 함께 변동 폭을 관리하는 두 개의 관리도가 필요하며, 이산형 데이터 attribute data는 한 개면 충분하다. 그림 11.11과 같은 관리도를 활용할 때는 다음과 같은 문제점에 주의해야 한다.

- 측정치가 항상 정규 분포를 보이지는 않으며, 정규 분포가 아닌 경우 관리 한계가 불확실해진다.
- 관리도가 프로세스의 변화를 민감하게 반영하기 어렵다. 즉 프로세스의 중심 또는 변동 폭이 변화했음에도 불구하고 측정치들은 관리 한계 내에 나타날 수 있다.

위와 같은 문제점은 관리도의 작성에서 개별 측정치를 사용하는 대신 일정한 그룹으로 나누어 그룹별 평균값을 사용하는 방법으로 일정 부분 해결이 가능하다. 개별 측정치가 어떤 분포를 가지든 그룹별 평균치는 정규 분포를 가진다는 특징이 있기 때문에 첫 번째 문제점을 피할 수 있다. 또한 그룹별 평균값을 사용하는 관리도는 프로세스 중심의 변화에 더 민감하기 때문에 두 번째 문제점도 약화시킬 수 있다. 개별 측정치에 기반한 관리도의 프로세스 한계 대신 m개의 그룹별 평균값에 기반한 관리 한계와 관련된 전체 평균값은 다음과 같다.

$$\overline{\overline{X}} = \frac{1}{m}\sum_{j=1}^{m}\overline{X}_j$$

관리 하한 lower control limit(LCL)과 관리 상한 upper control limit(UCL)은 각각 전체 평균값에 세 배의 표준 편차를 빼거나 더해서 구하며, n개의 개별 측정치를 가진 특정 그룹의 표준 편차는 다음과 같다.

$$s_{\bar{x}} = \frac{s_x}{\sqrt{n}}$$

그림 11.12에서 분류했듯이 정보의 형태와 측정값의 개수에 따라 일곱 개의 관리도가 가장 많이 활용되고 있다. 관리도에 관한 보다 자세한 내용은 참고문헌에 있는 스원슨 Swanson의 1995년 자료를 활용할 수 있다. 연속형 데이터를 활용하기 위해서는 측정치의 개수에 따라서 다음의 세 가지 관리도를 활용할 수 있다.

- **평균값과 표준 편차** $\bar{X}\text{-}s$ **관리도**_ 평균값 관리도는 측정 그룹별로 평균값을 표시하며, 표준 편차 관리도는 평균값의 변동 폭을 모니터링한다. 평균값과 표준 편차 관리도를 사용하기 위해서는 보통 개별 그룹별 측정값의 개수가 열 개 이상이어야 한다.
- **평균값과 범위** $\bar{X}\text{-}R$ **관리도**_ 평균값 관리도는 측정 그룹별로 평균값을 표시한다. 개별 그룹의 측정값의 개수가 열 개 미만이기 때문에 표준 편차 대신 그 그룹의 최대 측정값과 최소 측정값의 차인 범위를 활용한다. 범위는 표준 편차보다 이해하기가 쉽기 때문에, 변동 폭의 모니터링을 위해 범위 관리도가 표준 편차 관리도보다 자주 사용된다. 따라서 평균값과 범위 관리도에 대해 자세히 설명하고자 한다.
- **개별 측정값과 이동 범위** $x\text{-}Rs$ **관리도**_ 개별 측정값 관리도는 각각의 측정값에 기반하기 때문에 앞에서 설명했듯이 변화에 대한 민감도가 낮다는 문제점이 있지만 측정값을 구하기 쉽다는 장점도 있다. 또한 온도와 같이 측정값의 변화가 빈번해 그룹별로 측정이 어려운 경우에도 활용이 가능하다. 변동 폭의 모니터링에는 이동 범위 관리도를 활용하며, 이동 범위는 인접한 두 측정값의 차이가 된다.

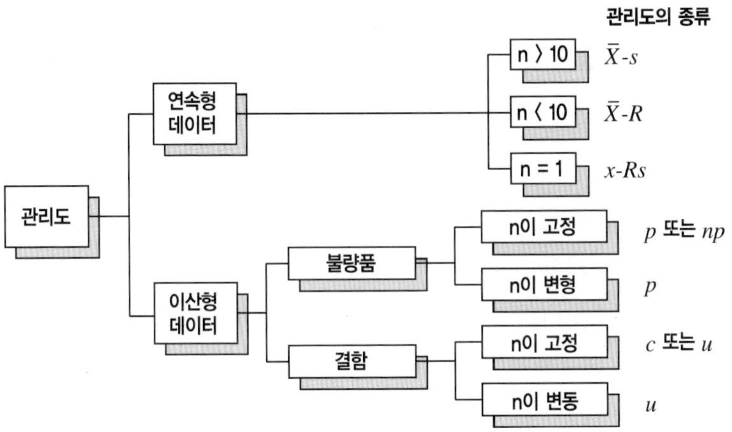

그림 11.12 관리도의 종류 및 분류

이산형 데이터에 기반한 관리도는 크게 분석하고자 하는 대상이 불량품defective 인지 또는 결함defect인지에 따라 구분된다. 불량품은 일정 기준을 만족시키지 못해 폐기되는 물품이며, 결함은 일부 문제가 있지만 허용 범위에 포함되어 물품 자체를 폐기시키지는 않는 부분이다. 이산형 데이터의 분석을 위한 관리도는 다음과 같다.

- **불량 개수***np* **관리도**_ 불량 개수 관리도는 일정한 크기로 고정된 표본 수를 기반으로 불량품의 개수를 모니터링하기 위해 활용된다. 예를 들어 하루에 생산된 자동차들 중 불량품의 개수, 하루에 발생된 주문 처리에서 발생된 오류 횟수 등을 측정하는 데 사용될 수 있다.
- **불량률***p* **관리도**_ 불량률 관리도는 표본 수가 일정하게 고정되거나 또는 변동하는 경우 불량품의 개수를 파악하는 데 활용된다.
- **결함 수***c* **관리도**_ 결함 수 관리도는 일정한 크기로 고정된 표본 수를 기반으로 결함 수를 모니터링하는 데 이용된다. 예를 들어 다섯 장의 문서에서 발생되는 오류의 개수, 회로도에서 발생한 결함의 수 등을 측정하는 데 사용될 수 있다.
- **단위당 결함 수***u* **관리도**_ 단위당 결함 수 관리도는 결함 수 관리도의 보다 일반적인 형태로 표본 수가 변동하더라도 사용할 수 있다.

전체 상품들 중에서 일부만이 불량품이기 때문에 불량 개수 관리도의 측정값들은 표본 수를 초과할 수 없지만, 결함 수 관리도와 단위당 결함 수 관리도에서 결함 수는 표본 수를 초과할 수 있다. 예를 들어 상품 열 개의 표면을 검사했을 때, 다섯 개는 완벽하지만 나머지 다섯 개의 상품에서 총 열한 개의 결함이 발견될 수 있다. 만약 일정한 결함에 대해 용납하고 불량으로 보지 않는 기준이 있다면 불량 개수 관리도는 다섯 개의 불량품을 표시한다. 반면에 결함 수 관리도는 불량품에 대해서는 정보를 주지 못하고 단지 열한 개의 전체 결함 수만을 표시하게 된다.

11.4.4 관리도의 작성 방법

여기에서는 SPC의 단계와 관리도의 종류에 따른 관리 한계의 계산 방법 및 상세 활용 방법에 대해 설명하고자 한다. 일반적인 SPC의 단계는 다음과 같다.

1. 연속형 또는 이산형 데이터 중 어떤 종류의 정보를 얼마만큼의 표본 수를 가지고 수집 및 관리할 것인지 결정한다.
2. 그림 11.12를 참고해 적절한 관리도의 종류를 선정한다.
3. 관리 한계를 계산하기 위한 자료를 수집한다.
4. 세로축에는 측정된 변수의 값을, 가로축에는 시간, 그룹, 측정 횟수 등 프로세스 관련 내용을 위치시킨다. 측정값의 표시가 쉽도록 일정 구간별로 구분자를 표시한다.
5. 관리 하한 및 관리 상한, 평균값, 자료의 범위 등 필요한 수치를 계산한다. 만약 어떤 측정값이 관리 한계의 범위 바깥에 위치하면, 이 값을 제외하고 새로운 관리 한계를 계산한다. 또다시 새로 계산된 관리 한계의 범위를 벗어나는 측정값이 발생한다면, 분석 대상이 되는 프로세스가 통계적으로 불안정하다는 의미이기 때문에 원인을 파악해 제거해야만 한다.
6. 도표에 측정값들과 함께 관리한계선을 표시한다.
7. 분석 대상 프로세스의 측정값들을 계속 수집해 도표에 표시하면서, 다음에 설명하는 관리도의 해석 지침을 기반으로 프로세스 개선을 수행한다.

이것은 SPC 단계를 수작업으로 이용하는 경우이며, 품질 개선을 위해 고안된 많은 컴퓨터 프로그램에 관리도를 작성하기 위한 모듈이 들어 있다. 아래에서는 종류별로 관리도를 작성하는 세부 방법에 대해 설명하고자 한다.

평균값과 범위 관리도

앞에서 설명했듯이 평균값과 범위 관리도는 함께 사용되는데, 평균값 관리도는 프로세스의 중심에 초점을 맞추며 범위 관리도는 변동 폭을 분석한다. 평균값과 범위 관리도를 작성하는 단계는 아래와 같으며, 그 예가 그림 11.13과 그림 11.14에 나와 있다.

1. 일반적으로 측정을 위해 125개 이상의 최신 자료를 수집한다.
2. 수집된 자료를 적어도 스물다섯 개 이상의 적절한 그룹으로 구분해 관리 한계를 계산한다. 분리된 그룹의 자료들은 인접한 시간과 동일한 조건에서 측정되어 논리적으로 밀접한 관계를 가져야 한다. 통상적으로 개별 그룹은 두 개에서 다섯 개의 자료로 구성되며, 이 숫자가 표본 수 n을 의미한다.
3. 개별 그룹별로 평균값 $\overline{X}$과 최댓값과 최솟값의 차이인 범위 R를 계산한다. 평균값은 원래 측정된 값의 자릿수보다 한 자리 이하까지 구한다.
4. 전체 개별 자료를 평균하든지 아니면 개별 그룹의 평균을 다시 평균해, 전체 평균 $\overline{\overline{X}}$을 계산한다. 전체 평균은 평균값 관리도에서 중심선으로 나타나게 되며, 원래 측정된 값의 자릿수보다 두 자리 이하까지 구한다.
5. 세 번째 단계에서 계산한 범위들을 평균해 평균 범위 $\overline{R}$를 계산한다. 평균 범위는 범위 관리도에서 중심선으로 표시된다.
6. 평균값과 범위 관리도의 관리 한계를 계산한다. 계산상의 편의를 위해 표 11.1에 표본 수가 1부터 10인 경우 각각 세 배의 표준 편찻값에 해당하는 계산 인수를 제시했다. 만약 표본 수가 열 개를 넘으면 평균값과 표준 편차 관리도를 활용해야 한다. 한 가지 주의할 점은 표 11.1에서 알 수 있듯이 표본 수가 여섯 개 이하인 경우에는 범위 관리도를 위한 관리 하한이 계산되지 않는다.

   평균값 관리도의 관리 상한 및 관리 하한은 다음의 식으로 구할 수 있으며, 일반적으로 원래 측정된 값의 자릿수보다 두 자리 이하까지 표현한다.

$$\mathrm{LCL}_{\overline{X}} = \overline{\overline{X}} - A_2\overline{R}$$
$$\mathrm{UCL}_{\overline{X}} = \overline{\overline{X}} + A_2\overline{R}$$

$LCL_{\bar{x}}$ _ 평균값 관리도의 관리 하한　　　　$UCL_{\bar{x}}$ _ 평균값 관리도의 관리 상한
$\bar{\bar{X}}$ _ 전체 평균　　$\bar{R}$ _ 평균 범위　　　　A_2 _ 평균값 관리도의 계산 인수

그룹을 구성하는 자료의 수(n)	평균값 관리도	범위 관리도	
	계산 인수(A_2)	관리 하한 계산 인수(D_3)	관리 상한 계산 인수(D_4)
2	1.880	–	3.267
3	1.023	–	2.575
4	0.729	–	2.282
5	0.577	–	2.115
6	0.483	–	2.004
7	0.419	0.076	1.924
8	0.373	0.136	1.864
9	0.337	0.184	1.816
10	0.308	0.223	1.777

표 11.1 관리 한계 계산 인수

범위 관리도의 관리 상한 및 관리 하한은 다음의 식으로 구하며, 일반적으로 원래 측정된 값의 자릿수보다 한 자리 이하까지 표현한다.

$$\mathrm{LCL}_R = D_3\bar{R} \qquad \mathrm{UCL}_R = D_4\bar{R}$$

LCL_R _ 범위 관리도의 관리 하한　　　　UCL_R _ 범위 관리도의 관리 상한
$\bar{R}$ _ 평균 범위　　　　D_3, D_4 _ 범위 관리도의 계산 인수

7. 가로축 및 세로축을 그리고 적절하게 표시한다. 각 축을 적절한 범위로 구분하고 측정 시기, 측정자, 표본 수 등 관련 정보를 표기한다. 실선으로 중심선을, 점선으

로 관리상한선과 관리하한선을 그린다.

8. 도표에 각각의 측정값을 표시한다. 관리도의 해석 및 활용 방안에 대해서는 이후 에 설명할 예정이다.

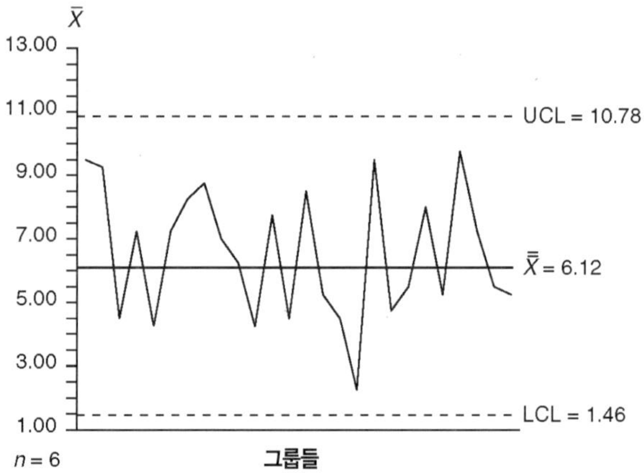

그림 11.13 평균값 관리도의 예

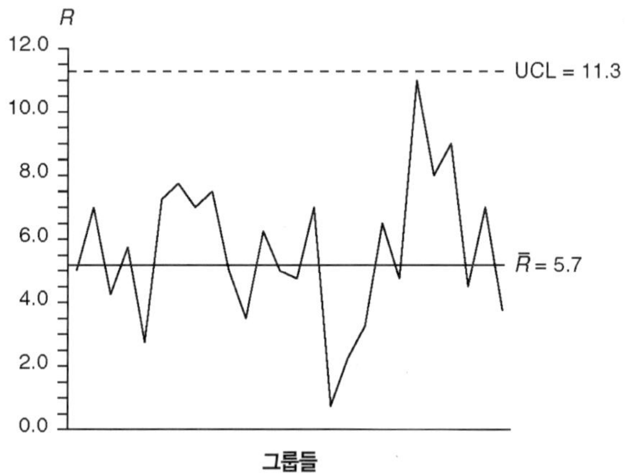

그림 11.14 범위관리도의 예

개별 측정값과 이동 범위 관리도

개별 측정값과 이동 범위 관리도는 함께 사용되는데, 개별 측정값 관리도는 프로세스의 중심에 초점을 맞추며 이동 범위 관리도는 변동 폭을 분석한다. 앞에서 설명했듯이 개별 측정값과 이동 범위 관리도는 민감하지 않다는 단점은 있지만, 프로세스와 관련해 통계적인 측정이 힘들거나 비용이 많이 필요한 경우 유용하게 사용될 수 있다. 개별 측정값과 이동 범위 관리도를 작성하는 단계는 앞에서 설명한 평균값과 범위 관리도의 작성 단계와 거의 동일하며, 단지 관리 한계의 계산에서 약간의 차이가 존재한다.

1. 일반적으로 스물다섯 개 이상의 최신 측정 자료를 수집한다.
2. 전체 측정 자료의 평균값$\overline{X}$을 계산해 개별 측정값 관리도에 중심선으로 표시한다.
3. 전체 측정 자료를 기반으로 인접한 두 측정값의 이동 범위Rs를 계산한다. 첫 번째 측정값을 기준으로는 이동 범위를 계산할 수 없기 때문에, 이동 범위의 개수는 전체 측정 자료의 수보다 1이 적게 된다.
4. 세 번째 단계에서 구한 이동 범위들의 평균값인 평균 이동 범위$\overline{Rs}$를 계산해 이동 범위 관리도의 중심선으로 표시한다.
5. 개별 측정값과 이동 범위 관리도의 관리 한계를 계산한다. 계산상의 편의를 위해 각각 세 배의 표준 편찻값에 해당하는 변동분에 대한 계산 인수를 사용한다. 개별 측정값 관리도의 경우 계산 인수는 2.66으로, 관리 한계는 다음과 같다.

$$\mathrm{LCL}_x = \overline{X} - 2.66\overline{Rs}$$
$$\mathrm{UCL}_x = \overline{X} + 2.66\overline{Rs}$$

LCL_x _ 개별 측정값 관리도의 관리 하한 UCL_x _ 개별 측정값 관리도의 관리 상한
$\overline{X}$ _ 전체 평균 $\overline{Rs}$ _ 평균 이동 범위

인접한 두 측정값의 차이로 계산된 각각의 이동 범위에 대한 표본 수는 항상 2가 되기 때문에, 이동 범위 관리도의 계산 인수로는 표 11.1의 자료 수$_n$가 2인 3.267을 사용한다. 자료 수가 여섯 개 이하인 경우에는 관리 하한이 존재하지 않으므로, 이동 범위 관리도의 관리 상한은 다음과 같다.

$$\mathrm{UCL}_{Rs} = 3.267\overline{Rs}$$

UCL_{Rs} – 이동 범위 관리도의 관리 상한	$\overline{Rs}$– 평균 이동 범위

6. 가로축 및 세로축을 그리고 적절하게 표시한다. 각 축을 적절한 범위로 구분하고 측정 시기, 측정자, 표본 수 등 관련 정보를 표기한다. 실선으로 중심선을, 점선으로 관리상한선과 관리하한선을 그린다.
7. 도표에 각각의 측정값을 표시한다. 관리도의 해석 및 활용 방안에 대해서는 이후에 설명할 예정이다.

개별 측정값과 이동 범위 관리도는 그림 11.13 및 그림 11.14의 평균값과 범위 관리도와 유사한 형태를 가지게 된다.

불량률 관리도

지금까지 설명한 관리도가 연속형 데이터를 바탕으로 중심 값과 변동을 두 개의 도표로 표현했다면, 이산형 데이터를 기반으로 한 관리도는 한 개의 도표로 중심 값과 변동을 나타낼 수 있다. 불량품의 비율을 나타내는 불량품 관리도의 작성 절차는 다음과 같다.

1. 관리도를 작성하기 위해 최신 자료를 수집하고, 날짜 등으로 정렬된 그룹으로 분류한다. 그룹의 수는 적어도 스물다섯 개 이상으로 개별 그룹 내 표본 수는 쉰 개 이상이 필요하며, 평균 불량률$_{np}$은 세 개에서 네 개를 넘어야 한다.

2. 개별 그룹별로 불량품의 개수를 그룹 내 표본 수로 나누고 100을 곱해 불량률$_p$을 계산한다.

3. 불량률 관리도의 중심 값으로 사용하기 위한 전체 평균 불량률$_{\bar{p}}$을 계산한다. 전체 평균 불량률은 전체 불량품의 수를 전체 검사 대상의 수로 나누어 구할 수 있다.

4. 관리 한계는 다음과 같이 구한다.

$$\mathrm{LCL}_p = \bar{p} - 3\sqrt{\frac{\bar{p}(1-\bar{p})}{n}} \qquad \mathrm{UCL}_p = \bar{p} + 3\sqrt{\frac{\bar{p}(1-\bar{p})}{n}}$$

LCL_p _ 불량률 관리도의 관리 하한　　UCL_p _ 불량률 관리도의 관리 상한
$\bar{p}$_ 전체 평균 불량률

만약 계산된 관리 하한 값이 음수인 경우, 그 값은 존재하지 않는다. 또한 관리 한계 계산식에서 알 수 있듯이 표본 수가 변하면 관리 한계도 바뀌게 된다. 따라서 각각 그룹별로 표본 수가 다르다면, 관리 한계도 새롭게 구해야 한다. 이렇게 그룹별로 관리 한계를 계산하는 것이 상당히 번거롭기 때문에, 비교적 정확한 결과를 보장하는 간단한 방법이 고안되었다. 만약 모든 그룹의 표본 수가 전체 평균 표본 수$_{\bar{n}}$를 기준으로 20퍼센트 이내에 있다면, 앞의 계산식에서 표본 수 대신 전체 평균 표본 수를 사용할 수 있다.

5. 가로축 및 세로축을 그리고 적절하게 표시한다. 각 축을 적절한 범위로 구분하고 측정 시기, 측정자, 표본 수 등 관련 정보를 표기한다. 실선으로 중심선을, 점선으로 관리상한선과 관리하한선을 그린다.

6. 도표에 각각의 측정값을 표시한다. 관리도의 해석 및 활용 방안에 대해서는 이후에 설명할 예정이다.

여기에서 설명하는, 이산형 데이터를 기반으로 한 네 종류의 관리도는 중심선으로 다른 값들을 사용할 뿐 유사한 형태를 가지고 있기 때문에 추가적인 예시는 생략했다.

불량 개수 관리도

표본 수가 변하는 경우 불량률 관리도를 사용한다면, 표본 수가 일정한 경우에는 불량 개수 관리도를 적용할 수 있다. 불량 개수 관리도의 작성 절차는 불량률 관리도의 작성 절차와 상당히 유사하며 다음과 같다.

1. 관리도를 작성하기 위해 최신 자료를 수집하고 그것을 일정한 그룹별로 나눈다. 표본 수가 쉰 개 이상인 그룹이 적어도 스물다섯 개 이상 필요하며, 평균 불량률은 세 개에서 네 개를 넘어야 한다.
2. 불량 개수 관리도의 중심 값으로 전체 불량 개수를 그룹의 수로 나눈 그룹별 평균 불량 개수 np를 사용한다.
3. 관리 한계는 다음과 같이 구한다.

$$\mathrm{LCL}_{np} = n\bar{p} - 3\sqrt{n\bar{p}\left(1-\bar{p}\right)} \qquad \mathrm{UCL}_{np} = n\bar{p} + 3\sqrt{n\bar{p}\left(1-\bar{p}\right)}$$

LCL_{np} _ 불량 개수 관리도의 관리 하한	UCL_{np} _ 불량 개수 관리도의 관리 상한
$\bar{p}$ _ 전체 평균 불량률	

   만약 계산된 관리 하한 값이 음수인 경우, 그 값은 존재하지 않는다.

4. 가로축 및 세로축을 그리고 적절하게 표시한다. 각 축을 적절한 범위로 구분하고 측정 시기, 측정자, 표본 수 등 관련 정보를 표기한다. 실선으로 중심선을, 점선으로 관리상한선과 관리하한선을 그린다.
5. 도표에 각각의 측정값을 표시한다. 관리도의 해석 및 활용 방안에 대해서는 이후에 설명할 예정이다.

단위당 결함 수 관리도

앞에서 설명했듯이 결함 수 관리도 또는 단위당 결함 수 관리도는 결함의 수를 활용한다는 점에서 불량품의 수를 기준으로 하는 불량률 관리도 또는 불량 개수 관리도와 다르다. 결함이 있다고 항상 불량품은 아닌 것이다. 단위당 결함 수 관리도는 고정되거나 변동되는 표본 수에 모두 사용이 가능하며 다음과 같은 절차에 따라 작성된다.

1. 관리도를 작성하기 위해 통상적으로 검사한 물품의 수$_n$와 발견된 결함 수$_c$로 짝지어 구성된 스물다섯 개 이상의 그룹을 구성한다. 검사한 물품의 수는 쉰 개 이상이어야 하며, 그룹당 평균 결함 수는 한 개에서 세 개를 넘어야 한다.
2. 개별 그룹별로 결함 수를 표본 수로 나눈 단위당 결함 수$_u$를 구한다. 그룹별로 표본 수가 다를 수 있기 때문에 각각의 그룹별로 단위당 결함 수를 구해야 한다.
3. 단위당 결함 수 관리도의 중심 값으로 사용하기 위해 전체 결함 수를 전체 검사 물품의 수로 나눈 평균 단위당 결함 수$_{\bar{u}}$를 계산한다.
4. 관리 한계는 다음과 같이 구한다.

$$\text{LCL}_u = \bar{u} - 3\sqrt{\frac{\bar{u}}{n}} \qquad \text{UCL}_u = \bar{u} + 3\sqrt{\frac{\bar{u}}{n}}$$

LCL_u – 단위당 결함 수 관리도의 관리 하한	UCL_u – 단위당 결함 수 관리도의 관리 상한
$\bar{u}$ _ 평균 단위당 결함 수	

만약 계산된 관리 하한 값이 음수인 경우, 그 값은 존재하지 않는다. 또한 관리 한계 계산식에서 알 수 있듯이 표본 수가 변하면 관리 한계도 바뀌게 된다. 따라서 각각 그룹별로 표본 수가 다르다면, 관리 한계도 새롭게 구해야 한다. 따라서 불량률 관리도에서 사용한 것과 유사한 간편 계산법을 사용할 수 있다. 만약 모든 그룹의 표본 수가 전체 평균 표본 수를 기준으로 20퍼센트 이내에 있다면, 위의 계산

식에서 표본 수 대신 전체 평균 표본 수를 사용할 수 있다. 단, 20퍼센트의 범위를 넘어서는 표본 수를 가진 그룹에 대해서는 관리 하한이 별도로 계산되어야 한다.

5. 가로축 및 세로축을 그리고 적절하게 표시한다. 각 축을 적절한 범위로 구분하고 측정 시기, 측정자, 표본 수 등 관련 정보를 표기한다. 실선으로 중심선을, 점선으로 관리상한선과 관리하한선을 그린다.
6. 도표에 각각의 측정값을 표시한다. 관리도의 해석 및 활용 방안에 대해서는 이후에 설명할 예정이다.

결함 수 관리도

결함 수 관리도는 표본 수가 일정한 경우에 사용할 수 있으며, 단위당 결함 수 관리도와 유사하게 다음과 같은 절차에 따라 작성된다.

1. 측정치가 쉰 개가 넘는 스물다섯 개 이상의 그룹으로 구성된 자료를 수집한다. 그룹당 평균 결함 수는 한 개에서 세 개를 넘어야 한다.
2. 결함 수 관리도의 중심 값으로 사용하기 위해 전체 결함 수를 그룹의 수로 나눈 평균 결함 수 $\bar{c}$를 계산한다.
3. 관리 한계는 다음과 같이 구한다.

$$\mathrm{LCL}_c = \bar{c} - 3\sqrt{\bar{c}}$$

$$\mathrm{UCL}_c = \bar{c} + 3\sqrt{\bar{c}}$$

LCL_c _ 결함 수 관리도의 관리 하한 UCL_c _ 결함 수 관리도의 관리 상한
$\bar{c}$ _ 평균 결함 수

만약 계산된 관리 하한 값이 음수인 경우, 그 값은 존재하지 않는다.

4. 가로축 및 세로축을 그리고 적절하게 표시한다. 각 축을 적절한 범위로 구분하고 측정 시기, 측정자, 표본 수 등 관련 정보를 표기한다. 실선으로 중심선을, 점선으

로 관리상한선과 관리하한선을 그린다.

5. 도표에 각각의 측정값을 표시한다. 관리도의 해석 및 활용 방안에 대해서는 아래에서 설명할 예정이다.

11.4.5 관리도의 해석 및 활용

SPC는 상황에 적합한 관리도의 종류를 선택해 작성하는 것이 중요하며, 또한 작성된 관리도의 의미를 파악해 적절한 방안을 시행할 수 있어야만 의미를 가질 수 있다.

관리도에 나타나는 대부분의 변동은 프로세스에 본래부터 존재하고 있는 만성적 변동으로, 변동을 관리하기 위한 특별한 조치가 필요하지 않다. 물론 프로세스의 개선을 통해 평균값과 변동 폭을 줄이고자 하는 목표는 필요하다. 예를 들어 중요한 문서를 발급하는 데 소요되는 평균 시간이 세 시간 이십 분이고 표준편차가 삼십 분일 때, SPC의 적절한 활용을 통해 평균 시간을 두 시간으로 표준편차는 십오 분으로 개선하는 것이 가능할 것이다.

일반적으로 변동의 매우 작은 부분만이 특별한 주의와 조치가 필요한 우발적 변동으로부터 발생된다. 관리 한계를 벗어나는 부분과 관리 한계를 벗어나지 않더라도 일정한 패턴을 보이는 부분이 우발적 변동으로 설명된다. 아래에서는 다양한 종류의 변동을 나타내는 관리도의 예와 그 의미를 설명하겠다.

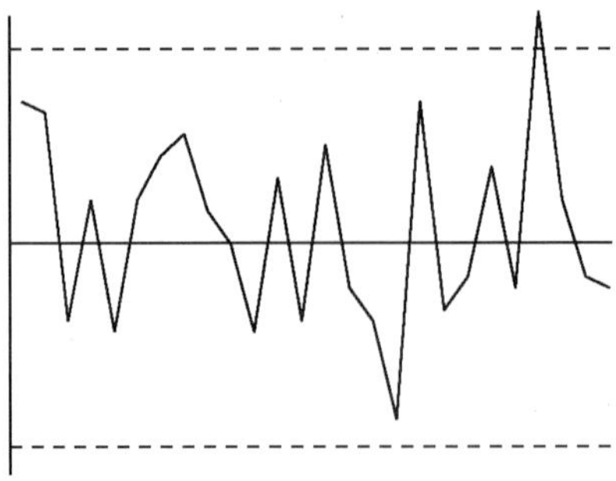

그림 11.15 한 부분이 관리 한계를 벗어난 관리도의 예

1. 적절하게 관리되는 프로세스는 통계적으로 허용되는 변동을 보여 준다(그림 11.13 참고). 프로세스 자체의 개선을 목표로 하지 않는다면, 특별한 조치는 필요 없다.
2. 그림 11.15는 한 부분이 관리 상한의 바깥에 위치하는 관리도의 예다. 통계적으로 볼 때 표준 편차의 세 배 이상의 값이 발생할 확률은 1000분의 2 또는 3 정도로 그 가능성이 매우 적다. 하지만 확률이 매우 낮을지라도 특별한 원인 없이 그러한 가능성이 발생할 수 있으며, 일정 시간 내에 추가적으로 관리 한계를 벗어나는 값이 발생하지만 않는다면 문제가 되지 않는다.
3. 그림 11.16에서처럼 여러 부분이 관리 한계를 벗어난다면, 이러한 변동을 발생시킨 특별한 원인이 존재한다는 것을 의미한다. 따라서 원인을 규명해 해결할 필요가 있다.
4. 만약 두 개에서 세 개의 연속적인 부분이 중심선의 한쪽에서 표준 편차의 두 배보다 큰 값으로 발생하거나 다섯 개의 연속적인 부분 중 네 개 이상이 중심선의 한쪽으로 표준 편차의 배보다 크게 발생한다면 프로세스가 불안정하거나 변화하고 있다는 것을 의미한다(그림 11.17 참고). 이러한 변화는 예를 들어 신규 작업자의 투입, 새로운 공구의 사용, 원료의 변화 등 특별한 원인에 의해 발생된다. 따라서 모니터링을 계속하기 전에 이러한 변화의 원인을 발견하고 새로운 관리 한계를 계산해 설정하는 것이 필요하다. 만약 이러한 변화의 원인이 신규 작업자의 투입이라면, 오히려 프로세스를 개선하는 좋은 기회가 될 수도 있다. 즉 숙련된 최고의 선임자가 신규 작업자를 지도하는 일종의 벤치마킹을 적용할 수 있을 것이다.

5. 만약 상대적으로 많은 부분이 중심선을 기준으로 한쪽에서만 발생한다면, 프로세스의 중심 값이 변화하고 있다는 것을 의미한다. 통상적으로 중심선을 기준으로 양쪽에 동일한 수의 값이 존재하는 것이 일반적이다. 그림 11.18의 예와 같이 만약 열한 개 중 열 개, 열네 개 중 열두 개, 열일곱 개 중 열네 개가 중심선을 기준으로 한쪽에만 위치한다면 일정한 변동을 발생시키는 원인이 존재한다는 것을 의미한다. 따라서 이러한 원인을 규명해 개선할 필요가 있다.
6. 일반적으로 새로운 측정값은 기존 값에서 증가 및 감소가 반복되어 나타난다. 그림 11.19의 예와 같이 만일 여섯 개 이상의 값이 계속해서 증가하거나 감소만 한다면 프로세스가 변화하고 있다는 것을 의미한다. 따라서 이러한 원인을 규명해 개선할 필요가 있다.

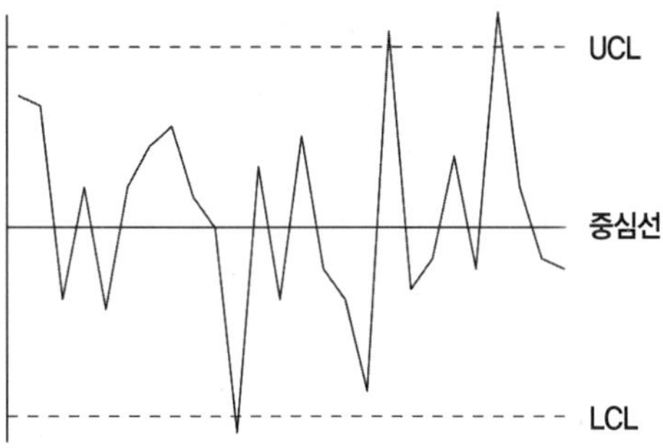

그림 11.16 여러 부분이 관리 한계를 벗어난 관리도의 예

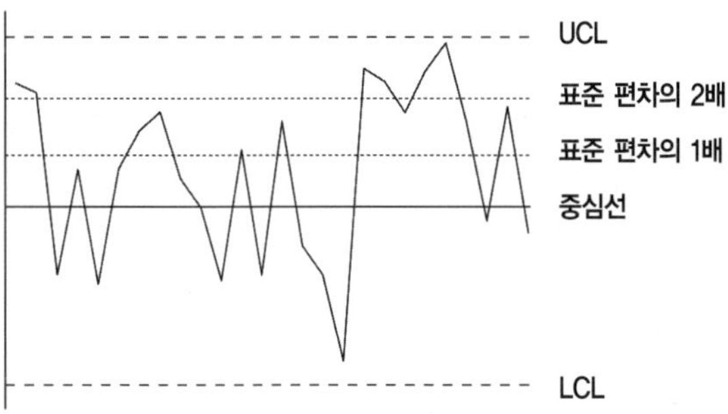

그림 11.17 프로세스가 변화하고 있는 관리도의 예

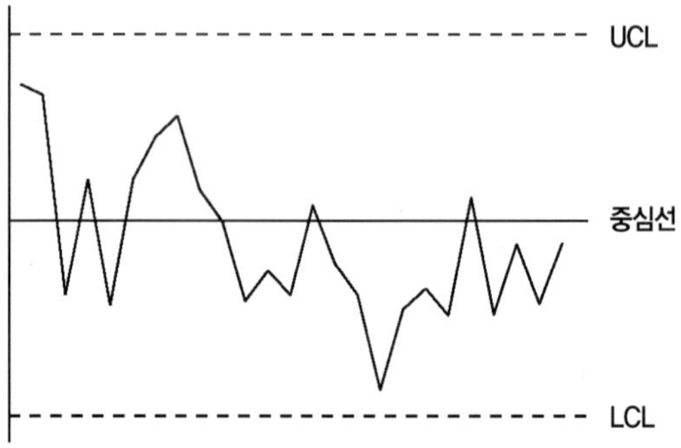

그림 11.18 상대적으로 많은 부분이 중심선의 한쪽에 있는 관리도의 예

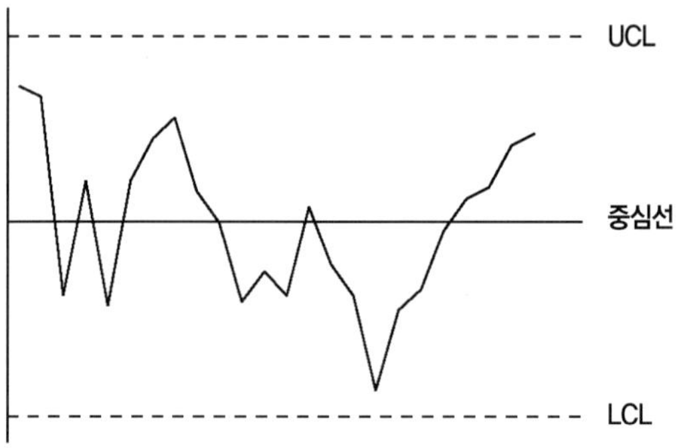

그림 11.19 일정한 추세가 있는 프로세스 관리도의 예

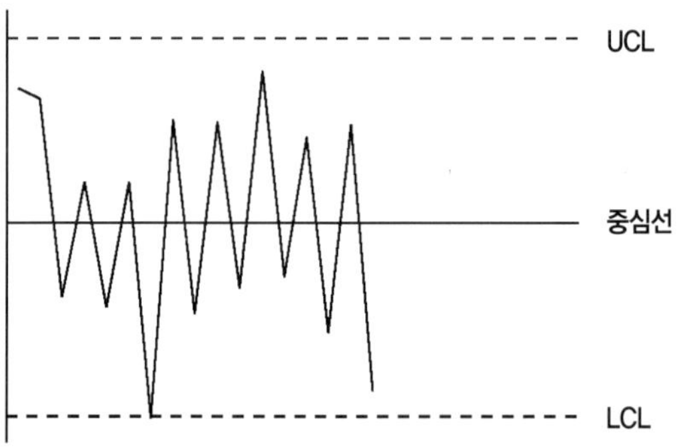

그림 11.20 측정값을 기준으로 조작(부정 변경) 가능성이 있는 관리도의 예

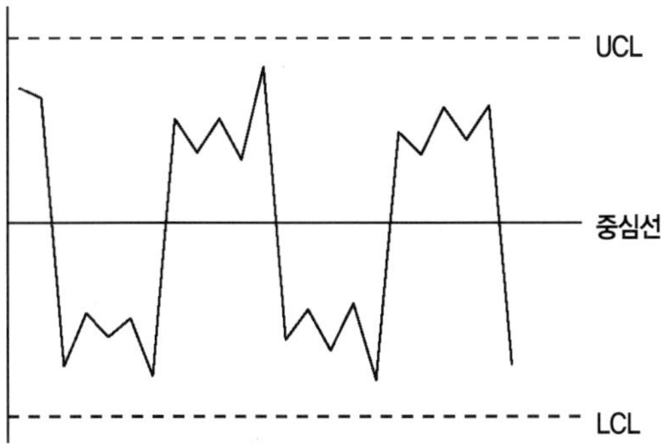

그림 11.21 반복적인 흐름을 보여 주는 관리도의 예

7. 측정값이 중심선을 기준으로 양쪽에 반복적으로 나타나는 것이 일반적이기는 하지만, 그림 11.20과 같이 열네 개 이상의 부분이 중심선을 기준으로 체계적으로 양쪽으로 반복될 확률은 매우 낮다. 이러한 현상이 발생하는 것은 개별 측정값을 기준으로 중심 값을 계속 변화시키는 조작(부정 변경)을 했기 때문일 가능성이 있다.
8. 그림 11.21의 예는 측정값들이 일정한 흐름을 가지고 반복되는 것을 보여 준다. 이러한 반복적인 흐름의 원인으로는 작업자의 순환 근무, 하루 중 기온의 변화 등이 있다.

SPC를 활용할 때는 관리도에 대한 이해와 함께 프로세스 자체에 대한 지식도 적용해야 한다. 이렇게 할 때 SPC는 프로세스를 개선하고 점검하는 데 유용한 도구가 될 것이다. 관리도를 통해 파악된 문제점은 가능한 한 빨리 해결되어야 한다. 일반적으로 관리도에 나타난 문제점의 특정한 원인을 파악하는 것이 쉽지 않은 경우가 많으며, 이러한 경우 업무를 수행하는 다양한 인원으로 구성된 조직(복합기능 팀)을 통해 계속적으로 활동할 필요가 있다.

11.4.6 프로세스 능력 지수

여기서는 SPC와의 관련성을 고려해 프로세스 능력 지수process capability의 개념을 설명하고자 한다. 프로세스 능력 지수는 어떤 프로세스가 가지고 있는 변동성을 고려해 특정한 규격을 충족시킬 수 있는 정도를 의미한다. 통계적으로 안정적으로 관리되는 프로세스라고 할지라도 특정한 규격을 충족시킬 정도의 결과나 물품을 생산하지 못할 수 있다. 따라서 프로세스 능력 지수는 특정한 규격들과 관리 한계를 비교하는 데 사용된다.

규격들은 일반적으로 명목 값, 목표 값, 허용 값을 규정하는데 허용 값은 프로세스의 성능에 악영향을 끼치지 않는 범위에서 목표 값을 벗어날 수 있는 한계값이다. 일반적으로 상한 한계upper tolerance limit(UTL)와 하한 한계lower tolerance limit(LTL) 두 측면에서 규격을 설정하지만 특정한 프로세스에 대해서는 한쪽 규격을 사용할 수도 있다.

프로세스 능력 지수 중에서 조금 간단한 공정능력지수 C_p는 허용 한계와 자연 변동을 비교한다. 만약 명목 값을 중심으로 상한 한계와 하한 한계의 차이가 표준 편차의 여섯 배를 넘지 않으면, 이 프로세스는 규격을 준수하고 있다고 할 수 있다. C_p는 다음과 같이 계산한다.

$$C_p = \frac{\text{UTL} - \text{LTL}}{6\sigma}$$

*UTL*_ 상한 한계	*LTL*_ 하한 한계	σ_ 표준 편차

일반적으로 프로세스의 표준 편차는 알지 못하기 때문에 추정해서 사용한다. 표준 편차를 계산하기 위해서는 먼저 그룹별로 구분한 후 각 그룹에서 최댓값과 최솟값의 차이에 대한 평균 범위를 구한다. 이렇게 계산된 평균 범위를 이용해 추정된 표준 편차는 다음과 같다.

$$\sigma = \frac{\bar{R}}{d_2}$$

σ_ 표준 편차	$\bar{R}$_ 평균 범위	d_2_ 계산 인수

자료의 수(n)	계산 인수(d_2)
2	1.128
3	1.693
4	2.059
5	2.326
6	2.534
7	2.704
8	2.847
9	2.970
10	3.078

표 11.2 표준 편차 추정을 위한 인수

계산 인수는 이미 계산되어 있으며, 표본 수에 따른 값은 표 11.2와 같다.

이 간단한 지수는 일반적으로 1.2보다 커야만 하는데, 지수가 1.2보다 크다는 것은 프로세스에서 발생하는 변동이 규격과 비교해 충분히 작다는 의미다. 이 지수의 문제는 프로세스가 명목 값을 중심으로 대칭적으로 분포하지 않는 경우가 있다는 것이다. 만약 변동이 허용 한계와 비교해 매우 작고, 중심 값이 한쪽 한계 값과 가깝다면 위에서 계산한 지수는 의미가 없게 된다.

이러한 문제점을 고려해 공정능력지수 C_{pk}를 사용할 수 있다. C_{pk}는 프로세스에 존재하는 변동뿐만 아니라 중심 값도 고려하는 지수로 하한 값 C_{pl}과 상한 값 C_{pu} 두 개로 구성되어 있다. 두 값 중에서 작은 값을 C_{pk}로 사용하는데 각각의 값은 다음과 같이 계산한다.

$$\mathrm{C_{pl}} = \frac{\bar{\bar{X}} - \mathrm{LTL}}{3\sigma} \qquad \mathrm{C_{pu}} = \frac{\mathrm{UTL} - \bar{\bar{X}}}{3\sigma}$$

*UTL*_ 상한 한계 *LTL*_ 하한 한계 σ_ 표준 편차
$\bar{\bar{X}}$_ 프로세스에서 계산된 전체 평균

C_{pk} 값이 1.0 이하면 모든 것을 검사해야 한다는 의미다. 프로세스의 중심 값이 변하는 것을 고려하면, C_{pk}는 최소한 1.33보다는 커야 하며 2.0보다 큰 것이 바람직하다. C_{pk} 값이 5보다 큰 것이 가장 최적이다. C_{pk}는 대상이 되는 프로세스가 필요한 것을 생산할 수 있는지, 현실적인 허용 한계를 설정할 수 있는지 그리고 프로세스 수행에 대한 목표로 사용될 수 있는지 결정하는 데 활용이 가능하다.

다양한 종류의 케이블을 생산하는 회사에서 결함이 많이 발생하는 문제가 생겼다. 결함이 너무 많이 발생해 생산 목표량을 달성하기 위해서는 별도의 추가 생산이 당연시될 정도였다. 전체 생산 프로세스에 걸쳐 검사를 강화했음에도 불구하고 결함이 감소하지 않았다. 이 회사는 생산 프로세스의 개별 담당자들이 생산 중인 케이블을 육안으로 검사하고 있었다.

결국 결함이 발생하는 원인을 분석 및 개선하기 위해 SPC 기법을 적용하기로 했다. 특정한 날 하루 동안의 생산을 표본으로 간주했으며, 결함이 발생한 케이블은 폐기 처분할 수밖에 없기 때문에 불량품 분석을 위한 관리도를 활용했다. 우선 그림 11.22와 같이, 지난달의 자료를 활용해 불량률 관리도를 작성했다. 이 관리도의 중심선인 전체 평균 불량률은 11.5퍼센트였다.

그림 11.22에서 볼 수 있듯이 케이블 생산 프로세스는 평균값인 11.5퍼센트를 기준으로 (통계적인 의미에서) 관리에 큰 문제가 없었다. 이는 상당한 결함이 발생되고 있는 현재 상황과 비교해볼 때 놀라운 결과였다. 따라서 하루 동안의 생산을 표본으로 이용하는 대신 일주일의 생산을 생산 담당자별로 나누어 표본을 수집하는 방식을 적용했다. 생산 담당자를 기준으로 그룹을 구분한 새로운 불량률 관리도는 그림 11.23과 같다.

그림 11.23의 불량률 관리도에서 볼 수 있듯이, 대부분의 생산 담당자들이 상대적으로 낮은 불량률을 보이는 데 반해 5번과 12번 생산 담당자의 불량률이 관리 상한 이상으로 높게 나타났다. 이 두 생산 담당자를 대상으로 상세히 조사한 결과,

두 사람은 시력이 나빠 불량품을 만들어내는 아주 작은 결함들을 찾아내지 못한다는 문제점을 발견했다. 회사 비용으로 두 사람에게 안경을 구입해준 결과, 3개월 후에는 평균 불량률이 1.85퍼센트까지 하락하게 되었다. 평균 불량률 1.85퍼센트가 여전히 높은 수치이기는 하지만 처음보다는 상당히 개선된 것이다. 또한 생산 담당자에 따른 불량품 발생 비율도 거의 차이가 없게 되었다.

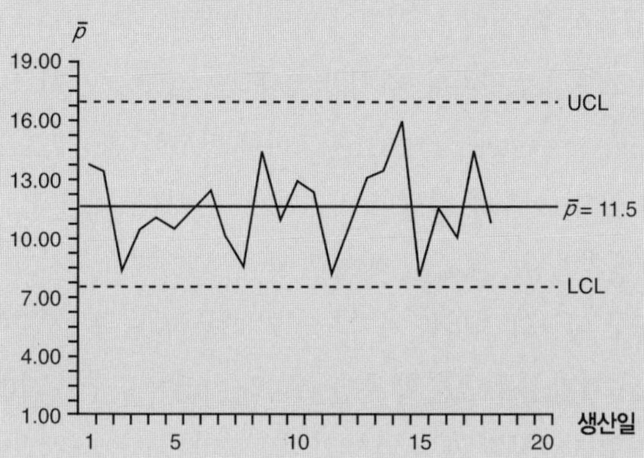

그림 11.22 일일 생산 기준 불량도 관리도

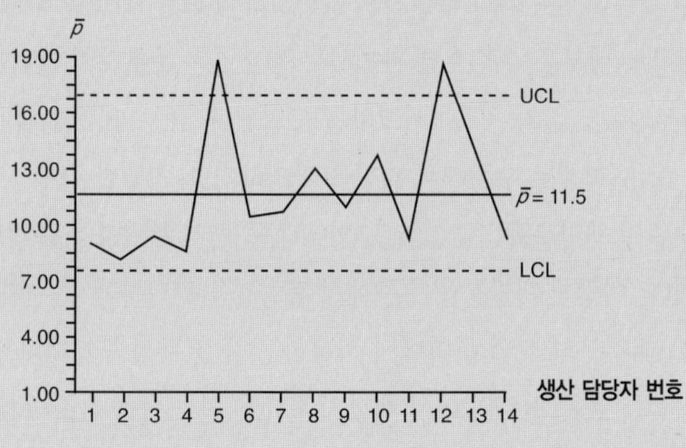

그림 11.23 생산 담당자 기준 불량도 관리도

11.5

6시그마

앞에서 프로세스 개선을 위한 도구로 SPC를 설명했는데, 그 연관성을 고려하면 6시그마Six Sigma도 언급해야 할 것이다. 심지어 몇몇 사람들은 SPC보다 6시그마를 먼저 설명해야 한다고 주장할 것이다. 하지만 역사적으로 SPC가 6시그마보다 먼저 등장했으며(Quinn, in Bertels, 2003), 6시그마를 단순한 '도구'로 보는 시각에도 논쟁의 여지가 있다. 이후에 설명할 비즈니스 프로세스 재설계business process reengineering(BPR)와 벤치마킹benchmarking에서도 알 수 있겠지만, 6시그마는 프로세스 개선을 위한 도구 이상의 의미를 가지고 있기 때문이다. 즉 6시그마는 구체적이고 다양한 도구와 기법 들을 포함할 뿐만 아니라 이러한 도구와 기법 들을 체계적으로 적용할 수 있는 모델과 개념 역시 가지고 있다. 게다가 6시그마는 프로세스의 개선과 함께 리더십 및 마음가짐에 관한 내용도 담고 있다.

물론 6시그마가 그 명칭을 그림 11.11에서 설명한 표준 편차의 범위에서 차용했다는 데서 알 수 있듯이, SPC와의 관련성은 명확하다. 1980년대 중반 국제적인 경쟁 상황에서 결함을 백분율 수준으로 관리하는 것으로는 충분하지 않다는 사실을 인식한 모토로라Motorola가 처음 6시그마를 도입했다. 표준 편차의 세 배 범위의 관리 한계는 0.135퍼센트 수준에서 결함을 관리하지만, 치열한 경쟁 상황에서는 보다 낮은 수준인 백만분율parts per million(PPM) 수준에서 불량률을 측정할 필요가 있게 된 것이다. 이렇게 백만분율 수준에서 불량률을 관리하는 것은 자동차나 전자 기기 같은 대부분의 산업 분야에서 사용하는 품질 관리 수준이다. 평균과 규격 한계의 차이를 표준 편차의 여섯 배까지 확대해 변동 폭을 감소시킴으로써 훨씬 더 좋은 품질 수준을 달성할 수 있게 되었다. 규격 한계는 동일하더라도 표준 편차가 훨씬 작아졌기 때문에, 평균 불량률은 100만 개당 3.4개에 불과하게 된다.

1988년에 신설된 말콤 볼드리지상Malcolm Baldrige National Quality Award[3]을 수상한 모토로라는 6시그마를 이용한 품질 관리를 광범위하게 전파했고, 6시그마를 적용하는 기업과 관련 서적 및 컨설턴트의 수가 기하급수적으로 늘어났다. 이 책의 목적을 고려해 여기에서는 6시그마의 적용 프로세스 및 조직 내 활용 방법에 대해 간략히 설명하고자 한다. 보다 자세한 6시그마에 대한 내용은 참고문헌에 있는 마이젤Meisel 외 3인의 2007년 자료, 프셰코프Przekop의 2006년 자료 그리고 드 페오De Feo와 바너드Barnard의 2004년 자료를 보기 바란다.

11.5.1 6시그마 적용 프로세스

6시그마의 표준 개선 프로세스는 DMAIC로 정의define, 측정measure, 분석analyze, 개선improve, 관리control의 다섯 단계로 구성된다. 이 표준 프로세스는 계획plan, 실행do, 검토check, 조치act로 구성되는 PDCA와 유사한 면은 있으나, 보다 철저하고 체계적으로 프로세스를 수행한다는 차이가 있다. 또한 6시그마를 적용하는 프로젝트는 효과를 극대화하기 위해 회사의 경영진이 선택한다는 특징이 있다. 이러한 6시그마의 적용 프로세스는 이 책에서 추구하는 프로세스 개선을 위한 로드맵 수립이라는 전체적인 방법론과 일맥상통한다. DMAIC의 다섯 단계는 다음과 같다.

- **정의**_ 이 단계의 목적은 목표, 대상, 기대 효과 등을 정의해 프로젝트의 범위를 확정하는 것이다. 이 단계의 중요 산출물에는 프로젝트 정의서, 문제를 발생시키는 비즈니스 프로세스 설명서, 주요 이해관계자 설명서 등이 있다. 이 단계에서는 앞에서 설명한 다양한 도구의 활용이 가능하다. 예를 들어 6시그마에는 '공급자 · 투입 · 프로세스 · 산출 · 고객supplier · input · process step · output · customer(SIPOC) 지도'라고 불리는

[3] (역주) 미국 국립기술표준원에서 수여하는 품질경영상

프로세스 지도 그리기process mapping, 카노 모델을 포함한 이해관계자 분석, QFD와 유사한 '고객의 소리voice of the customers(VOC)' 등이 있다.

- **측정**_ 측정 단계는 앞에서 이미 설명한, 성과가 낮은 분야에 관한 자료 수집 단계와 비교할 수 있다. 이 단계는 문제를 발생시키는 잠재적인 원인의 범위를 줄이는 것과 현재 프로세스의 가능성을 이해하는 것을 중심으로 한다. 측정 단계에서의 결과물에는 프로세스에서 발생하는 변동에 대한 성과 관련 자료의 수집 및 분석, 프로세스 능력 지수의 계산, 수치화된 프로세스 지표 등이 포함된다. 관련 분석 도구에는 파레토 도표, 히스토그램, 런 차트run chart와 같은 자료 분석 도구와 프로세스 능력 지수 산출 공식 등이 있다.
- **분석**_ 이 단계는 문제에 대한 명확한 분석을 목적으로 한다. 즉 문제를 발생시킬 가능성이 있는 원인들을 식별 및 분석하고 근본적인 원인을 파악해 검증하는 단계다. 이 책의 구성과 비교해볼 때 성과 부족 원인 분석 단계performance shortcoming analysis stage와 유사하다. 분석 단계에서는 원인 및 영향을 이해하고 SIPOC와 같은 상세 프로세스 지도를 작성하며 프로세스에 가장 큰 영향을 끼치는 원인을 검증한다. 관련 분석 도구에는 상세 프로세스 지도, 부가가치 분석, 원인 · 결과 도표, 산포도, 가설 검증 등이 있다.
- **개선**_ 단계의 명칭에서 알 수 있듯이 이 책의 개선 창조creating improvement와 유사한 이 단계에서는 식별된 문제 및 원인을 해결하기 위한 개선 방안을 수립한다. 개선 단계의 산출물은 개선 방안에 대한 비용 · 편익 분석cost-benefit analysis, 개선 방안 실행 시의 위험 분석risk analysis, 이행 계획, 시범 실시 결과 등이다. 관련 도구에는 개선안을 도출하기 위한 기법들, 비용 · 편익 분석, 이해관계자 분석, 역장 분석 등이 있다.
- **관리**_ 이 단계의 목적은 개선 방안이 실제로 적용되고 프로세스가 과거 수준으로 후퇴하지 않도록 하는 데 있다. 관리 단계에서는 개선 방안에 대한 문서화, 개선된 상태를 유지하기 위한 방안 수립, 프로세스의 변화에서 발생되는 변동성을 최소화하기 위한 교육 훈련 방안 수립 등을 수행한다. 관련 도구에는 관리도, 프로세스 능력 지수, 표준화 방안 등이 있다.

지금까지 간단하게나마 설명한 데서 알 수 있듯이, 6시그마를 단순히 '도구'로 보는 것은 무리가 있다. 더군다나 6시그마에는 DMAIC 외에도 다양한 프로세스가 존재한다. 예를 들어 생산, 물류, 환경 등의 주제를 X에 대입 가능한 Design For X[4]에서 X 대신 변동 최소화를 주제로 한다면 Design For 6시그마, 즉 DFSS가 될 것이다. DFSS는 실제로 새로운 제품을 생산하거나 프로세스를 완전히 개편하는 경우에 적용이 가능한 기법이다. 또한 DMAIC를 대신할 수 있는 6시그마 적용 프로세스로 '정의 · 측정 · 분석 · 디자인 · 검증define-measure-analyze-design-verify(DMADV) 방법'도 있다. DMADV 적용 프로세스는 DMAIC와 매우 유사하기 때문에 자세한 설명은 생략하기로 한다.

DMAIC와 DMADV의 공통점은 각 세부 단계를 수행한 후 다음 단계로 넘어가기 전에 결과를 검토하는 톨게이트 리뷰toll gate review를 진행해 앞 단계에서 다음 단계를 위한 충분한 결과물을 생산했는지 확인한다는 것이다. 이러한 검토 회의는 프로젝트를 수행하는 팀이 아닌 특별한 역할 및 능력을 가진 외부 인원이 진행하며, 아래에서는 이러한 6시그마 관련 조직에 대해 설명하겠다.

11.5.2 6시그마 조직

6시그마 프로젝트를 철저하게 추진하기 위해서는 그에 걸맞은 조직 체계를 구성해야 한다. 이러한 조직 체계의 주요 요소 및 역할은 다음과 같다.

- 앞에서 설명했듯이 조직의 목적과 일맥상통하면서 핵심 이해관계자를 목표로 하는 최적의 프로젝트를 선택해야 한다.
- 6시그마 기법을 훈련받은 블랙벨트Black Belt와 마스터블랙벨트Master Black Belt는 영구적인 위치는 아니지만 모든 시간을 6시그마 프로젝트에 투입하는 프로젝트의 전

4) (역주) 생산성 향상을 위한 설계 기법으로 제품의 수명 주기 전반에 걸친 모든 요건을 고려한 설계 기법

담 책임자로 활동한다. 블랙벨트 중에서 선출된 마스터블랙벨트는 6시그마 컨설턴트로 조직 내에 6시그마를 교육시키며 프로젝트의 전문가로 활동한다.

- 6시그마를 약간 교육받은 그린벨트 Green Belt는 통상 20에서 25퍼센트 정도의 시간을 프로젝트 관련 업무 수행에 사용하며, 최하 조직 단위에서 수행되는 6시그마 프로젝트인 그린벨트 프로젝트를 이끌 수도 있다.
- 그린벨트나 블랙벨트를 가지고 있지 않더라도 6시그마 프로젝트 팀에 참여가 가능하다. 일반적으로 자격을 가진 사람이 부족하기 때문에 프로젝트의 모든 구성원을 그린벨트나 블랙벨트로 구성하는 것은 불가능하며, 프로세스를 잘 알고 있거나 특별한 기술을 가진 사람이라면 팀에 포함된다.
- 중간 관리자 또는 상위 관리자는 개별 6시그마 프로젝트의 챔피언 Champion 또는 스폰서 sponsor로 활동한다. 스폰서는 프로젝트에 필요한 자원을 제공하거나 프로젝트의 전략적 목표 수립을 지원하며, 검토 회의에 참석한다.
- 규모가 큰 회사의 경우 여러 개 존재할 수도 있는 6시그마 운영위원회는 조직 내 6시그마 프로젝트의 전반적인 운영에 관련된 역할을 수행하는데, 그 역할에는 프로젝트 선정, 프로젝트 수행 조직 구성 및 인원 선발 등이 포함된다.

이 외에도 6시그마와 관련된 다양한 역할이 존재하지만, 가장 중요한 요소 및 역할은 위에서 설명한 것들이다. 따라서 위의 내용을 기반으로 6시그마 프로젝트를 시작하고, 보다 심도 있는 내용은 프로젝트를 진행하면서 조사할 수 있을 것이다.

지금까지 살펴보았듯이 6시그마는 이 책에서 설명하는 프로세스 개선 모형과 유사하기 때문에, 6시그마에 관련된 예는 이미 설명했거나 앞으로 설명할 대부분의 도구에 포함되어 있다. 따라서 6시그마에 관련된 예를 추가적으로 보여 주는 대신 13장과 14장에서 설명할 사례로 대체하겠다. 다음으로 비즈니스 프로세스 재설계, 즉 BPR에 대해 알아보자.

11.6
비즈니스 프로세스 재설계

비즈니스 프로세스 재설계business process reengineering(BPR)는 1980년대와 1990년대에 걸쳐 유행한 개선 활동이다. BPR은 이 시기에 전성기를 누렸지만 다른 한편으로는 복잡한 문제들을 조직 재설계라는 미봉책으로 해결하도록 권고하고, 장기적인 관점의 성장보다는 당장의 다운사이징downsizing이나 비용 절감에만 초점을 맞춘다는 이유로 비난받기도 했다. 하지만 이러한 비난들에도 불구하고 BPR의 핵심 사상은 지금까지도 유효하다. BPR의 핵심 사상은 비즈니스 프로세스를 조금씩 개선할 수도 있고 아니면 전면적으로 재설계할 수도 있다는 것이다. 다른 개선 활동이나 도구 들과 마찬가지로 BPR에 단일한 방법론이 있는 것은 아니지만, 점진적 재설계와 급진적 재설계 양쪽 모두를 지원할 수 있는 원칙은 담겨 있다.

한때 유명세를 떨쳤던 많은 도구들과 마찬가지로 BPR 또한 다양한 형태로 정의된다. BPR에 관한 대표적인 학자인 해머Hammer와 챔피Champy는 BPR을 다음과 같이 정의하고 있다(1993, 32).

> 재설계란 비용, 품질, 서비스, 처리 속도 등 중요한 평가 척도의 획기적 개선dramatic improvement을 달성하기 위해 수행하는 근본적인 사고 전환과 비즈니스 프로세스의 급진적인 재구성이다.

이러한 정의는 획기적 개선이라는 BPR의 목적에 초점을 맞추고 있다. 이 점은 페파드Peppard와 롤런드Rowland의 정의에도 제시되어 있다(1995, 20).

> BPR은 개선에 대한 철학이다. BPR은 조직이 수행하는 프로세스를 재설계하

고, 가치 창출 업무 활동을 극대화하는 반면 다른 모든 것들은 최소화해 업무 성과를 획기적으로 향상시키는 것을 목적으로 한다.

이러한 정의들을 근거로 BPR을 다른 개선 도구들과 비교해보면 명백하게 차별화되는 요소들뿐만 아니라 명백하게 유사한 요소들도 발견할 수 있다. BPR을 기존의 다른 개선 활동들과 비교해볼 때 가장 주요한 차이점은 획기적인 개선을 강력하게 강조한다는 점이다. 즉 BPR은 10퍼센트 정도의 향상을 달성하기 위해서가 아니라 업무 성과 수준을 획기적으로 향상하고자 할 때 유용하게 활용할 수 있는 도구다. BPR은 또한 비즈니스 프로세스에서 가치를 창출하는 활동들 value-adding activities의 비율을 증가시키는 것을 목적으로 한다는 점에서 11.1에서 소개된 비즈니스 프로세스 능률화streamlining 활동과 매우 유사하다. 종합하면, BPR이란 상호 연관성을 갖는 다양한 도구들의 집합체라고 볼 수 있다. 비즈니스 프로세스 능률화와 달리 BPR은 다양한 도구들을 통합해 구조화된 프로세스를 구성하고, 이를 일관성 있게 적용해 획기적인 개선을 달성하는 것을 목표로 한다.

이 책의 목적이 BPR의 개념을 논의하는 것은 아니지만, 적어도 BPR에 관한 두 가지의 상이한 원칙이 있다는 것은 언급하고자 한다. 이러한 두 원칙은 BPR을 적용할 때 기존의 비즈니스 프로세스를 바라보는 관점과 관련이 있다.

- 새로운 프로세스는 기존의 프로세스를 기반으로 재설계되는가?
- 기존의 프로세스를 개선하는 것인가, 아니면 새로운 프로세스로 기존의 것을 대체하는 것인가?
- 백지 위에 새롭게 프로세스를 재설계하는 것인가?

지금까지 이 책에서는 기존의 비즈니스 프로세스를 잘 이해해야 한다는 점을 강조했다. 기존의 프로세스를 무시하는 것은 오랫동안 축적된 지식과 경험을 무시하는 것과 마찬가지라는 점에서 위험성이 크다. 게다가 기존의 잘못을 되풀이

할 위험도 있다. 전적으로 새로운 프로세스의 적용을 성공적으로 수행한 조직이 거의 없다는 점 또한 고려해야 한다. 반면에 기존의 비즈니스 프로세스를 기반으로 프로세스를 재설계하는 경우, 전적으로 새로운 프로세스를 도입하는 경우에 비해 그 개선 효과가 제한될 수도 있다. 이러한 종류의 많은 논의들과 마찬가지로, 이 경우에도 정답이 있는 것이 아니다. 중요한 점은 '기존 프로세스의 유지'와 '가장 이상적인 프로세스의 도입' 이라는 양극단 사이에서 현실적인 문제를 고려해 어떤 균형점을 선택하는가이다. 양극단의 경우를 보면 BPR은 다음과 같이 구분될 수 있다.

- **점진적 재설계** _ 기존의 프로세스를 문서화하고 분석해 개선된 프로세스를 수립
- **급진적 재설계** _ 기존의 프로세스를 무시하고 근본적으로 새로운 사고를 바탕으로 전혀 새로운 프로세스를 수립

점진적 재설계는 여러 가지 관점에서 프로세스 능률화 활동과 유사하다. 사실 백지 위에 전혀 새로운 프로세스를 고안해 적용하는 것은 현실적으로 거의 불가능하기 때문에 앞으로 이 책에서 BPR을 언급할 때는 급진적 재설계보다는 좀더 점진적인 개념으로 다룰 것이다. 프로세스 능률화와 달리 BPR은 기존 프로세스 중에서 가장 잘된 부분과 목표 프로세스의 가장 이상적인 요소를 적절히 반영한, 개선된 프로세스를 제시해야 한다. 이것은 가장 이상적인 프로세스에 대한 이미지를 수립하는 것을 목표로 하는 이상적 프로세스 수립 활동$_{\text{idealizing}}$과도 유사하다. 결과적으로 BPR은 프로세스의 가장 이상적인 형태를 수립하는 활동과 능률화하는 활동을 적절히 혼합한 형태로 진행된다.

11.6.1 BPR 수행 프로세스

BPR 프로젝트의 수행 프로세스는 다양한 형태로 존재한다. 이 책에서는 쿠벡

Kubeck의 저서(1995)에 제시되어 있는 프로세스를 소개하고자 한다. 대부분의 여타 비즈니스 프로세스 개선 활동들과 마찬가지로, 수행 프로세스는 단계별로 구분되며 각각 계획planning, 문제 해결 방안 수립solution generation, 개선 방안 이행implementation 단계로 구성된다.

BPR의 재설계라는 용어가 암시하듯이 문제 해결을 위해 제시하는 비즈니스 프로세스가 기존의 프로세스와 큰 차이가 있을 수 있으므로, 중간 단계인 문제 해결 방안 수립은 또다시 두 단계로 나뉘어 앞 단계에서는 개선된 비즈니스 프로세스를 제시하고 뒤에서는 이러한 개선 모델이 실제 이행이 가능한지를 평가하게 된다. 결론적으로 그림 11.24에 나온 것처럼 네 개의 단계로 구성되는 프로세스로 나타낼 수 있다. 각 단계에 대한 개략적인 내용은 다음과 같다.

1. **계획**_ BPR의 수행 조직, 대상 및 목적, 방향 등을 결정한다.
2. **재설계**_ 기존의 프로세스에 기반해 다양한 기법을 활용함으로써 업무 성과를 획기적으로 개선시킬 목표 비즈니스 프로세스를 설계한다.
3. **변화 관리**_ 기존의 비즈니스 프로세스를 개선된 비즈니스 프로세스로 대체하기 위해 요구되는 투자, 업무 담당자 교육 등을 의미한다.
4. **이행**_ 재설계와 변화 관리의 두 단계에서 제시된 방안에 대한 이행이 이루어지는 단계다.

11.6.2 계획 단계

계획planning 단계에서는 네 가지의 중요한 작업을 수행한다.

- BPR을 통해서 개선될 프로세스를 선정하고 그 수행 범위를 정의
- 업무 성과 개선 가능성을 평가하고 달성 목표 설정
- BPR 프로젝트를 수행할 프로젝트 팀 구성

• BPR 프로젝트 수행을 위한 프로젝트 계획 수립

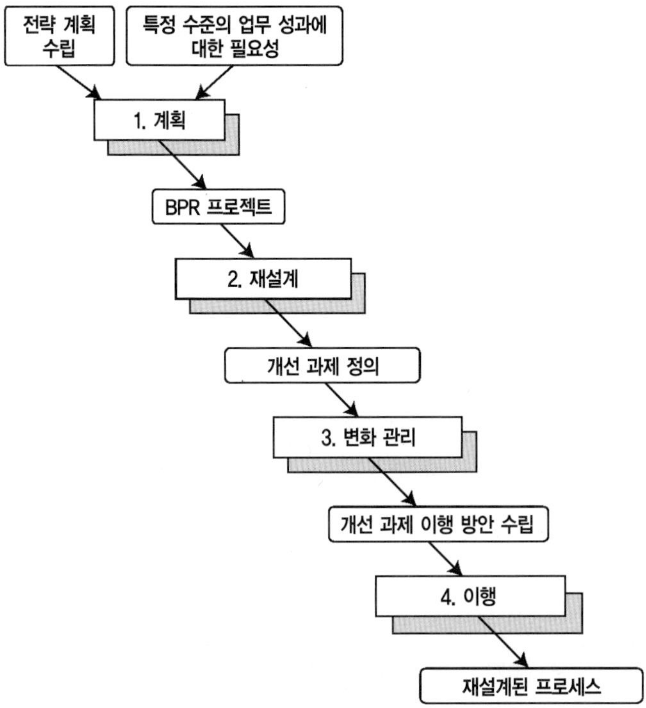

그림 11.24 BPR 프로젝트의 수행 프로세스

계획 단계에서 수행하는 작업은 다른 도구들의 계획 단계에서 수행되는 작업과 매우 유사하다. 개선 대상 프로세스를 선정하는 작업은 기존의 비즈니스 프로세스에 대한 분석 결과를 바탕으로 수행한다.

그다음에는 선정된 프로세스를 개선하는 데 BPR이 과연 적합한 도구인지를 평가한다. 달성 목표를 정할 때는 반드시 필요하고 현실적이며 적절한 목표를 정해 프로젝트에 투입되는 자원(시간, 비용 등)이 낭비되지 않도록 해야 한다.

그다음 단계는 프로젝트 팀을 구성하는 것이다. 이 책에서 소개되는 대부분의 도구들은 팀 또는 그룹 단위로 수행할 수 있는 것들이다. 비즈니스 프로세스 개선 활동을 위해 조직을 구성하는 방법은 6장에서 이미 다룬 바 있다. 계획 단계의 마지막 작업은 프로젝트 수행 계획을 수립하는 것이다. 지금까지의 내용을 보면 BPR의 계획 단계는 다른 도구들의 계획 단계와 동일하다고 볼 수 있으며, BPR이 다른 도구들과 차별화되는 점은 다음 단계인 재설계에서 나타난다.

11.6.3 재설계 단계

재설계reengineering 단계의 주요 목적은 그 이름이 설명하듯이 개선 대상 비즈니스 프로세스를 재설계하는 것이다. 재설계를 수행하기 이전에는 기존 비즈니스 프로세스를 분석하는 작업을 수행해야 하며 재설계 이후에는 개선 효과 달성을 위한 개선 과제를 정리해야 한다. 즉 재설계 단계는 아래와 같은 작업들로 구성된다.

- 기존 비즈니스 프로세스의 문서화
- 비즈니스 프로세스의 재설계
- 개선 효과 달성을 위한 개선 과제 정의

재설계를 점진적으로 수행하건 급진적으로 수행하건 현행 비즈니스 프로세스를 분석하는 작업이 선행되어야 한다. 그러므로 이 단계에서 가장 먼저 수행해야 하는 작업은 현재의 비즈니스 프로세스를 분석하는 것이며, 이를 위해 흐름도flowchart가 가장 많이 사용된다. 만약 기존에 비즈니스 프로세스를 문서화한 자료가 있는 경우, 곧바로 재설계 작업을 수행할 수도 있다. 하지만 문서화 이후에 적지 않은 시간이 경과되었거나, BPR 수행 조직이 해당 문서를 정확하게 이해하지 못하는 경우 재작성이 필요할 수도 있다.

재설계는 기존의 비즈니스 프로세스에 어느 정도 기반해 수행하는가에 따라서 절차가 상이하므로 여기서부터는 두 개의 접근 방식, 즉 점진적 방식과 급진적 방식으로 구분해 서술한다.

점진적 재설계

앞서 언급한 바와 같이 점진적 재설계systematic reengineering는 11장에서 소개한 프로세스 능률화와 유사하다. BPR과 관련된 문헌에는 ESIA 원칙이라는 용어가 흔히 등장한다. ESIA는 기존의 비즈니스 프로세스를 점진적으로 재설계하기 위해 수행하는 작업으로서 다음 작업들의 앞 글자를 따서 만든 용어다.

- 제거Elimination
- 단순화 Simplification
- 통합 Integration
- 자동화 Automation

위의 작업들이 적용될 수 있는 분야는 표 11.3과 같다.

제거	단순화	통합	자동화
필요 이상의 생산	서식	중복되는 업무	반복적이고 단순한 수작업 업무
대기 시간	수행 절차	유사한 일을 수행하는 부서	어려운 업무
불필요한 이동	의사 결정 단계	고객 관련 업무	위험한 업무
비효율적 프로세스	기술	공급자 관련 업무	지겨운 업무
과도한 재고	문제 영역		정보 처리
결함/오류	업무 흐름		정보 전송
중복	프로세스		정보 분석

표 11.3 점진적 재설계 중점 대상

ESIA 원칙은 표에 나와 있는 순서대로 수행되어야 한다. 가장 먼저 수행할 작업은 가치를 창출하지 않는 모든 활동을 제거하는 것이다(11.1 참고). 비즈니스 프로세스에 대한 고민을 충분히 하지 않는 조직에서는 적지 않은 업무 활동들이 가치를 창출하지 않는 것으로 나타나며, 이러한 활동들은 별다른 부작용 없이 쉽게 제거될 수 있다. 도요타 Toyota의 경우, 전통적 제조 공정에서는 전체 노동자의 85퍼센트가 생산적이지 못한 업무를 수행한다는 것을 발견했다(Griffiths, 1993, 20).

- 전체 노동자의 5퍼센트는 아무 작업도 수행하고 있지 않음
- 전체 노동자의 25퍼센트는 무언가를 위해 대기 중임
- 전체 노동자의 30퍼센트는 작업 수행을 통해 재고량을 증가시키고 있지만 가치를 창출하고 있지는 않음
- 전체 노동자의 25퍼센트는 실제로 가치를 창출하는 작업을 수행하지만 비효율적인 프로세스 및 기준에 따라 수행함

획기적인 개선 효과는 표 11.3의 '제거' 열의 내용들을 수행함으로써 달성할 수 있다.

필수적이지 않은 작업들을 최대한 제거한 다음에는 남아 있는 사항을 최대한으로 단순화하는 작업을 수행한다. 보통 복잡한 작업이 수반되는 영역은 표 11.3의 '단순화' 열에 속하는 사항들이다.

위의 작업을 수행하고 나면, 상이한 주체들(공급자, 업무 부서, 고객) 간 업무를 통합하는 작업이 남는다. 이러한 통합 작업은 여러 단계로 수행할 수 있다. 우선 다수의 작은 활동들이 하나의 업무 활동으로 통합될 수 있다. 이런 식으로 업무를 통합하는 것은 여러 가지 측면에서 긍정적인 효과를 초래한다. 개개인의 업무 내용을 보다 가치 있게 하면서 상이한 업무 영역(부서, 조직 등) 간의 장벽을 극복할 수 있다. 이러한 장벽은 아무리 관리를 잘한다 하더라도 처리 시간 지연과 품질 저하의 문제를 야기하게 마련이다. 두 번째로, 상이한 분야의 전문가들을 더

많은 업무에 책임이 있는 그룹 단위로 통합할 수 있다. 전문가들을 통합함으로써 더 많은 자체 결정 권한이 부여되며, 이를 통한 개선 효과는 업무의 통합 효과와 유사하다. 세 번째는 고객 업무와 공급자 업무를 담당하는 조직을 통합하는 것이다. 공급자들 및 고객들과 밀접한 관계를 갖는 조직들의 경우 업무를 통합했을 때 기대할 수 있는 기대 효과가 크다. 이러한 통합의 전형적인 형태가 고객 및 공급자 관련 업무를 제품 개발 단계와 통합하는 것이다.

마지막 단계는 자동화다. 자동화해야 하는 프로세스 자체에 문제가 없는 경우 IT 기술, 로봇 등은 자동화에 크게 기여할 수 있다. 물론 프로세스를 자동화하는 것이 문제를 악화시키는 사례도 있다. 즉 오류 발생 또는 일정 지연의 원인이 되는 불필요한 업무까지 자동화될 수 있는 것이다. 그러므로 자동화는 제거, 단순화, 통합 등의 단계를 성공적으로 수행한 다음 반드시 마지막 단계에서 수행해야 한다. 자동화에 적합한 비즈니스 프로세스가 표 11.3에 설명되어 있다.

자동화는 일반적으로 80대 20 법칙이 적용된다. 즉 프로세스 전체를 자동화하는 비용의 20퍼센트로 전체 프로세스의 80퍼센트를 자동화할 수 있다. 발생 가능한 모든 예외 상황과 특별한 상황을 고려해 시스템을 설계하는 데는 매우 큰 비용이 소요된다. 하지만 대부분의 상황을 고려하면서 때에 따라서 수작업이 어느 정도 수반되는 시스템을 설계한다면 시간과 비용을 절약할 수 있다.

급진적 재설계

급진적 재설계clean sheet reengineering는 점진적 재설계와 같이 기존의 비즈니스 프로세스를 기반으로 시작하는 것이 아니라, 백지로부터 설계 작업을 시작해 새로운 비즈니스 프로세스를 정립하는 접근 방식이다. 급진적 재설계의 수행 방법에는 특정 기술보다는 창의적 상상력, 활용 가능한 기술 및 인적 자원 관리에 대한 지식 등이 활용된다. 이렇다 보니, 어떤 식으로 재설계 작업을 수행해야 한다고 정의하기 어려우며 개별 프로젝트별로 상황에 맞게 방식을 정의하고 그에 따라 수행한다고 볼 수 있다. 하지만 다음과 같은 기본적인 사항들에 대한 해답은 제시해야 한다.

- **'어떤'** 요구 사항을 **'누구를 위해'** 충족해야 하는가? 이 질문에 대답할 수 있다면 기존과 비교해 보다 개선된 서비스 또는 제품을 제공할 수 있다. 예를 들어 폭약 제조사에 이 질문을 적용했다고 가정해보자. 만약 폭약의 소비자가 궁극적으로 원하는 것이 폭약이 아니라 폭약을 이용해 단단한 바위에 구멍을 뚫는 것이라는 사실을 알게 된다면, 폭약 제조사는 비즈니스 모델에 폭약 판매뿐만 아니라 폭약을 활용한 바위 천공 서비스를 추가할 수 있을 것이다.
- **'왜'** 이러한 요구 사항을 충족해야 하는가? 조직의 전반적인 전략과 합치되는가?
- **'어디에서'** 요구 사항이 충족되어야 하는가? 서비스가 소비자의 집에서 제공되어야 하는가 아니면 별도의 장소에서 제공되어야 하는가? 이 질문에 대한 답은 서비스 제공 프로세스를 획기적으로 변화시킬 위력을 갖는다. 예컨대 이러한 질문을 통해 외식 산업 분야에 획기적인 변화가 일어난 바 있다. 이 질문에 대한 답을 찾는 과정에서 모든 고객들이 레스토랑에서 식사하기를 바라는 것은 아니며, 어떤 고객들은 가정에서 레스토랑 음식을 편안히 먹고 싶어 한다는 사실을 알게 되었다. 이렇게 식당 요리의 가정집 배달 서비스가 시작된 것이다.
- **'언제'** 그 요구 사항이 충족되어야 하는가? 몇 시 혹은 언제까지 요구를 맞추어야 하는가? 예를 들어 상점과 은행은 업무 시간을 고객이 편리한 시간으로 맞추어야 많은 고객을 확보할 수 있을 것이다.
- **'어떻게'** 요구 사항을 충족시켜야 하는가? 어떤 프로세스가 필요한가? 누가 프로세스를 수행해야 하며, 어떤 기술들이 요구되는가?

이러한 기본적인 질문에 대한 답변을 준비한 다음에는 요구 사항들을 어떻게 충족시킬 것인가에 대한 실질적인 방안을 고민해야 한다. 지금까지 설명한 접근 방식을 보면 급진적 재설계 작업은 수행 인력의 창의성에 크게 의존한다는 것을 알 수 있다. 다음은 창의력과 상상력을 발휘하기 위한 몇 가지 질문들이다.

- 당신의 조직에 결정적인 영향을 미치는 경쟁 대상을 상상한다면 그 경쟁 상대는 어떤 모습일 것인가?
- 이상적인 비즈니스 프로세스란 어떤 형태일까?
- 전체 조직을 백지 위에 새로 그린다면 조직은 어떤 모습을 띠게 될 것이며 어떤 프로세스에 따라 움직이게 될 것인가?

이러한 질문들이 그림 11.25에 요약 및 설명되어 있다. 브레인스토밍을 통해 정의한 아주 새롭고 기발한 생각들은 위에서 제시한 세 가지 질문들, 다른 프로세스의 벤치마킹 결과(11.7 참고), 활용 가능한 인적 자원 및 기술 요소 등과 종합되어 검증을 거치게 된다.

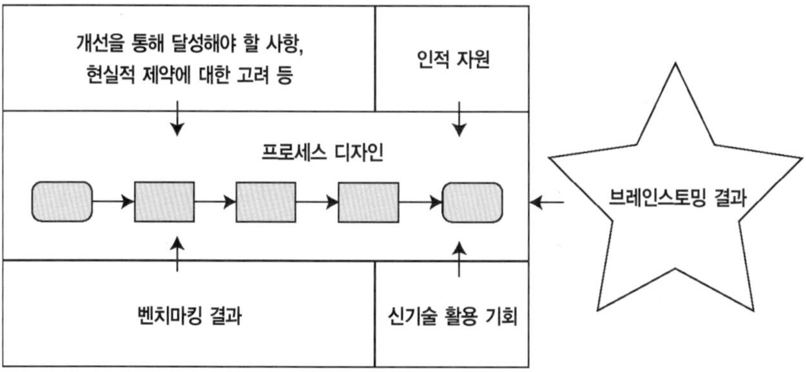

그림 11.25 급진적 재설계 방식을 이용한 프로세스 디자인

급진적 방식이건 점진적 방식이건 재설계 단계의 마지막 사항은 새로운 프로세스를 적용하는 데 수반되는 변화에 대한 계획이다. 새로 정의된 프로세스를 기존의 프로세스와 비교함으로써 어떤 변화가 필요한지 파악하는 과정이 필요하다. 이렇게 정의된 변경 필요 사항(이행 과제)들은 변화 관리 단계의 기준 자료가 된다.

11.6.4 변화 관리 단계

변화 관리transformation 단계는 새로운 프로세스의 도입을 성공적이고 효과적으로 수행하는 것을 목적으로 한다. 주요한 작업들은 다음과 같다.

- 새로운 프로세스 도입을 위한 변경 필요 사항들의 분석
- 투자, 교육 및 훈련, 신규 장비의 구입 등에 대한 계획 수립
- 변화를 용이하게 하는 환경 구성
- 이행 계획

재설계 단계에서는 참신하고 새로운 아이디어를 최대한 도출하기 위해 현실성에 대한 냉정한 검토를 어느 정도 배제하고 프로세스 개선 과제를 도출하게 된다. 그렇다면 변화 관리 단계에서는 좀더 냉정하고 현실적인 관점에서 개선 과제들의 실현 가능성을 검토하는 것이 필요하다. 물론 이 단계의 목적이 최대한 많은 개선 과제들의 현실성을 비판적 혹은 회의적으로 판단함으로써 앞서 도출한 과제들을 폐기하는 것은 아니다. 조직의 정책 및 전략에 부합되지 않거나 실현성이 낮은 과제들을 식별하는 것이 이 단계의 진정한 목적이다. 예를 들어 아침 9시부터 오후 5시까지의 영업시간을 오후 2시부터 오후 11시까지로 변경하자고 제안하는 개선 과제가 있다면, 그것은 인사 정책에 명백히 부합하지 않기 때문에 폐기될 수밖에 없다.

그다음으로 해야 할 일은 변경을 위한 계획을 세우고 필요한 투자, 교육 및 훈련, 인력 충원 등을 수행하는 것이다. 앞서 도출된 개선 과제는 이와 같은 사항들을 수반할 것이며 이행을 계획하기 위해서는 무엇이 필요한지 정의가 되어야 한다. 그렇지 않은 경우를 예로 든다면, 새로운 프로세스에 대해 교육 및 훈련이 반드시 선행되어야 함에도 이와 같은 작업이 선행 또는 병행되지 않는 경우 실무자들은 새로운 업무 환경에 성공적으로 적응할 수 없을 것이다.

실제 이행이 시작되기 전에, 변화를 위한 적절한 환경이 우선 조성되어야 한다. 매우 훌륭하게 설계된 개선 과제도 실무자들의 지지를 얻지 못한다면 저항에 부딪혀 성공적으로 이행되지 못할 것이다. 변화에 우호적인 환경을 조성하는 것 자체가 또 하나의 학문 영역이 될 수 있으므로 그 문제에 대해서는 구체적으로 언급하지 않도록 한다. 우호적인 환경을 조성하기 위해서는 BPR 수행 조직에 해당 업무의 관계자를 포함시키는 방안도 고려될 수 있다. 한편으로는 진행되고 있는 작업의 내용을 업무 관계자와 지속적이고 진솔하게 공유해야 한다. 큰 변화에 직면한 부서는 마치 저기압 지대와 같아서 주변의 정보들을 모조리 흡수하려 할 것이다. 만약 이러한 정보들 중에 경영진으로부터 나온 것이 아닌, 신뢰할 수 없는 악의적 소문이 섞여 있다면 상황은 더욱 악화될 것이다. 12.3에서 소개할 역장 분석force field analysis이 이러한 입장의 대립을 이해하고 해결하는 데 유용하게 활용될 수 있다.

이행 단계로 넘어가기 전에 수행해야 하는 마지막 작업은 이행 계획을 세우는 것이다. 이행 계획을 세우는 목적은 전체 BPR 프로세스의 수행 계획을 세우는 것과 유사하며 포함되는 내용 또한 유사하다.

11.6.5 이행 단계

앞서 설명한 계획 단계와 마찬가지로, BPR 프로젝트의 이행implementation 단계는 어느 프로젝트에서든지 필요한 과정이다. 어떤 비즈니스 프로세스 개선 프로젝트건 마지막은 항상 이행 단계로 마무리되기 마련이다. BPR 프로젝트로 인한 프로세스의 변화 정도가 다른 도구를 활용하는 프로세스 개선 프로젝트에 비해 보다 광범위하다 하더라도 그 이행 단계는 여타 프로젝트와 비교해 크게 다른 점이 없다. 또한 지금까지 소개한 모든 단계 중에서 이행 단계가 가장 어려움이 많은 것도 사실이다.

여타 도구를 활용한 것과 큰 차이가 없으므로 이행 단계에 대한 설명은 12장에서 하도록 한다. 이행 단계의 절차들을 살펴보면 다음과 같다.

- 달성하고자 하는 개선 효과 정의
- 개선 모델 도입에 우호적인 환경 조성
- 이행 계획 전개
- 이행 진행 상황의 모니터링

흔히들 BPR과 벤치마킹을 동시에 설명하는데 이는 양자가 서로 연관되어 있기 때문이다. 벤치마킹에 대한 내용은 바로 다음에서 다룬다.

아래는 산업용 유압 엘리베이터 장비 제조사의 BPR 사례다. 이 회사는 관련 산업 분야에서 표준화된 기성품 장비를 생산하고 있으며 이를 통해 전체 매출의 60퍼센트 정도를 충당하고 있다. 동시에 이 회사는 주문자의 다양한 요구 사항에 따라 맞춤으로 장비를 생산하는데, 전체 매출의 거의 절반을 차지하는 주문 생산을 위해서는 표준화된 제품의 재설계 또는 전혀 새로운 제품의 제작 등의 과정이 요구되었다.

이 회사는 고객에게 특화된 장비를 생산하는 몇 안 되는 업체 중 하나였지만 최근에 몇몇 업체가 이 분야에 뛰어들었다. 이들 중 어떤 업체들은 고객의 요구에 맞춰 장비를 새롭게 개발해야 하는 경우에도 예전보다 신속하게 납품을 마칠 수 있었으며, 이는 자사의 경쟁력을 위협하는 일이었다. 이러한 배경에서 회사는 BPR 프로젝트를 수행하기로 결정했으며 이 프로젝트를 수행함으로써 주문 제작 제품의 납품 기간을 50퍼센트 단축하는 것을 목표로 정했다.

계획 단계

개선이 필요한 비즈니스 프로세스가 정의되고, 프로젝트 수행 팀이 결성되었다.

프로젝트 팀은 다음과 같은 부서에서 두 명씩 선정해 구성하도록 했다.

- 영업부
- 생산부
- 제품개발부
- 부품구매부

이 팀은 곧 프로젝트 계획을 수립했으며 전체 프로젝트 수행 기간을 6개월로 정했다. 현재 회사가 처한 상황을 고려해 급진적 재설계 방식을 채택하기로 의견이 모아졌다.

재설계 단계

프로젝트 수행 계획 및 방법을 정한 다음에는 그림 11.26과 같이 기존의 비즈니스 프로세스를 문서화하는 작업을 수행했다.

전체 프로세스는 순차적인 생산 과정을 따라 작성되었다. 첫 번째로 유압 장치의 설계 부서가 제품의 주요 기능을 설계한다. 그다음으로 기계 장치 설계 부서는 유압 장치의 기능을 구현하기 위한 기계 장치를 설계한다. 다음에는 생산 부서가 이 제품의 생산 활동을 맡으며, 이 과정에서 부품 구매 부서는 부품 공급업체와 부품 구매에 관한 협상을 담당한다. 때로는 최종적으로 생산된 제품이 주문자가 요구한 조건을 충족하지 못한다는 사실이 발견되기도 했고, 생산 부서가 설계서, 시스템 차트system chart(사무 작업의 중복이나 불필요한 요소를 제거 및 단순화하기 위해 모든 서류의 진행 과정과 상호 관련성을 한눈에 파악할 수 있도록 만들어진 도표), 자재 명세서 등의 작성 절차를 합리적으로 운영하고 있다는 긍정적인 사실도 알게 되었다.

BPR 프로젝트의 핵심 업무는 가장 이상적인 프로세스(목표 비즈니스 프로세스)를 설계하는 것이었으므로 그 결과에 관심이 모아졌다. 목표 비즈니스 프로세스를 성공적으로 설계하기 위해 다음과 같은 사항들이 계획되었다.

- 업무 수행 과정에서 창의력 및 열정이 남다르다고 평가받는 인력의 투입
- 4주의 기간 동안 일주일당 이틀은 BPR 프로젝트만을 위해 할애할 수 있도록 업무 시간 배려
- 사교적인 모임의 운영을 통해 프로젝트 팀원 간 신뢰 및 협력 분위기 조성
- 본 프로젝트 수행을 위해 동원할 수 있는 모든 자원에 대한 지원 보장

프로젝트의 결과물로 그림 11.27에 제시된 바와 같은 목표 비즈니스 프로세스를 설계했으며, 이는 기존의 비즈니스 프로세스에 비해 획기적으로 개선된 것이라는 평가를 받았다.

목표 비즈니스 프로세스에서는 병렬 작업 기술concurrent engineering(제품 개발 중 각 프로세스를 담당하는 여러 기술자가 동시 진행으로 공동 작업을 통해 제품을 개발하는 방법) 및 내부 부서와 외부 주체(소비자 및 공급자 등) 간의 협력 방안이 강조되었다. 목표 비즈니스 프로세스에 대한 반응이 좋았으므로 그 내용을 실제 업무에 최대한 많이 반영하고자 했다.

변화 관리 단계

변화 관리 단계는 실현 가능성의 관점에서 개선 과제를 좀더 냉정한 자세로 검토하는 방식으로 진행되었다. 수요자 및 공급자와 논의한 결과, 대부분은 수요자, 생산업자, 부품 공급자 간의 협력을 지지한 반면 세 곳의 주요 공급업체가 반대 의견을 제시했다. 따라서 제품 생산 프로세스에 공급자와의 협업 프로세스를 포함시키는 개선 과제는 폐기되었다.

관련 부서의 주요 의사결정자와 실무자 들이 목표 비즈니스 프로세스 수립 과정에 참여했기 때문에 조직 및 프로세스 변형을 위한 우호적인 분위기는 애초부터

확보한 셈이었다. 이러한 우호적인 분위기를 이어나가기 위해 본 프로젝트의 내용 및 기대 효과를 설명하는 세미나를 두 차례 개최했다.

이행 단계

새로운 프로세스를 적용하는 작업은 계획했던 기간보다 9개월을 초과해 완료되었다. 비록 과정에서 지연이 발생했지만 결과는 만족스러웠다. 고객의 주문을 접수한 후 제품이 설계 및 제작되어 주문자에게 인도되는 데까지 소요되는 시간이 기존의 4.5개월에서 2개월 이하로 단축되었기 때문이다. 이 외에도 부서 내부 및 부서 간 업무 협력도 예전보다 더욱 원활히 이루어지게 되었다.

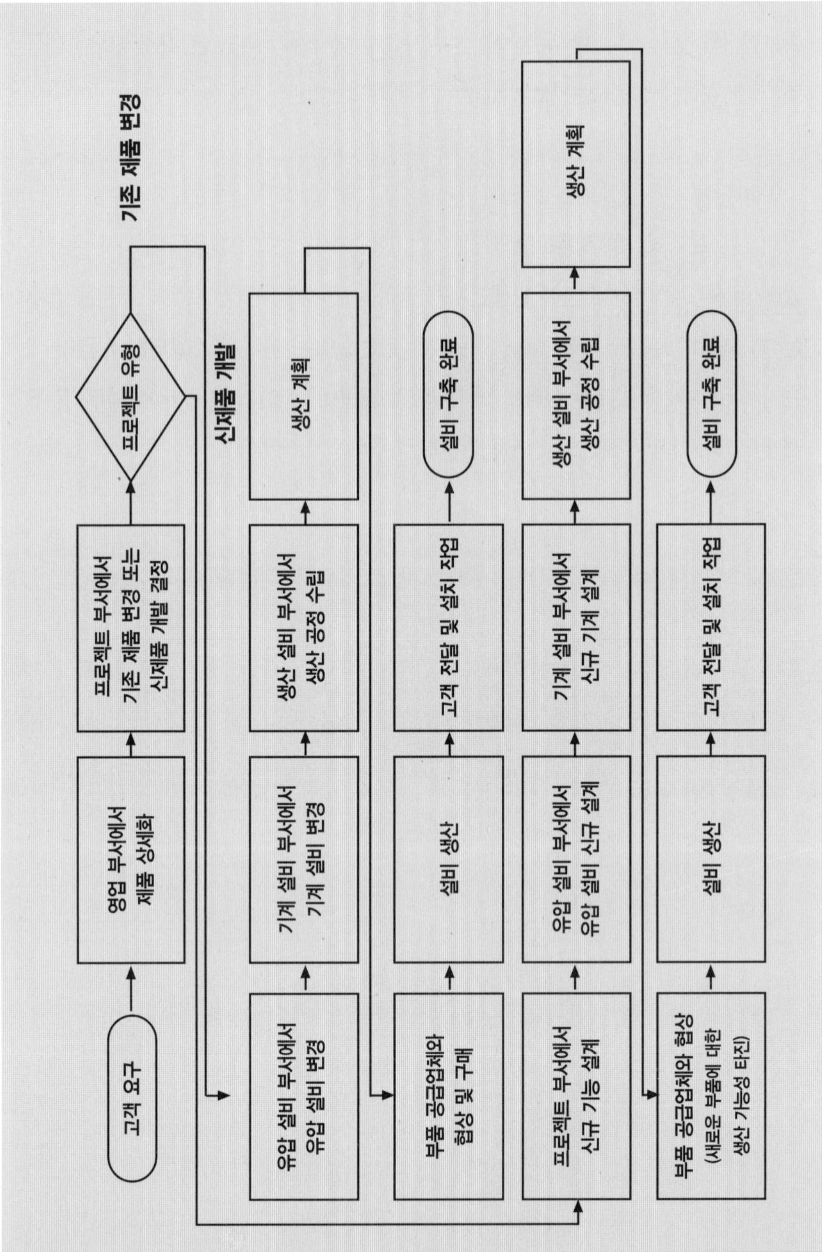

그림 11.26 주문 생산 시스템 개발을 위한 현재의 프로세스

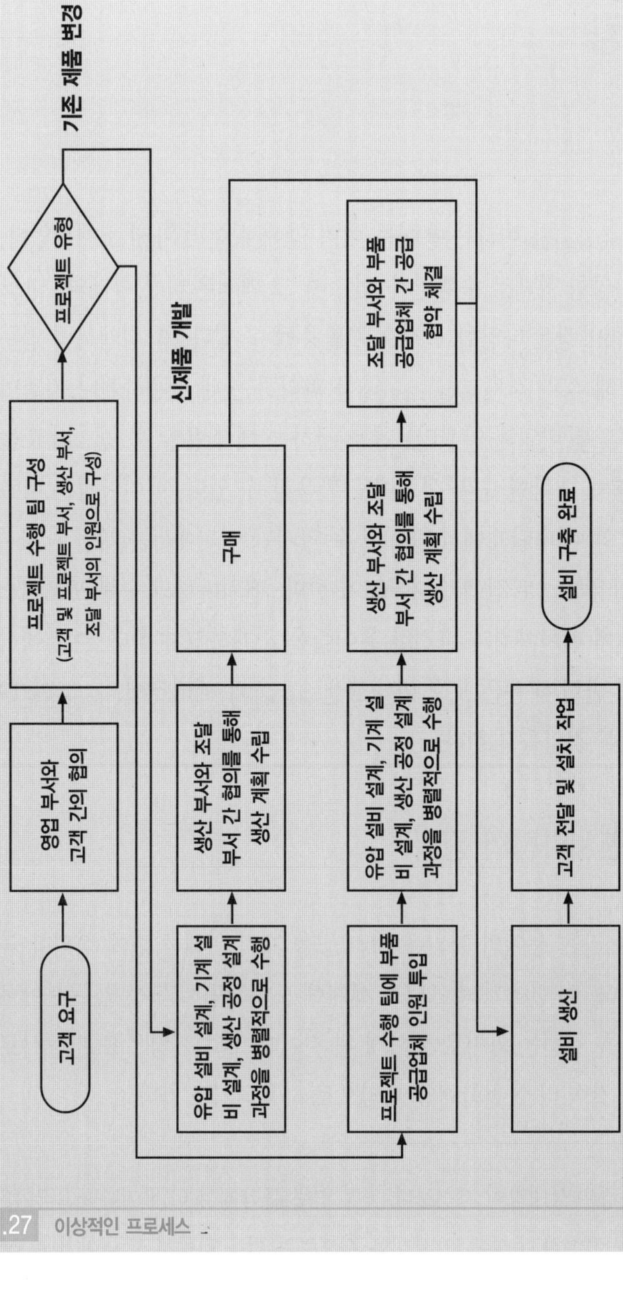

그림 11.27 이상적인 프로세스

11.7

벤치마킹

벤치마킹benchmarking이라는 용어는 이미 앞에서 여러 차례 소개되었다. 벤치마킹은 매우 다양한 형태로 수행될 수 있으며, 그 핵심은 다른 사례와 '비교' 한다는 데 있다. 벤치마킹은 다양한 목적으로 활용될 수 있다. 즉 경쟁사의 업무 성과를 자신과 비교해 성과 격차performance gap를 파악하는 데 활용하거나 지점별로 고객 서비스 만족도를 비교해 인센티브를 지급하는 데 활용할 수 있으며 또는 대학교 간 비교를 통해 대학별 순위 선정에도 활용할 수 있다. 벤치마킹은 비즈니스 프로세스 개선의 여러 단계에서 활용될 수 있지만 여기에서는 개선 과제 수립이라는 목적에 활용하는 관점에서 다루고자 한다. 벤치마킹의 수행 프로세스에 대해 설명하기 전에 벤치마킹과 관련한 용어들을 소개하고자 한다. 여기에서 설명하는 벤치마킹 관련 내용은 모두 아네르센Andersen과 페테르센Pettersen의 1996년 공저에서 발췌한 것임을 밝힌다.

11.7.1 벤치마킹의 정의

벤치마킹이라는 용어의 어원은 거리 등을 재기 위해 사전에 정의한 특정 기준점을 의미한다. 이 단어가 비즈니스 세계에 도입되면서 특정 업무 분야에서 가장 우수한 사례를 일컫는 의미로 쓰이게 된 것이다. 벤치마킹은 또한 동사로 쓰이는 경우 다음과 같이 다소 철학적인 개념으로 사용되기도 한다.

> 벤치마킹은 상대방이 자신보다 특정 업무 분야에서 더 뛰어나다고 인정할 수 있을 만큼 겸손한 동시에 그 상대와 경쟁하는 법을 터득하고, 나아가 그 상대를

추월할 수 있을 만큼 현명한 행위다(APQC, 1993).

이 정의는 다른 사례를 통해 교훈을 얻는다는 벤치마킹의 본질을 잘 지적하고 있다. 벤치마킹이라는 용어는 범지구위치결정시스템global positioning system(GPS)이 고안되기 이전 시기에 산 정상과 같이 쉽게 인지할 수 있는 지리적 위치에 설치하던 표지석(세 개의 돌판으로 된 의자 모양)에서 비롯되었을 것으로 추측된다. '지리적 기준' 이라는 원래의 의미가 비즈니스 영역에 도입되면서 그림 11.28과 같은 의미로 사용되게 되었다.

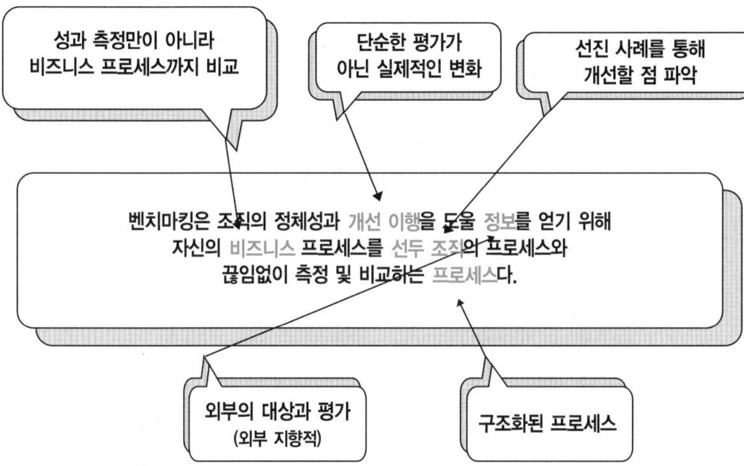

그림 11.28 벤치마킹의 조작적 정의

BPR과 마찬가지로 벤치마킹은 1980년대에 세계적으로 널리 퍼지게 되었다. 다른 도구들과 마찬가지로 벤치마킹은 몇 년 동안 인기를 누리면서 온갖 목적을 위해 사용되었으며, 때로는 오용 및 남용되기도 했다. 다행스럽게도, 벤치마킹을 만병통치약으로 간주하던 시대는 지나갔고 이제 벤치마킹은 BPR과 마찬가지로 다른 분석 도구들과 같이 고유의 장점 및 단점을 갖춘 도구로 인식되고 있다. 또한 몇 년 동안 벤치마킹은 그 개념이 진화해 장점이 강화되었다. 과거에는 벤치마킹이 주요 재무적 지표 등을 대상으로 경쟁사 또는 업계 평균과 비교해 자사의 순위를 매기는 데 사용되는 도구로 간주되었다. 하지만 오늘날에는 보다 강력한 도구로 광범위하게 적용되고 있다. 오늘날 벤치마킹에 대한 정의는 다음과 같은 특징들을 포함한다.

- **측정_** 자신과 경쟁 상대의 업무 성과를 측정해 비교 및 개선 정도를 파악
- **비교_** 업무 성과, 비즈니스 프로세스 등을 경쟁 대상과 비교
- **학습_** 경쟁 대상의 장점을 자신에게 적용할 수 있도록 경쟁 대상에 대한 학습
- **개선_** 모든 벤치마킹 연구의 최종 목표로서 개선

비즈니스 프로세스 개선 활동에 벤치마킹을 포함시켜야 한다고 주장하는 근거는 다음과 같다.

1. 벤치마킹은 조직이 자신의 비즈니스 프로세스를 더 잘 이해하고 비판적으로 바라볼 수 있는 기회를 제공한다.
2. 벤치마킹은 정보를 검색하고 공유하는 것에 대한 열린 태도를 강조한다. 이로 인해 조직의 변화 및 개선을 향한 동기를 부여하는 적극적인 학습 과정이다.
3. 벤치마킹을 통해 조직은 자신의 테두리 밖에서 새로운 힌트를 얻을 수 있다.
4. 벤치마킹을 통해 비즈니스 프로세스의 개선 상황을 측정할 기준을 설정할 수 있다.

결국 벤치마킹이란 자신의 조직을 다른 조직과 비교하는 것이다. 벤치마킹 방법은 그 '비교 대상(누구)' 과 '비교 항목(무엇)' 이 무엇인가에 따라 세 가지 유형으로 분류할 수 있다.

- **내부 조직**internal **벤치마킹_** 같은 기업 또는 조직 내부의 선진 사례를 대상으로 비교 수행

- **경쟁 대상**competitor **벤치마킹_** 직접 경쟁 대상 중에서 최고의 선진 사례를 대상으로 비교 수행
- **일반 대상**generic **벤치마킹_** 산업 분야 및 경쟁에 관계없이 가장 선진적인 대상과 비교 수행

이러한 유형들은 위에서 밑으로 내려갈수록 벤치마킹의 개념에 대한 시야를 넓힌 것이다(그림 11.29 참조). 경쟁사의 업무 노하우 등 중요한 정보에 접근하기가 쉽지 않기 때문에 다른 산업 분야의 선진 사례를 찾아보는 것이 필요한 경우도 있다. 또한 다른 산업 분야의 사례를 벤치마킹함으로써 전혀 새로운 시각으로 보다 참신한 아이디어를 얻는 경우도 있다.

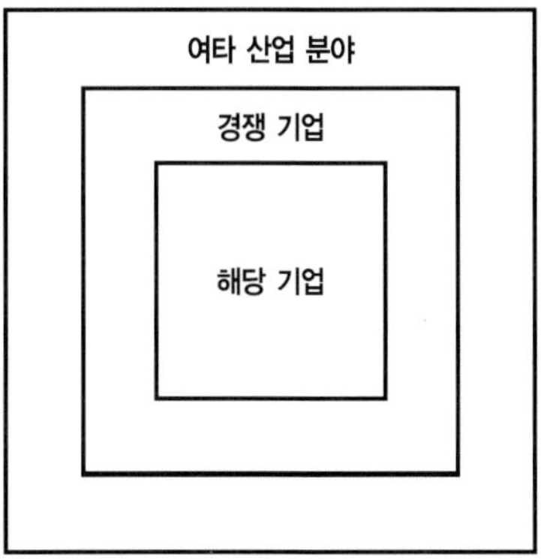

그림 11.29 상자로 표현한 벤치마킹

반면에 다른 분야에서 유효한 벤치마킹 대상자를 찾는 데는 매우 창의적인 노력이 필요하다. 이러한 경우에는 다른 환경에 속하지만 유사한 고민을 공유하는 대상자를 선정하면 된다. 이러한 시도가 성공적인 경우, 문제 해결을 위한 새로운 돌파구를 찾을 수 있다. 아래의 표 11.4에서는 이와 같은 사례를 제시하고 있다.

문제점	비교 대상
병원에서의 긴 대기 시간	호텔의 리셉션 프로세스
너무 많은 종류의 기계 배치	경주용 자동차인 포뮬러 원Formula 1의 긴급 정비소
신선한 시멘트의 배송	피자 배달
체계적이지 못한 전동 터빈 유지 보수	비행기 엔진의 유지 보수

표 11.4 벤치마킹을 통한 돌파구

어떤 관점에서 비교를 수행하는가에 따라서, 벤치마킹은 세 단계 수준으로 구분될 수 있다(각각의 차이점은 그림 11.30에 나와 있다).

- **업무 성과 벤치마킹_** 업무 성과를 나타내는 주요 지표들을 비교한다. 스포츠를 예로 들면, 높이뛰기 선수는 국내 높이뛰기 선수들 중에서 자신과 같은 연령층에 속하는 선수들의 최고 기록을 참고해 자신의 목표를 설정할 수 있을 것이다. 이 경우 어떻게 그 기록에 도달할 수 있는가보다는 어떤 목표를 정해야 하는가에 관심을 두게 된다.
- **프로세스 벤치마킹_** 상대방이 얼마나 잘하고 있는가라는 물음(업무 성과 벤치마킹처럼) 이외에도 어떻게 하면 그렇게 할 수 있는가를 탐구한다. 높이뛰기 선수의 경우, 프로세스 벤치마킹을 통해 어떤 도약 기술을 사용할 것인지, 어떤 훈련법을 따를 것인지, 어떤 식이 요법을 할 것인지 등에 대한 해답을 찾을 수 있다.
- **전략적 벤치마킹_** 상위 경영진의 전략적 결정을 비교한다. 이것은 그다지 흔히 사용되는 벤치마킹 방법은 아니다. 계속 스포츠를 예로 들면, 운동선수가 자신의 경력을 가장 효과적으로 관리하기 위해서는 어떤 대회에 나가야 하는가에 대한 답을 구하는 벤치마킹 방법이다.

그림 11.30 비교 항목에 따른 벤치마킹의 세 가지 유형

벤치마킹을 바라보는 두 가지 관점, 즉 '누구를' 대상으로 '무엇을' 비교할 것인가는 벤치마킹 프로젝트 수행 시 모두 활용된다. 그림 11.31에서처럼 두 관점의 조합에 따라 도출되는 결과도 다르다. 여기서 각각의 조합에 대해서는 다루지 않기로 한다. 하지만 여러 연구에 따르면 프로세스 벤치마킹과 일반 대상 벤치마킹을 조합해 수행하는 경우 가장 좋은 결과를 얻을 수 있다고 한다.

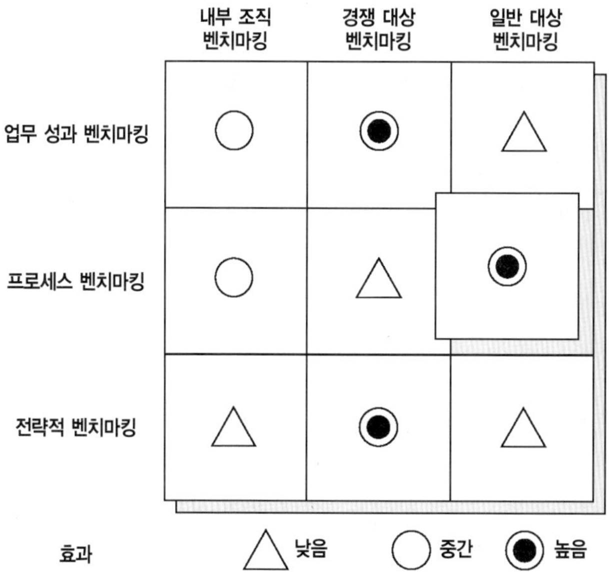

그림 11.31 벤치마킹 조합의 유형

여러 형태의 벤치마킹을 조합해 벤치마킹 프로젝트를 수행할 수도 있다. 일반적으로 적용되는 벤치마킹의 절차는 그림 11.32와 같다. 가장 첫 단계로, 업무 성과 벤치마킹을 수행해 현재 조직의 성과가 어느 정도이며 여타 사례와 비교했을 때 어느 정도 향상되어야 하는가를 정할 수 있다. 그다음, 프로세스 벤치마킹을 수행해 가장 선진적인 사례들은 어떻게 그러한 성과를 내는지 분석할 수 있다.

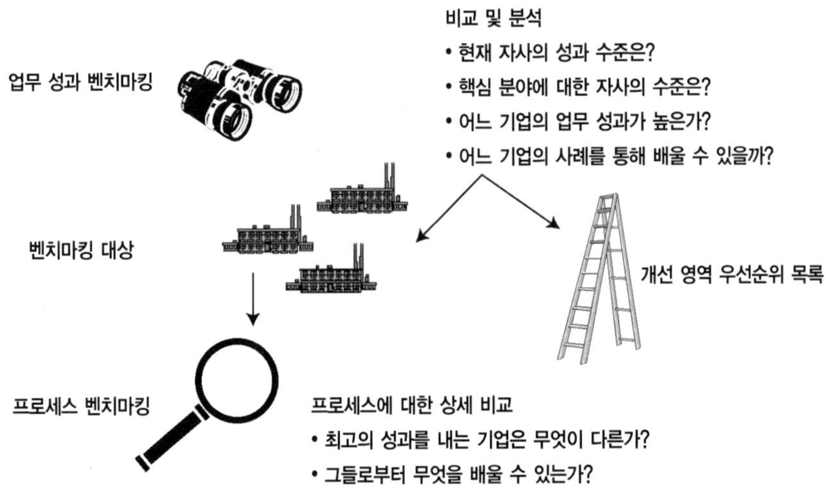

그림 11.32 일반적인 벤치마킹 진행 절차

벤치마킹 유형에 대한 마지막 논의 사항은 비교 대상의 수 및 비교 방식을 기준으로 구분하는 것이다. 가장 일반적으로 쓰이는 모델이 그림 11.33에 나와 있다. 이 중에서도 가장 일반적으로 활용되는 모델은 여러 상대방을 대상으로 벤치마킹을 수행하는 것이다. 이것은 벤치마킹을 수행하는 조직이 동시에 여러 상대방을 대상으로 벤치마킹을 하고 있다는 사실을 알리지 않은 상태로 각 상대방과 일대 일로 벤치마킹을 수행하는 경우다. 또 다른 형태는 여러 조직들이 협력해 상호 벤치마킹을 수행하는 것이다. 이 경우 상호 협력이 보장되므로 다른 형태의 벤치마킹보다 더 가치 있는 결과를 얻을 수 있다. 세 번째 형태는 외부 컨설턴트 등의 제3자가 여러 조직으로부터 자료를 수집 및 분석한 후 자료 제공자들에게 그 결과를 제시하는 것이다. 이러한 형태의 벤치마킹은 참여자들이 다른 사례를 직접적으로 분석하지 못하고 간접적으로만 결과를 볼 수 있다는 단점이 있으므로 업무 성과 벤치마킹에 적합하다.

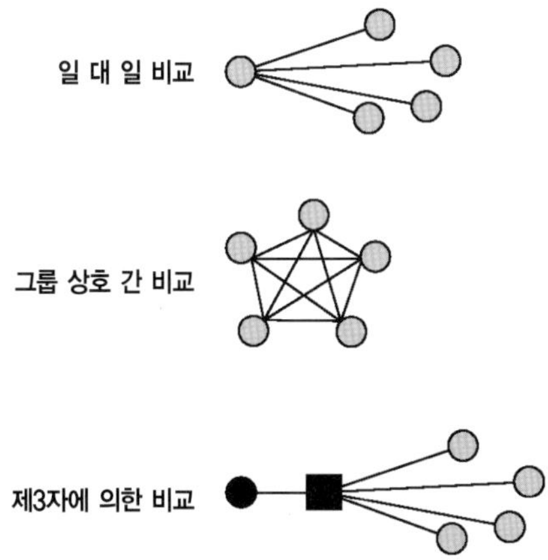

그림 11.33 벤치마킹 수행 구성 모델

11.7.2 벤치마킹의 수행

벤치마킹은 일반적으로 독립된 하나의 프로젝트로 수행되며, 조직의 비즈니스 프로세스 개선을 목표로 진행된다. 하지만 대규모의 비즈니스 프로세스 개선 프로젝트에서는 벤치마킹이 개선 단계에 속하는 하나의 과제로 구성된다. 벤치마킹의 절차는 다음과 같은 활동들로 구성된다.

- 자신의 비즈니스 프로세스에 대한 이해
- 벤치마킹 대상의 선정

- 벤치마킹 대상의 비즈니스 프로세스에 대한 분석
- 자신의 프로세스와 벤치마킹 대상의 프로세스 간의 비교 분석
- 벤치마킹을 통해 도출한 시사점을 바탕으로 개선 과제 정의 및 이행

자신의 비즈니스 프로세스를 분석하는 것은 개선 단계의 초기에 통상 수행하는 활동이다. 개선 과제를 이행하는 것 또한 일반적인 개선 단계의 마지막에 수행하는 활동이다. 벤치마킹을 구성하는 절차들에 대해서는 다양한 설명들이 존재한다. 이 중에서 한 가지가 벤치마킹 바퀴benchmarking wheel다(그림 11.34 참조).

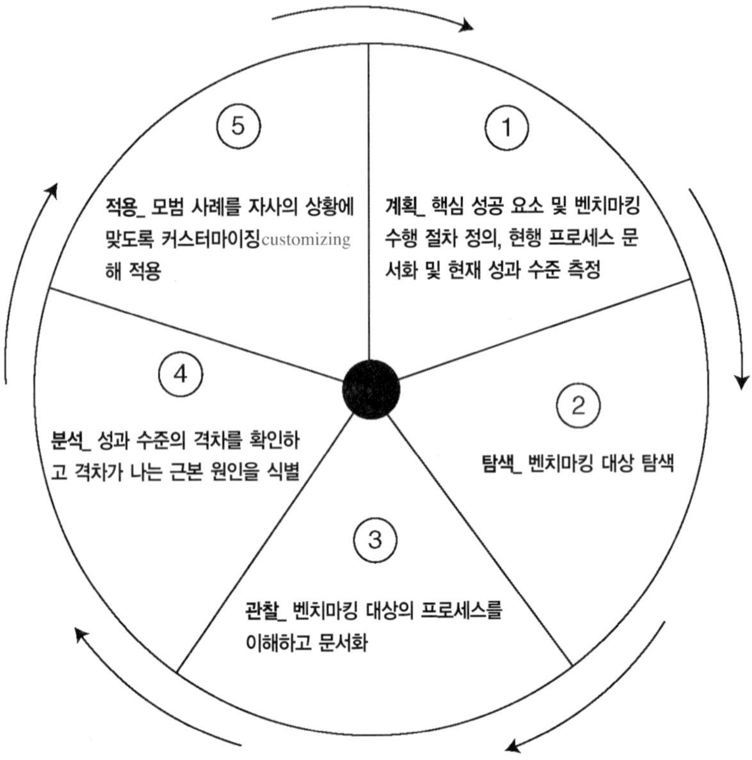

그림 11.34 벤치마킹 바퀴에 근거한 벤치마킹 프로세스

일반적으로 벤치마킹을 수행하는 데 소요되는 기간은 업무 범위(벤치마킹 대상의 수, 자료 수집 방식 등)에 따라서 짧게는 6주부터 길게는 8개월까지 이른다. 때로는 개선 과제를 적용하는 데 소요되는 기간이 실제 벤치마킹을 통해 분석하는 기간보다 더 오래 걸릴 수도 있다. 적용(이행) 단계를 제외한 전체 소요 기간의 약 50퍼센트 정도가 계획 단계에 소요되고, 20퍼센트가 벤치마킹 대상을 관찰하는 데 소요되며, 30퍼센트는 수집된 자료를 분석하는 데 소요된다. 각 단계별 수행 내용은 아래와 같다.

계획 단계

계획plan 단계는 다음과 같은 네 개의 활동들로 구성된다.

1. 벤치마킹을 통해 개선되어야 하는 프로세스의 선정
2. 벤치마킹 수행 팀의 구성
3. 선정된 대상 프로세스에 대한 분석 및 문서화
4. 프로세스 분석을 위한 성과 지표 정의

탐색 단계

벤치마킹 바퀴를 보면 각 단계들이 순차적으로 이행되어야 할 것 같아 보이지만, 사실은 그렇지 않다. 예를 들어 계획 단계가 완료된 이후에도 벤치마킹 대상 선정 단계가 시작되지 못하는 경우도 있다. 이는 대상 선정에 상당한 시간이 소요되기 때문이다. 이렇듯 앞 단계가 완료되었음에도 다음 단계가 시작하지 못하는 경우 계획표상의 일정은 뒤로 밀릴 수밖에 없게 된다. 그러므로 벤치마킹 대상을 선정하는 작업을 계획 단계와 동시에 병행하는 것을 권고한다. 탐색search 단계에서 수행하는 업무는 다음과 같다.

1. 이상적인 비교 대상이 갖추어야 할 기준 정의

2. 벤치마킹 대상 후보군 선정
3. 후보군을 대상으로 비교 분석을 수행해 한 곳 또는 두 곳의 벤치마킹 대상 선정
4. 선정된 파트너와의 연락 채널을 확보하고 벤치마킹 연구에 대한 동의 획득

이 가운데 첫 번째 수행 업무는 탐색의 기술에 관한 것이다. 탐색하는 대상이 무엇이든 간에(예를 들어 책, 인터넷, 벤치마킹 대상 등) 탐색의 범위를 제한하는 것이 바람직하다. 모든 기관들을 대상으로 비교 분석하고 그중에서 적합한 비교 대상을 선정하려고 한다면 탐색 업무가 무척 복잡해질 것이다. 그러므로 벤치마킹 대상이 충족해야 할 질적인 조건들을 정의하고 이에 따라 탐색을 수행해야 한다. 탐색 조건으로 사용되는 전형적인 사항들은 아래와 같다.

- 지리적 위치
- 규모
- 관련 기술 및 시장
- 산업 분야
- 구성 형태 및 조직

계속 나열한다면 끝이 없을 것이다. 탐색의 조건을 너무 광범위하게 해서도 안 되지만 너무 제한해도 안 된다. 벤치마킹을 수행하기에 적합한 대상을 찾기 위해 다양한 정보가 사용될 수 있다. 벤치마킹을 수행하는 조직이 보유한 네트워크를 통해 소비자, 공급자 그리고 다른 협력 대상자 등에 대한 정보를 획득할 수 있을 것이다. 해당 분야의 전문가에게 도움을 받는 방법도 있을 것이다. 해당 산업 분야의 협회 등은 주요한 업체들에 대한 정보를 보유하고 있을 것이다. 언론 등의 대중매체로부터 정보를 얻는 방법도 있다. 인터넷으로 키워드를 검색해 방대한 양의 자료를 찾을 수도 있다. 정보를 획득할 수 있는 방법이 워낙 다양하다 보니 어디에서부터 시작해야 할지 모르는 경우가 발생할 수 있다. 그래서 벤치마킹에

참여한 사람들이라면 이 단계가 얼마나 어려우며 절대 쉽게 생각해서는 안 된다는 사실을 잘 알고 있다.

벤치마킹 상대방의 능률 수준을 고려하는 것도 필요하다. 그림 11.35에 제시된 피라미드 모형은 각 능률 수준별 벤치마킹 대상의 수를 나타내고 있다. 세계적으로 높은 수준의 벤치마킹 대상은 각 비즈니스 프로세스별로 한 개 정도밖에 없을 것이다. 또한 목표 수준을 낮출수록 그 대상의 수가 급격히 증가하는 것을 알 수 있다. 어떤 경우에는 벤치마킹 대상이 근본적으로 다른 비즈니스 프로세스를 적용하는 것을 발견할 수도 있다. 하지만 그렇게 상이한 형태의 프로세스가 결과적으로 더 높은 성과와 연결되지 않는다면 굳이 도입할 필요는 없을 것이다.

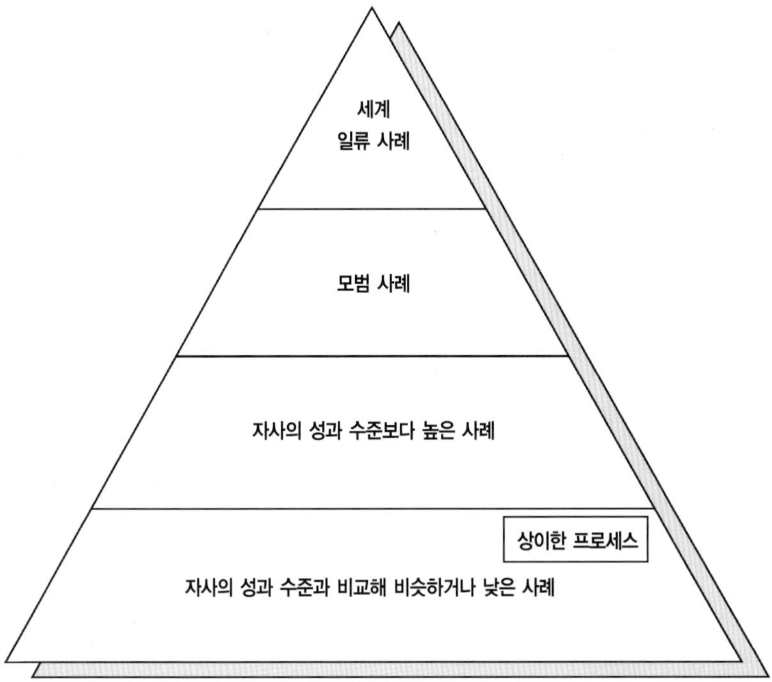

그림 11.35 벤치마킹 대상 수준별 피라미드

벤치마킹 후보를 선정한 이후에는 최종 대상을 결정하기 위해 세심한 비교 분석을 수행한다. 이 단계에서는 최종적으로 벤치마킹 대상을 선정하기 위해 일반적으로 업무 성과 벤치마킹을 수행한다. 일반적으로 하나 이상의 대상을 선정하는 것이 바람직하며 보통 세 개에서 다섯 개 사이의 대상을 선정한다. 벤치마킹 대상을 추가로 선정할 때마다 비용이 증가하지만 그로 인해 얻을 수 있는 이익이 더 크다.

탐색 단계에서의 마지막 활동은 벤치마킹 대상과 접촉하는 것이다. 벤치마킹을 위해 상대방으로부터 승낙을 받는 데 특별한 방법은 따로 없다. 하지만 중요한 점은 벤치마킹에 동참하는 것이 상호 호혜적이어야 한다는 것이다. 자사에 대한 정보를 공개하고 벤치마킹을 통해 얻은 정보의 공유를 보장한다면 상대방이 호의적으로 반응할 확률이 더 높아질 것이다.

관찰 단계

관찰observe단계에서는 벤치마킹 대상의 프로세스를 분석하고 문서화하는데, 이는 계획 단계에서 수행했던 자신의 프로세스에 대한 분석 및 문서화와 동일하다. 관찰 단계는 아래와 같은 세 활동으로 구성된다.

1. 필요한 정보를 식별하고 수집할 수 있는 정보원 정의
2. 정보를 수집하기 위한 방법 및 도구 선정
3. 정보 수집 및 정리 수행

일반적으로 벤치마킹 수행 시 정보는 세 가지 관점에서 수집된다. 그림 11.36에 제시된 이러한 세 가지 관점을 제대로 이해하는 것이 중요하다. 성과 관점은 조직이 비즈니스 프로세스를 얼마나 잘 수행하고 있는가를 나타낸다. 상대방처럼 높은 성과를 낼 수 있는 방법을 알기 위해서는 그 조직의 구체적인 '업무 활동practice'을 살펴보아야 한다. 상대방이 높은 성과를 얻는 데 기여하는 업무 활동을 파악해 그것을 자사에 적용할 때 성과 향상을 기대할 수 있을 것이다.

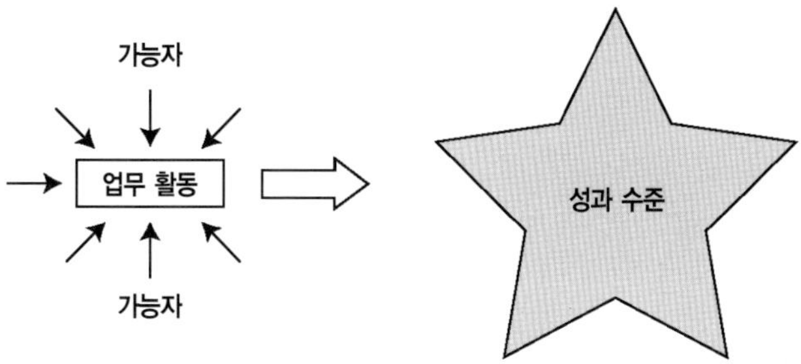

그림 11.36 벤치마킹 정보의 세 가지 관점

상대방의 업무 활동을 그대로 자사에 도입했을 때 원활하게 적용된다는 보장은 없다. 그러므로 그러한 업무 활동을 가능하게 하는 '가능자enabler'를 파악해야 한다. 가능자란 특정 방식으로 업무를 수행할 수 있도록 해주는 제반 조건들이다. 이는 IT 시스템일 수도 있고, 공급자와의 계약 관계나 직원들의 역량 등일 수도 있다. 이러한 전제 조건들을 제대로 파악 또는 충족하지 못한 채 다른 조직의 선진화된 프로세스를 도입하려는 경우, 막대한 시간 및 금전적 손실이라는 실패로 이어질 것이다.

벤치마킹 대상에 대한 정보를 수집하는 데는 여러 가지 방식이 있다. 여기에서 방법method과 도구tool를 구별해 설명할 필요가 있다. 방법이 벤치마킹 대상과 접촉하기 위한 수단이라면, 도구는 정보를 획득하기 위한 수단이라고 할 수 있다. 그림 11.37은 가장 흔히 이용되는 방법과 도구를 매트릭스 형태로 소개한 것이다.

관찰 단계의 마지막 절차는 벤치마킹 대상으로부터 자료를 수집한 다음에 수행하는 자료 정리debriefing다. 대상 기관 방문 등 벤치마킹을 수행하기 위해 일정 기간 사무실을 비워 둔 후에 돌아오면 흔히 긴급하게 처리해야 할 업무들이 책상 위에 쌓여 있는 것을 발견하게 된다. 하지만 벤치마킹 대상으로부터 수집한 정보를 정리하기 전에 이러한 업무를 먼저 처리한다면 머릿속에 어렴풋이 갖고 있던 벤치마킹 대상에 대한 인상 및 아이디어 들이 곧 기억 속에서 사라질 것이다. 그러므로 정보 수집 이후에는 자료 정리를 위한 별도의 시간을 확보하는 것이 중요하다. 자료 정리는 아래와 같은 작업들로 구성된다.

- 기준에 따른 정보 정렬
- 인터뷰 속기록 정리
- 벤치마킹 대상에 대한 인상 등 문서화되지 않은 기억들의 기록

도구 / 방법	설문지	인터뷰	직접 관찰
서신 질의	X		
전화 질의	X	X	
현장 방문	X	X	X

그림 11.37 관찰 단계의 방법과 도구

분석 단계

벤치마킹 대상의 프로세스에 대한 정보를 수집한 다음에는 그 정보를 분석하고 개선을 위한 시사점을 도출해야 한다. 분석analyze 단계는 다음과 같은 다섯 가지의 절차로 구성된다.

1. 수집된 정보를 기준에 따라 정렬
2. 수집된 정보의 품질 점검
3. 수치 보정을 통한 표준화normalization
4. 업무 성과 격차performance gap 확인

5. 업무 성과 격차에 대한 원인 분석

처음 두 절차는 준비 단계로 필요한 모든 정보가 수집되었는가와 그 정보가 신뢰할 만한가를 점검한다. 실제적인 분석을 시작하기 전에 정보를 '표준화' 하는 것이 필요하다. 벤치마킹과 관련해 흔히 논쟁이 되는 사안은 모든 벤치마킹 대상에는 저마다의 독특한 특성 및 환경이 있으므로 관련 있는 비교점을 찾기가 어렵다는 것이다. 하지만 표준화 작업을 수행하면 거의 모든 것들이 비교 가능하게 된다. 표준화란 대상별로 상이한 조건을 반영해 값을 수정하는 것으로 시장 규모, 상이한 법 규정, 비용 수준 등에 의한 효과를 제거할 수 있도록 자료의 수치를 보정하는 경우를 예로 들 수 있다.

분석 단계에서 수행하는 중요한 작업 중 하나가 갭 분석gap analysis이다. 갭 분석은 갭을 확인하는 것뿐만 아니라 갭의 원인을 파악하는 작업까지 포함한다. 갭 자체는 개선 활동을 정의하는 데 큰 도움이 되지 못하지만 갭 분석을 통해 조직 간 성과 격차의 원인을 밝힐 수 있다. 그러므로 갭이 존재한다는 사실은 더 정밀하게 조사해볼 무언가가 있다는 것을 알려 주는 신호라고 할 수 있다.

갭의 원인을 파악하는 데 활용할 수 있는 기법에는 여러 가지가 있다. 상대적으로 수월한 접근 방법은 프로세스에 직접적으로 흐름도를 비교하는 것이다. 이를 통해 성과 격차가 발생하는 원인에 대한 많은 정보를 파악할 수 있다. 이미 소개된 도구 중에서 갭 분석을 위해 활용할 수 있는 도구는 원인 · 결과 도표, 연관도, 5why 기법 등이다. 어떤 기법을 활용하든 간에 이 단계의 목적은 벤치마킹 대상이 상대적으로 높은 성과를 창출하는 원인에 대한 리스트를 작성하는 것이다.

적용 단계

계획 단계와 마찬가지로, 적용adapt(이행) 단계 또한 실제로 수행하는 것은 아니다. 이행 단계에 대한 일반적인 내용은 12장에서 다루고 있으므로 여기서는 매우 간단히 언급하기로 한다. 적용 단계는 다음 네 개의 절차로 구성된다.

1. 목표 프로세스를 제시하고 그것을 달성하기 위한 구체적인 이행 과제 정의
2. 프로세스 도입을 통해 달성하고자 하는 개선 효과 정의
3. 이행 계획의 수립, 수립한 계획에 따른 이행, 개선 효과에 대한 모니터링
4. 벤치마킹 최종 보고서 작성

벤치마킹이 완료된 이후에는 최종 보고서를 작성한다. 최종 보고서는 전체 벤치마킹 과정에 대한 내용을 포함하며 프로젝트 수행을 통해 부가적으로 얻은 교훈, 다음 프로젝트를 위한 권고 사항 등도 포함시킨다. 이 보고서는 관련된 모든 당사자들이 볼 수 있도록 내용을 구성하며 프로젝트를 통해 실제로 이행되지 않은 사항(이행 단계에서 실현 가능성, 비용 등의 이유로 제외하기로 결정된 사항)도 포함해 기술한다. 이 보고서는 벤치마킹 프로젝트에 자발적으로 참여한 조직에도 발송한다.

아래는 정보통신 회사인 퍼시픽 벨Pacific Bell의 벤치마킹 성공 사례다. 퍼시픽 벨은 캘리포니아 주민을 대상으로 전화통신 서비스를 제공하는 여러 업체 중 한 곳으로, 시장에 대한 기존의 규제가 해제되면서 AT&T로부터 분리해 나온 회사다. 날이 갈수록 치열해지는 경쟁 환경 속에서 살아남기 위해서는 지속적으로 고객의 서비스 만족도를 측정해야 한다. 1980년대부터 고객의 서비스 만족도를 조사해온 퍼시픽 벨은 만족도 조사 체계를 개선하기 위한 벤치마킹을 수행했다. 벤치마킹의 주요 관심은 과연 특정 결과가 어느 정도 정확하며, 그 결과가 의미 있게 활용되고 있는가를 점검하는 것이었다. 벤치마킹 분석의 단계별 수행 내용은 아래와 같다.

벤치마킹 분석의 계획

첫째로 다음과 같은 형태로 벤치마킹 팀을 구성했다.

- 고객 서비스 만족도 평가 부서의 책임자
- 고객 서비스 만족도 평가 부서에 근무하며 정보 수집, 분석 및 고객 만족도 조사 결과 정보의 활용을 담당하는 네 명의 실무자
- 회사 내에서 벤치마킹 방법론을 지원하는 등 벤치마킹 업무를 총괄하는 책임자

이 팀의 첫 번째 작업은 고객의 만족도를 조사하는 현재 프로세스에 대한 분석이었고, 이렇게 현행 비즈니스 프로세스 분석 작업을 수행해 열일곱 쪽에 달하는 비즈니스 프로세스 기술서를 작성했다. 이 작업 이외에도 팀원들은 다양한 고객 만족도 측정과 관련한 컨퍼런스, 세미나 등의 행사에 참여했다. 계획 단계를 수행한 결과 벤치마킹 팀은 고객 만족도 조사와 관련한 현행 비즈니스 프로세스를 철저히 이해할 수 있게 되었을 뿐만 아니라 고객 만족도 조사와 관련된 일반적인 내용에 대해서도 지식을 넓힐 수 있게 되었다.

벤치마킹 대상의 탐색

퍼시픽 벨은 최적의 벤치마킹 대상을 찾기 위해 먼저 대상 선정 기준을 정했다. 대상 선정 기준은 기업 관점 및 고객 서비스 관점에서 정의되었으며 각 항목별 중요도를 기준으로 정렬한 결과는 다음과 같다.

기업 관점	
기준 항목	선정 사유
지난 5년 동안 높은 수익을 달성한 기업	높은 고객 만족도를 통해 높은 수익을 달성했을 것으로 가정
시장 세분화 전략market segment이 다양한 기업	퍼시픽 벨과 경영 환경이 유사한 업체 선정

기준 항목	선정 사유
서비스 분야에 속한 기업	제조 등 다른 분야의 고객 만족도 조사는 서비스 분야와 비교해 상이한 것으로 가정
장기적으로 고객 관계를 유지하는 기업	일회성 거래로 제품을 판매하는 경우보다 고객과 지속적인 관계를 맺는 기업이 고객 만족도 조사를 더욱 체계적으로 수행하는 것으로 가정
캘리포니아 지역에서 영업하는 기업	캘리포니아라는 지역은 다양한 종류의 소비자로 구성된 독특한 지역이므로 퍼시픽 벨과 같이 캘리포니아에서 영업하는 기업으로 한정해 벤치마킹 대상을 선정
기술 주도형technology driven 기업	퍼시픽 벨과 최대한 유사한 형태의 기업을 선정
유사한 법 제도 변화에 영향을 받는 기업	법 제도의 변화에 따라 상대방 기업의 고객 만족도에 어떤 변화가 있었는지 측정

고객 서비스 관점
고객 만족도 부문의 선두 기업
비즈니스 프로세스 개선을 위해 고객의 피드백을 적극적으로 활용하는 기업
고객 만족도 측정을 위한 정량적 및 체계적 시스템을 갖춘 기업
고객 만족도 측정을 위한 정보 수집에 다양한 기법을 활용하는 기업

위와 같은 기준을 바탕으로 가장 적합한 벤치마킹 대상을 선정하기 위한 문헌 연구를 수행할 담당자를 지정했다. 연구 결과, 위의 기준들을 충족하는 스무 개의 기업 리스트가 작성되었다. 벤치마킹 팀은 스무 개의 기업들을 대상으로 정밀 분석

을 수행해 대상 기업 리스트를 여덟 개로 간추렸다.

정보 수집

최종적으로 선정된 대상들은 은행, 정보통신, 보험 등의 분야에 속한 기업들이었다. 관련 정보를 수집하기 위해 정성적 및 정량적 항목으로 구성된 설문지를 작성했다. 정량적 항목에는 고객 만족도 조사를 위한 수행 인력, 소요 비용, 조사 대상 고객의 수, 조사 회신율 등의 질문이 포함되었으며 정성적 항목에는 고객 만족도 조사의 수행 및 적용 방법, 측정 지표 등의 문항이 포함되었다.

벤치마킹 팀은 대상 기업을 직접 방문해 자료를 확보하기가 어렵다고 판단하고 전화 및 팩스로 자료 협조를 받는 방식을 선택했다. 먼저 설문 조사에 응하기로 동의한 기업체에 설문지와 함께 설문 항목별 퍼시픽 벨의 해당 정보를 제공했다. 이를 수신한 기업들은 정량적 설문 항목에 자사의 정보를 채워 팩스로 회신했다. 퍼시픽 벨은 회신된 설문 답변서를 확인하고 전화 통화로 다시 정성적인 항목을 확인했다.

데이터 분석

분석을 효과적으로(즉 충분한 시간을 갖고) 수행하기 위해 여러 회의들이 계획되었다. 첫째로, 정량적 답변을 매트릭스 형태로 정리 및 분석했다. 정성적 답변을 분석하는 것은 정량적 데이터 분석에 비해 훨씬 어려웠는데, 그 이유는 벤치마킹 대상의 프로세스를 충분히 이해해야 했기 때문이다. 이 단계를 수행한 결과 퍼시픽 벨을 위한 시사점이 다음과 같이 도출되었다.

- 고객의 반응을 관리하고 이를 제품 및 서비스 향상에 적용하는 일을 전담할 신규 조직의 구성 필요

- 고객 만족도 데이터의 생성 업무는 관리자급에서만 수행하도록 한정 필요
- 관리자의 임금을 고객 만족도 결과에 따라 하향 조정하는 제도 금지
- 고객의 요구 사항과 연동되는 내부 프로세스 지표 개발 필요
- 고객 만족도 조사 범위를 확대하되 조사 빈도는 3개월에 한 번으로 축소
- 최근에 설문에 응한 고객과 응하지 않은 고객 모두를 대상으로 설문을 수행하되 거의 피드백을 제공하지 않는 고객들로부터 피드백을 받는 노력 강화 필요
- 고객 만족도 데이터가 전략 수립 단계에서부터 활용될 수 있는 체계 마련 필요
- 고객 만족도에 부분적으로만 책임이 있는 말단 조직의 종업원들이 만족도 조사 결과에 낙담하지 않도록 배려 필요

적용 및 개선

개선 사항들을 발표한 지 한 달 이내에 경영진은 고객 만족도 설문의 빈도를 축소하는 데 동의했다. 그 결과 100만 달러를 절약할 수 있었고 곧 벤치마킹 프로젝트 수행을 위해 투입된 비용도 만회할 수 있었다.

더 중요한 점은 벤치마킹 대상 기업들의 경우에서처럼 퍼시픽 벨이 제공하는 서비스에 대해 고객이 진정으로 요구하는 사항이 무엇인지 알아내려는 노력을 하게 되었다는 것이다. 더 나아가 새로운 고객 만족도 조사 및 활용 체계의 적용을 위한 파일럿 프로젝트를 수행했다.

개선 효과

벤치마킹 프로젝트에 소요된 비용은 총 7만 달러지만 고객 만족도 조사 범위의 축소 및 새로운 측정 방식의 도입으로 예상되는 비용 절감 효과는 500만 달러 정도에 이른다. 직접적인 비용 절감보다 더 중요한 것은 이번 연구를 통해 여러 프로세스들이 개선되어 결과적으로 고객의 만족도가 크게 개선되리라는 점이다. 또한 실무자들의 업무 환경도 개선되어 실무자의 작업 만족도가 개선되는 효과도 거두었다.

12장

개선 과제 이행을 위한 도구

앞서 소개된 도구들이 다양한 문제들에 대한 해결 방안(개선 과제)을 수립하기 위한 방법들이었다면 이제부터 소개될 내용은 그러한 개선 과제들을 실제로 이행하기 위한 방안이다. 아무리 뛰어난 개선 과제라 할지라도 그것이 실제 문제 해결에 적용되지 못하고 책상 서랍이나 문서함 속에서 잠자고 있다면 아무 소용이 없을 것이다. 개선 과제를 실제로 이행하기 위한 프로세스는 아래와 같은 작업들로 구성된다.

- 당면한 문제점들 중 해결 우선순위 선정
- 개선 과제 이행 조직 정의
- 개선 목표 정의
- 이행 계획 수립
- 개선 과제 이행의 필요성에 대한 합의 및 이행에 적합한 환경 구성
- 개선 과제 이행

이 장은 위와 같은 작업들과 관련된 일반적인 질문들과 실제로 활용할 수 있는 구체적인 도구들에 대해 다룬다. 이번 장에서 소개할 도구들은 다음과 같다.

- AΔT 분석
- 계통도 및 프로세스 결정 프로그램 도표
- 역장 분석

이 외에도 이번 장에서는 비즈니스 프로세스 개선 과제의 이행 단계에서 수행하는 일반적인 도구들에 대해 설명한다. 이행 단계에서 가장 먼저 정하고 넘어가야 할 사항은 어떤 개선 과제를 먼저 이행할 것인가라는 물음이다. 일반적으로 개선 과제를 정의하는 단계에서는 복수의 개선 과제들을 정한다. 하지만 앞서 도출된 개선 과제들을 모두 이행할 수 있을 정도로 충분한 자원(시간, 비용, 인력 등)이 허락되지 않는 것이 일반적인 현실이다. 그러므로 제안된 개선 과제들 중에서 해당 과제의 이행을 통한 개선 효과를 기준으로 우선순위를 정하고 우선순위가 높은 과제부터 시행하는 것이 일반적이다. 제안된 개선 과제들의 우선순위를 정할 때 아래의 네 가지 기준을 참고할 수 있다.

- **투자 비용_** 새로운 수행 방법 또는 프로세스를 도입하는 데 소요되는 투자 비용
- **교육 및 훈련_** 새로운 프로세스 도입을 위해 실무자들을 대상으로 수행해야 하는 교육 및 훈련
- **시간적 제약_** 비즈니스 프로세스 개선 프로젝트의 수행 기간 및 개선된 프로세스를 실무에 성공적으로 정착시키는 데까지 소요되는 시간에 대한 제약
- **조직의 태도_** 프로세스 수행 조직의 참여도(변화에 대한 적극적, 소극적 또는 배타적 태도)

위와 같이 우선순위를 선정할 때 그림 12.1과 같은 4분할 매트릭스를 활용하면 보다 체계적으로 정할 수 있다.

		이행 용이성	
		높음	낮음
기대 효과	높음	손이 닿는 높이에 열린 열매	효과는 크지만, 이행하기에 어려운 과제
	낮음	이행하기에 쉽지만, 효과가 낮은 과제	시간 및 노력 낭비

그림 12.1 이행 우선순위 선정을 위한 매트릭스

- **기대 효과_** 개선 과제 이행을 통해 기대되는 기대 효과
- **이행 용이성_** 개선 과제의 이행 난이도(이행 용이성은 보다 구체적으로 법 제도, 과학 기술, 조직 간의 이해관계 등의 관점으로 상세 구분할 수도 있음)

그림 12.1과 같이 네 개의 영역으로 개선 과제를 구분해보면 '손이 닿는 높이에 열린 열매'의 영역에 속하는 과제(쉽게 이행할 수 있는 효과적인 개선 과제, 즉 용이성이 높으며 그 기대 효과 또한 높은 과제)를 가장 먼저 이행해야 한다는 것을 알 수 있다.

이러한 방식으로 개선 과제의 이행 우선순위가 결정되었다면 이제는 개선 과제를 이행할 조직을 구성해야 한다. 이행 조직을 정의하기 위한 방안으로 아래와 같은 방식을 고려할 수 있다.

- **개선 과제를 정의한 조직이 주도하는 개선 과제 이행_** 이전 단계에서 개선 과제를 정의한 조직이 개선 과제의 이행까지 책임지는 경우다. 이 경우의 장점은 개선 과제를 가장 잘 알고 있는 조직이 이행까지 담당한다는 것이다.
- **개선 과제 이행을 위한 별도의 이행 조직을 구성_** 개선 과제 이행 단계에 참여할 필요가 있거나 참여가 적절하다고 판단되는 구성원으로 이행 조직을 구성하고 이행에 대한 책임을 맡기는 경우다. 이러한 경우처럼 개선 과제를 정의하는 업무에 참여하지 않은 구성원에게 이행을 맡기는 것에 우려가 있을 수 있지만, 경우에 따라 이러한 점이 더 유리하게 작용할 수도 있다.
- **현업 조직에서 개선 과제 이행_** 현업 실무자로 하여금 자신의 업무와 관련된 개선 과제의 이행을 담당하도록 하는 경우다. 이러한 경우, 실제로 개선된 비즈니스 프로세스를 수행해야 하는 실무진이 개선 과제 이행 과정에 참여할 수 있다는 장점이 있으며, 또한 이러한 경우가 가장 일반적인 형태다.

개선 과제의 이행 조직을 정한 다음에는 프로세스 개선을 통해 어느 정도의 성과 향상을 목표로 할 것인지를 정의한다. 이 경우 활용할 수 있는 도구가 바로 AΔT 분석이다.

12.1

A⊿T 분석

A⊿T 분석은 이상적 프로세스 수립 활동 및 부가가치 분석과 연관된 도구다. 이러한 도구들이 개선 과제를 정의하는 데 사용되는 반면, A⊿T 분석은 비즈니스 프로세스 개선을 통해 어느 정도의 성과 향상을 달성할 것인가 하는 목표 값을 설정하는 데 사용된다. 이 분석 방법은 소요 기간, 소요 비용, 결함 제품의 수 등 업무 성과 측정 지표의 실제 값과 이론적으로 달성 가능한 목표 값을 알 수 있다는 것을 전제로 한다.

- 'A'는 실제 값actual value(A값)으로 현재 비즈니스 프로세스를 적용했을 때 측정되는 실제 소요 시간, 비용 등을 의미한다.
- 'T'는 이론 값theoretical value(T값)으로 개선된 비즈니스 프로세스를 적용했을 때 이론적으로 도달할 수 있는 단축된 소요 시간, 비용 등을 의미한다.

11.2를 읽어본 독자라면 이론적 목표 값인 T값과 이상적 프로세스 수립 활동이 밀접한 관계가 있다는 사실을 쉽게 눈치챘을 것이다. 더욱이 소요 시간과 소요 비용만을 분석의 대상으로 한다면, T값은 부가가치 분석에서 정의한 OVA와 NVA를 제거하면 쉽게 구할 수 있다. 이렇듯 A⊿T 분석은 이상적 프로세스 수립 활동 및 부가가치 분석과 같이 활용될 수 있다. A값과 T값 간의 비율은 다음과 같이 구한다.

$$\Delta = \frac{A}{T}$$

여기서 A값과 T값의 비율인 Δ은 비즈니스 프로세스에서 비효율적인 요소들을 없애고 최대한 효율적으로 운영했을 때 기대할 수 있는 잠재적인 업무 성과 향상 효과를 나타낸다. 즉 Δ값이 클수록 잠재적 효과가 크다고 할 수 있다. 그러므로 Δ값은 이상적인 비즈니스 프로세스를 적용했을 때 기대할 수 있는 효과를 나타내는 척도로 사용할 수 있다.

업무 성과 향상의 목표 값을 정하기 위해 Δ값을 정하는 것은 아니며, 목표 값은 T값과 동일하게 또는 현실적인 제약을 고려해 T값보다 다소 낮은 수준으로 정하게 된다. AΔT 분석의 수행 프로세스는 다음과 같다.

1. 현재의 비즈니스 프로세스 흐름도를 작성한다.
2. 흐름도의 각 업무 활동 안에 소요 시간, 비용, 결함 제품의 수 등을 표기한다.
3. 각 업무 활동이 가치 창출에 기여하는지를 엄격한 기준으로 평가한다. 만약 어떤 업무 활동이 가치 창출에 기여하지 않는다고 판단되는 경우, 제거 가능 여부를 판단한다. 제거될 수 있는 활동을 다른 색 또는 다른 표식으로 구분한다.
4. A값과 T값을 합산하고 Δ값을 계산한다. A값은 각 활동에 표기된 수들의 합이며, T값은 색이 칠해져 있거나 다른 표식을 한 업무 활동(즉 제거 가능한 업무 활동)에 표기된 수를 제외한 합이다. Δ값은 A값을 T값으로 나눈 것으로 정의한다(Δ=A/T).
5. 업무 성과 향상의 목표 값은 T값 또는 T값에 근접한 수준으로 정의한다.

한 기업이 이행 단계에 이르러 비즈니스 프로세스 소요 시간 단축을 위한 목표값을 어느 수준으로 설정해야 하는가라는 문제에 부딪쳤다. 이러한 경우 유용한 도구가 바로 AΔT 분석이다. 먼저 현행 비즈니스 프로세스를 도식화하고 각 업무 활동별로 업무 수행 시간과 생략 가능 여부를 표시한다(그림 12.2 참조). 이 경우 Δ값은 2.05로 계산되었으며, 이는 이론적으로 현재의 비즈니스 프로세스 소요 시간을 절반으로 단축할 수 있다는 것을 의미한다.

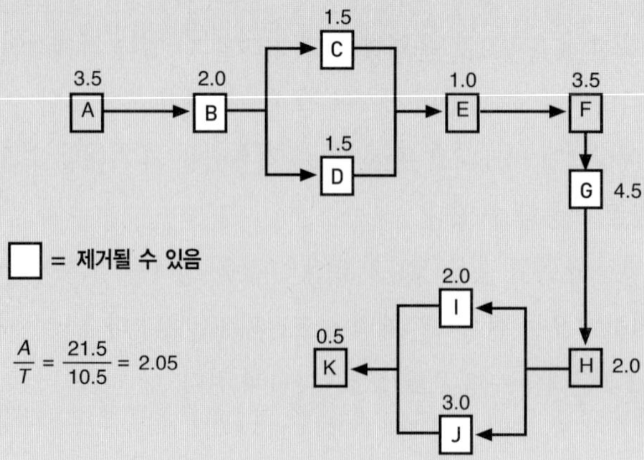

그림 12.2 A⊿T 분석 수행을 위한 비즈니스 프로세스 흐름도

업무 성과 향상의 목표 값을 정의할 때는 아래와 같은 사항에 유의해야 한다.

- 도전 의식을 갖기에 충분할 만큼 높은 수준의 목표 값을 설정한다.
- 목표를 지나치게 낮게 설정하는 경우, 구성원들에게 동기 부여가 되지 않는 일이 발생할 수 있다.
- 현실적으로 달성 가능한 수준의 목표 값을 설정한다.
- 지나치게 야심적인 목표는 구성원들로 하여금 회피하거나 좌절감을 느끼게 할 수 있다.
- 관리 가능한 수준의 목표 값을 설정한다.
- 목표 달성을 위한 과정을 이해하고 모니터링할 수 있어야 한다.

로널드 레이건Ronald Reagan이 대통령으로 당선되었을 때, 1년 안에 업무 생산성을 5퍼센트 향상할 것을 연방 정부 각 부처에 요구했다고 한다. 1년이 경과한 후,

부처별로 4.8에서 5.2퍼센트 사이의 업무 생산성 향상을 달성했다는 보고를 받을 수 있었다. 만약 10퍼센트의 업무 생산성 향상을 요구했다면, 9.8에서 10.2퍼센트의 업무 생산성 향상을 달성했을지도 모른다. 하지만 목표 값을 50퍼센트로 설정했다면, 관료들이 지레 겁먹고 포기해 결과적으로 5퍼센트 내외의 업무 생산성 향상만을 달성했을 수도 있다.

12.2
계통도 및 프로세스 결정 프로그램 도표

앞서 강조했듯이, 프로젝트에는 철저한 계획이 선행되어야 한다. 특히 이행 단계는 개선 과제를 정의하는 프로젝트와 별개로 추진되는 경우가 많기 때문에 더욱 그러하다. 이행 단계가 앞서 진행한 개선 프로세스 수립 단계보다 더 오래 걸릴 수도 있다. 그러므로 이행 프로젝트에서의 계획은 매우 중요하다. 일반적으로 이행 계획은 아래와 같은 요소를 포함한다.

- **개선 활동_** 제안된 개선 과제를 이행하는 데 필요한 세부 업무
- **이행 순서_** 개선 활동을 수행하는 순서
- **담당 조직 및 역할_** 프로젝트를 수행하고 그 과정을 모니터링하는 책임자
- **이행 일정_** 프로젝트 전반에 걸쳐 예상되는 중요한 결과의 이정표를 포함해 개선 작업들이 수행되는 일정
- **비용_** 이행 단계에 소요되는 비용에 대한 산정

프로젝트 계획을 수립하는 데 활용될 수 있는 몇 가지 기술 중 하나가 계통도 tree diagram다. 계통도는 프로그램 평가 및 검토 기법, 일명 퍼트 Program Evaluation and Review Technique(PERT)나 주 경로법 Critical Path Method(CPM)처럼 좀더 복잡한 계산 방법이 더해질 수도 있다. 계통도를 만들기 위한 방법은 다음과 같다.

1. 개선 과제를 이행할 때 수행되어야 하는 개선 활동들의 목록을 만든다.
2. 메모지에 각 개선 활동들을 빠짐없이 기록한다.
3. 개선 활동들을 차례로 수행될 논리적인 소그룹으로 분류한다.

4. 계통도 안에 순서에 맞게 소그룹을 정렬한다.

그림 12.3은 전형적인 계통도의 형태다. 계통도는 일반적으로 개선 활동들이 계층적인 형태로 작성되며 주요 개선 활동main activity과 세부 개선 활동subactivity으로 구성된다. 다이어그램에 각 활동별로 기한, 책임자, 소요 비용 등의 추가 정보를 첨부할 수도 있다.

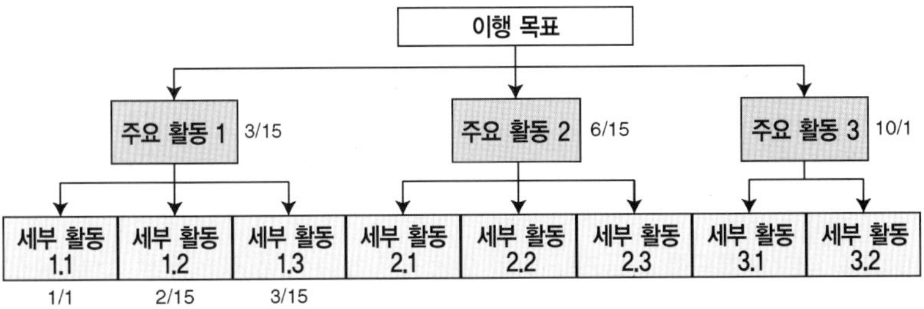

그림 12.3 전형적인 계통도의 형태

한 도서관에서 컴퓨터를 이용한 도서 관리 시스템을 도입하기로 결정했다. 이를 위해 직원들이 그림 12.4와 같이 계통도를 그렸다. 그리고 각 개선 활동에 목표 완료 날짜를 기입했다.

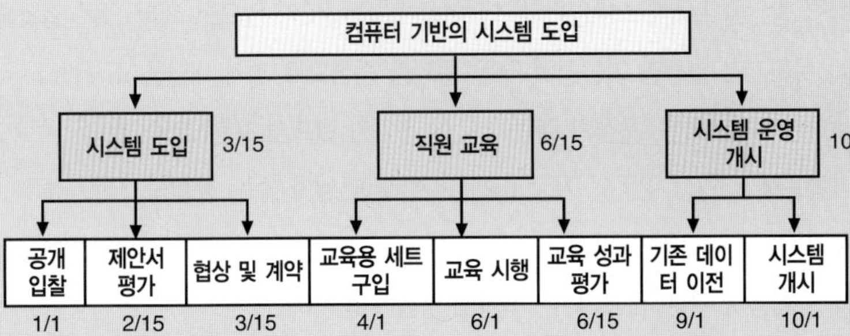

그림 12.4 컴퓨터 시스템 도입을 위한 계통도

여기에 소개된 계획은 구체적이지 못할 뿐 아니라 이행 중 예측하기 힘든 상황에 대해서도 검토하지 못하고 있다. 이러한 프로젝트 계획은 무엇인가 잘못되었을 때 어떻게 해야 하는지 모르는 전형적인 경우를 보여 준다. 계획을 세울 때 이러한 요소를 포함하기 위해 계통도의 확장된 형태인 프로세스 결정 프로그램 도표process decision program chart(PDPC)를 사용할 수 있다. 이것은 좀더 구체적인 이행 계획을 세울 수 있는 도구로서 발생 가능한 모든 부정적인 일이나 문제를 포함한다. 문제가 발생하기 전에 이를 예상한다면 좀더 효과적으로 대처할 수 있을 것이다. PDPC는 초기에 범위가 넓고 복잡한 업무들을 수행해야 하거나 계획이 실패하면 비용이 많이 드는 경우 또는 납품 기한이 중요한 경우에 사용된다.

PDPC를 사용하는 방법은 아래와 같다.

1. 이행을 위한 계통도를 만들거나 이미 만들어진 것을 사용한다. 우선, 너무 복잡하지 않은 계통도를 사용하는 것이 좋다. 복잡한 다이어그램을 활용하는 경우, 중요하지 않은 세부 업무를 분석하는 데 불필요한 시간을 소모할 우려가 있다. 그림 12.3에서 본 것과 같이 주요 개선 활동 밑에 한 단계만 두는 것이 적당하다.
2. 계통도의 가장 아래 단계에서는 각 요소에 대해 다음과 같은 사항들을 점검한다. 이 일을 하는 도중에 어떤 잠재적인 문제가 발생할 수 있는가? 그리고 이 시점에서 무엇이 잘못될 수 있는가? 이러한 질문을 통해 일어날 수 있는 문제들에 대한 해결 방안을 브레인스토밍한다. 더 이상 답이 나오지 않으면 의미 있는 결과를 내지 못하거나 발생할 가능성이 적은 문제를 중심으로 제거 대상을 조사한다. 각 요소에는 시간, 비용, 품질의 결과에 대한 평가가 반드시 포함되어야 한다.
3. 계통도에서 개선 활동의 가장 아래 단계 밑에 남아 있는 잠재적인 문제들(즉 중요한 것으로 간주되는)을 가정 요소what-if element로 추가한다. 이러한 요소들은 기존의 개선 활동과 구분되도록 다른 색과 모양을 사용한다.
4. 각 가정 요소에 대해 실제로 문제가 발생할 경우 취할 수 있는 대응 방안countermeasure을 브레인스토밍한다. 여기에는 기간과 비용에 대한 대책이 포함되어

야 한다. 다이어그램에 모든 대응 방안들을 기입하라. 그러면 계통도가 PDPC로 바뀔 것이다. 대응 방안을 가정 요소 아래 위치시키고 해결해야 할 잠재적인 문제들과 연결한다. 대응 방안을 가정 요소 및 개선 활동과 구분하기 위해 다른 색과 모양을 사용한다.

5. 마지막으로 이행을 위한 용이성, 실용성, 효과성 등을 고려해 각 대응 방안들을 평가한다. 어렵거나 비효율적인 것은 X로 표시하고 효과적이라고 생각되는 방안은 O로 표시한다.

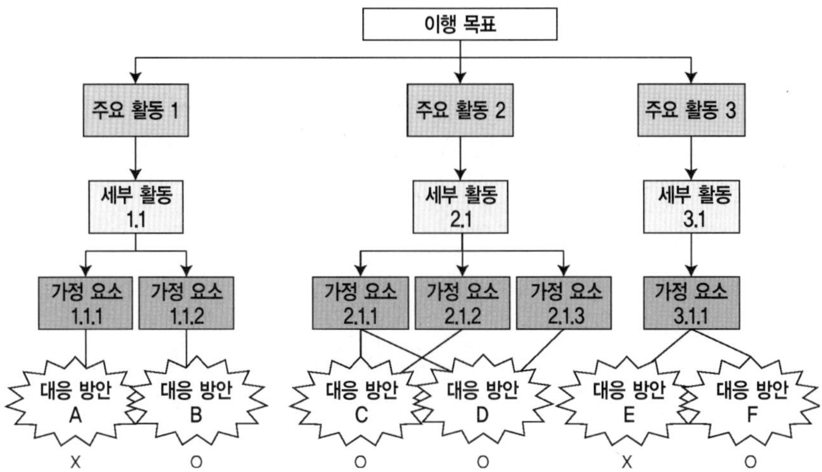

그림 12.5 일반적인 PDPC

그림 12.5는 일반적인 PDPC를 나타낸다. PDPC를 작성함으로써 이행 단계에서 일어날 수 있는 모든 가능한 문제들을 예상하고 이를 극복할 방안을 사전에 수립할 수 있다.

새로운 컴퓨터 기반의 관리 시스템을 도입하기 위해 계통도를 그렸던 도서관은 이행 계획을 좀더 구체화할 목적으로 PDPC를 만들었다(그림 12.6 참조).

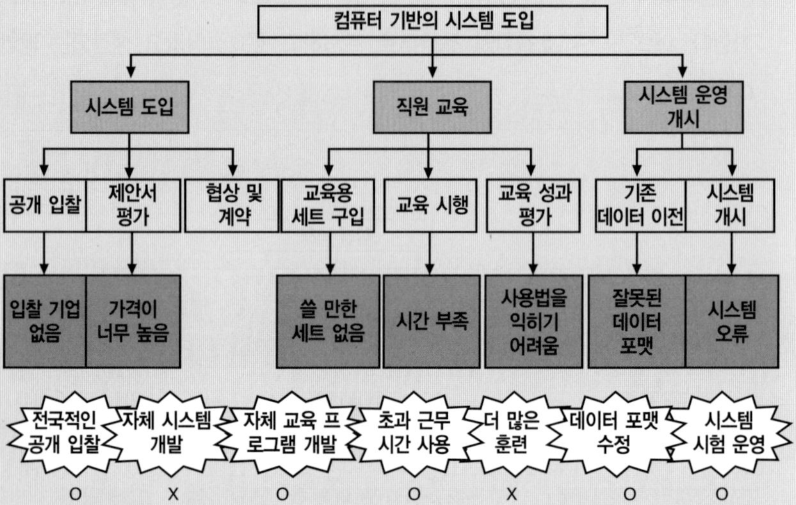

그림 12.6 도서관을 위한 PDPC

12.3

역장 분석

이 장 초반에 언급했듯이, 이행 단계에서 중요한 사항은 제안된 변화를 이끌어 내기에 유리한 환경을 만드는 것이다. 이를 위해 심리학이나 인적 자원 관리와 같은 지식 및 기술이 수반되기도 한다. 변화 과정은 아래와 같은 요소로 구성된 공식으로 나타낼 수 있다.

- ***Q*** = 제안된 개선 프로세스의 완성도 quality
- ***A*** = 제안된 개선 프로세스에 대한 이해관계자들의 수용도 acceptance
- ***E*** = 프로세스 개선 프로젝트의 효과efffectiveness

이러한 요소를 이용한 공식은 다음과 같다.

$$E = Q \times A$$

연구 결과에 따르면, 모든 성공적인 변화 과정들은 Q와 A 모두 값이 높은 반면 대부분의 실패 사례들은 Q만 값이 높다고 한다. 따라서 성과 부족은 변화의 수용성과 관련이 있다. 밀러Miller는 다음과 같은 여섯 가지 저항 요소를 제시한다(2002).

- 식별된 현행 이슈에 대한 의견 차이
- 식별된 이슈는 통제할 수 없는 사항이라는 견해
- 제시된 해결 방안이 문제를 해결할 수 없다는 주장
- 제시된 해결 방안이 부정적인 효과를 유발할 것이라는 주장

- 이행을 막는 장애물 생성
- 다른 사람들이 해결 방안을 이행하는 데 협력하지 않을 것이라는 의심

일반적으로 관련된 이해당사자들에게 더욱 많은 정보를 제공할수록 변화에 대한 저항도 줄어든다고 할 수 있다. 그러므로 효과적인 이행에 영향을 미치는 모든 사람들과 지속적이고 원활한 의사소통 관계를 유지하는 것은 성공적인 변화에 필수적이다. 의사소통 대상은 다음과 같은 이들을 포함해야 한다.

- 이행과 관련한 의사 결정을 수행하고 이를 위해 필요한 자원을 제공하는 권한을 가진 최고 경영자
- 변경되는 프로세스와 관련된 모든 당사자
- 변경되는 프로세스의 선행 및 후행 프로세스의 담당자
- 재무 부서 관계자 등 프로젝트 이행에 영향을 미칠 수 있는 실무자

변화에 유리한 환경을 조성하는 데 유용하게 활용할 수 있는 도구가 역장 분석 force field analysis이다. 역장 분석은 변화를 지지하거나 이에 저항하는 요인을 확인하고 적절하게 대처하는 데 기여할 수 있다(Andersen and Pettersen, 1996).

역장 분석은 모든 상황들이 추진력 force for(지지 요인)과 억제력 force against(저항 요인) 간에 균형을 찾기 위한 힘겨루기의 결과라고 인식하는 데서 출발한다. 양 힘 중에서 어느 한쪽이 강해지거나 약해지면 균형이 깨지고 따라서 새로운 균형을 찾기 위해 변화가 일어난다는 것이다.

역장 분석을 수행하는 절차는 다음과 같다.

1. 필요한 변경 사항들을 명확히 정의한다. 이 사항들은 이행 계획이나 개선 목표 등의 산출물을 참고해 작성할 수 있다.
2. 조직 내에서 변화에 지지 또는 저항할 것으로 예상되는 모든 힘(구성원 개인, 조직

등)을 브레인스토밍을 통해 정의한다.

3. 각 힘별 강도를 예측해 역장 분석 도표에 표기한다. 역장 분석 도표에서 화살표의 길이가 그 힘의 강도를 나타낸다.
4. 변화를 지지하는 힘의 강도를 강화할 수 있는 방안 및 이에 저항하는 힘의 강도를 완화시킬 수 있는 방안(특히 화살표가 길게 나타난 경우)을 수립한다.

역장 분석 도표의 형태는 그림 12.7과 같다.

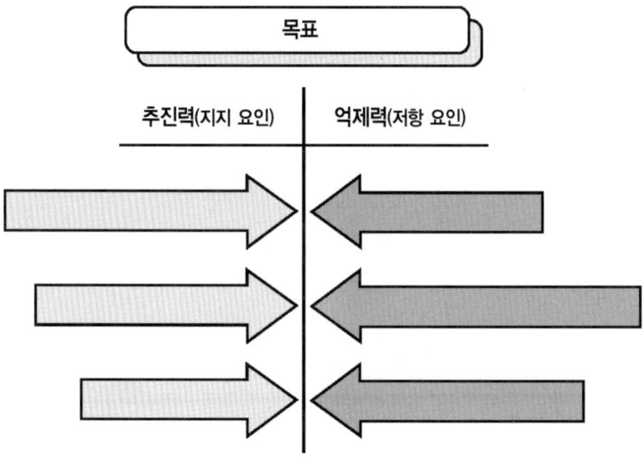

그림 12.7 역장 분석 도표

컴퓨터 기반의 도서 관리 시스템을 도입하는 데 지지하거나 저항하는 입장의 현황을 파악하기 위해 역장 분석을 실시했다. 식별된 주요 지지 입장은 다음과 같았다.

- 새로운 시스템 도입 시 도서의 반납 및 대출 관리 업무가 자동화되어 실무자의 업무 부담이 경감될 것이다.

- 대출 기간이 초과된 도서에 대한 자동 알림 기능이 제공되어 일일이 대출 기한의 초과 여부를 확인해야 하는 현재의 단순 반복 작업이 없어질 것이다.
- 도서명으로 찾는 책을 신속하고 정확하게 검색할 수 있다.
- 도서관에 대한 이용자의 서비스 만족도가 현저하게 상승할 것이다.

이와 반대로 신규 도서 관리 시스템 도입에 반대하는 의견은 다음과 같았다.

- 직원들의 평균 연령이 마흔두 살이기 때문에 업무에 컴퓨터를 사용해본 경험이 없고, 이로 인해 컴퓨터 시스템 도입에 대한 막연한 저항감이 존재했다.
- 컴퓨터 오류 발생에 대한 두려움이 있었다.
- 업무 자동화에 따른 인력 감축이 수반될 수 있다는 우려가 있었다.

위의 사항들을 역장 분석 도표에 기술한 결과가 그림 12.8에 나와 있다.

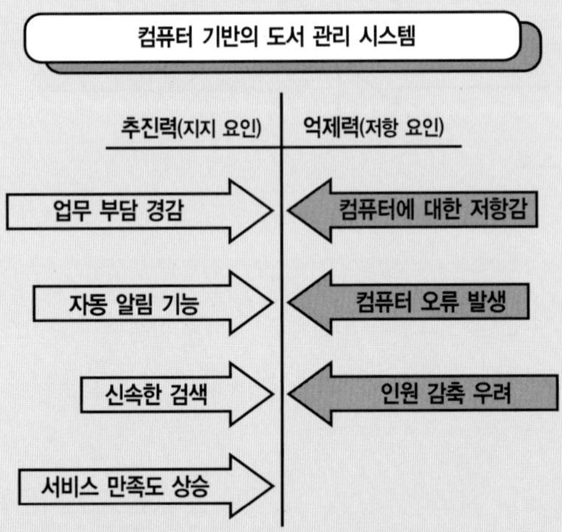

그림 12.8 새로운 도서 관리 시스템에 대한 역장 분석

각각의 저항 요인을 완화하기 위한 몇 가지 방안들이 도출되었는데, 여기에는 컴퓨터 시스템을 도입해 성공적으로 운영하고 있는 다른 도서관에 대한 방문 견학 등이 포함되었다.

13장

사례 연구_ 어느 대학의 학생 만족도 향상

불행히도 일관된 개선 프로세스에 따라 도구들을 잘 활용한 좋은 예를 찾기가 쉽지 않다. 관련 분야의 문헌에도 도구 한두 개를 독립적으로 활용하는 좋은 예가 있기는 하지만, 도구들 간의 상호 작용까지 보여 주는 경우는 거의 존재하지 않는다. 따라서 이 장에서는 어느 대학을 예로 들어 프로세스를 개선하는 일관되고 시스템적인 방법을 설명하고자 한다. 실제 사례를 기반으로 했지만, 다양한 도구들의 활용을 보여 주려고 일부 윤색했다.

13.1

대학 조직의 개요

이 대학은 학부 및 대학원 석사와 박사 과정에 있는 학생이 3,000명 정도로 규모가 아주 작으며, 사회과학과 공학 그리고 경영학 분야의 강좌를 개설한다. 또한 세 개에서 여섯 개의 학과로 구성된 단과 대학이 여섯 개 있다. 교수는 150명 정도이며, 강사는 400여 명 그리고 직원은 600명가량에 이른다.

지원자 수는 지난 몇 년간 약간 증가하기는 했지만, 전반적으로 안정적인 편이다. 그러나 정규 과정 대신 단기 강좌를 수강하거나, 학위 과정을 마치기 전에 학업을 중단 또는 다른 대학으로 옮기는 학생 수가 늘고 있다. 이 대학은 주 정부에서 일부 보조금을, 그리고 개인이나 기업으로부터 기부금을 받지만 재정의 대부분을 수업료로 충당한다. 또한 이 대학은 비록 최고 대학들에 포함되지는 않지만, 평균보다는 높은 수준을 유지하고 있다.

현재 가장 시급한 도전 과제는 장기적으로 지원하는 학생 수를 늘릴 수 있도록, 학생 만족도를 향상하고 학교 수준을 높이는 것이다. 이 장에서는 대학이 이러한 도전 과제를 어떻게 해결하는지를 설명할 것이다.

13.2

성과 우선순위 도출

지난 수년간 대학은 다음과 같은 성과 측정을 기반으로 운영되어왔다.

- 여러 기관에서 대학을 종합적으로 평가한 전국 순위
- 대학 지원자 수의 성장 정도
- 학업 완료 비율
- 개별 과목 평가

이와 같은 성과 측정을 기반으로 개선이 필요한 분야나 프로세스를 우선적으로 파악하기는 쉽지 않았다. 또한 제한된 자원을 고려하고, 개별 인원들이 개선 프로세스에 친숙해질 수 있도록 파일럿 프로젝트pilot project를 먼저 수행할 필요가 있었다. 파일럿 프로젝트를 수행할 때 자원을 효율적으로 활용하도록 성과 측정도 보다 자세해야 했다. 이상적으로는 중요한 프로세스들을 광범위하게 문서화해야 했지만, 파일럿 프로젝트에서 수행하기는 불가능했다. 따라서 교육 및 운영 분야의 핵심 인사들로 구성된 대학 내 관리 팀은 학생들을 선별해 만족도를 조사하기로 결정했다. 관리 팀은 이 조사 결과와 지난 2년간 이 대학 졸업생을 고용한 회사들의 의견을 종합했다.

다양한 학과의 학생 약 200명을 대상으로 설문조사를 수행했으며, 동시에 20여 개 회사의 관리자와 졸업생 들을 전화로 인터뷰했다. 여덟 개 항목에 걸친 조사 분야는 다음과 같다.

1. 학문 내용의 유용성

2. 학문 내용을 전달하는 교수진의 능력
3. 입학 절차 및 기타 학사 행정
4. 캠퍼스의 기숙사 및 여가 시설
5. 강의에 사용되는 교육 도구들
6. 등록금 및 기타 교육비
7. 교육과 취업 후 업무의 관련성
8. 취업 후 직장에서 협업할 수 있는 학생들의 능력

또한 교수들 간에 견해차가 일부 있었지만, 대학 전반에 대한 평균적인 평가 점수도 계산했다. 대학 간의 경쟁이 치열하기 때문에, 관리 팀에서는 다른 대학과 비교해 상황을 구체화하고 싶어 했다. 많은 대학들이 유사한 정보를 수집해 대학 요람 또는 비슷한 자료를 발표하고 있다. 사례 대학은 이러한 자료를 통해 전국 및 지역의 다른 대학들 정보를 수집했다. 그림 13.1은 수집한 대학의 성과 수준을 거미 도표spider chart로 비교한 것을 보여 준다.

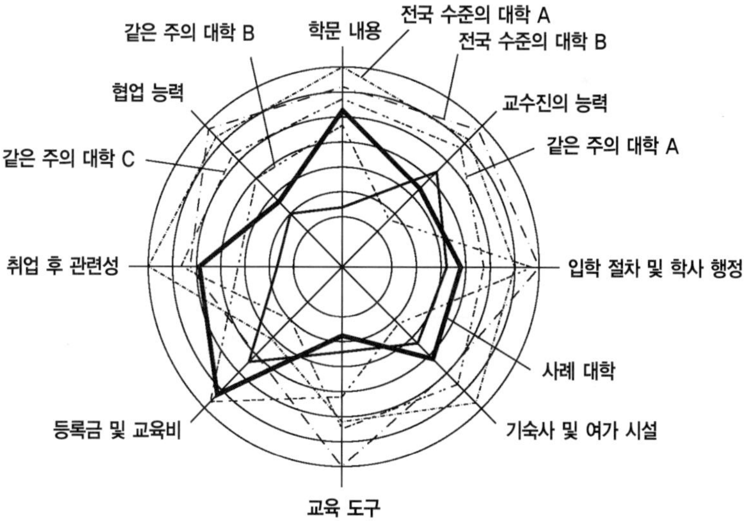

그림 13.1 외부 비교를 위한 거미 도표

몇몇 분야는 그 결과가 다소 실망스러웠다. 가장 큰 차이를 보인 분야는 다음과 같다.

- 학문 내용을 전달하는 교수진의 능력
- 강의에 사용되는 교육 도구들
- 학사 행정
- 취업 후 직장에서 협업할 수 있는 학생들의 능력

거미 도표로 분석한 결과는 어떤 분야를 중점적으로 개선해야 하는지 보여 주지는 못하기 때문에, 그림 13.2에 나와 있는 성과 매트릭스performance matrix로 우선순위를 선정했다.

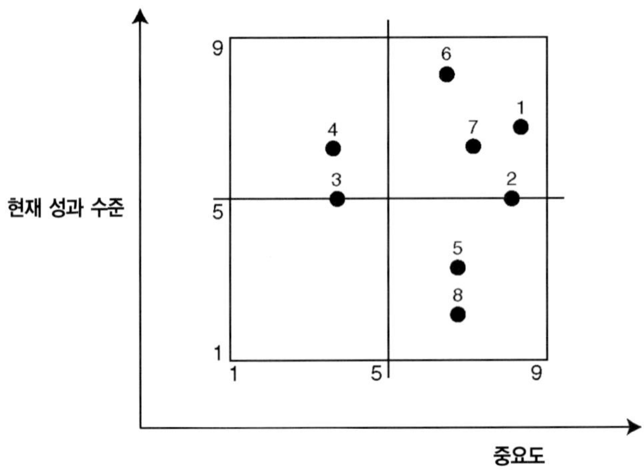

그림 13.2 우선순위 선정을 위한 성과 매트릭스

이렇게 분석한 결과, 내용을 전달하는 교수진의 능력과 강의용 교육 도구가 중점 분야로 식별되었다. 이 두 분야는 또한 학업을 마친 후 직장에서 협업할 수 있는 능력과 다소 연관되어 있는 것으로 간주되었다. 따라서 교수법의 핵심 프로세스에 초점을 두고 물리학과를 파일럿 프로젝트의 대상으로 선택했다. 물리학은 가르치기 어려운 분야일 뿐 아니라 물리학과는 사례 대학에서 가장 점수가 낮은 학과 중의 하나이면서 지난 몇 년 동안 지원자도 감소했다. 물리학과의 결과는 나중에 대학 전체에 적용되었다.

13.3
현행 프로세스와 성과 부족 이해

물리학과를 파일럿 프로젝트의 대상으로 선정한 후, 학과 내에 프로젝트를 수행할 실행 그룹을 조직했다. 대학 본부의 교육 총괄자와 함께 실행 그룹은 다음과 같이 구성되었다.

- 학문 분야가 다른 교수 두 명
- 연구 조교 한 명
- 실험실 책임자 한 명
- 학년이 다른 학생 두 명

실행 그룹이 업무를 원활히 수행하도록 교수들에게는 대리 교수를, 참여 학생들에게는 시간당 임금을 제공했다. 여러 수업 활동 중에서 분석 대상이 될 만한 프로세스를 정의하는 회의에서, 한 과목의 처음부터 끝까지를 하나의 프로세스로 보기로 결정되었다. 학과 내의 여러 과목들이 거의 동일한 프로세스로 진행되기 때문에, 우선 특정 과목 하나를 정해 분석하기로 했다. 또한 이러한 분석 및 개선 사항은 추후 다른 과목에도 적용 가능할 것으로 추정했다.

첫 번째 주요 업무는 현행 프로세스가 어떻게 수행되는가에 대한 분석이었다. 정밀히 조사해본 결과 과목들 간에 차이가 일부 존재했고, 따라서 실행 그룹은 표준에 가까운 프로세스를 선택했다. 서너 주 동안 전원회의를 열어 세부적으로 분석한 결과, 그림 13.3과 같은 흐름도를 얻었다.

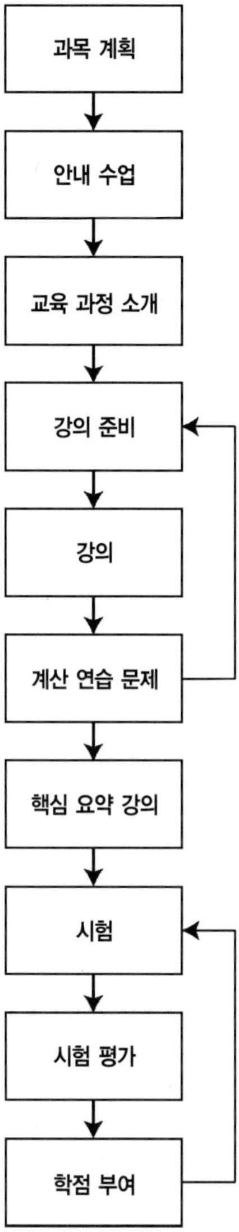

그림 13.3 학과 과목 프로세스 흐름도

매 학기가 시작되기 전에 강의 주제 및 상세한 내용을 결정하는 과목 계획을 세운다. 학기가 시작되면 수강 신청한 학생들에게 안내 수업을 열어 강의 계획 및 교육 과정을 소개한다. 이후부터 매주 정기적으로 이론 수업과 그에 잇따르는 의무적인 계산 연습 문제의 제출이 반복된다. 또한 수업은 비교적 많은 편인 학생 100명에서 150명을 대상으로 칠판 및 슬라이드를 활용해 진행한다. 계산 연습 문제는 학생 개개인이 과제로 작성해 제출한 후에 검사를 받으며, 기말고사를 치르려면 일정 횟수 이상 연습 문제를 의무적으로 제출해야 한다.

학기가 끝날 무렵에는 중요한 내용을 요약하는 강의를 하며, 필기시험으로 기말고사를 치르고 채점해 학점을 부여한다. 만약 시험에서 일정 점수 이상을 얻지 못하면, 세 번까지 재시험이 가능하다.

나중에 개선 프로젝트 결과를 측정할 수 있도록, 학생들의 성적을 통계한 자료를 기반으로 현재 성과 수준을 측정했다. 최저 1점에서 최고 5점까지 점수를 부여해 측정한 결과는 다음과 같다.

- 학문 내용의 유용성_ 3.4
- 학문 내용을 전달하는 교수진의 능력_ 2.3
- 강의에 사용되는 교육 도구들_ 1.7
- 교육과 취업 후 업무의 관련성_ 3.1
- 취업 후 직장에서 협업할 수 있는 학생들의 능력_ 1.9

그 외에 중요한 통계 정보는 다음과 같다.

- 최저 1점부터 최고 4점까지 평가한 물리학과 학점 평균은 2.43
- 학년에 따라 학점 평균에 차이가 존재. 1학년의 평균 학점은 2.28인 반면 4학년은 3.11
- 졸업 후 6개월 이내에 64퍼센트가 취업
- 석사학위를 받은 학생 중 7퍼센트가 박사 과정에 진학

13.4

성과 부족 분석

강의에 사용되는 교육 도구들과 학문 내용을 전달하는 교수진의 능력을 분석하기 위해 실행 그룹은 특성요인도fishbone chart를 활용했다. 특히 학문 내용을 전달하는 능력 부족에 대한 원인을 분석했다. 브레인스토밍brainstorming과 회의 그리고 원인 분석을 통해 실행 그룹이 작성한 특성요인도는 그림 13.4와 같으며, 주요 원인은 다음과 같다.

- 너무 이론 중심적 강의로 응용 및 산업적 활용도에 대한 강조 부족
- 개별 과목들 간에 일관성 결여
- 교수 한 명당 120명의 학생, 단순 계산 문제, 암기식 시험 등 구시대적 교육 체계

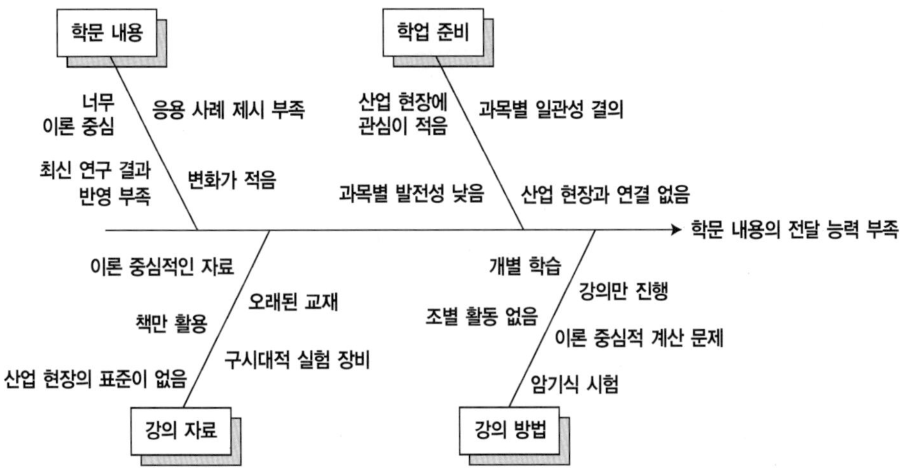

그림 13.4 학문 내용의 전달 능력에 대한 특성요인도

원인 및 문제의 상호 작용을 이해하고 관계를 분석하기 위해 실행 그룹은 매트릭스 다이어그램matrix diagram을 작성했다. 원인과 문제라는 두 개의 변수만이 존재하기 때문에 L자형 매트릭스 다이어그램을 사용했으며, 여러 원인 간의 연관성을 분석하기 위해 지붕형 매트릭스 다이어그램이 포함되었다. 그 결과는 그림 13.5와 같다.

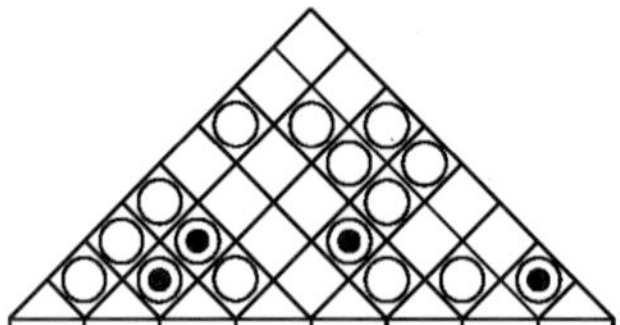

△ 약함

○ 중간

◎ 강함

	시험 체계 부족	개별 학습	강의만 진행	강의 자료 낙후	일관성 결여	최신 연구 반영 부족	응용 사례 제시 부족	너무 이론 중심
학문 내용					○	◎	◎	◎
전달 능력		◎	◎	◎			△	△
교육 도구	○	◎	◎	◎			△	
취업 후 관련성					◎	◎	◎	◎
협업 능력	○	◎	○	○				
학점	○	○	◎	◎	○	○	○	○

그림 13.5 사례 대학의 매트릭스 다이어그램

이러한 분석 작업을 통해 실행 그룹은 성과 수준이 낮은 원인을 파악할 수 있었으며, 문제의 분석 단계를 마치고 해결책을 찾기 위한 단계를 시작하게 되었다.

13.5

개선 방안 도출

실행 그룹에서는 수행 중인 프로젝트에서 여러 가지 개선 도구를 활용할 계획을 가지고 있었으며, 프로젝트 초반부터 많은 사람들이 어떻게 할 것인지에 대한 아이디어를 제공했다. 그러나 실제로 명확하게 공식화된 아이디어는 거의 없었고, 그대로 이행하기에도 부족한 점이 많았다. 이렇게 개선과 관련된 잠재적 아이디어가 많았기 때문에 프로젝트의 개선 방안을 도출하는 데 적절한 도구로 '이상적 프로세스 수립 활동idealizing'이 선정되었다. 실행 그룹은 이 기법을 활용해 잠재적 개선 아이디어로부터 학문 내용의 전달을 위한 이상적인 프로세스를 도출하고 개선을 위한 기반으로 이용했다.

각각의 활동들이 서로 독립적이고 연관성도 낮기 때문에, 이상적 프로세스 수립 활동에서 각각의 단계들은 브레인라이팅brainwriting을 통해 구체화되었다. 실행 그룹은 약 이틀간의 회의에서 잠재적 아이디어들을 분류, 정리 및 재구성해 다음과 같은 개선 방안을 도출했다.

- 강의 담당자와 학생이 과목 목표 및 내용을 공유할 수 있도록, 각 과목을 시작할 때 세 시간 정도 모임을 진행
- 강의 담당자와 최대 열다섯 명 정도의 학생 간에 격식 없는 이론 워크숍 진행
- 조별로 연습 문제를 해결해 발표하고 이를 토론함으로써 이론의 실제적 적용 사례를 학습
- 개인별 이론 시험과 더불어 공동으로 진행하고 평가받는 조별 시험도 함께 진행
- 학기 중에 학생이 과목의 내용 및 진행 등에 대해 피드백을 할 수 있도록 장려

이 외에도 추가적으로 개선 방안을 도출하기 위해 실행 그룹은 다른 여러 학교에 대한 벤치마킹을 수행하고자 했으나, 시간 및 비용의 제한으로 인해 그 대상을 한 개 학교만으로 축소했다. 사례 대학이 속해 있는 주 정부는 매년 교육에 우수한 성과를 보인 고등 교육 기관을 표창하고 있는데, 올해는 산업 경영에 특화된, 사례 대학 인근에 있는 작은 대학이 이 상을 받았다. 이 학교를 벤치마킹의 대상으로 선정해 도움을 요청했고, 토론과 발표를 포함한 반나절가량의 방문에서 다음과 같은 추가적인 개선 방안을 도출했다.

- 학과별로 매 3년마다 과목 구성에 대한 평가를 시행하며, 평가 시 주요 이슈는 다음과 같다.
  - 모든 과목들이 전체적으로 일관되어 있는지 여부
  - 개별 과목 내용의 중복 정도
  - 최신 연구 내용의 과목별 반영 정도
- 사례 대학에서 이미 개선 방안으로 도출한 격식 없는 워크숍 형태의 수업과 더불어 벤치마킹 대상 대학에서는 학생들이 조별로 지난 수업 내용 중 핵심 사항에 대해 발표하는 제도를 운영하고 있다.
- 가능한 경우 학기가 시작할 때 학생들이 수업에서 배우는 이론을 실제로 적용하고 있는 산업 현장이나 연구소를 방문한다.
- 이러한 방문 시에 파악된 문제점에 대해 학기 중 계속 해결책을 연구하고, 학기 말에 그곳을 재방문해 실제로 활용되고 있는 해결안을 학습한다.
- 시험 전에 네 시간 정도 교과 내용을 복습한 후, 이미 도출한 개선 방안의 형태로 시험을 진행한다.

사례 대학의 실행 그룹에서 도출한 방안과 벤치마킹 결과를 종합해 최종적인 개선 방안을 확정했다.

13.6
개선 이행

10월 초에 최종적인 개선 방안들이 확정되었으며, 단기 목표로 물리학과에서 다음 학기에 강의할 여섯 개 과목 중 세 개에 이 방안을 적용하기로 했다. 해당 과목의 교수진과 실행 그룹이 함께 개선 방안의 이행을 담당하게 되었으며, 특히 교수진은 이번 학기에 담당하는 과목이 없기 때문에 3개월 동안 이를 준비할 수 있었다. 구체적으로 몇 개의 이정표를 중심으로 한 개선 방안 이행 계획이 수립되었으며, 다음과 같은 활동들을 수행하기로 했다.

- 멀티미디어 자료 및 최신 교재 선정
- 소규모로 진행할 격식 없는 이론 워크숍 및 학생 발표 프로그램의 진행 방안 수립
- 학기 중에 회사 또는 연구소 현장 방문을 주선
- 수업에서 배우는 이론의 실제 적용을 보여 줄 수 있는 조별 연습 문제 개발
- 조별 평가를 위한 새로운 시험 방식 개발
- 학기 중에 학생들로부터 피드백을 받을 수 있는 체계 수립

또한 물리학과의 모든 교수와 강사 들이 학과목의 일관성을 토론할 수 있는 회의를 10월 중순으로 계획했다. 교수진, 관리자들 그리고 학생들이 개선 방안의 이행에 따른 변화에 저항할 수도 있기 때문에, 이러한 저항 요인을 분석하기 위해 역장 분석force field analysis을 활용했다. 브레인스토밍을 통해 추진력과 억제력에 대한 역장 분석을 수행한 결과는 그림 13.6과 같다.

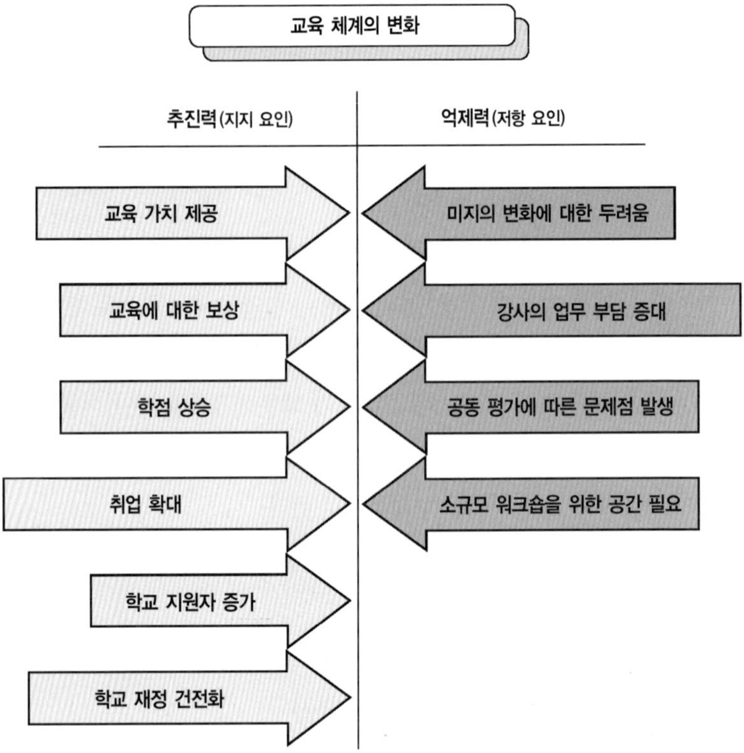

그림 13.6 개선 방안 이행에 대한 역장 분석

이렇게 분석된 요인들에 대응하기 위한 방안이 다음과 같이 고려되었다.

- 학생들에게 새로운 변화에 따른 장점을 홍보
- 다른 학교의 경험 많은 교육학 전문가가 교수진에게 자신의 경험을 설명하는 회의를 마련
- 조별 시험에 따른 공동 평가를 지원할 수 있도록 규정을 수정

봄 학기가 새로 시작되기 전까지 조별 시험에 따른 공동 평가를 제외한 모든 개

선 방안들이 순조롭게 실행되었으며, 공동 평가의 경우 학기 중에 준비할 시간이 충분하기 때문에 문제는 없을 것으로 예상되었다.

봄 학기를 마친 후 성과 수준을 새롭게 측정했고, 개선 방안을 적용한 과목들에 대한 결과는 다음과 같았다.

- 학문 내용의 유용성_ 3.9
- 학문 내용을 전달하는 교수진의 능력_ 4.5
- 강의에 사용되는 교육 도구들_ 4.4
- 교육과 취업 후 업무의 관련성(표본이 적음)_ 4.2
- 취업 후 직장에서 협업할 수 있는 학생들의 능력(표본이 적음)_ 3.8
- 학점 평균_ 3.28

새로운 개선 방안은 큰 성공을 거두었으며, 그 결과 물리학과에서는 다른 과목에도 이를 적용하기로 했다. 동시에 대학 본부에서는 실행 그룹이 대학의 다른 학과에도 동일한 변화를 가져올 수 있도록 준비하기를 원했다.

14장

그린 카펫 시드사의 기업 경영 모델 혁신 사례

이번 사례는 정원용 잔디 종자를 생산 및 판매하는 기업의 경우다. 이 기업은 지난 3년간 판매가 지속적으로 감소하는 어려움을 겪고 있다. 따라서 시장에서 사라질 것인가 아니면 기업 경영 모델을 혁신적으로 환골탈태할 것인가의 기로에서 비즈니스 모델을 근본적으로 재정의하기 위한 프로젝트에 착수하게 되었다.

14.1
기업에 대한 소개

그린 카펫 시드Green Carpet Seed사는 정원용 종자를 생산 및 판매하는 작은 규모의 기업으로 약 150여 명의 직원으로 구성되어 있다. 1952년에 설립되어 약 50여 년 동안 가족 기업의 형태로 운영되어왔다. 작은 동네에 위치하고 있지만 대도시에서 45분 정도 떨어져 있다. 이 회사는 지역의 농부들로부터 종자를 구입한 후 이를 가공 처리해 정원용품 가게에 납품하는 일을 하고 있다.

회사가 처음 영업을 시작한 시점에 비해 정원용 종자 생산 및 판매 시장은 매우 많이 변화했다. 예전에는 전국에 걸쳐 작은 규모의 업체들이 많았지만 이제는 거의 다 사라지고 없다. 이는 기업의 대규모화, 중소기업 간의 합병 등에 기인한 것이었다. 그린 카펫 시드사는 생산 설비의 자동화, 경영 합리화 등의 노력으로 그동안 위기를 잘 모면해왔다.

하지만 지난 3년간 판매가 지속적으로 감소해 전성기에 비교해볼 때 그 비율이 35퍼센트나 줄어들었다. 비록 아직 재정적으로는 건재하지만, 회사의 자금이 서서히 줄고 있으며 앞으로 이런 상태로 얼마나 더 버틸 수 있는가에 대한 회의적인 의견도 오갔다. 사장 및 임원진은 무엇인가 특단의 대책이 필요하다고 판단했고 회사를 살리기 위한 방안을 마련할 목적으로 프로젝트에 착수했다. 곧바로 프로젝트 팀이 구성되었고 이 팀에는 영업팀장, R&D 부서의 연구원, 생산 실무자 그리고 기업 경영 혁신에 대한 논문을 준비 중인 대학원생이 참여했다. 프로젝트 팀은 감소한 판매량을 회복하기 위한 방안을 도출하라는 요구 사항을 부여받았다. 현재 이 프로젝트는 성공적으로 수행되어 기존과는 다른 획기적인 경영 모델 개선 방안을 제시했다.

14.2 경영 개선을 위한 변화의 우선순위 선정

경쟁사들을 인수 합병해 규모를 확대하는 대신 독자 생존하는 전략을 선택한 이후로 그린 카펫 시드사에서는 지난 수년간 종자 생산 및 판매 산업의 구조가 어떻게 변화했으며 얼마나 확대되었는가에 대한 논의가 이루어지지 않았다. 프로젝트 팀은 관련 산업의 최신 추세를 이해하고, 현재 기업이 처한 경쟁 환경 속에서의 위치를 파악하기 위해 산업 내의 경쟁 구도를 분석했다.

종자 공급과 관련된 다양한 업무를 경험한 컨설턴트와 함께 프로젝트 팀은 경쟁 기업에 대한 심도 있는 논의를 나누었다. 수많은 이슈들이 도출되었고 그중에는 심각한 결과로 이어질 수 있는 시나리오도 있었다. 우선수위가 상대적으로 낮은 항목들은 제거하고 회사의 성장에 큰 파급 효과를 줄 수 있는 항목을 선정하기 위해 현황을 철저히 분석했다. 그 결과는 다음과 같다.

- 인수 및 합병을 통한 기업의 대규모화가 진행 중이다.
- 대규모 기업들이 지역의 종자 공급업자들에게 독점 계약을 강요하면서, 자사가 상품을 공급받기가 점점 어려워지고 있다.
- 대규모 정원용품 체인점들은 종자, 꽃병, 비료, 정원 관리 도구 등을 독자 상표로 판매하고 있다. 이들은 여전히 종자 생산업체들로부터 제품을 공급받지만 매우 낮은 가격에 대량으로 구입하고자 한다.
- 지난 몇 년간의 추세를 보면, 각 가정들은 점점 더 일과가 바빠지면서 관리하기 쉬운 정원을 선호하고 있다. 어떤 경우에는 정원을 없애고 자갈로 바닥을 메우거나, 정원을 유지한다고 해도 제대로 관리가 이루어지지 않고 있다.
- 이전부터 존재하던 대체 상품들이 이제는 위협적인 경쟁 상품이 되고 있다. 카펫처

럼 펼쳐서 깔 수 있는 상품 또는 인조 잔디 상품의 판매가 늘면서 잔디 종자 상품이 위협받고 있다.

이러한 위협 요소가 서서히 모습을 드러내고 있는 시점에서도 프로젝트 팀은 여전히 낙관적이었다. 프로젝트 팀원 중 일부는 종자 생산 및 판매 산업에 20년이 넘게 종사했지만, 어느 누구도 무엇이 앞으로의 성패를 가를지에 대해서는 대답할 수 없었다. 논의 중에 가격을 내리면 판매량이 증가할 것이라는 주장도 있었지만, 품질만 좋다면 소비자는 가격에 크게 개의치 않는다는 주장에 밀렸다. 이러한 논의 방식으로는 답을 구할 수 없을 것이라고 판단한 영업팀장은 좀더 체계적인 접근 방식을 제안했다.

따라서 우선 준거평정법criteria testing을 활용하기로 했다. 각 팀원이 판매량 증진을 위한 핵심 성공 요소critical success factor(CSF)를 제출했고, 이를 취합한 결과가 그림 14.1과 같다.

CSF	고품질 종자	낮은 가격	단단한 포장	상표명	사용 용이	합계
비즈니스 프로세스 / 가중치	3	1	2	1	3	
종자 구매 및 공급업체 관리	9	2	2	1	3	17
종자 가공 처리	9	2	2	1	3	17
상품 및 프로세스 R&D	6	2	2	1	6	17
종자 포장	3	1	6	1	6	17
마케팅과 상표명 판촉	3	1	2	3	3	12
딜러 관리 및 지원	6	3	2	3	6	20
유통	6	2	4	1	3	16

그림 14.1 그린 카펫 시드사를 위한 준거평정법 매트릭스

놀랍게도 지금까지의 논의 과정에서 제외하고자 고려했던 '딜러 관리 및 지원' 이라는 요인이 합계가 가장 높은 것으로 평가되었다. 이러한 결과를 바탕으로 이제는 판매량을 늘리기 위해서는 프로세스를 어떻게 개선해야 하는가라는 질문에 대한 답을 찾아야 했다.

14.3
현재 비즈니스 프로세스 및 성과 부족에 대한 이해

영업팀장은 회사의 유통 업무에 정통한 지식을 갖고 있었지만, 다른 프로젝트 팀원들은 이에 대해 아는 바가 거의 없었다. 따라서 영업 팀에 근무하는 일부 실무자들의 도움을 받아 딜러 관리 및 지원 프로세스에 대한 복합기능 흐름도cross-functional flowchart를 작성했다. 전반적인 서비스 공급 체인상의 여러 단위들을 포함하는 흐름도가 완성되었으며, 그 결과는 그림 14.2와 같다.

영업팀장은 이 흐름도의 작성 결과에 흡족해했다. 영업사원 중 한 명이 동네에서 아르바이트로 정원 관리를 하는 학생들도 자사가 판매하는 종자의 영향을 받으므로 이들 역시 프로세스에 추가하자고 제안했다. 또한 누군가는 완성된 흐름도를 본 후 제시된 프로세스와 유통 프로세스가 어떻게 다르냐고 질문했다.

딜러 관리 및 지원 프로세스를 그리다 보니 판매 및 유통 프로세스 역시 그려진 셈이었다. 이로써 영업 팀 담당자들은 실질적으로 딜러 지원 체계가 제대로 운영되지 못하고 있음을 인정할 수밖에 없었다. 영업사원들은 딜러들을 찾아가 주문을 받아 오는 일은 잘 수행하고 있었지만, 일단 주문을 확보한 이후에는 다른 업무의 담당자들이 종자를 배달하고 사후 관리하도록 맡김으로써 더 이상 딜러들을 지원하는 업무를 수행하지 않았다. 따라서 딜러들의 판촉 행사나 소비자 지원 업무 등에는 영업사원들의 지원이 거의 제공되지 못했다.

이 외에도 또 한 가지 사실이 발견되었다. 즉 정원을 소유한 가정이 직접 관리하지 않고 아르바이트 학생을 고용할 경우, 언제 파종이나 잔디 깎기를 해야 하는지를 어떻게 알 수 있는가라는 의문이 제기된 것이었다. 이러한 의문은 곧바로 종자 판매 업무에 새로운 서비스를 추가해 제공할 수 있지 않을까라는 아이디어와 연결되었다. 만약 이것이 가능하다면 이익을 창출할 수 있는 새로운 분야를 얻을 뿐 아니라 자사의 종자 판매량도 늘릴 수 있었다.

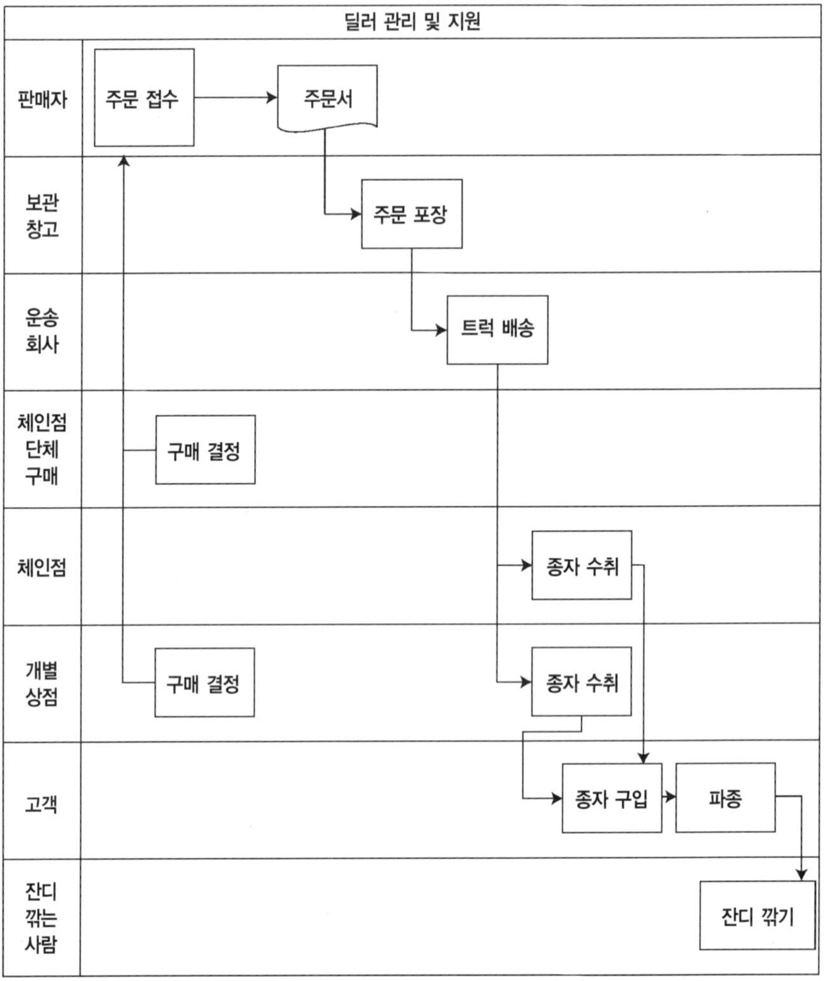

그림 14.2 딜러 관리 및 지원 프로세스를 위한 복합기능 흐름도

14.4 개선 방안 정의

프로젝트 팀원들은 새로운 부가 서비스를 제공함으로써 의미 있는 경영 개선 효과를 얻을 수 있을 것이라고 확신했지만, 여전히 다각적인 검토가 필요했다. 팀원 중 R&D 부서의 연구원이 대학 시절 여섯 색깔 모자 기법six thinking hats을 학습한 경험이 있었기 때문에 그의 제안에 따라 이 기법이 활용되었다. 여기에는 흐름도를 그리는 것을 도왔던 영업사원 한 명과 CEO도 함께 참여했다.

참가자들은 실제로 착용할 모자를 준비하고 종자 판매와 관련한 신규 서비스 창출을 논의하기 위한 준비를 갖추었다. 회의는 중간 중간의 짧은 휴식 시간을 포함해 네 시간 가까이 진행되었다. 이윽고 마무리 단계에 이르자 파란색 모자를 쓰고 있던 연구원이 논의 내용을 정리했다. 그 결과 도출된 창의적인 생각들은 다음과 같다.

- **딜러와 더욱 긴밀한 협력 관계 수립**_ 판매를 대리하는 딜러와 더욱 긴밀히 협력함으로써 그들이 소비자가 상품(종자)을 선택하거나 사용법(파종 시기 등)을 아는 데 보다 많은 도움을 줄 수 있도록 교육을 제공하는 방안이 논의되었다. 또한 판매 촉진을 위한 각종 행사를 지원하는 방안도 거론되었다. 예를 들면, 매년 '정원 관리 주간lawn week'을 개최해 매장에 간판을 설치하고 다양한 미디어를 통해 홍보함으로써 정원 관리에 대한 사람들의 관심을 높이는 방안이 나왔다. 특히 이때 매장을 방문한 고객에게는 정원 관리에 관한 전문적인 지원을 제공할 수도 있을 것이다. 이러한 지원을 통해 소비자가 정원 관리에 더 많은 관심과 지식을 갖게 할 수 있을 것으로 기대되었다.
- **소비자에 대한 정원 관리 컨설팅 서비스 제공**_ 전문가가 소비자의 정원을 살펴본

후 어떤 품종이 적합한지, 언제 파종해야 하는지 또는 어떻게 관리해야 하는지 등에 대한 컨설팅 서비스를 제공하는 방안이 제안되었다.

- **잔디 깎기 같은 정원 관리 서비스 제공_** 학생 또는 저임금 인력을 활용해 회사가 잔디 깎기, 파종 등의 다양한 정원 관리 서비스를 개발 및 제공하는 방안이 제안되었다.
- **소비자 맞춤형 자동 상품 배달 서비스 제공_** 컴퓨터 시스템을 활용해 소비자의 주소, 구입한 품종, 정원의 토양 및 기후 환경 등에 대한 정보를 통합 관리함으로써 언제쯤 다시 씨앗을 뿌려야 하는지를 추정하고, 이러한 정보를 바탕으로 소비자가 매장을 다시 방문할 필요 없이 미리 종자를 배달하는 서비스가 제안되었다.
- **정원 관리 종합 서비스 제공_** 단순한 잔디 관리에서 더 나아가 종합적인 정원 관리 서비스를 제공하는 것도 가능해 보였다. 정원사, 잔디 관리자, 제설 전문가 등이 종합적으로 고객에게 정원 관리를 위한 특화된 서비스를 제공하는 방안이 검토되었다.

이러한 다양한 아이디어들은 직접적 또는 간접적으로 매출 증대에 기여할 것으로 기대되었다.

14.5

개선 프로세스 수립

CEO를 비롯한 프로젝트 팀의 구성원들은 새로운 구상에 고무되었다. 그들은 이렇게 새로운 구상들의 일부만 실행에 옮기더라도 경영난을 타개할 돌파구를 마련할 수 있을 것이라고 확신했다. 이러한 구상을 이행하는 경우 경쟁 기업들도 얼마 지나지 않아 자사의 방법을 모방할 것이라고 예상했지만, 선발 주자의 이점으로 인해 당분간은 경쟁 우위를 점할 수 있을 것으로 기대되었다.

이제는 이와 같이 도출된 획기적인 아이디어를 실행에 옮기기 위한 작업에 착수할 차례였다. 새로운 서비스를 수행하는 데는 매우 큰 변화가 수반된다는 사실을 알고 있었기 때문에 프로젝트 팀은 비즈니스 프로세스 재설계business process reengineering(BPR) 작업에 착수했으며, 두 가지 BPR 접근 방식 중에서 백지로부터 프로세스를 새롭게 수립하는 급진적 재설계clean sheet reengineering를 선택했다.

팀의 업무 수행 역량을 보강하기 위해 관계가 좋은 딜러와 동종 산업 분야에서 이름이 알려진 기업의 간부를 스카우트해 팀에 합류시켰다. 더욱 창의적인 결과를 얻기 위해 아래와 같은 질의에 대한 답을 찾는 방식으로 논의를 진행했다.

- 새로운 서비스를 통해 소비자의 **'어떤'** 욕구를 충족시킬 것인가?
- **'어떤 조직'**을 통해 소비자의 욕구를 충족할 서비스를 제공할 것인가? 기존 회사를 통해 서비스를 제공할 것인가 아니면 별도의 자회사를 설립할 것인가?
- **'언제'** 그리고 **'어디서'** 서비스가 제공될 것인가?
- 소비자의 욕구는 **'어떻게'** 충족할 것인가? 서비스를 제공하는 데 어떤 비즈니스 프로세스, 설비, 인력 등이 필요한가?
- 동종 업계에서 참고할 수 있는 사례가 있는가?

결국 두 가지 구상을 추진하기로 결정했다. 그중 첫 번째는 매년 '정원 관리 주간' 행사를 주관하는 것이었다. 정기적인 행사를 주관하는 경우는 다른 업종에서도 유사한 사례가 많기 때문에 이를 참고하기로 했다(예를 들면 레저용품 업종에서 매년 봄에 개최하는 '자전거 타기 운동Go Bike!' 등). 영업 팀과 마케팅 팀에서 추진 팀task force team을 구성해 개최 계획을 구체화하기로 했다.

또 다른 구상은 '종합 정원 관리 서비스integrated lawn service'였다. 이 구상은 앞서 수행한 여섯 색깔 모자 기법 회의를 통해 도출된 여러 개의 좋은 아이디어들을 종합해 제공하고자 하는 것이었다. 두 달 동안의 서비스 구체화 및 수익성 검토 작업을 수행한 결과, 이러한 서비스로는 높은 수준의 이윤 창출이 어렵다는 결론에 이르렀다. 그래서 채택된 전략이 서비스 가격을 최저 수순으로 책정해 최대한 많은 수의 고객을 유치하고, 이를 통해 회사의 주된 수입원인 종자 판매량을 증대시키는 것이었다. 즉 서비스 자체를 통한 수입보다는 부차적으로 발생할 종자 수요 증대에 초점을 맞추는 전략을 택한 것이다.

새로운 서비스에 대한 구상은 아래와 같이 구체화되었다.

- 새로운 서비스를 제공하기 위해 별도의 자회사를 설립한다. 논의 과정에서는 대형 정원용품 및 서비스 체인점과 합작하는 방안도 논의되었으나, 이 경우 기존의 딜러들이 공급업체를 바꿀 수 있다는 우려가 제기되어 최종적으로 채택되지 못했다.
- 새롭게 설립되는 회사는 아래와 같은 세 종류의 서비스를 패키지로 제공한다.

1) **앞에서 언급한 바 있는 정원 관리 컨설팅 서비스**_ 이 서비스는 새로운 고객을 지속적으로 확보하는 것을 목적으로 운영된다.

2) **정원 관리 서비스**_ 이 서비스를 제공하기 위해 인근 지역의 고등학교 및 대학교 학생들을 고용하며, 회사는 이들의 작업을 관리 및 감독하는 역할을 수행한다.

3) **자동화된 상품 배달 서비스**_ 앞서 설명한 바와 같이 컴퓨터로 고객 정보를 관리해 고객이 매장을 직접 방문할 필요 없이 적시에 상품을 배송받는 서비스를 제공한다.

- 서비스 제공에 수반되는 비료 및 기타 장비는 지역 내 딜러를 통해 공급받는 반면, 종자 상품은 그린 카펫 시드사로부터만 독점적으로 공급받는다.

이와 같은 새로운 종합 서비스에 대한 최종 방안은 논의 과정을 거쳐 더욱 구체화되었고, 재무 분석을 통해 사업의 수익성(상품 판매 증가량에 대한 기여)을 검증했다.

14.6

새로운 서비스의 이행

프로젝트 팀이 제시한 개선 방안이 임원진에 보고되었다. 그린 카펫 시드사는 가족 기업이었기 때문에 임원진의 성향이 보수적이었고 새로운 제안에도 회의적이었다. CEO가 개선 방안에 지지를 표명하며 변화를 수용하지 않을 경우 부도가 현실화될 것이라는 사실을 주지시킨 후에야 임원진의 승인을 얻을 수 있었다.

프로젝트 팀은 작업을 재개하고 자회사의 설립을 계획하기 시작했다. 팀은 회사의 대표를 물색하고 관리자들을 선임하는 동시에 이로 인해 영향받을 다양한 이해관계자의 입장을 분석하기 위해 역장 분석 도표force field diagram를 작성했다. 이러한 작업을 통해 경쟁 기업, 딜러 그리고 종업원 들이 어떠한 입장을 가지고 어떻게 반응할지를 예측할 수 있었다.

그다음 단계로, 프로젝트 팀은 계통도tree diagram 형태로 전반적인 이행 계획을 수립한 후 이를 프로세스 결정 프로그램 도표process decision program chart(PDPC) 형태로 정리했다.

새 회사는 프로젝트에 착수한 지 1년여 만에 마침내 설립되었다. 이 무렵에 그린 카펫 시드사에는 여러 가지 부도 징후들이 보이기 시작했다. 새로운 서비스가 회사를 회생시킬 것이라고 채권단을 설득하며 근근이 버티고 있을 뿐이었다.

새로운 서비스를 시작하자마자 고객들은 이 패키지를 체험하기 위해 몰려들었다. 회사가 제공하는 서비스에 깊은 인상을 받은 소비자들은 그 대가로 저렴하게 책정된 금액을 기꺼이 지불했다. 6개월간의 영업 결과, 새로운 회사는 2,000명 이상의 고객 명단을 보유하게 되었다. 새로운 서비스의 영업 이익률은 1.2퍼센트에 지나지 않아 가까스로 손익을 맞추는 수준이었지만 모기업인 그린 카펫 시드사의 종자 상품 판매량은 16퍼센트나 증가해 감소한 판매량의 절반 가까이를 만회할 수 있었다.

Ackerman, R. B., R. J. Coleman, E. Leger, and J. C. MacDorman, 1987. ***Process Quality Management & Improvement Guidelines.*** Indianapolis, IN: Publication Center, AT&T Laboratories.

Ako, Yoji, ed. 1990. ***Quality Function Deployment: Integrating Customer Requirements into Product Design.*** Cambridge, MA: Productivity Press.

American Productivity&Quality Center(APQC). 1993. ***Basics of Benchmarking(Course Material)***. Houston, TX: APQC.

Andersen, Bjørn, and Tom Fagerhaug. 2001. ***Performance Measurement Explained: Designing and Implementing Your State-of-the-Art System***. Milwaukee, WI: ASQ Quality Press.

Andersen, Bjørn, and Bjørnar Henriksen. 2004. Performance Measurement System Success Depends on Design Alignment with the Core Purpose of Its Implementation. Proceeding from PMA 2004–Public and Private Conference, Performance Measurement Association, Edinburgh, Scotland, July 28-30.

Andersen, Bjørn, and Per–Gaute Pettersen. 1996. ***The Benchmarking Handbook: Step-by-Step Instructions.*** London: Chapman & Hall.

Aune, Asbjørn. 1985. ***Kvalitetssirkler: Problemløsningsgrupper for personlig vekst, kvalitet og produktivitet***[Quality Circles: Problem Solving Teams for Personal Growth, Quality, and Productivity]. Oslo, Norway: Universitetsforlaget.

–. 1993. ***Kvalitetsstyrte bedrifter***[Quality–Managed Companies]. Oslo, Norway: Ad Notam.

Balm, Gerald J. 1992. ***Benchmarking: A Practitioner's Guide for Becoming and Staying Best of the Best.*** Schaumburg, IL: QPMA Press.

Bendell, Tony, Louise Boulter, and John Kelly. 1993. ***Benchmarking for Competitive Advantage.*** London: Pitman Publishing.

Bertels, Thomas, ed. 2003. ***Rath & Strong's Six Sigma Leadership Handbook.*** Hoboken, NJ: John Wiley & Sons.

Bogan, Christopher E., and Michael J. English. 1994. ***Benchmarking for Best Practices: Winning through Innovative Adaptation.*** New York: McGraw–Hill.

Bossert, James L. 1991. ***Quality Function Deployment: A Practitioner's Approach.*** Milwaukee, WI: ASQC Quality Press.

Boxwell, Robert J. 1994. ***Benchmarking for Competitive Advantage.*** New York: McGraw–Hill.

Bredrup, Harald. 1995. Performance Measurement in a Changing Competitive Industrial

Environment: Breaking the Financial Paradigm. PhD thesis, Norwegian Institute of Technology, Trondheim, Norway.

Burr, J. T. 1990. "The Tools of Quality: Part Ⅰ: Going with the Flow(chart)" ASQC ***Quality Progress,*** June, pp. 64–67.

Camp, Robert C. 1989. ***Benchmarking: The Search for Industry Best Practices That Lead to Superior Performance.*** Milwaukee, WI: ASQC Quality Press.

–. 1994. ***Business Process Benchmarking: Finding and Implementing Best Practices.*** Milwaukee, WI: ASQC Quality Press.

–, ed. 1998. ***Global Cases in Benchmarking: Best Practices from Organizations around the World.*** Milwaukee, WI: ASQ Quality Press.

Codling, Sylvia. 1992. ***Best Practice Benchmarking: The Management Guide to Successful Implementation.*** Dunstable, England: Industrial Newsletters.

Cohen, Lou. 1995. ***Quality Functions Deployment: How to Make QFD Work for You.*** Cambridge, MA: Addison-Wesley.

Collins, Jim. 2001. ***Good to Great: Why Some Companies Make the Leap and Others Don't.*** New York: HarperBusiness.

Conti, Tito. 1997. ***Organizational Self-Assessment.*** London: Chapman & Hall.

Davenport, T. H. 1993. ***Process Innovation: Re-engineering Work through Information Technology.*** Boston: Harvard Business School Press.

Day, Ronald G. 1993. ***Quality Function Deployment: Linking a Company with Its Customers.*** Milwaukee, WI: ASQC Quality Press.

De Bono, Edward. 1985. ***Six Thinking Hats.*** Boston: Little, Brown, and Company.

De Feo, Joseph A., and William W. Barnard. 2004. ***Juran Institute's Six Sigma Breakthrough and Beyond.*** New York: McGraw–Hill.

Deming, W. E. 1986. ***Out of the Crisis: Quality, Productivity and Competitive Position.*** Cambridge, MA: Cambridge University Press.

Dertouzos, M. L., R. K. Lester, R. M. Solow, and the MIT Commission on Industrial Productivity. 1989. ***Made in America: Regaining the Productive Edge.*** Cambridge, MA: MIT Press.

D'Herbemont, O., and B. Cesar. 1998. ***Managing Sensitive Projects: Lateral Approach.*** New York: Routledge.

Eastman Kodak Company. 1990. ***Quality Leadership Process Guidebook.*** Rochester, NY: Eastman Kodak Company.

ENAPS. 1997. ***Deliverable F3–4: A Set of Refined and Agreed Performance Indicators Defined by Business Processes.*** Galway, Ireland: ENAPS.

Ericsson Quality Institute. 1993. ***Business Process Management. Gothenburg.*** Sweden:

Ericsson.

Fellers, G. 1992. The Deming Vision: ***SPC/TQM for Administrators.*** Milwaukee, WI: ASQC Quality Press.

Galloway, Dianne. 1994. ***Mapping Work Processes.*** Milwaukee, WI: ASQC Quality Press.

Gitlow, Haward, Alan Oppenheim, and Rosa Oppenheim. 1995. ***Quality Management: Tools and Methods for Improvement.*** Burr Ridge, IL: Irwin.

Goldratt, Eliyahu M. 1990. ***What Is This Thing Called Theory of Constraints and How Should It Be Implemented?*** Great Barrington, MA: North River Press.

Goldratt, Eliyahu M., and Jeff Cox. 1992. ***The Goal: A Process of Ongoing Improvement.*** 2nd ed. Great Barrington, MA: North River Press.

Govers, C.P.M. 1994. What and How of Quality Function Deployment(QFD). Proceedings from the Eighth International Working Seminar on Production Economics. Igls/Innsbruck, Austria, February 21–25.

Griffiths, John. 1993. "Driving Out the Old Regime." ***Financial Times,*** August, p. 20.

Hammer, M., and J. Champy. 1993. ***Re-engineering the Corporation: A Manifesto for Business Revolution.*** New York: Harper Business.

Harrington, H. James. 1991. ***Business Process Improvement: The Breakthrough Strategy for Total Quality, Productivity, and Competitiveness.*** New York: McGraw–Hill.

Hayes, R. H., and S. C. Wheelwright. 1984. ***Restoring Our Competitive Edge: Competing through Manufacturing.*** Boston: John Wiley & Sons.

Hronex, Steven M. 1993. ***Vital Signs: Using Quality, Time, and Cost Performance Measurements to Chart Your Company's Future.*** New York: Amacom.

Hunt, Daniel. 1996. ***Process Mapping: How to Reengineer Your Business Processes.*** New York: Wiley.

Hutchins, David. 1985. ***Quality Circles Handbook.*** New York: Nichols.

Imai, M. 1986. ***KAIZEN: The Key to Japan's Competitive Success.*** New York: Random House Business Division.

Johnson, H. T., and R. S. Kaplan. 1987. ***Relevance Lost: The Rise and Fall of Management Accounting.*** Boston: Harvard Business School Press.

Kano, N., N. Seraku, F. Takahashi, and S. Tsuji. 1984. "Attractive Quality and Must-Be Quality." ***The Journal of the Japanese Society for Quality Control,*** April, pp. 39–48.

Kaplan, R. S., ed. 1990. ***Measures for Manufacturing Excellence.*** Boston: Harvard Business School Press.

Kaplan, R. S., and D. P. Norton. 1996. ***The Balanced Scorecard.*** Boston: Harvard Business School Press.

–. 2004. ***Strategy Maps: Converting Intangible Assets into Tangible Outcomes.*** Boston:

Harvard Business School Press.
Kubeck, Lynn C. 1995. ***Techniques for Business Process Redesign: Tying It All Together.*** New York: John Wiley & Sons.
Kume, H. 1992. ***Statistical Methods for Quality Improvement.*** Tokyo, Japan: Association for Overseas Technical Scholarships(AOTS).
Lawlor, Alan. 1985. ***Productivity Improvement Manual.*** Aldershot, England: GowerPublishing.
Lynch, R. L., and K. C. Cross. 1991. ***Measure Up! Yardstick for Continuous Improvement.*** Cambridge, MA: Blackwell Business.
McCormack, Kevin. 2001. "Business Process Orientation: Do You Have It?" ASQ ***Quality Progress,*** January, pp. 51–57.
McNair, Carol J., and Kathleen H. J. Leibfried. 1992. ***Benchmarking: A Tool for Continuous Improvement.*** New York: Harper Business.
Meisel, Robert M., Steven J. Babb, Steven F. Marsh, and James P. Schlichting. 2007. ***The Executive Guide to Understanding and Implementing Lean Six Sigma.*** Milwaukee, WI: ASQ Quality Press.
Miller, K. 2002. ***The Changing Agent's Guide to Radical Improvement.*** Milwaukee, WI: ASQ Quality Press.
Mintzberg, H. 1994. ***The Rise and Fall of Strategic Planning.*** New York: The Free Press.
Mizuno, Shigeru, ed. 1988. ***Management for Quality Improvement: The 7 New QC Tools.*** Cambridge, MA: Productivity Press.
Peppard, Joe, 1998. "Benchmarking Business Process: A Framework and Classification Scheme," in Proceedings of the ESPRIT–COPERNICUS Symposium ***Distributed Enterprise, Intelligent Automation, and Industrial Benchmarking,*** Wroclaw, Poland.
Peppard, Joe, and Philip Rowland. 1995. ***The Essence of Business Process Re-engineering.*** Hemel Hempstead, England: Prentice Hall.
Porter, M. E. 1980. ***Competitive Strategy: Techniques for Analyzing Industries and Competitors.*** New York: Free Press.
–. 1985. ***Competitive Advantage: Creating and Sustaining Superior Performance.*** New York: Free Press.
–. 1990. ***Competitive Advantage of Nations.*** London: The MacMillan Press.
Przekop, Penelope. 2006. ***Six Sigma for Business Excellence: A Manager's Guide to Supervising Six Sigma Projects.*** Milwaukee, WI: ASQ Quality Press.
Robson, G. D. 1991. ***Continuous Process Improvement: Simplifying Work Flow Systems.*** New York: The Free Press.
Robson, Mike. 1988. ***Quality Circles: A Practical Guide.*** Aldershot, England: Gower.

Rolstadas, Asbjørn, ed. 1995. ***Performance Management: A Business Process Benchmarking Approach.*** London: Chapman & Hall.

Savage, Grant T., Timothy W. Nix, Charlton J. Whitehead, and John D. Blair. 1991. "Strategies for Assessing and Managing Organizational Stakeholders." ***Academy of Management Executive*** 5(2): 61–75.

Scholtes, Peter R., Brian L. Joiner, and Barbara J. Steibel. 2003. ***The Team Handbook,*** 3rd ed. Madison, WI: Oriel Incorporated.

Sink, D. S., and T. C. Tuttle. 1989. ***Planning and Measurement in Your Organization of the Future.*** Norcross, VA: Industrial Engineering and Management Press.

Spendolini, Michael J. 1992. ***The Benchmarking Book.*** New York: Amacom.

Spitzer, Dean R. 2007. ***Transforming Performance Measurement: Rethinking the Way We Measure and Drive Success.*** New York: Amacom.

Stalk, George Jr., and Thomas M. Hout. 1990. ***Competing against Time: How Time-Based Competition Is Reshaping Global Markets.*** New York: The Free Press.

Straker, David. 1995. ***A Toolbook for Quality Improvement and Problem Solving.*** London: Prentice-Hall.

Swanson, Roger C. 1995. ***The Quality Improvement Handbook: Team Guide to Tools and Techniques.*** London: Kogan Page.

Syan, Chanan S., and Unny Menon, eds. 1994. ***Concurrent Engineering: Concepts, Implementation and Practice.*** London: Chapman & Hall.

Watson, Gregory H. 1992. ***The Benchmarking Workbook: Adapting Best Practices for Performance Improvement.*** Cambridge, MA: Productivity Press.

–. 1993. ***Strategic Benchmarking: How to Rate Your Company's Performance against the World's Best.*** New York: John Wiley & Sons.

Wikipedia. 2006. ***Stakeholder.*** http://en.wikipedia.org/wiki/Stakeholder.

Zairi, M., and Paul Leonard. 1994. ***Practical Benchmarking: A Complete Guide.*** London: Chapman & Hall.

5why 기법 167, 198~200
6시그마 167, 296~300
  DMAIC 프로세스 297~299
  6시그마 그린벨트 300
  6시그마 마스터블랙벨트 299
  6시그마 블랙벨트 299
80대 20 법칙 190
A△T 분석 167, 262, 346~349
IDEF0 기법 83, 84, 85

ㄱ

가정 평가 69
강점 · 약점 · 기회 · 위협 분석(SWOT) 43, 44, 167
개선 프로젝트 팀 148~150
거미 도표 122~124, 167
결함 275, 276
경성 지표 108, 109
경쟁 세력 45~48
경쟁 세력 분석 167
계통도 167, 350~354
계획 · 실행 · 검토 · 조치의 사이클(PDCA) 24
공급자 · 투입 · 프로세스 · 산출 · 고객 지도(SIPOC) 297
공정능력지수 292
관계 대응 72, 75~78, 167
관료주의 249, 250, 258, 260
관리 한계 273
관리도 207, 272~291
  개별 측정값과 이동 범위 관리도 275, 281, 282
  결함 수 관리도 276, 286, 287
  단위당 결함 수 관리도 276, 284~286
  불량 개수 관리도 276, 283, 284
  불량률 관리도 276, 282, 283
  평균값과 범위 관리도 275, 277~280
  평균값과 표준 편차 관리도 274
구조적 분석 · 설계 도구(SADT) 83
국제벤치마킹협회(IBC) 64
균형성과표(BSC) 49, 111, 113
근본원인분석법 198
급진적 재설계 303, 309~311
기술 산업의 생산설 향상 프로그램(TOPP) 64

ㄴ, ㄷ, ㄹ

네트워크 다이어그램 225
노르웨이 산업과학기술연구소(SINTEF) 64
능률화 167, 249~260, 302, 303
데밍, 에드워즈 24, 109
데밍휠 24, 25
도구상자 21, 23, 163, 166, 167
드보노, 에드워드 238
로그도표 202

ㅁ

막대그래프 204
만성적 변동 269, 272
말콤 볼드리지상 297
매트릭스 다이어그램 167, 215~218
명목 집단 기법(NGT) 167, 241~243
문서화 69, 70, 71
문제 집중 다이어그램 167, 180~183
미국 자동차산업자문그룹(AIAG) 64

ㅂ

벤치마킹 104, 133, 134, 167, 296, 320~340
  경쟁 대상 벤치마킹 323
  내부 조직 벤치마킹 322
  업무 성과 벤치마킹 324
  일반 대상 벤치마킹 323
  전략적 벤치마킹 324
  프로세스 벤치마킹 324
벤치마킹 대상 125
벤치마킹 바퀴 328
변화량 269
병목 현상 분석 167, 223~228
보조 프로세스 65, 66

복합기능 팀 155~156, 291
부가가치 분석 251~255, 258, 260
비부가가치 활동(NVA) 252~255, 258, 260
실제 부가가치 활동(RVA) 252~255, 258, 260
조직 측면의 부가가치 활동(OVA) 252~255, 258, 260
부서 간 경계선 58
부정 변경 272
분산분석법 193
불량품 275, 276
브레인라이팅 167, 235~237
갤러리 방법 235
카드 방법 235
브레인스토밍 31, 32, 43, 167, 219, 231~234
비용 · 소요 시간 도표 254, 255, 258, 260
비재무 지표 110, 111
비즈니스 프로세스 재설계(BPR) 62, 167, 262, 296, 301~319
비즈니스 프로세스 지향성(BPO) 60

ㅅ

사일로스(부서 간 장벽) 144, 145, 146
산술 평균 270
산포도 167, 201~203
선행 지표 111~114
설문조사법 167, 174~176
성과 격차 320
성과 매트릭스 125~127, 167
성과 수준 19, 59, 122, 123, 125, 249
성과 지표 118, 104, 106, 108~114, 122, 125
성과 측정 22, 23, 103~107, 119
성과 측정 시스템 105~107
수평적 프로세스 56
스윔레인 86
쌍대 비교 167
쌍대 비교 244, 245

ㅇ

여섯 색깔 모자 기법 167, 238~240
역장 분석 167, 355~359
연관도 167, 211~214
정량적 연관도 212, 213
정성적 연관도 211, 212
연성 지표 108, 109
연속형 데이터 273
우발적 변동 269, 272
원인 · 결과 도표 167, 193~197
원인열거법 194
웰치, 잭 57
유럽성과연구네트워크(ENAPS) 66
유럽품질관리재단(EFQM) 64
이산형 데이터 273
이상적 프로세스 수립 활동 167, 261~263,303
이해관계자 22, 23, 25, 41, 68
이해관계자 분석 29~39, 71, 72, 167

ㅈ

작업공정도 195
재무 지표 110, 111
전략 지도 49~52, 167
점검표 167, 177~179
점진적 재설계 303, 307~309
ESIA 원칙 307
정규분포곡선 271
정의 · 측정 · 분석 · 디자인 · 검증 방법(DMADV) 299
제약 이론 223, 224
존재 유무 분석 167, 219~222
종형 분포 271, 272
주 경로법(CPM) 350
주요 프로세스 65, 66
주요사건기술법 167, 187~189
준거평정법 128~130, 167
중복성 251, 258, 260

ㅊ, ㅋ, ㅌ
창발적 전략 41
최적 생산 기술(OPT) 223
추세 분석 118~121,167
추세선 119
카노 모델 31, 33, 38, 167
크로퍼드메모쪽지법 167, 235~237
터틀 다이어그램 84
텍스트 중심의 절차 해설서 72
톨게이트 리뷰 299
통계량 270~273
통계적 프로세스 관리(SPC) 167, 207, 269~295
특성요인도 193~197

ㅍ
파레토 도표 167, 177, 190~192
파레토, 빌프레도 190
포터, 마이클 65
포터의 가치 사슬 65
표본추출법 167, 171~173
표준 편차 270
품질 기능 전개(QFD) 131~138, 167, 264~268
품질 주택 133, 134, 135, 136, 264
품질관리그룹 29, 152~154
프로그램 평가 및 검토 기법(퍼트, PERT) 350
프로세스 개선 모델 164, 165
프로세스 결정 프로그램 도표(PDPC) 167, 352~354
프로세스 능력 지수 291~295
프로세스 모델링 69~74
프로세스 수행 부서 145, 147
프로세스 수행 주체 60, 144~149
프로세스 최적화 63

ㅎ
핵심 성공 요소(CSF) 128~130
후행 지표 111~114
흐름도 167, 249
　다단계 흐름도 92~94
　복합기능 흐름도 86~89
　전통적 흐름도 72, 79~85
　통계를 추가한 흐름도 95~98
　프로세스 영역으로 구분된 흐름도 90~91
히스토그램 167, 204~210